COLLECTION PARCOURS D'UNE ŒUVRE
Sous la direction de Michel Laurin

LA PEAU DE CHAGRIN

DE

HONORÉ DE BALZAC

Texte intégral

ÉDITION PRÉSENTÉE, ANNOTÉE ET COMMENTÉE

PAR

MARC SAVOIE

PROFESSEUR AU COLLÈGE AHUNTSIC

LA PEAU DE CHAGRIN de Honoré de Balzac
Texte intégral
Édition présentée, annotée et commentée
par Marc Savoie
Collection «Parcours d'une œuvre»
sous la direction de Michel Laurin

© 2002 **GB** Groupe **Beauchemin**, éditeur ltée
3281, avenue Jean-Béraud
Laval (Québec) H7T 2L2
Téléphone : (514) 334-5912
1 800 361-4504
Télécopieur : (450) 688-6269
www.beaucheminediteur.com

Nous reconnaissons l'aide financière du gouvernement du Canada
par l'entremise du Programme d'Aide au Développement de l'Industrie
de l'Édition (PADIÉ) pour nos activités d'édition.

ISBN : 2-7616-1259-0

Dépôt légal : 2e trimestre 2002
Bibliothèque nationale du Québec   Imprimé au Canada
Bibliothèque nationale du Canada   1 2 3 4 5   06 05 04 03 02

Supervision éditoriale : France Robitaille
Production : Michel Carl Perron
Révision linguistique : Denise Giacondèse et Manuela Giroux
Correction d'épreuves : Viviane Deraspe
Recherche iconographique : Violaine Charest-Sigouin
Conception graphique : Martin Dufour, a.r.c.
Conception et réalisation de la couverture : Christine Dufour
Mise en pages : Trevor Aubert Jones
Impression : Imprimeries Transcontinental inc.

TABLE DES MATIÈRES

Honoré de Balzac.

La Peau de chagrin :
un roman prophétique

En 1830, Balzac est encore un écrivain méconnu, malgré la publication d'un premier roman sous son nom, *Le Dernier Chouan*, et de *La Physiologie du mariage* qui lui a ouvert la porte des salons parisiens. Ambitieux, couvert de dettes, rêvant de gloire et de fortune, Balzac est encore loin d'avoir atteint le but qu'il s'est fixé : devenir le Napoléon de la littérature.

Au cours de l'été de la même année, la révolution éclate à Paris. C'est le début de la monarchie de Juillet, un chapitre de l'histoire de France dominé par la bourgeoisie et ses valeurs. L'adéquation entre la tourmente qui règne dans le cœur de l'écrivain insatisfait et celle qui secoue la France provoquera la naissance de *La Peau de chagrin*, un roman révolutionnaire à la croisée des chemins, encore fortement teinté de romantisme, mais dont le ton, les préoccupations formelles, sociales et philosophiques marquent l'entrée en jeu d'un nouveau courant : le réalisme.

Si *Le Père Goriot* et *Eugénie Grandet* apparaissent souvent comme des œuvres plus maîtrisées aux yeux des lecteurs et de la critique, *La Peau de chagrin* séduit par son originalité, sa démesure, la volonté toute-puissante de l'écrivain de dépoussiérer le roman pour se tailler une place au Panthéon des lettres. Faisant la synthèse de toutes les tendances, tous les courants, toutes les modes, à la fois fable, étude philosophique, roman fantastique, romantique et réaliste, ce premier grand roman de Balzac est sans doute la meilleure introduction à son univers, puisqu'il met en place les thèmes chers à l'écrivain et annonce, par l'étude des ravages de l'ambition chez l'être humain, le destin mouvementé de son auteur.

BALZAC ILLUSTRÉ.

LA

PEAU DE CHAGRIN

ÉTUDES SOCIALES.

UN BEAU VOLUME GRAND IN-8°,

Orné de 100 Gravures sur acier,

imprimées dans le texte.

Frontispice de l'édition illustrée de *La Peau de chagrin* en 1838.

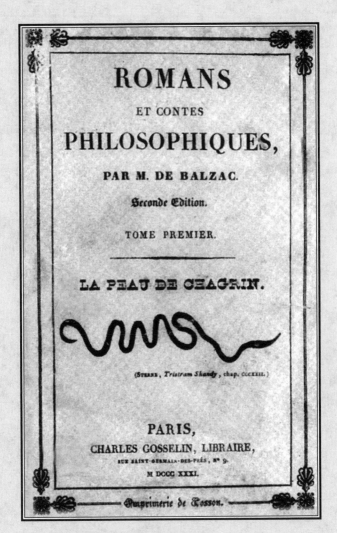

ROMANS

ET CONTES

PHILOSOPHIQUES,

PAR M. DE BALZAC.

Seconde Édition.

TOME PREMIER.

LA PEAU DE CHAGRIN.

(STERNE, *Tristram Shandy*, chap. CCCXXII.)

PARIS,

CHARLES GOSSELIN, LIBRAIRE,

RUE SAINT-GERMAIN-DES-PRÉS, N° 9.

M DCCC XXXI.

Imprimerie de Cosson.

Page de titre de *La Peau de chagrin*, édition de 1831.
Maison de Balzac, Paris.

Illustration de Lavieille, pour l'édition de 1845.
Bibliothèque nationale, Paris.

N.B. : Les quatre extraits qui font l'objet d'une analyse approfondie sont indiqués
dans l'œuvre par des filets tracés dans la marge.

§ Les mots suivis du symbole § sont définis dans le glossaire, à la page 427.

LE TALISMAN

Vers la fin du mois d'octobre dernier[1], un jeune homme entra dans le Palais-Royal[2] au moment où les maisons de jeu s'ouvraient, conformément à la loi qui protège une passion essentiellement imposable. Sans trop hésiter, il monta
5 l'escalier du tripot[3] désigné sous le nom de numéro 36.

— Monsieur, votre chapeau, s'il vous plaît ? lui cria d'une voix sèche et grondeuse un petit vieillard blême, accroupi dans l'ombre, protégé par une barricade, et qui se leva soudain en montrant une figure moulée sur un type ignoble[4].

10 Quand vous entrez dans une maison de jeu, la loi commence par vous dépouiller de votre chapeau. Est-ce une parabole évangélique[5] et providentielle ? N'est-ce pas plutôt une manière de conclure un contrat infernal avec vous en exigeant je ne sais quel gage ? Serait-ce pour vous obliger à
15 garder un maintien respectueux devant ceux qui vont gagner votre argent ? Est-ce la police, tapie dans tous les égouts sociaux, qui tient à savoir le nom de votre chapelier ou le vôtre, si vous l'avez inscrit sur la coiffe ? Est-ce enfin pour prendre la mesure de votre crâne et dresser une statistique
20 instructive sur la capacité cérébrale des joueurs ? Sur ce point, l'administration garde un silence complet. Mais, sachez-le bien, à peine avez-vous fait un pas vers le tapis vert, déjà votre chapeau ne vous appartient pas plus que vous ne vous appartenez à vous-même : vous êtes au jeu,
25 vous, votre fortune, votre coiffe, votre canne et votre manteau. À votre sortie, le Jeu vous démontrera, par une atroce

---

1 *octobre dernier* : octobre 1830.
2 *Palais-Royal* : ensemble de bâtiments et de jardins qui, à cette époque, abritaient des maisons de jeu.
3 *tripot* : maison de jeu.
4 *type ignoble* : l'une des nombreuses catégories élaborées par Balzac pour cataloguer l'être humain.
5 *parabole évangélique* : récit à valeur morale du Nouveau Testament.

épigramme[1] en action, qu'il vous laisse encore quelque
chose en vous rendant votre bagage. Si toutefois vous avez
une coiffure neuve, vous apprendrez à vos dépens qu'il faut
30 se faire un costume de joueur.

L'étonnement manifesté par le jeune homme en recevant
une fiche numérotée en échange de son chapeau, dont
heureusement les bords étaient légèrement pelés[2], indiquait
assez une âme encore innocente ; aussi le petit vieillard, qui
35 sans doute avait croupi dès son jeune âge dans les bouillants
plaisirs de la vie des joueurs, lui jeta-t-il un coup d'œil terne
et sans chaleur, dans lequel un philosophe aurait vu les
misères de l'hôpital, les vagabondages des gens ruinés, les
procès-verbaux d'une foule d'asphyxies, les travaux forcés à
40 perpétuité, les expatriations au Guazacoalco[3]. Cet homme,
dont la longue face blanche n'était plus nourrie que par les
soupes gélatineuses de d'Arcet[4], présentait la pâle image de
la passion réduite à son terme le plus simple. Dans ses rides
il y avait trace de vieilles tortures, il devait jouer ses maigres
45 appointements le jour même où il les recevait. Semblable
aux rosses[5] sur qui les coups de fouet n'ont plus de prise,
rien ne le faisait tressaillir ; les sourds gémissements des
joueurs qui sortaient ruinés, leurs muettes imprécations[6],
leurs regards hébétés, le trouvaient toujours insensible.
50 C'était le JEU incarné. Si le jeune homme avait contemplé ce
triste Cerbère[7], peut-être se serait-il dit : Il n'y a plus qu'un
jeu de cartes dans ce cœur-là ! L'inconnu n'écouta pas ce

---

1 *épigramme* : répartie à caractère moqueur.
2 *pelés* : abîmés, dégarnis.
3 *Guazacoalco* : fleuve du Mexique dans la région duquel la France avait installé une
   colonie sous la Restauration (en 1823).
4 Jean Pierre Joseph d'Arcet (1777-1844). Chimiste qui tenta de faire de la gélatine
   extraite des os un aliment nutritif et économique pour les pauvres.
5 *rosses* : mauvais chevaux.
6 *imprécations* : souhaits de malheur contre quelqu'un.
7 *Cerbère* : chien gardien des enfers dans la mythologie grecque. Au sens figuré :
   gardien redoutable et sévère.

conseil vivant, placé là sans doute par la Providence[1],
comme elle a mis le dégoût à la porte de tous les mauvais
55   lieux. Il entra résolument dans la salle où le son de l'or
exerçait une éblouissante fascination sur les sens en pleine
convoitise. Ce jeune homme était probablement poussé
là par la plus logique de toutes les éloquentes phrases de
Jean-Jacques Rousseau[2], et dont voici, je crois, la triste pen-
60   sée : *Oui, je conçois qu'un homme aille au Jeu; mais c'est
lorsque entre lui et la mort il ne reste plus que son dernier écu.*
   Le soir, les maisons de jeu n'ont qu'une poésie vulgaire,
mais dont l'effet est assuré comme celui d'un drame
sanguinolent[3]. Les salles sont garnies de spectateurs et de
65   joueurs, de vieillards indigents[4] qui s'y traînent pour s'y
réchauffer, de faces agitées, d'orgies commencées dans le vin
et décidées à finir dans la Seine. Si la passion y abonde, le
trop grand nombre d'acteurs vous empêche de contempler
face à face le démon du jeu. La soirée est un véritable
70   morceau d'ensemble où la troupe entière crie, où chaque
instrument de l'orchestre module sa phrase. Vous verriez là
beaucoup de gens honorables qui viennent y chercher des
distractions et les payent comme ils payeraient le plaisir du
spectacle, de la gourmandise, ou comme ils iraient dans une
75   mansarde acheter à bas prix de cuisants regrets pour trois
mois. Mais comprenez-vous tout ce que doit avoir de délire
et de vigueur dans l'âme un homme qui attend avec impatience l'ouverture d'un tripot[5] ? Entre le joueur du matin et
le joueur du soir il existe la différence qui distingue le mari
80   nonchalant de l'amant pâmé sous les fenêtres de sa belle.
Le matin seulement arrivent la passion palpitante et le
besoin dans sa franche horreur. En ce moment vous pourrez
admirer un véritable joueur, un joueur qui n'a pas mangé,

---

1 *Providence* : destin.
2 Jean-Jacques Rousseau (1712-1778). Célèbre écrivain et philosophe suisse des
   Lumières. La citation, toutefois, est inventée par Balzac.
3 *sanguinolent* : teinté de sang.
4 *indigents* : pauvres.

dormi, vécu, pensé, tant il était rudement flagellé par le
85 fouet de sa martingale[1], tant il souffrait travaillé par le prurit[2]
d'un coup de *trente et quarante*[3]. À cette heure maudite,
vous rencontrerez des yeux dont le calme effraie, des visages
qui vous fascinent, des regards qui soulèvent les cartes et les
dévorent. Aussi les maisons de jeu ne sont-elles sublimes
90 qu'à l'ouverture de leurs séances. Si l'Espagne a ses combats
de taureaux, si Rome a eu ses gladiateurs, Paris s'enorgueil-
lit de son Palais-Royal[§] dont les agaçantes roulettes donnent
le plaisir de voir couler le sang à flots, sans que les pieds du
parterre risquent d'y glisser. Essayez de jeter un regard furtif
95 sur cette arène, entrez... Quelle nudité ! Les murs couverts
d'un papier gras à hauteur d'homme n'offrent pas une seule
image qui puisse rafraîchir l'âme. Il ne s'y trouve même pas
un clou pour faciliter le suicide. Le parquet est usé, mal-
propre. Une table oblongue occupe le centre de la salle. La
100 simplicité des chaises de paille pressées autour de ce tapis
usé par l'or annonce une curieuse indifférence du luxe chez
ces hommes qui viennent périr là pour la fortune et pour le
luxe. Cette antithèse humaine se découvre partout où l'âme
réagit puissamment sur elle-même. L'amoureux veut mettre
105 sa maîtresse dans la soie, la revêtir d'un moelleux tissu
d'Orient, et la plupart du temps il la possède sur un grabat.
L'ambitieux se rêve au faîte du pouvoir, tout en s'aplatissant
dans la boue du servilisme. Le marchand végète au fond
d'une boutique humide et malsaine, en élevant un vaste
110 hôtel, d'où son fils, héritier précoce, sera chassé par une
licitation[4] fraternelle. Enfin, existe-t-il chose plus déplaisante
qu'une maison de plaisir ? Singulier problème ! Toujours en
opposition avec lui-même, trompant ses espérances par ses

---

1 *martingale* : au jeu, toute combinaison plus ou moins scientifique (calcul des
   probabilités).
2 *prurit* : désir irrépressible.
3 *trente et quarante* : jeu de cartes.
4 *licitation* : vente aux enchères d'un bien.

*Les salles sont garnies de spectateurs et de joueurs, de vieillards
indigents qui s'y traînent […]*

Lignes 64 et 65.

maux présents, et ses maux par un avenir qui ne lui appar-
115 tient pas, l'homme imprime à tous ses actes le caractère de
l'inconséquence et de la faiblesse. Ici-bas rien n'est complet
que le malheur.

Au moment où le jeune homme entra dans le salon,
quelques joueurs s'y trouvaient déjà. Trois vieillards à têtes
120 chauves étaient nonchalamment assis autour du tapis vert ;
leurs visages de plâtre, impassibles comme ceux des diplomates, révélaient des âmes blasées, des cœurs qui depuis
longtemps avaient désappris de palpiter, même en risquant
les biens paraphernaux[1] d'une femme. Un jeune Italien aux
125 cheveux noirs, au teint olivâtre, était accoudé tranquillement au bout de la table, et paraissait écouter ces pressentiments secrets qui crient fatalement à un joueur : — Oui.
— Non ! Cette tête méridionale respirait l'or et le feu. Sept
ou huit spectateurs, debout, rangés de manière à former une
130 galerie, attendaient les scènes que leur préparaient les coups
du sort, les figures des acteurs, le mouvement de l'argent et
celui des râteaux[2]. Ces désœuvrés étaient là, silencieux,
immobiles, attentifs comme l'est le peuple à la Grève[3] quand
le bourreau tranche une tête. Un grand homme sec, en habit
135 râpé[4], tenait un registre d'une main, et de l'autre une épingle
pour marquer les passes de la Rouge ou de la Noire. C'était
un de ces Tantales[5] modernes qui vivent en marge de toutes
les jouissances de leur siècle, un de ces avares sans trésor qui
jouent une mise imaginaire ; espèce de fou raisonnable qui
140 se consolait de ses misères en caressant une chimère[6], qui

---

1 *biens paraphernaux* : biens d'une femme mariée qui ne font pas partie de sa dot
   (une « dot » est l'ensemble des biens que la femme met en commun en se mariant).
2 *râteaux* : instruments avec lesquels le croupier ramasse les mises et les jetons.
3 *Grève* : à Paris, lieu des exécutions capitales de 1310 à 1830.
4 *râpé* : usé.
5 Tantale est un personnage de la mythologie grecque dont le supplice aux enfers
   était d'avoir une branche de fruits à portée de la main qui s'écartait de lui chaque
   fois qu'il tentait de se nourrir.
6 *chimère* : fantasme irréalisable.

agissait enfin avec le vice et le danger comme les jeunes prêtres avec l'Eucharistie[1], quand ils disent des messes blanches[2]. En face de la banque, un ou deux de ces fins spéculateurs, experts des chances du jeu, et semblables à d'anciens forçats qui ne s'effraient plus des galères, étaient venus là pour hasarder trois coups et remporter immédiatement le gain probable duquel ils vivaient. Deux vieux garçons de salle se promenaient nonchalamment les bras croisés, et de temps en temps regardaient le jardin par les fenêtres, comme pour montrer aux passants leurs plates figures, en guise d'enseigne. Le *tailleur*[3] et le *banquier*[4] venaient de jeter sur les *ponteurs*[5] ce regard blême qui les tue, et disaient d'une voix grêle : «Faites le jeu !» quand le jeune homme ouvrit la porte. Le silence devint en quelque sorte plus profond, et les têtes se tournèrent vers le nouveau venu par curiosité. Chose inouïe ! les vieillards émoussés[6], les employés pétrifiés, les spectateurs, et jusqu'au fanatique Italien, tous en voyant l'inconnu éprouvèrent je ne sais quel sentiment épouvantable. Ne faut-il pas être bien malheureux pour obtenir de la pitié, bien faible pour exciter une sympathie, ou d'un bien sinistre aspect pour faire frissonner les âmes dans cette salle où les douleurs doivent être muettes, où la misère est gaie, et le désespoir décent ? Eh bien, il y avait de tout cela dans la sensation neuve qui remua ces cœurs glacés quand le jeune homme entra. Mais les bourreaux n'ont-ils pas quelquefois pleuré sur les vierges dont les blondes têtes devaient être coupées à un signal de la Révolution[7] ?

---

1 *Eucharistie* : sacrement de l'Église chrétienne qui commémore et perpétue le sacrifice du Christ.

2 *messes blanches* : messes dites par les jeunes prêtres pour s'exercer.

3 *tailleur* : celui qui bat et distribue les cartes.

4 *banquier* : au jeu, personne qui tient la banque.

5 *ponteurs* : joueurs qui jouent contre le banquier.

6 *émoussés* : usés, affaiblis.

7 *Révolution* : ici, le terme désigne les forces révolutionnaires de 1789, non l'événement lui-même.

Au premier coup d'œil les joueurs lurent sur le visage
170 du novice quelque horrible mystère, ses jeunes traits
étaient empreints d'une grâce nébuleuse, son regard
attestait des efforts trahis, mille espérances trompées ! La
morne impassibilité du suicide donnait à ce front une
pâleur mate et maladive, un sourire amer dessinait de légers
175 plis dans les coins de la bouche, et la physionomie exprimait
une résignation qui faisait mal à voir. Quelque secret génie
scintillait au fond de ces yeux voilés peut-être par les
fatigues du plaisir. Était-ce la débauche qui marquait de son
sale cachet[1] cette noble figure jadis pure et brûlante, main-
180 tenant dégradée ? Les médecins auraient sans doute attribué
à des lésions au cœur ou à la poitrine le cercle jaune qui
encadrait les paupières, et la rougeur qui marquait les joues,
tandis que les poètes eussent voulu reconnaître à ces signes
les ravages de la science, les traces de nuits passées à la lueur
185 d'une lampe studieuse. Mais une passion plus mortelle que
la maladie, une maladie plus impitoyable que l'étude et le
génie, altéraient cette jeune tête, contractaient ces muscles
vivaces, tordaient ce cœur qu'avaient seulement effleuré les
orgies, l'étude et la maladie. Comme, lorsqu'un célèbre
190 criminel arrive au bagne, les condamnés l'accueillent avec
respect, ainsi tous ces démons humains, experts en tortures,
saluèrent une douleur inouïe, une blessure profonde que
sondait leur regard, et reconnurent un de leurs princes à
la majesté de sa muette ironie, à l'élégante misère de ses
195 vêtements. Le jeune homme avait bien un frac[2] de bon goût,
mais la jonction de son gilet et de sa cravate était trop
savamment maintenue pour qu'on lui supposât du linge.
Ses mains, jolies comme des mains de femme, étaient d'une
douteuse propreté ; enfin depuis deux jours il ne portait plus
200 de gants ! Si le tailleur[3] et les garçons de salle eux-mêmes
frissonnèrent, c'est que les enchantements de l'innocence

---

1 *cachet* : sceau.
2 *frac* : tenue de cérémonie.

florissaient par vestiges dans ces formes grêles et fines, dans
ces cheveux blonds et rares, naturellement bouclés. Cette
figure avait encore vingt-cinq ans, et le vice paraissait n'y être
205 qu'un accident. La verte vie de la jeunesse y luttait encore
avec les ravages d'une impuissante lubricité[1]. Les ténèbres
et la lumière, le néant et l'existence s'y combattaient en
produisant tout à la fois de la grâce et de l'horreur. Le jeune
homme se présentait là comme un ange sans rayons, égaré
210 dans sa route. Aussi tous ces professeurs émérites de vices et
d'infamie, semblables à une vieille femme édentée prise de
pitié à l'aspect d'une belle fille qui s'offre à la corruption,
furent-ils près de crier au novice : — Sortez ! Celui-ci marcha
droit à la table, s'y tint debout, jeta sans calcul sur le tapis
215 une pièce d'or qu'il avait à la main, et qui roula sur Noir ;
puis, comme les âmes fortes, abhorrant[2] de chicanières[3]
incertitudes, il lança sur le tailleur[§] un regard tout à la fois
turbulent et calme. L'intérêt de ce coup était si grand que les
vieillards ne firent pas de mise ; mais l'Italien saisit avec le
220 fanatisme de la passion une idée qui vint lui sourire, et
ponta[4] sa masse d'or en opposition au jeu de l'inconnu. Le
banquier[§] oublia de dire ces phrases qui se sont à la longue
converties en un cri rauque et inintelligible : — «Faites le
jeu ! — Le jeu est fait ! — Rien ne va plus.» Le tailleur[§] étala
225 les cartes, et sembla souhaiter bonne chance au dernier
venu, indifférent qu'il était à la perte ou au gain fait par les
entrepreneurs de ces sombres plaisirs. Chacun des spectateurs voulut voir un drame et la dernière scène d'une noble
vie dans le sort de cette pièce d'or ; leurs yeux arrêtés sur les
230 cartons fatidiques étincelèrent ; mais, malgré l'attention avec
laquelle ils regardèrent alternativement et le jeune homme
et les cartes, ils ne purent apercevoir aucun symptôme

---

1 *lubricité* : débauche.
2 *abhorrant* : détestant.
3 *chicanières* : agaçantes.
4 *ponta* : joua contre la personne tenant la banque.

d'émotion sur sa figure froide et résignée. — «Rouge, pair,
passe», dit officiellement le tailleur⁵. Une espèce de râle
235   sourd sortit de la poitrine de l'Italien lorsqu'il vit tomber un
à un les billets pliés que lui lança le banquier⁵. Quant au
jeune homme, il ne comprit sa ruine qu'au moment où le
râteau⁵ s'allongea pour ramasser son dernier napoléon[1].
L'ivoire fit rendre un bruit sec à la pièce qui, rapide comme
240   une flèche, alla se réunir au tas d'or étalé devant la caisse.
L'inconnu ferma les yeux doucement, ses lèvres blanchirent ;
mais il releva bientôt ses paupières, sa bouche reprit une
rougeur de corail, il affecta l'air d'un Anglais pour qui la
vie n'a plus de mystères, et disparut sans mendier une
245   consolation par un de ces regards déchirants que les joueurs
au désespoir lancent assez souvent sur la galerie. Combien
d'événements se pressent dans l'espace d'une seconde, et
que de choses dans un coup de dé !

— Voilà sans doute sa dernière cartouche, dit en souriant
250   le croupier après un moment de silence pendant lequel il tint
cette pièce d'or entre le pouce et l'index pour la montrer
aux assistants.

— C'est un cerveau brûlé qui va se jeter à l'eau, répondit
un habitué en regardant autour de lui les joueurs qui se
255   connaissaient tous.

— Bah ! s'écria le garçon de chambre en prenant une
prise de tabac[2].

— Si nous avions imité monsieur ? dit un des vieillards à
ses collègues en désignant l'Italien.

260   Tout le monde regarda l'heureux joueur dont les mains
tremblaient en comptant ses billets de banque.

— J'ai entendu, dit-il, une voix qui me criait dans l'oreille :
Le Jeu aura raison contre le désespoir de ce jeune homme.

---

1   *napoléon* : ancienne pièce d'or de vingt francs.
2   *prise de tabac* : pincée de tabac que l'on aspire par le nez.

— Ce n'est pas un joueur, reprit le banquier[§], autrement
il aurait groupé son argent en trois masses pour se donner
plus de chances.

Le jeune homme passait sans réclamer son chapeau ; mais
le vieux molosse[1], ayant remarqué le mauvais état de cette
guenille, la lui rendit sans proférer une parole ; le joueur
restitua la fiche par un mouvement machinal, et descendit
les escaliers en sifflant *di tanti palpiti*[2] d'un souffle si faible,
qu'il en entendit à peine lui-même les notes délicieuses.

Il se trouva bientôt sous les galeries du Palais-Royal[§],
alla jusqu'à la rue Saint-Honoré[3], prit le chemin des
Tuileries[4] et traversa le jardin d'un pas indécis. Il marchait
comme au milieu d'un désert, coudoyé par des hommes
qu'il ne voyait pas, n'écoutant à travers les clameurs populaires qu'une seule voix, celle de la mort ; enfin perdu dans
une engourdissante méditation, semblable à celle dont jadis
étaient saisis les criminels qu'une charrette conduisait du
Palais à la Grève[§], vers cet échafaud, rouge de tout le sang
versé depuis 1793[5].

Il existe je ne sais quoi de grand et d'épouvantable dans
le suicide. Les chutes d'une multitude de gens sont sans
danger, comme celles des enfants qui tombent de trop bas
pour se blesser ; mais quand un grand homme se brise, il
doit venir de bien haut, s'être élevé jusqu'aux cieux, avoir
entrevu quelque paradis inaccessible. Implacables doivent
être les ouragans qui le forcent à demander la paix de
l'âme à la bouche d'un pistolet. Combien de jeunes talents
confinés dans une mansarde s'étiolent et périssent faute
d'un ami, faute d'une femme consolatrice, au sein d'un

---

1 *molosse* : gros chien de garde.
2 *di tanti palpiti* : «De tant de battements de cœur» ; air célèbre d'un opéra de
   Rossini.
3 *rue Saint-Honoré* : rue élégante de Paris qu'empruntaient les condamnés à mort
   pour aller de la Conciergerie à la Concorde, où était dressée la guillotine.
4 *Tuileries* : ancienne résidence royale, puis siège de la Convention nationale.
5 *1793* : année de l'exécution de Marie-Antoinette.

million d'êtres, en présence d'une foule lassée d'or et qui
s'ennuie. À cette pensée, le suicide prend des proportions
295   gigantesques. Entre une mort volontaire et la féconde espérance dont la voix appelait un jeune homme à Paris, Dieu
seul sait combien se heurtent de conceptions, de poésies
abandonnées, de désespoirs et de cris étouffés, de tentatives
inutiles et de chefs-d'œuvre avortés. Chaque suicide est un
300   poème sublime de mélancolie. Où trouverez-vous, dans
l'océan des littératures, un livre surnageant qui puisse lutter
de génie avec cet entrefilet :

*Hier, à quatre heures, une jeune femme s'est jetée dans la
Seine du haut du Pont des Arts*[1].

305   Devant ce laconisme[2] parisien, les drames, les romans,
tout pâlit, même ce vieux frontispice[3] : *Les lamentations du
glorieux roi de Kaërnavan, mis en prison par ses enfants*;
dernier fragment d'un livre perdu, dont la seule lecture
faisait pleurer ce Sterne[4] qui lui-même délaissait sa femme
310   et ses enfants.

L'inconnu fut assailli par mille pensées semblables, qui
passaient en lambeaux dans son âme, comme des drapeaux
déchirés voltigent au milieu d'une bataille. S'il déposait
pendant un moment le fardeau de son intelligence et de ses
315   souvenirs pour s'arrêter devant quelques fleurs dont les
têtes étaient mollement balancées par la brise parmi les
massifs de verdure, bientôt saisi par une convulsion de la vie
qui regimbait encore sous la pesante idée du suicide, il
levait les yeux au ciel; là, des nuages gris, des bouffées de vent
320   chargées de tristesse, une atmosphère lourde, lui conseil-
laient encore de mourir. Il s'achemina vers le pont Royal en
songeant aux dernières fantaisies de ses prédécesseurs. Il

---

1 *Pont des Arts* : premier pont de fer de Paris, construit en 1804.

2 *laconisme* : art de s'exprimer en peu de mots.

3 *frontispice* : grand titre d'un ouvrage.

4 Laurence Sterne (1713-1768). Écrivain britannique, auteur du roman *Tristram
Shandy*.

souriait en se rappelant que lord Castlereagh[1] avait satisfait le plus humble de nos besoins avant de se couper la gorge,
325 et que l'académicien Auger[2] était allé chercher sa tabatière pour priser tout en marchant à la mort. Il analysait ces bizarreries et s'interrogeait lui-même, quand, en se serrant contre le parapet du pont pour laisser passer un fort de la halle[3], celui-ci ayant légèrement blanchi la manche de son
330 habit, il se surprit à en secouer soigneusement la poussière. Arrivé au point culminant de la voûte, il regarda l'eau d'un air sinistre.

— Mauvais temps pour se noyer, lui dit en riant une vieille femme vêtue de haillons. Est-elle sale et froide, la
335 Seine !

Il répondit par un sourire plein de naïveté qui attestait le délire de son courage ; mais il frissonna tout à coup en voyant de loin, sur le port des Tuileries, la baraque surmontée d'un écriteau où ces paroles sont tracées en lettres hautes
340 d'un pied : SECOURS AUX ASPHYXIÉS[4]. M. Dacheux[5] lui apparut armé de sa philanthropie[6], réveillant et faisant mouvoir ces vertueux avirons qui cassent la tête aux noyés, quand malheureusement ils remontent sur l'eau ; il l'aperçut ameutant les curieux, quêtant un médecin, apprê-
345 tant des fumigations[7] ; il lut les doléances des journalistes écrites entre les joies d'un festin et le sourire d'une danseuse ;

---

1 Henry Robert Stewart, marquis de Londonberry, vicomte Castlereagh (1769-1822). Homme politique britannique qui s'opposa fermement à Napoléon Ier ; conservateur implacable, il finit par se faire détester en Angleterre et se trancha la gorge.

2 Louis Simon Auger (1772-1829). Homme de lettres et secrétaire de l'Académie française, qui se jeta dans la Seine au cours d'une dépression nerveuse.

3 *fort de la halle* : employé de la Halle de Paris (le grand marché), qui manipule et livre les marchandises.

4 *asphyxiés* : «asphyxiés par immersion», c'est-à-dire noyés. La baraque en question est un poste de secours pour les noyés. On en comptait une cinquantaine à Paris ou dans les environs.

5 *M. Dacheux* : responsable de ces postes.

6 *philanthropie* : amour de l'humanité.

7 *fumigations* : traitement qui consistait à insuffler de la fumée de tabac dans l'intestin afin de tenter de ranimer le noyé.

il entendit sonner les écus comptés à des bateliers pour sa
tête par le préfet de la Seine. Mort, il valait cinquante
francs[1], mais vivant il n'était qu'un homme de talent sans
350   protecteurs, sans amis, sans paillasse[2], sans tambour, un
véritable zéro social, inutile à l'État, qui n'en avait aucun
souci. Un mort en plein jour lui parut ignoble, il résolut de
mourir pendant la nuit, afin de livrer un cadavre
indéchiffrable à cette Société qui méconnaissait la grandeur
355   de sa vie. Il continua donc son chemin, et se dirigea vers le
quai Voltaire[3] en prenant la démarche indolente d'un
désœuvré qui veut tuer le temps. Quand il descendit les
marches qui terminent le trottoir du pont, à l'angle du quai,
son attention fut excitée par les bouquins étalés sur le para-
360   pet ; peu s'en fallut qu'il n'en marchandât quelques-uns. Il
se prit à sourire, remit philosophiquement les mains dans
ses goussets[4], et allait reprendre son allure d'insouciance où
perçait un froid dédain, quand il entendit avec surprise
quelques pièces retentir d'une manière véritablement
365   fantastique au fond de sa poche. Un sourire d'espérance
illumina son visage, glissa de ses lèvres sur ses traits, sur son
front, fit briller de joie ses yeux et ses joues sombres. Cette
étincelle de bonheur ressemblait à ces feux qui courent
dans les vestiges d'un papier déjà consumé par la flamme ;
370   mais le visage eut le sort des cendres noires, il redevint triste
quand l'inconnu, après avoir vivement retiré la main de son
gousset, aperçut trois gros sous.

— Ah ! mon bon monsieur, *la carita ! la carita ! catarina*[5] !
Un petit sou pour avoir du pain !

---

1   *il valait cinquante francs* : une récompense était versée à quiconque repêchait un
    noyé.
2   *paillasse* : bouffon de théâtre forain.
3   *quai Voltaire* : quai où se succèdent quelques-uns des plus grands antiquaires de
    Paris.
4   *goussets* : petites poches de gilets ou de pantalons.
5   *la carita ! la carita ! catarina !* : «la charité !» ; *catarina* veut dire «Catherine» et est
    utilisé ici pour l'assonance.

375   Un jeune ramoneur dont la figure bouffie était noire, le corps brun de suie, les vêtements déguenillés, tendit la main à cet homme pour lui arracher ses derniers sous.

    À deux pas du petit Savoyard[1], un vieux pauvre honteux, maladif, souffreteux, ignoblement vêtu d'une tapisserie[2]
380 trouée, lui dit d'une grosse voix sourde : — Monsieur, donnez-moi *ce que vous voudrez*, je prierai Dieu pour vous… Mais quand l'homme jeune eut regardé le vieillard, celui-ci se tut et ne demanda plus rien, reconnaissant peut-être sur ce visage funèbre la livrée[3] d'une misère plus âpre
385 que n'était la sienne.

    — *La carita ! la carita !*

    L'inconnu jeta sa monnaie à l'enfant et au vieux pauvre en quittant le trottoir pour aller vers les maisons, il ne pouvait plus supporter le poignant aspect de la Seine.

390   — Nous prierons Dieu pour la conservation de vos jours, lui dirent les deux mendiants.

    En arrivant à l'étalage d'un marchand d'estampes[4], cet homme presque mort rencontra une jeune femme qui descendait d'un brillant équipage[5]. Il contempla délicieuse-
395 ment cette charmante personne dont la blanche figure était harmonieusement encadrée dans le satin d'un élégant chapeau. Il fut séduit par une taille svelte, par de jolis mouvements. La robe, légèrement relevée par le marche-pied, lui laissa voir une jambe dont les fins contours étaient
400 dessinés par un bas blanc et bien tiré. La jeune femme entra dans le magasin, y marchanda des albums, des collections de lithographies[6] ; elle en acheta pour plusieurs pièces d'or qui

---

1 *Savoyard* : habitant de la Savoie ; la Savoie n'appartenait plus alors à la France, mais au royaume de Sardaigne.

2 *tapisserie* : tissu servant surtout à confectionner des tentures d'ameublement ; utilisé ici pour bien rendre le ridicule du costume du vieillard.

3 *livrée* : marques extérieures auxquelles on peut reconnaître certaines conditions.

4 *estampes* : images obtenues par impression au moyen d'une planche gravée.

5 *équipage* : la voiture, les chevaux et le personnel qui en a charge.

6 *lithographies* : gravures obtenues par lithographie, reproduction par impression.

étincelèrent et sonnèrent sur le comptoir. Le jeune homme,
en apparence occupé sur le seuil de la porte à regarder des
405 gravures exposées dans la montre[1], échangea vivement avec
la belle inconnue l'œillade la plus perçante que puisse lancer
un homme, contre un de ces coups d'œil insouciants
jetés au hasard sur les passants. C'était, de sa part, un adieu
à l'amour, à la femme ! Mais cette dernière et puissante
410 interrogation ne fut pas comprise, ne remua pas ce cœur de
femme frivole, ne la fit pas rougir, ne lui fit pas baisser les
yeux. Qu'était-ce pour elle ? Une admiration de plus, un
désir inspiré qui le soir lui suggérait cette douce parole :
J'étais *bien* aujourd'hui. Le jeune homme passa prompte-
415 ment à un autre cadre, et ne se retourna point quand
l'inconnue remonta dans sa voiture. Les chevaux partirent,
cette dernière image du luxe et de l'élégance s'éclipsa
comme allait s'éclipser sa vie. Il marcha d'un pas mélancolique le long des magasins, en examinant sans beaucoup
420 d'intérêt les échantillons de marchandises. Quand les bou-
tiques lui manquèrent, il étudia le Louvre, l'Institut[2], les
tours de Notre-Dame, celles du Palais, le Pont des Arts. Ces
monuments paraissaient prendre une physionomie triste
en reflétant les teintes grises du ciel dont les rares clartés
425 prêtaient un air menaçant à Paris qui, pareil à une jolie
femme, est soumis à d'inexplicables caprices de laideur et de
beauté. Ainsi, la nature elle-même conspirait à plonger le
mourant dans une extase douloureuse. En proie à cette
puissance malfaisante dont l'action dissolvante trouve un
430 véhicule dans le fluide qui circule en nos nerfs, il sentait son
organisme arriver insensiblement aux phénomènes de la
fluidité. Les tourmentes de cette agonie lui imprimaient un
mouvement semblable à celui des vagues, et lui faisaient
voir les bâtiments, les hommes, à travers un brouillard où

---

1 *montre* : vitrine.
2 *Institut* : palais de l'Institut, siège des cinq Académies de France.

435 tout ondoyait. Il voulut se soustraire aux titillations[1] que produisaient sur son âme les réactions de la nature physique, et se dirigea vers un magasin d'antiquités dans l'intention de donner une pâture à ses sens, ou d'y attendre la nuit en marchandant des objets d'art. C'était, pour ainsi

440 dire, quêter du courage et demander un cordial[2], comme les criminels qui se défient de leurs forces en allant à l'échafaud ; mais la conscience de sa prochaine mort rendit pour un moment au jeune homme l'assurance d'une duchesse qui a deux amants, et il entra chez le marchand de curiosités d'un

445 air dégagé, laissant voir sur ses lèvres un sourire fixe comme celui d'un ivrogne. N'était-il pas ivre de la vie, ou peut-être de la mort ? Il retomba bientôt dans ses vertiges, et continua d'apercevoir les choses sous d'étranges couleurs, ou animées d'un léger mouvement dont le principe était sans doute

450 dans une irrégulière circulation de son sang, tantôt bouillonnant comme une cascade, tantôt tranquille et fade comme l'eau tiède. Il demanda simplement à visiter les magasins pour chercher s'ils ne renfermaient pas quelques singularités à sa convenance. Un jeune garçon à figure

455 fraîche et joufflue, à chevelure rousse, et coiffé d'une casquette de loutre, commit la garde de la boutique à une vieille paysanne, espèce de *Caliban*[3] femelle occupée à nettoyer un poêle dont les merveilles étaient dues au génie de Bernard de Palissy[4] ; puis il dit à l'étranger d'un

460 air insouciant : — Voyez, monsieur, voyez ! Nous n'avons en bas que des choses assez ordinaires ; mais si vous voulez prendre la peine de monter au premier étage, je pourrai vous montrer de fort belles momies du Caire, plusieurs

---

1 *titillations* : chatouillements.

2 *cordial* : remontant, tonique.

3 *Caliban* : personnage de Shakespeare né d'un démon et d'une sorcière, qui incarne la révolte contre l'ordre établi.

4 Bernard de Palissy (1510-1590). Céramiste et savant français qui découvrit le secret de la composition des émaux.

poteries incrustées, quelques ébènes sculptés, *vraie renais-*
465 *sance*, récemment arrivés, et qui sont de toute beauté.

Dans l'horrible situation où se trouvait l'inconnu, ce
babil[1] de cicérone[2], ces phrases sottement mercantiles furent
pour lui comme les taquineries mesquines par lesquelles des
esprits étroits assassinent un homme de génie. Portant sa
470 croix jusqu'au bout, il parut écouter son conducteur et lui
répondit par gestes ou par monosyllabes ; mais insensiblement il sut conquérir le droit d'être silencieux, et put se
livrer sans crainte à ses dernières méditations, qui furent
terribles. Il était poète, et son âme rencontra fortuitement
475 une immense pâture : il devait voir par avance les ossements
de vingt mondes.

Au premier coup d'œil, les magasins lui offrirent un
tableau confus, dans lequel toutes les œuvres humaines et
divines se heurtaient. Des crocodiles, des singes, des boas
480 empaillés souriaient à des vitraux d'église, semblaient
vouloir mordre des bustes, courir après des laques, ou
grimper sur des lustres. Un vase de Sèvres, où madame
Jacotot[3] avait peint Napoléon, se trouvait auprès d'un
sphinx dédié à Sésostris[4]. Le commencement du monde et
485 les événements d'hier se mariaient avec une grotesque bonhomie. Un tournebroche[5] était posé sur un ostensoir[6], un
sabre républicain sur une hacquebute[7] du Moyen Âge.
Madame Dubarry[8] peinte au pastel par Latour[9], une étoile

---

1 *babil* : bavardage.
2 *cicérone* : guide qui explique aux touristes les attraits d'une ville, d'un musée.
3 *madame Jacotot* : Marie-Victoire Jaquotot (1778-1855). Artiste dont le talent était de
   reproduire les grandes œuvres de la peinture en miniature sur des vases.
4 *Sésostris* : nom de plusieurs pharaons de la XIIe dynastie (XIXe-XXe siècle av. J.-C.).
5 *tournebroche* : mécanisme servant à faire tourner une broche (rôtissoire).
6 *ostensoir* : à la messe, réceptacle d'or ou d'argent destiné à contenir l'hostie consacrée.
7 *hacquebute* (ou arquebuse) : ancienne arme à feu.
8 *Madame Dubarry* : Jeanne Bécu, comtesse du Barry (1743-1793). Maîtresse de
   Louis XV.
9 Maurice Quentin de Latour (1704-1788) : célèbre pastelliste et peintre français,
   nommé peintre du roi en 1750.

sur la tête, nue et dans un nuage, paraissait contempler avec
490   concupiscence une chibouque[1] indienne, en cherchant à
deviner l'utilité des spirales qui serpentaient vers elle. Les
instruments de mort, poignards, pistolets curieux, armes à
secret, étaient jetés pêle-mêle avec des instruments de vie : soupières en porcelaine, assiettes de Saxe, tasses diaphanes
495   venues de Chine, salières antiques, drageoirs[2] féodaux. Un
vaisseau d'ivoire voguait à pleines voiles sur le dos d'une
immobile tortue. Une machine pneumatique éborgnait
l'empereur Auguste[3], majestueusement impassible. Plusieurs
portraits d'échevins français, de bourgmestres[4] hollandais,
500   insensibles alors comme pendant leur vie, s'élevaient au-
dessus de ce chaos d'antiquités, en y lançant un regard pâle
et froid. Tous les pays de la terre semblaient avoir apporté
là quelques débris de leurs sciences, un échantillon de leurs
arts. C'était une espèce de fumier philosophique auquel rien
505   ne manquait, ni le calumet du sauvage, ni la pantoufle vert
et or du sérail[5], ni le yatagan[6] du Maure[7], ni l'idole des
Tartares[8]. Il y avait jusqu'à la blague à tabac du soldat,
jusqu'au ciboire du prêtre, jusqu'aux plumes d'un trône.
Ces monstrueux tableaux étaient encore assujettis à mille
510   accidents de lumière par la bizarrerie d'une multitude de
reflets dus à la confusion des nuances, à la brusque opposition des jours et des noirs. L'oreille croyait entendre des cris
interrompus, l'esprit saisir des drames inachevés, l'œil
apercevoir des lueurs mal étouffées. Enfin une poussière
515   obstinée avait jeté son léger voile sur tous ces objets, dont les

---

1 *chibouque* : pipe orientale à tuyau long.
2 *drageoirs* : récipients pour sucreries.
3 Auguste (~63 ~14). Empereur romain, petit neveu de Jules César (~63 ~14).
4 *bourgmestres* : équivalent de «maires» dans les Pays-Bas.
5 *sérail* : harem.
6 *yatagan* : sabre turc à la lame recourbée.
7 *Maure* : habitant de l'ancienne Mauritanie.
8 *Tartares* : nom donné autrefois aux populations d'Asie centrale (Turcs et Mongols).

angles multipliés et les sinuosités nombreuses produisaient les effets les plus pittoresques.

L'inconnu compara d'abord ces trois salles gorgées de civilisation, de cultes, de divinités, de chefs-d'œuvre, de royautés, de débauches, de raison et de folie, à un miroir plein de facettes dont chacune représentait un monde. Après cette impression brumeuse, il voulut choisir ses jouissances ; mais à force de regarder, de penser, de rêver, il tomba sous la puissance d'une fièvre due peut-être à la faim qui rugissait dans ses entrailles. La vue de tant d'existences nationales ou individuelles, attestées par ces gages humains qui leur survivaient, acheva d'engourdir les sens du jeune homme ; le désir qui l'avait poussé dans le magasin fut exaucé : il sortit de la vie réelle, monta par degrés vers un monde idéal, arriva dans les palais enchantés de l'Extase où l'univers lui apparut par bribes et en traits de feu, comme l'avenir passa jadis flamboyant aux yeux de saint Jean dans Patmos[1].

Une multitude de figures endolories, gracieuses et terribles, obscures et lucides[2], lointaines et rapprochées, se leva par masses, par myriades, par générations. L'Égypte, roide[3], mystérieuse, se dressa de ses sables, représentée par une momie qu'enveloppaient des bandelettes noires ; puis ce fut les pharaons ensevelissant des peuples pour se construire une tombe[4] et Moïse[5], et les Hébreux, et le désert, il entrevit tout un monde antique et solennel. Fraîche et suave une statue de marbre assise sur une colonne torse[6] et rayonnant de blancheur lui parla des mythes voluptueux de la Grèce et

---

1 *saint Jean dans Patmos* : exilé à l'île de Patmos par les Romains, l'apôtre Jean y aurait écrit l'Apocalypse.

2 *lucides* : luisantes, lumineuses (sens vieilli).

3 *roide* : raide.

4 Les pyramides étaient construites par des esclaves, au péril de leur vie.

5 Moïse (~XIIIe siècle). Prophète, fondateur de la religion et de la nation d'Israël.

6 *colonne torse* : colonne en spirale.

de l'Ionie[1]. Ah ! qui n'aurait souri comme lui de voir sur un
545 fond rouge la jeune fille brune dansant dans la fine argile
d'un vase étrusque[2] devant le dieu Priape[3] qu'elle saluait d'un
air joyeux ? En regard, une reine latine caressait sa chimère[4]
avec amour ! Les caprices de la Rome impériale respiraient
là tout entiers et révélaient le bain, la couche, la toilette
550 d'une Julie[5] indolente, songeuse, attendant son Tibulle[6].
Armée du pouvoir des talismans[7] arabes, la tête de Cicéron[8]
évoquait les souvenirs de la Rome libre et lui déroulait les
pages de Tite-Live[9]. Le jeune homme contempla *Senatus*
Populusque romanus[10] : le consul, les licteurs[11], les toges bor-
555 dées de pourpre, les luttes du Forum[12], le peuple courroucé[13]
défilaient lentement devant lui comme les vaporeuses
figures d'un rêve. Enfin la Rome chrétienne dominait ces
images. Une peinture ouvrait les cieux, il y voyait la Vierge
Marie plongée dans un nuage d'or, au sein des anges, éclip-
560 sant la gloire du soleil, écoutant les plaintes des malheureux
auxquels cette Ève régénérée souriait d'un air doux. En
touchant une mosaïque faite avec les différentes laves du
Vésuve et de l'Etna[14], son âme s'élançait dans la chaude et
fauve Italie : il assistait aux orgies des Borgia[15], courait dans

---

1 *Ionie* : région de la Grèce antique.

2 *vase étrusque* : vase d'une région de l'Italie ancienne.

3 *Priape* : dans la mythologie grecque, dieu de la fécondité au sexe démesuré.

4 *chimère* : ici, monstre fabuleux à tête et poitrail de lion, ventre de chèvre, queue de dragon, et qui crache des flammes.

5 Julie (~39 ~14). Fille de l'empereur romain Auguste.

6 Tibulle (~50 ~18). Poète latin.

7 *talismans* : porte-bonheur dotés de propriétés magiques.

8 Cicéron (~106 ~43). Homme politique et célèbre orateur latin. Grand maître de la rhétorique.

9 Tite-Live (~64 ou ~59-~10). Historien romain.

10 *Senatus Populusque romanus* : le Sénat et le peuple romain.

11 *licteurs* : gardes de la Rome antique.

12 *Forum* : centre commercial, politique et religieux de la Rome antique.

13 *courroucé* : en colère.

14 *Vésuve et Etna* : célèbres volcans de l'Italie.

15 *Borgia* : puissante famille romaine de la Renaissance.

565 les Abruzzes[1], aspirait aux amours italiennes, se passionnait
pour les blancs visages aux longs yeux noirs. Il frémissait
aux dénouements nocturnes interrompus par la froide épée
d'un mari, en apercevant une dague[2] du Moyen Âge dont la
poignée était travaillée comme l'est une dentelle, et dont
570 la rouille ressemblait à des taches de sang. L'Inde et ses
religions revivaient dans une idole[3] coiffée de son chapeau
pointu, à losanges relevées[4], parée de clochettes, vêtue d'or et
de soie. Près du magot, une natte[5], jolie comme la bayadère[6]
qui s'y était roulée, exhalait encore les odeurs du sandal[7]. Un
575 monstre de la Chine dont les yeux restaient tordus, la
bouche contournée, les membres torturés, réveillait l'âme
par les inventions d'un peuple qui, fatigué du beau toujours
unitaire, trouve d'ineffables plaisirs dans la fécondité des
laideurs. Une salière sortie des ateliers de Benvenuto Cellini[8]
580 le reportait au sein de la Renaissance, au temps où les arts et
la licence[9] fleurissaient, où les souverains se divertissaient à
des supplices, où les conciles[10] couchés dans les bras des courtisanes décrétaient la chasteté pour les simples prêtres. Il vit
les conquêtes d'Alexandre[11] sur un camée[12], les massacres

---

1 *Abruzzes* : région montagneuse d'Italie.

2 *dague* : courte épée.

3 *idole* : ici, référence à un «magot chinois» (figurine grotesque de l'Extrême-Orient).

4 *losanges relevées* : le mot «losange» était féminin jusqu'au XVIIIe siècle.

5 *natte* : pièce de tissu faite de brins végétaux entrelacés servant de couchette.

6 *bayadère* : danseuse sacrée de l'Inde.

7 *sandal* : santal, arbre duquel on extrait une essence parfumée.

8 Benvenuto Cellini (1500-1571). Grand orfèvre et sculpteur italien. Ses mémoires avaient été traduits en français en 1822 et avaient eu beaucoup de succès auprès des romantiques.

9 *licence* : débauche.

10 *conciles* : assemblées des évêques de l'Église catholique.

11 Alexandre le Grand (~356 ~323). Roi de Macédoine et conquérant.

12 *camée* : pierre fine sculptée en relief.

585 de Pizarre[1] dans une arquebuse[2] à mèche, les guerres de religion échevelées, bouillantes, cruelles, au fond d'un casque. Puis, les riantes images de la chevalerie sourdirent[3] d'une armure de Milan supérieurement damasquinée[4], bien fourbie[5], et sous la visière de laquelle brillaient encore les yeux d'un 590 paladin[6].

Cet océan de meubles, d'inventions, de modes, d'œuvres, de ruines, lui composait un poème sans fin. Formes, couleurs, pensées, tout revivait là ; mais rien de complet ne s'offrait à l'âme. Le poète devait achever les croquis du 595 grand peintre qui avait fait cette immense palette où les innombrables accidents de la vie humaine étaient jetés à profusion, avec dédain. Après s'être emparé du monde, après avoir contemplé des pays, des âges, des règnes, le jeune homme revint à des existences individuelles. Il se person-600 nifia de nouveau, s'empara des détails en repoussant la vie des nations comme trop accablante pour un seul homme.

Là dormait un enfant en cire, sauvé du cabinet de Ruysch[7], et cette ravissante créature lui rappelait les joies de son jeune âge. Au prestigieux aspect du pagne[8] virginal de 605 quelque jeune fille d'Otaïti, sa brûlante imagination lui peignait la vie simple de la nature, la chaste nudité de la vraie pudeur, les délices de la paresse si naturelle à l'homme, toute une destinée calme au bord d'un ruisseau frais et rêveur, sous un bananier qui dispensait une manne[9] savoureuse, sans

---

1 *Pizarre* : Francisco Pizarro (1475-1541). Conquistador espagnol. Il conquit les Incas au Pérou.

2 *arquebuse* : ancienne arme à feu.

3 *sourdirent* : sortirent.

4 *damasquinée* : incrustée d'un filet d'or formant un dessin.

5 *fourbie* : astiquée, polie.

6 *paladin* : chevalier errant du Moyen Âge.

7 Frederik Ruysch (1638-1731). Anatomiste hollandais. Ruysch, selon un procédé qu'il avait inventé, injectait de cires colorées des pièces anatomiques afin d'assurer leur conservation.

8 *pagne* : vêtement primitif d'étoffe ou de feuilles servant de jupe.

9 *manne* : nourriture en abondance.

610 culture. Mais tout à coup il devenait corsaire, et revêtait la terrible poésie empreinte dans le rôle de Lara[1], vivement inspiré par les couleurs nacrées de mille coquillages, exalté par la vue de quelques madrépores[2] qui sentaient le varech[3], les algues et les ouragans atlantiques. Admirant plus loin les

615 délicates miniatures, les arabesques d'azur et d'or qui enrichissaient quelque précieux missel[4] manuscrit, il oubliait les tumultes de la mer. Mollement balancé dans une pensée de paix, il épousait de nouveau l'étude et la science, souhaitait la grasse vie des moines exempte de chagrins,

620 exempte de plaisirs, et se couchait au fond d'une cellule, en contemplant par sa fenêtre en ogive les prairies, les bois, les vignobles de son monastère. Devant quelques Teniers[5], il endossait la casaque[6] d'un soldat ou la misère d'un ouvrier ; il désirait porter le bonnet sale et enfumé des Flamands[7],

625 s'enivrait de bière, jouait aux cartes avec eux, et souriait à une grosse paysanne d'un attrayant embonpoint. Il grelottait en voyant une tombée de neige de Mieris[8], ou se battait en regardant un combat de Salvator Rosa[9]. Il caressait un tomahawk d'Illinois, et sentait le scalpel d'un Cherokee qui lui

630 enlevait la peau du crâne. Émerveillé à l'aspect d'un rebec[10], il le confiait à la main d'une châtelaine en en savourant la romance mélodieuse et lui déclarant son amour, le soir, auprès d'une cheminée gothique[11], dans la pénombre où se perdait un regard de consentement. Il s'accrochait à toutes

---

1   *Lara* : personnage du poète romantique anglais, Lord Byron (1788-1824).

2   *madrépores* : animaux des mers chaudes, semblables au corail.

3   *varech* : type d'algues.

4   *missel* : livre de messe.

5   David Teniers, dit le Jeune (1610-1690). Peintre, dessinateur et graveur flamand, célèbre pour ses scènes de foules bigarrées.

6   *casaque* : vêtement de dessus à larges manches.

7   *Flamands* : habitants de la Flandre (nord de la Belgique).

8   Franz Van Mieris (1635-1681). Peintre hollandais.

9   Salvator Rosa (1615-1673). Peintre italien spécialisé dans les scènes de batailles.

10   *rebec* : instrument de musique médiéval, à trois cordes et à archet.

11   *gothique* : de style médiéval.

635 les joies, saisissait toutes les douleurs, s'emparait de toutes
les formules d'existence en éparpillant si généreusement sa
vie et ses sentiments sur les simulacres de cette nature plas-
tique et vide, que le bruit de ses pas retentissait dans son
âme comme le son lointain d'un autre monde, comme la
640 rumeur de Paris arrive sur les tours de Notre-Dame.

En montrant l'escalier intérieur qui conduisait aux salles
situées au premier étage, il vit des boucliers votifs[1], des
panoplies[2], des tabernacles[3] sculptés, des figures en bois
pendues aux murs, posées sur chaque marche. Poursuivi par
645 les formes les plus étranges, par des créations merveilleuses
assises sur les confins de la mort et de la vie, il marchait
dans les enchantements d'un songe. Enfin, doutant de son
existence, il était comme ces objets curieux, ni tout à fait
mort, ni tout à fait vivant. Quand il entra dans les nouveaux
650 magasins, le jour commençait à pâlir ; mais la lumière
semblait inutile aux richesses resplendissant d'or et d'argent
qui s'y trouvaient entassées. Les plus coûteux caprices de
dissipateurs morts sous des mansardes après avoir possédé
plusieurs millions, étaient dans ce vaste bazar des folies
655 humaines. Une écritoire[4] payée cent mille francs et rachetée
pour cent sous, gisait auprès d'une serrure à secret dont le
prix aurait suffi jadis à la rançon d'un roi. Là, le génie
humain apparaissait dans toutes les pompes[5] de sa misère,
dans toute la gloire de ses gigantesques petitesses. Une table
660 d'ébène, véritable idole d'artistes, sculptée d'après les
dessins de Jean Goujon[6] et qui coûta jadis plusieurs années
de travail, avait été peut-être acquise au prix du bois à

---

1 *votifs* : commémoratifs.
2 *panoplies* : collections d'armes présentées sur un panneau et servant de trophées.
3 *tabernacles* : petites armoires à clé dans lesquelles les prêtres rangent le ciboire
   (vase où sont déposées les hosties).
4 *écritoire* : coffret contenant tout ce qu'il faut pour écrire.
5 *dans toutes les pompes* : dans toute la splendeur.
6 Jean Goujon (1510-1566). Important sculpteur et dessinateur de la Renaissance
   dont le style délicat est un mélange de maniérisme et de classicisme.

brûler. Des coffrets précieux, des meubles faits par la main
des fées, y étaient dédaigneusement amoncelés.

665   — Vous avez des millions ici, s'écria le jeune homme en
arrivant à la pièce qui terminait une immense enfilade d'appartements dorés et sculptés par des artistes du siècle
dernier.

    — Dites des milliards, répondit le gros garçon joufflu.
670 Mais ce n'est rien encore, montez au troisième étage, et vous
verrez !

    L'inconnu suivit son conducteur et parvint à une qua-
trième galerie où successivement passèrent devant ses yeux
fatigués plusieurs tableaux du Poussin[1], une sublime statue
675 de Michel-Ange, quelques ravissants paysages de Claude
Lorrain[1], un Gérard Dow[1] qui ressemblait à une page de
Sterne[§], des Rembrandt[1], des Murillo[1], des Vélasquez[1] sombres
et colorés comme un poème de lord Byron[§] ; puis des bas-
reliefs[2] antiques, des coupes d'agate, des onyx[3] merveilleux !
680 Enfin c'était des travaux à dégoûter du travail, des chefs-
d'œuvre accumulés à faire prendre en haine les arts et à
tuer l'enthousiasme. Il arriva devant une Vierge de Raphaël[4],
mais il était las de Raphaël. Une figure de Corrège[4] qui
voulait un regard ne l'obtint même pas. Un vase inestimable
685 en porphyre[5] antique et dont les sculptures circulaires
représentaient de toutes les priapées[6] romaines la plus
grotesquement licencieuse, délices de quelque Corinne[7], eut
à peine un sourire. Il étouffait sous les débris de cinquante
siècles évanouis, il était malade de toutes ces pensées
690 humaines, assassiné par le luxe et les arts, oppressé sous ces

---

1 Nicolas Poussin (1594-1665) et Claude Lorrain (1600-1682) : peintres français ;
   Gérard Dow (1613-1675) et Rembrandt (1606-1669) : peintres hollandais ;
   Bartolomé Murillo (1618-1682) et Vélasquez (1599-1660) : peintres espagnols.
2 *bas-reliefs* : ouvrages de sculpture en faible relief sur fond uni.
3 *onyx* : objets taillés dans l'onyx, une variété de marbre.
4 *Raphaël* (1483-1520) et *Corrège* (1489-1534) : peintres italiens.
5 *porphyre* : roche volcanique rouge foncé.
6 *priapées* : scènes ou œuvres obscènes.
7 *Corinne* : poétesse grecque du ve siècle av. J.-C.

formes renaissant qui, pareilles à des monstres enfantés sous
ses pieds par quelque malin génie, lui livraient un combat
sans fin.

695 Semblable en ses caprices à la chimie moderne qui
résume la création par un gaz, l'âme ne compose-t-elle pas
de terribles poisons par la rapide concentration de ses jouissances, de ses forces ou de ses idées ? Beaucoup d'hommes
ne périssent-ils pas sous le foudroiement de quelque acide
moral soudainement épandu dans leur être intérieur ?

700 — Que contient cette boîte ? demanda-t-il en arrivant à
un grand cabinet, dernier monceau de gloire, d'efforts humains, d'originalités, de richesses parmi lesquelles il montra
du doigt une grande caisse carrée construite en acajou,
suspendue à un clou par une chaîne d'argent.

705 — Ah ! Monsieur en a la clef, dit le gros garçon avec un
air de mystère. Si vous désirez voir ce portrait, je me
hasarderai volontiers à prévenir Monsieur.

— Vous hasarder ! reprit le jeune homme. Votre maître
est-il un prince ?

710 — Mais, je ne sais pas, répondit le garçon.

Ils se regardèrent pendant un moment aussi étonnés l'un
que l'autre. Après avoir interprété le silence de l'inconnu
comme un souhait, l'apprenti le laissa seul dans le cabinet.

Vous êtes-vous jamais lancé dans l'immensité de l'espace
715 et du temps, en lisant les œuvres géologiques de Cuvier[1] ?
Emporté par son génie, avez-vous plané sur l'abîme sans
bornes du passé, comme soutenu par la main d'un enchan-
teur ? En découvrant de tranche en tranche, de couche en
couche, sous les carrières de Montmartre ou dans les schistes[2]
720 de l'Oural[3], ces animaux dont les dépouilles fossilisées

---

1 Georges Cuvier (1769-1832). Zoologiste et paléontologiste français, fondateur de
l'anatomie comparée et de la paléontologie.

2 *schistes* : roches ayant acquis une structure feuilletée.

3 *Oural* : système montagneux de Russie.

appartiennent à des civilisations antédiluviennes[1], l'âme est
effrayée d'entrevoir des milliards d'années, des millions de
peuples que la faible mémoire humaine, que l'indestructible
tradition divine ont oubliés et dont la cendre entassée à la
725   surface de notre globe y forme les deux pieds de terre qui
nous donnent du pain et des fleurs. Cuvier n'est-il pas le
plus grand poète de notre siècle ? Lord Byron[§] a bien reproduit par des mots quelques agitations morales ; mais notre
immortel naturaliste a reconstruit des mondes avec des os
730   blanchis, a rebâti comme Cadmus[2] des cités avec des dents,
a repeuplé mille forêts de tous les mystères de la zoologie
avec quelques fragments de houille[3], a retrouvé des populations de géants dans le pied d'un mammouth[4]. Ces figures se
dressent, grandissent et meublent des régions en harmonie
735   avec leurs statures colossales. Il est poète avec des chiffres, il
est sublime en posant un zéro près d'un sept. Il réveille le
néant sans prononcer des paroles artificiellement magiques,
il fouille une parcelle de gypse, y aperçoit une empreinte et
vous crie : Voyez ! Soudain les marbres s'animalisent, la
740   mort se vivifie, le monde se déroule ! Après d'innombrables
dynasties de créatures gigantesques, après des races de
poissons et des clans de mollusques, arrive enfin le genre
humain, produit dégénéré d'un type grandiose, brisé peut-
être par le Créateur. Échauffés par son regard rétrospectif,
745   ces hommes chétifs, nés d'hier, peuvent franchir le chaos,
entonner un hymne sans fin et se configurer le passé de
l'univers dans une sorte d'Apocalypse rétrograde. En présence de cette épouvantable résurrection due à la voix d'un
seul homme, la miette dont l'usufruit[5] nous est concédé

---

1 *antédiluviennes* : avant le Déluge ; très anciennes.
2 *Cadmus* (ou Cadmos) : héros légendaire grec qui, sur les conseils d'Athéna, sema
   les dents du dragon qu'il venait d'abattre ; aussitôt sortirent de terre des hommes
   armés dont quelques-uns l'aidèrent à bâtir la citadelle de Thèbes.
3 *houille* : charbon.
4 *mammouth* : éléphant fossile de l'époque quaternaire.
5 *usufruit* : bien légué.

750 dans cet infini sans nom, commun à toutes les sphères et que nous avons nommé LE TEMPS, cette minute de vie nous fait pitié. Nous nous demandons, écrasés que nous sommes sous tant d'univers en ruine, à quoi bon nos gloires, nos haines, nos amours : et si, pour devenir un point intangible
755 dans l'avenir, la peine de vivre doit s'accepter ? Déracinés du présent, nous sommes morts jusqu'à ce que notre valet de chambre entre et vienne nous dire : — «Madame la comtesse a répondu qu'elle attendait Monsieur !»

Les merveilles dont l'aspect venait de présenter au jeune
760 homme toute la création connue mirent dans son âme l'abattement que produit chez le philosophe la vue scientifique des créations inconnues, il souhaita plus vivement que jamais de mourir, et tomba sur une chaise curule[1] en laissant errer ses regards à travers les fantasmagories de ce
765 panorama du passé. Les tableaux s'illuminèrent, les têtes de vierge lui sourirent, et les statues se colorèrent d'une vie trompeuse. À la faveur de l'ombre, et mises en danse par la fiévreuse tourmente qui fermentait dans son cerveau brisé, ces œuvres s'agitèrent et tourbillonnèrent devant lui ;
770 chaque magot lui jeta sa grimace, les paupières des personnages représentés dans les tableaux s'abaissèrent sur leurs yeux pour les rafraîchir. Chacune de ces formes frémit, sautilla, se détacha de sa place gravement, légèrement, avec grâce ou brusquerie, selon ses mœurs, son caractère et sa
775 contexture[2]. Ce fut un mystérieux sabbat[3] digne des fantaisies entrevues par le docteur Faust[4] sur le *Brocken*[5]. Mais ces phénomènes d'optique enfantés par la fatigue, par la tension

---

1 *chaise curule* : dans l'Antiquité romaine, siège d'ivoire réservé aux premiers magistrats.

2 *contexture* : constitution.

3 *sabbat* : ici, assemblée nocturne de sorciers et de sorcières.

4 *docteur Faust* : personnage qui devint un héros de légende. Faust aurait vendu son âme au diable contre la jeunesse éternelle et la connaissance absolue.

5 *Brocken* : point culminant d'un massif en Allemagne, dont les forêts ténébreuses ont donné lieu à plusieurs légendes.

des forces oculaires ou par les caprices du crépuscule, ne pouvaient effrayer l'inconnu. Les terreurs de la vie étaient
780 impuissantes sur une âme familiarisée avec les terreurs de la mort. Il favorisa même par une sorte de complicité railleuse[1] les bizarreries de ce galvanisme[2] moral dont les prodiges s'accouplaient aux dernières pensées qui lui donnaient encore le sentiment de l'existence. Le silence régnait si pro-
785 fondément autour de lui que bientôt il s'aventura dans une douce rêverie dont les impressions graduellement noires suivirent, de nuance en nuance et comme par magie, les lentes dégradations de la lumière. Une lueur en quittant le ciel fit reluire un dernier reflet rouge en luttant contre la
790 nuit, il leva la tête, vit un squelette à peine éclairé qui pencha dubitativement son crâne de droite à gauche, comme pour lui dire : Les morts ne veulent pas encore de toi ! En passant la main sur son front pour en chasser le sommeil, le jeune homme sentit distinctement un vent frais produit par je ne
795 sais quoi de velu qui lui effleura les joues et il frissonna. Les vitres ayant retenti d'un claquement sourd, il pensa que cette froide caresse digne des mystères de la tombe venait de quelque chauve-souris. Pendant un moment encore, les vagues reflets du couchant lui permirent d'apercevoir indis-
800 tinctement les fantômes par lesquels il était entouré ; puis toute cette nature morte s'abolit dans une même teinte noire. La nuit, l'heure de mourir était subitement venue. Il s'écoula, dès ce moment, un certain laps de temps pendant lequel il n'eut aucune perception claire des choses terrestres,
805 soit qu'il se fût enseveli dans une rêverie profonde, soit qu'il eût cédé à la somnolence provoquée par ses fatigues et par la multitude des pensées qui lui déchiraient le cœur. Tout à coup il crut avoir été appelé par une voix terrible, et il tressaillit comme lorsqu'au milieu d'un brûlant cauche-
810 mar nous sommes précipités d'un seul bond dans les

---

1 *railleuse* : moqueuse.
2 *galvanisme* : électrification, animation.

profondeurs d'un abîme. Il ferma les yeux, les rayons d'une
vive lumière l'éblouissaient ; il voyait briller au sein des
ténèbres une sphère rougeâtre dont le centre était occupé
par un petit vieillard qui se tenait debout et dirigeait sur lui
815 la clarté d'une lampe. Il ne l'avait entendu ni venir, ni
parler, ni se mouvoir. Cette apparition eut quelque chose de
magique. L'homme le plus intrépide, surpris ainsi dans son
sommeil, aurait sans doute tremblé devant ce personnage
qui semblait être sorti d'un sarcophage voisin. La singulière
820 jeunesse qui animait les yeux immobiles de cette espèce
de fantôme empêchait l'inconnu de croire à des effets surnaturels ; néanmoins, pendant le rapide intervalle qui
sépara sa vie somnambulique de sa vie réelle, il demeura
dans le doute philosophique recommandé par Descartes[1], et
825 fut alors, malgré lui, sous la puissance de ces inexplicables
hallucinations dont les mystères sont condamnés par notre
fierté ou que notre science impuissante tâche en vain
d'analyser.

Figurez-vous un petit vieillard sec et maigre, vêtu d'une
830 robe en velours noir, serrée autour de ses reins par un gros
cordon de soie. Sur sa tête, une calotte en velours également
noir laissait passer, de chaque côté de la figure, les longues
mèches de ses cheveux blancs et s'appliquait sur le crâne de
manière à rigidement encadrer le front. La robe ensevelissait
835 le corps comme dans un vaste linceul[2], et ne permettait de
voir d'autre forme humaine qu'un visage étroit et pâle. Sans
le bras décharné, qui ressemblait à un bâton sur lequel on
aurait posé une étoffe et que le vieillard tenait en l'air pour
faire porter sur le jeune homme toute la clarté de la lampe,
840 ce visage aurait paru suspendu dans les airs. Une barbe grise
et taillée en pointe cachait le menton de cet être bizarre, et

---

1 *doute [...] Descartes* : doute méthodique. Descartes (1596-1650) recommandait de
   mettre en question tout ce qui, dans l'existence, pouvait donner lieu au doute.

2 *linceul* : toile dans laquelle on ensevelit un mort.

lui donnait l'apparence de ces têtes judaïques[1] qui servent de
types aux artistes quand ils veulent représenter Moïse[§]. Les
lèvres de cet homme étaient si décolorées, si minces, qu'il
845 fallait une attention particulière pour deviner la ligne tracée
par la bouche dans son blanc visage. Son large front ridé, ses
joues blêmes et creuses, la rigueur implacable de ses petits
yeux verts dénués de cils et de sourcils, pouvaient faire
croire à l'inconnu que le *Peseur d'or* de Gérard Dow[§] était
850 sorti de son cadre. Une finesse d'inquisiteur trahie par les
sinuosités de ses rides et par les plis circulaires dessinés sur
ses tempes, accusait une science profonde des choses de la
vie. Il était impossible de tromper cet homme qui semblait
avoir le don de surprendre les pensées au fond des cœurs les
855 plus discrets. Les mœurs de toutes les nations du globe et
leurs sagesses se réunissaient sur sa face froide, comme les
productions du monde entier se trouvaient accumulées
dans ses magasins poudreux. Vous y auriez lu la tranquillité
lucide d'un Dieu qui voit tout, ou la force orgueilleuse d'un
860 homme qui a tout vu. Un peintre aurait, avec deux expressions différentes et en deux coups de pinceau, fait de cette
figure une belle image du Père Éternel ou le masque rica-
neur du Méphistophélès[2], car il se trouvait tout ensemble
une suprême puissance dans le front et de sinistres railleries
865 sur la bouche. En broyant toutes les peines humaines sous
un pouvoir immense, cet homme devait avoir tué les joies
terrestres. Le moribond[3] frémit en pressentant que ce vieux
génie habitait une sphère étrangère au monde et où il vivait
seul, sans jouissances parce qu'il n'avait plus d'illusions,
870 sans douleur parce qu'il ne connaissait plus de plaisirs. Le
vieillard se tenait debout, immobile, inébranlable comme
une étoile au milieu d'un nuage de lumière. Ses yeux verts,

---

1 *judaïques* : dont les traits rappellent ceux des Juifs.
2 *Méphistophélès* : personnage de la légende de Faust qui aspire à la conquête du
monde pour mieux le détruire.
3 *moribond* : mourant.

pleins de je ne sais quelle malice calme, semblaient éclairer le monde moral comme sa lampe illuminait ce cabinet
875 mystérieux.

Tel fut le spectacle étrange qui surprit le jeune homme au moment où il ouvrit les yeux, après avoir été bercé par des pensées de mort et de fantasques[1] images. S'il demeura comme étourdi, s'il se laissa momentanément dominer par
880 une croyance digne d'enfants qui écoutent les contes de leurs nourrices, il faut attribuer cette erreur au voile étendu sur sa vie et sur son entendement par ses méditations, à l'agacement de ses nerfs irrités, au drame violent dont les scènes venaient de lui prodiguer les atroces délices conte-
885 nues dans un morceau d'opium. Cette vision avait lieu dans Paris, sur le quai Voltaire, au dix-neuvième siècle, temps et lieux où la magie devait être impossible. Voisin de la maison où le dieu de l'incrédulité française[2] avait expiré, disciple de Gay-Lussac et d'Arago[3], contempteur[4] des tours de gobelets[5]
890 que font les hommes du pouvoir, l'inconnu n'obéissait sans doute qu'à ces fascinations poétiques auxquelles nous nous prêtons souvent comme pour fuir de désespérantes vérités, comme pour tenter la puissance de Dieu. Il trembla donc devant cette lumière et ce vieillard, agité par l'inexplicable
895 pressentiment de quelque pouvoir étrange ; mais cette émotion était semblable à celle que nous avons tous éprouvée devant Napoléon, ou en présence de quelque grand homme brillant de génie et revêtu de gloire.

— Monsieur désire voir le portrait de Jésus-Christ peint
900 par Raphaël ? lui dit courtoisement le vieillard d'une voix dont la sonorité claire et brève avait quelque chose de métallique.

---

1 *fantasques* : bizarres, surnaturelles.

2 *dieu de l'incrédulité française* : Voltaire (1694-1778), auteur de *Candide* (1759).

3 Gay-Lussac (1778-1850) : physicien ; François Arago (1786-1853) : astronome.

4 *contempteur* : personne qui dénigre, critique.

5 *tours de gobelets* : tours de passe-passe. Allusion à la corruption du pouvoir.

Et il posa la lampe sur le fût d'une colonne brisée, de manière à ce que la boîte brune reçût toute la clarté.

905 Aux noms religieux de Jésus-Christ et de Raphaël, il échappa au jeune homme un geste de curiosité, sans doute attendu par le marchand qui fit jouer un ressort. Soudain le panneau d'acajou glissa dans une rainure, tomba sans bruit et livra la toile à l'admiration de l'inconnu. À l'aspect

910 de cette immortelle création, il oublia les fantaisies du magasin, les caprices de son sommeil, redevint homme, reconnut dans le vieillard une créature de chair, bien vivante, nullement fantasmagorique[1], et revécut dans le monde réel. La tendre sollicitude, la douce sérénité du divin visage

915 influèrent aussitôt sur lui. Quelque parfum épanché des cieux dissipa les tortures infernales qui lui brûlaient la moelle des os. La tête du Sauveur des hommes paraissait sortir des ténèbres figurées par un fond noir ; une auréole de rayons étincelait vivement autour de sa chevelure d'où cette

920 lumière voulait sortir : sous le front, sous les chairs, il y avait une éloquente conviction qui s'échappait de chaque trait par de pénétrants effluves. Les lèvres vermeilles venaient de faire entendre la parole de vie, et le spectateur en cherchait le retentissement sacré dans les airs, il en demandait les

925 ravissantes paraboles[§] au silence, il l'écoutait dans l'avenir, la retrouvait dans les enseignements du passé. L'Évangile était traduit par la simplicité calme de ces adorables yeux où se réfugiaient les âmes troublées. Enfin la religion catholique se lisait tout entière en un suave et magnifique sourire

930 qui semblait exprimer ce précepte où elle se résume : *Aimez-vous les uns les autres !* Cette peinture inspirait une prière, recommandait le pardon, étouffait l'égoïsme, réveillait toutes les vertus endormies. Partageant le privilège des enchantements de la musique, l'œuvre de Raphaël vous jetait

935 sous le charme impérieux des souvenirs, et son triomphe

---

1 *fantasmagorique* : fantastique.

était complet, on oubliait le peintre. Le prestige de la lumière agissait encore sur cette merveille ; par moments il semblait que la tête s'agitât dans le lointain, au sein de quelque nuage.

940 — J'ai couvert cette toile de pièces d'or, dit froidement le marchand.

— Eh bien, il va falloir mourir, s'écria le jeune homme qui sortait d'une rêverie dont la dernière pensée l'avait ramené vers sa fatale destinée en le faisant descendre par 945 d'insensibles déductions d'une dernière espérance à laquelle il s'était attaché.

— Ah ! ah ! j'avais donc raison de me méfier de toi, répondit le vieillard en saisissant les deux mains du jeune homme qu'il serra par les poignets dans l'une des siennes, 950 comme dans un étau.

L'inconnu sourit tristement de cette méprise et dit d'une voix douce : — Hé ! monsieur, ne craignez rien, il s'agit de ma vie et non de la vôtre. Pourquoi n'avouerais-je pas une innocente supercherie, reprit-il après avoir regardé le vieillard 955 inquiet. En attendant la nuit, afin de pouvoir me noyer sans esclandre, je suis venu voir vos richesses. Qui ne pardonnerait ce dernier plaisir à un homme de science et de poésie !

Le soupçonneux marchand examina d'un œil sagace[1] le morne visage de son faux chaland[2] tout en l'écoutant parler. 960 Rassuré bientôt par l'accent de cette voix douloureuse, ou lisant peut-être dans ces traits décolorés les sinistres destinées qui naguère avaient fait frémir les joueurs, il lâcha les mains ; mais par un reste de suspicion qui révéla une expérience au moins centenaire, il étendit nonchalamment le bras 965 vers un buffet comme pour s'appuyer, et dit en y prenant un stylet[3] : — Êtes-vous depuis trois ans surnuméraire au Trésor, sans y avoir touché de gratification ?

---

1 *sagace* : perspicace, avisé.

2 *chaland* : client.

3 *stylet* : poignard à lame mince et très pointue.

L'inconnu ne put s'empêcher de sourire en faisant un geste négatif.

970 — Votre père vous a-t-il trop vivement reproché d'être venu au monde, ou bien êtes-vous déshonoré ?

— Si je voulais me déshonorer, je vivrais.

— Avez-vous été sifflé aux Funambules[1], ou vous trouvez-vous obligé de composer des flonflons[2] pour payer le convoi[3] 975 de votre maîtresse ? N'auriez-vous pas plutôt la maladie de l'or ? Voulez-vous détrôner l'ennui ? Enfin, quelle erreur vous engage à mourir ?

— Ne cherchez pas le principe de ma mort dans les raisons vulgaires qui commandent la plupart des suicides. 980 Pour me dispenser de vous dévoiler des souffrances inouïes et qu'il est difficile d'exprimer en langage humain, je vous dirai que je suis dans la plus profonde, la plus ignoble, la plus perçante de toutes les misères. Et, ajouta-t-il d'un ton de voix dont la fierté sauvage démentait ses paroles précé-985 dentes, je ne veux mendier ni secours ni consolations.

— Eh ! eh ! Ces deux syllabes que d'abord le vieillard fit entendre pour toute réponse ressemblèrent au cri d'une cré-celle. Puis il reprit ainsi : — Sans vous forcer à m'implorer, sans vous faire rougir, et sans vous donner un centime de 990 France, un para[4] du Levant[5], un tarain[4] de Sicile, un heller[4] d'Allemagne, un kopeck[4] de Russie, un farthing[4] d'Écosse, une seule des sesterces[4] ou des oboles[4] de l'ancien monde, ni une piastre du nouveau, sans vous offrir quoi que ce soit en or, argent, billon[6], papier, billet, je veux vous faire plus riche,

---

1 *Funambules* : le théâtre des Funambules, d'abord théâtre de marionnettes lors de sa création en 1815, devint célèbre vers 1830 grâce aux pantomimes du mime Deburau (1796-1846). On y présentait aussi des vaudevilles (pièces de théâtre populaire).

2 *flonflons* : chansons à boire. Au sens large : morceaux de musique populaire.

3 *convoi* : cortège funèbre.

4 *para, tarain, heller, kopeck, farthing, sesterces, oboles* : la plus petite des unités moné-taires de chacun de ces territoires ; «sesterce» est normalement masculin.

5 *Levant* : Moyen-Orient.

6 *billon* : anciennement, monnaie de cuivre.

995 plus puissant et plus considéré que ne peut l'être un roi constitutionnel[1].

Le jeune homme crut le vieillard en enfance, et resta comme engourdi, sans oser répondre.

— Retournez-vous, dit le marchand en saisissant tout à
1000 coup la lampe pour en diriger la lumière sur le mur qui faisait face au portrait, et regardez cette Peau de Chagrin[2], ajouta-t-il.

Le jeune homme se leva brusquement et témoigna quelque surprise en apercevant au-dessus du siège où il
1005 s'était assis un morceau de *chagrin* accroché sur le mur, et dont la dimension n'excédait pas celle d'une peau de renard ; mais, par un phénomène inexplicable au premier abord, cette peau projetait au sein de la profonde obscurité qui régnait dans le magasin des rayons si lumineux que vous
1010 eussiez dit d'une petite comète. Le jeune incrédule s'approcha de ce prétendu talisman qui devait le préserver du malheur, et s'en moqua par une phrase mentale. Cependant, animé d'une curiosité bien légitime, il se pencha pour regarder alternativement la Peau sous toutes les faces, et découvrit
1015 bientôt une cause naturelle à cette singulière lucidité. Les grains noirs du chagrin étaient si soigneusement polis et si bien brunis, les rayures capricieuses en étaient si propres et si nettes que, pareilles à des facettes de grenat[3], les aspérités de ce cuir oriental formaient autant de petits foyers qui
1020 réfléchissaient vivement la lumière. Il démontra mathématiquement la raison de ce phénomène au vieillard, qui, pour toute réponse, sourit avec malice. Ce sourire de supériorité fit croire au jeune savant qu'il était la dupe[4] en ce moment de quelque charlatanisme. Il ne voulut pas emporter une

---

1 *roi constitutionnel* : allusion à Louis-Philippe d'Orléans, effectivement très riche.
2 *Peau de Chagrin* : cuir fait de peau de mouton, de chèvre, d'âne ; ici, cuir d'âne sauvage, comme on l'apprendra bientôt.
3 *grenat* : pierre précieuse.
4 *dupe* : celui dont on abuse de la naïveté.

1025 énigme de plus dans la tombe, et retourna promptement la
Peau comme un enfant pressé de connaître les secrets de son
jouet nouveau.

— Ah ! ah ! s'écria-t-il, voici l'empreinte du sceau que les
Orientaux nomment le cachet[§] de Salomon[1].

1030 — Vous le connaissez donc ? demanda le marchand dont
les narines laissèrent passer deux ou trois bouffées d'air qui
peignirent plus d'idées que n'en auraient exprimé les plus
énergiques paroles.

— Existe-t-il au monde un homme assez simple pour
1035 croire à cette chimère ? s'écria le jeune homme piqué
d'entendre ce rire muet et plein d'amères dérisions. Ne
savez-vous pas, ajouta-t-il, que les superstitions de l'Orient
ont consacré la forme mystique et les caractères mensongers
de cet emblème qui représente une puissance fabuleuse ? Je ne
1040 crois pas devoir être plus taxé de niaiserie dans cette circonstance que si je parlais des Sphinx ou des Griffons[2], dont
l'existence est en quelque sorte mythologiquement admise.

— Puisque vous êtes un orientaliste, reprit le vieillard,
peut-être lirez-vous cette sentence ?

1045 Il apporta la lampe près du talisman que le jeune homme
tenait à l'envers, et lui fit apercevoir des caractères incrustés
dans le tissu cellulaire de cette Peau merveilleuse, comme
s'ils eussent été produits par l'animal auquel elle avait jadis
appartenu.

1050 — J'avoue, s'écria l'inconnu, que je ne devine guère le
procédé dont on se sera servi pour graver si profondément
ces lettres sur la peau d'un onagre[3].

Et, se retournant avec vivacité vers les tables chargées de
curiosités, ses yeux parurent y chercher quelque chose.

---

1 *cachet de Salomon* : Salomon est un personnage de l'Ancien Testament, roi d'Israël.
La tradition en fait également un magicien qui tire son pouvoir d'un talisman sur
lequel est gravé un sceau, le fameux «cachet de Salomon» : ✿.

2 *Griffons* : monstres à corps de lion, à tête et à ailes d'aigle.

3 *onagre* : âne sauvage de grande taille.

[…] regardez cette Peau de Chagrin *[…]*

Ligne 1001.

Illustration de Janet Langes pour l'édition de 1838.
Bibliothèque nationale, Paris.

1055   — Que voulez-vous ? demanda le vieillard.

— Un instrument pour trancher le chagrin, afin de voir si les lettres y sont empreintes ou incrustées.

Le vieillard présenta son stylet[§] à l'inconnu, qui le prit et tenta d'entamer la Peau à l'endroit où les paroles se
1060 trouvaient écrites ; mais, quand il eut enlevé une légère couche de cuir, les lettres y reparurent si nettes et tellement conformes à celles qui étaient imprimées sur la surface, que, pendant un moment, il crut n'en avoir rien ôté.

— L'industrie du Levant[§] a des secrets qui lui sont réelle-
1065 ment particuliers, dit-il en regardant la sentence orientale avec une sorte d'inquiétude.

— Oui, répondit le vieillard, il vaut mieux s'en prendre aux hommes qu'à Dieu !

Les paroles mystérieuses étaient disposées de la manière
1070 suivante :

او ملكتـنى ملكت ٱلكل

و لكن عمرك ملكى

واراد الله هكذا

اطلب و ستنال مطالبك

و لكن قس مطالبك على عمرك

وهى داهنا

فدكل مرامك ستنزل ايامك

أتربد فى

الله مجيبك

آمـن

Ce qui voulait dire en français :

SI TU ME POSSÈDES, TU POSSÉDERAS TOUT,
MAIS TA VIE M'APPARTIENDRA. DIEU L'A
VOULU AINSI. DÉSIRE, ET TES DÉSIRS
1075 SERONT ACCOMPLIS. MAIS RÈGLE
TES SOUHAITS SUR TA VIE.
ELLE EST LÀ. À CHAQUE
VOULOIR JE DÉCROÎTRAI
COMME TES JOURS.
1080 ME VEUX-TU ?
PRENDS. DIEU
T'EXAUCERA.
SOIT !

Ah ! vous lisez couramment le sanscrit[1], dit le vieillard.
1085 Peut-être avez-vous voyagé en Perse[2] ou dans le Bengale[3] ?

— Non, monsieur, répondit le jeune homme en tâtant
avec curiosité cette Peau symbolique, assez semblable à une
feuille de métal par son peu de flexibilité.

Le vieux marchand remit la lampe sur la colonne où il
1090 l'avait prise, en lançant au jeune homme un regard empreint d'une froide ironie qui semblait dire : Il ne pense déjà
plus à mourir.

— Est-ce une plaisanterie, est-ce un mystère ? demanda
le jeune inconnu.

1095 Le vieillard hocha la tête et dit gravement :

Je ne saurais vous répondre. J'ai offert le terrible pouvoir
que donne ce talisman à des hommes doués de plus d'énergie que vous ne paraissez en avoir ; mais, tout en se moquant
de la problématique influence qu'il devait exercer sur leurs
1100 destinées futures, aucun n'a voulu se risquer à conclure ce

---

1 *sanscrit* : langue classique de l'Inde. Attention cependant : il ne s'agit pas ici de sanscrit, mais d'arabe.
2 *Perse* : Empire moyen-oriental qui comprenait parmi ses territoires l'Iran actuel.
3 *Bengale* : région orientale de l'Inde.

contrat si fatalement proposé par je ne sais quelle puissance. Je pense comme eux, j'ai douté, je me suis abstenu, et…

— Et vous n'avez pas même essayé ? dit le jeune homme en l'interrompant.

1105 — Essayer ! dit le vieillard. Si vous étiez sur la colonne de la place Vendôme[1], essaieriez-vous de vous jeter dans les airs ? Peut-on arrêter le cours de la vie ? L'homme a-t-il jamais pu scinder la mort ? Avant d'entrer dans ce cabinet, vous aviez résolu de vous suicider ; mais tout à coup un 1110 secret vous occupe et vous distrait de mourir. Enfant ! Chacun de vos jours ne vous offrira-t-il pas une énigme plus intéressante que ne l'est celle-ci ? Écoutez-moi. J'ai vu la cour licencieuse du régent[2]. Comme vous, j'étais alors dans la misère, j'ai mendié mon pain ; néanmoins j'ai atteint 1115 l'âge de cent deux ans, et suis devenu millionnaire : le malheur m'a donné la fortune, l'ignorance m'a instruit. Je vais vous révéler en peu de mots un grand mystère de la vie humaine. L'homme s'épuise par deux actes instinctivement accomplis qui tarissent les sources de son existence. Deux 1120 verbes expriment toutes les formes que prennent ces deux causes de mort : VOULOIR et POUVOIR. Entre ces deux termes de l'action humaine, il est une autre formule dont s'emparent les sages, et je lui dois le bonheur et ma longévité. *Vouloir* nous brûle et *Pouvoir* nous détruit ; mais SAVOIR laisse notre 1125 faible organisation dans un perpétuel état de calme. Ainsi le désir ou le vouloir est mort en moi, tué par la pensée ; le mouvement ou le pouvoir s'est résolu par le jeu naturel de mes organes. En deux mots, j'ai placé ma vie, non dans le cœur qui se brise, non dans les sens qui s'émoussent[3], mais 1130 dans le cerveau qui ne s'use pas et qui survit à tout. Rien d'excessif n'a froissé ni mon âme ni mon corps. Cependant, j'ai vu le monde entier. Mes pieds ont foulé les plus hautes

---

1 *colonne de la place Vendôme* : colonne érigée à Paris (1806-1810) par Napoléon Ier.

2 *régent* : celui qui gouverne une monarchie pendant la minorité ou l'absence du roi.

3 *s'émoussent* : s'endorment.

montagnes de l'Asie et de l'Amérique, j'ai appris tous les langages humains, et j'ai vécu sous tous les régimes. J'ai
1135 prêté mon argent à un Chinois en prenant pour gage le corps de son père, j'ai dormi sous la tente de l'Arabe sur la foi de sa parole, j'ai signé des contrats dans toutes les capitales européennes, et j'ai laissé sans crainte mon or dans le wigwam des sauvages, enfin j'ai tout obtenu parce que j'ai
1140 tout su dédaigner. Ma seule ambition a été de voir. Voir n'est-ce pas savoir ? Oh ! savoir, jeune homme, n'est-ce pas jouir intuitivement ? N'est-ce pas découvrir la substance même du fait et s'en emparer essentiellement ? Que reste-t-il d'une possession matérielle ? Une idée. Jugez alors combien doit
1145 être belle la vie d'un homme qui, pouvant empreindre[1] toutes les réalités dans sa pensée, transporte en son âme les sources du bonheur, en extrait mille voluptés idéales dépouillées des souillures terrestres. La pensée est la clef de tous les trésors, elle procure les joies de l'avare sans en donner les
1150 soucis. Aussi ai-je plané sur le monde, où mes plaisirs ont toujours été des jouissances intellectuelles. Mes débauches étaient la contemplation des mers, des peuples, des forêts, des montagnes ! J'ai tout vu, mais tranquillement, sans fatigue ; je n'ai jamais rien désiré, j'ai tout attendu. Je me
1155 suis promené dans l'univers comme dans le jardin d'une habitation qui m'appartenait. Ce que les hommes appellent chagrins, amours, ambitions, revers, tristesse, sont pour moi des idées que je change en rêveries ; au lieu de les sentir, je les exprime, je les traduis ; au lieu de leur laisser dévorer ma
1160 vie, je les dramatise, je les développe, je m'en amuse comme de romans que je lirais par une vision intérieure. N'ayant jamais lassé mes organes, je jouis encore d'une santé robuste. Mon âme ayant hérité de toute la force dont je n'abusais pas, cette tête est encore mieux meublée que ne le
1165 sont mes magasins. Là, dit-il en se frappant le front, là sont

---

1 *empreindre* : imprimer.

les vrais millions. Je passe des journées délicieuses en jetant
un regard intelligent dans le passé, j'évoque des pays entiers,
des sites, des vues de l'Océan, des figures historiquement
belles ! J'ai un sérail§ imaginaire où je possède toutes les
1170　femmes que je n'ai pas eues. Je revois souvent vos guerres,
vos révolutions, et je les juge. Oh ! comment préférer de
fébriles, de légères admirations pour quelques chairs plus
ou moins colorées, pour des formes plus ou moins rondes !
comment préférer tous les désastres de vos volontés trom-
1175　pées à la faculté sublime de faire comparaître en soi l'univers, au plaisir immense de se mouvoir sans être garrotté[1]
par les liens du temps ni par les entraves de l'espace, au
plaisir de tout embrasser, de tout voir, de se pencher sur le
bord du monde pour interroger les autres sphères, pour
1180　écouter Dieu ! Ceci, dit-il d'une voix éclatante en montrant
la Peau de chagrin, est le *pouvoir* et le *vouloir* réunis. Là sont
vos idées sociales, vos désirs excessifs, vos intempérances[2],
vos joies qui tuent, vos douleurs qui font trop vivre ; car le
mal n'est peut-être qu'un violent plaisir. Qui pourrait
1185　déterminer le point où la volupté devient un mal et celui où
le mal est encore la volupté ? Les plus vives lumières du
monde idéal ne caressent-elles pas la vue, tandis que les plus
douces ténèbres du monde physique la blessent toujours ?
Le mot de Sagesse ne vient-il pas de savoir ? et qu'est-ce que
1190　la folie, sinon l'excès d'un vouloir ou d'un pouvoir ?

　　— Eh bien, oui, je veux vivre avec excès, dit l'inconnu en
saisissant la Peau de chagrin.

　　— Jeune homme, prenez garde, s'écria le vieillard avec
une incroyable vivacité.

1195　　　— J'avais résolu ma vie par l'étude et par la pensée ;
mais elles ne m'ont même pas nourri, répliqua l'inconnu.
Je ne veux être la dupe§ ni d'une prédication[3] digne de

1　*garrotté* : bâillonné, attaché.

2　*intempérances* : abus, excès.

3　*prédication* : sermon.

Swedenborg[1], ni de votre amulette oriental[2], ni des charitables efforts que vous faites, monsieur, pour me retenir
1200 dans un monde où mon existence est désormais impossible.
Voyons ! ajouta-t-il en serrant le talisman d'une main
convulsive et regardant le vieillard. Je veux un dîner royalement splendide, quelque bacchanale[3] digne du siècle où tout
s'est, dit-on, perfectionné[4] ! Que mes convives soient jeunes,
1205 spirituels et sans préjugés, joyeux jusqu'à la folie ! Que les
vins se succèdent toujours plus incisifs, plus pétillants,
et soient de force à nous enivrer pour trois jours ! Que
cette nuit soit parée de femmes ardentes ! Je veux que
la Débauche en délire et rugissant nous emporte dans son
1210 char à quatre chevaux, par-delà les bornes du monde, pour
nous verser sur des plages inconnues : que les âmes montent
dans les cieux ou se plongent dans la boue, je ne sais si
alors elles s'élèvent ou s'abaissent, peu m'importe ! Donc je
commande à ce pouvoir sinistre de me fondre toutes les
1215 joies dans une joie. Oui, j'ai besoin d'embrasser les plaisirs
du ciel et de la terre dans une dernière étreinte pour en
mourir. Aussi souhaité-je et des priapées[§] antiques après
boire, et des chants à réveiller les morts, et de triples baisers,
des baisers sans fin dont la clameur passe sur Paris comme
1220 un craquement d'incendie, y réveille les époux et leur
inspire une ardeur cuisante qui les rajeunisse tous, même
les septuagénaires !

---

1 Emanuel Swedenborg (1688-1772). Savant et mystique suédois. Il fonda une doctrine, l'Église de la Nouvelle Jérusalem, qui fit beaucoup d'adeptes en Angleterre et
aux États-Unis. Swedenborg opposait à la connaissance scientifique une connaissance spirituelle.

2 *amulette oriental* : le personnage désigne ainsi la peau de chagrin par incrédulité,
puisqu'une amulette (le nom est maintenant féminin) n'est qu'un porte-bonheur,
contrairement à un talisman, doté de pouvoirs magiques.

3 *bacchanale* : orgie.

4 *siècle où tout s'est, dit-on, perfectionné* : le XIXᵉ siècle.

Un éclat de rire, parti de la bouche du petit vieillard, retentit dans les oreilles du jeune fou comme un bruisse-
1225 ment de l'enfer, et l'interdit si despotiquement[1] qu'il se tut.

— Croyez-vous, dit le marchand, que mes planchers vont s'ouvrir tout à coup pour donner passage à des tables somptueusement servies et à des convives de l'autre monde ? Non, non, jeune étourdi. Vous avez signé le pacte,
1230 tout est dit. Maintenant vos volontés seront scrupuleuse-ment satisfaites, mais aux dépens de votre vie. Le cercle de vos jours, figuré par cette Peau, se resserrera suivant la force et le nombre de vos souhaits, depuis le plus léger jusqu'au plus exorbitant. Le bramine[2] auquel je dois ce talisman m'a
1235 jadis expliqué qu'il s'opérerait un mystérieux accord entre les destinées et les souhaits du possesseur. Votre premier désir est vulgaire, je pourrais le réaliser ; mais j'en laisse le soin aux événements de votre nouvelle existence. Après tout, vous vouliez mourir ? Hé bien, votre suicide n'est
1240 que retardé.

L'inconnu, surpris et presque irrité de se voir toujours plaisanté par ce singulier vieillard dont l'intention demi-philanthropique[§] lui parut clairement démontrée dans cette dernière raillerie, s'écria : — Je verrai bien, monsieur, si ma
1245 fortune changera pendant le temps que je vais mettre à franchir la largeur du quai. Mais, si vous ne vous moquez pas d'un malheureux, je désire, pour me venger d'un si fatal service, que vous tombiez amoureux d'une danseuse ! Vous comprendrez alors le bonheur d'une débauche, et peut-être
1250 deviendrez-vous prodigue de tous les biens que vous avez si philosophiquement ménagés.

Il sortit sans entendre un grand soupir que poussa le vieillard, traversa les salles et descendit les escaliers de cette maison, suivi par le gros garçon joufflu qui voulut vaine-
1255 ment l'éclairer ; il courait avec la prestesse d'un voleur pris

---

1 *despotiquement* : tyranniquement.
2 *bramine* : prêtre chez les hindous.

en flagrant délit. Aveuglé par une sorte de délire, il ne s'aperçut même pas de l'incroyable ductilité[1] de la Peau de chagrin, qui, devenue souple comme un gant, se roula sous ses doigts frénétiques et put entrer dans la poche de son
1260 habit où il la mit presque machinalement. En s'élançant de la porte du magasin sur la chaussée, il heurta trois jeunes gens qui se tenaient bras dessus bras dessous.

— Animal !

— Imbécile !

1265 Telles furent les gracieuses interpellations qu'ils échangèrent.

— Eh ! c'est Raphaël.

— Ah ! bien, nous te cherchions.

— Quoi ! c'est vous ?

1270 Ces trois phrases amicales succédèrent à l'injure aussitôt que la clarté d'un réverbère balancé par le vent frappa les visages de ce groupe étonné.

— Mon cher ami, dit à Raphaël le jeune homme qu'il avait failli renverser, tu vas venir avec nous.

1275 — De quoi s'agit-il donc ?

— Avance toujours, je te conterai l'affaire en marchant.

De force ou de bonne volonté, Raphaël fut entouré de ses amis, qui, l'ayant enchaîné par les bras dans leur joyeuse bande, l'entraînèrent vers le Pont des Arts.

1280 — Mon cher, dit l'orateur en continuant, nous sommes à ta poursuite depuis une semaine environ. À ton respectable hôtel Saint-Quentin, dont par parenthèse l'enseigne inamovible offre des lettres toujours alternativement noires et rouges comme au temps de J.-J. Rousseau[§], ta Léonarde[2]
1285 nous a dit que tu étais parti pour la campagne. Cependant nous n'avions certes pas l'air de gens d'argent, huissiers,

---

1 *ductilité* : qui peut être allongé, étiré sans se rompre.

2 *Léonarde* : logeuse, hôtelière.

créanciers, gardes du commerce[1], etc. N'importe ! Rastignac[2]
t'avait aperçu la veille aux Bouffons[3], nous avons repris
courage, et nous avons mis de l'amour-propre à découvrir si
1290　tu te perchais sur les arbres des Champs-Élysées, si tu allais
coucher pour deux sous dans ces maisons philanthropiques[5]
où les mendiants dorment appuyés sur des cordes tendues,
ou si, plus heureux, ton bivouac[4] n'était pas établi dans
quelque boudoir[5]. Nous ne t'avons rencontré nulle part, ni
1295　sur les écrous[6] de Sainte-Pélagie[7], ni sur ceux de la Force[8] !
Les ministères, l'Opéra, les maisons conventuelles[9], cafés,
bibliothèques, listes de préfets, bureaux de journalistes, restaurants, foyers de théâtre, bref, tout ce qu'il y a dans Paris
de bons et de mauvais lieux ayant été savamment explorés,
1300　nous gémissions sur la perte d'un homme doué d'assez de
génie pour se faire également chercher à la cour et dans les
prisons. Nous parlions de te canoniser[10] comme un héros de
Juillet[11] ! et, ma parole d'honneur, nous te regrettions.

　　En ce moment, Raphaël passait avec ses amis sur le Pont
1305　des Arts, d'où, sans les écouter, il regardait la Seine dont les
eaux mugissantes répétaient les lumières de Paris. Au-dessus
de ce fleuve, dans lequel il voulait se précipiter naguère, les
prédictions du vieillard étaient accomplies, l'heure de sa
mort se trouvait déjà fatalement retardée.

1　*gardes du commerce* : sorte de huissiers.

2　*Rastignac* : personnage récurrent de Balzac. Rastignac incarne le mondain rusé,
　　opportuniste et sans scrupules.

3　*Bouffons* : c'est-à-dire au Théâtre-Italien, spécialisé dans la *commedia dell'arte*.

4　*bivouac* : campement.

5　*boudoir* : petit salon élégant de dame.

6　*écrous* : procès-verbaux confirmant qu'un individu a été remis à un directeur de
　　prison.

7　*Sainte-Pélagie* : prison pour dettes, à Paris.

8　*Force* : autre prison parisienne.

9　*maisons conventuelles* : couvents.

10　*canoniser* : mettre au nombre des saints.

11　*héros de Juillet* : héros de la révolution de juillet 1830, qui fit des centaines de
　　victimes.

1310   — Et nous te regrettions vraiment ! dit son ami pour-
suivant toujours sa thèse. Il s'agit d'une combinaison dans
laquelle nous te comprenions en ta qualité d'homme
supérieur, c'est-à-dire d'homme qui sait se mettre au-dessus
de tout. L'escamotage de la muscade constitutionnelle sous
1315   le gobelet royal[1] se fait aujourd'hui, mon cher, plus gravement
que jamais. L'infâme Monarchie renversée par l'héroïsme
populaire était une femme de mauvaise vie avec laquelle on
pouvait rire et banqueter ; mais la Patrie est une épouse
acariâtre[2] et vertueuse, il nous faut accepter, bon gré, mal gré,
1320   ses caresses compassées[3]. Or donc, le pouvoir s'est transporté,
comme tu sais, des Tuileries chez les journalistes, de même
que le budget a changé de quartier, en passant du faubourg
Saint-Germain[4] à la Chaussée-d'Antin[5]. Mais voici ce que tu
ne sais peut-être pas ! Le gouvernement, c'est-à-dire l'aris-
1325   tocratie de banquiers et d'avocats, qui font aujourd'hui de
la patrie comme les prêtres faisaient jadis de la monarchie,
a senti la nécessité de mystifier le bon peuple de France
avec des mots nouveaux et de vieilles idées, à l'instar des
philosophes de toutes les écoles et des hommes forts de tous
1330   les temps. Il s'agit donc de nous inculquer une opinion
royalement nationale, en nous prouvant qu'il est bien plus
heureux de payer douze cents millions trente-trois centimes
à la patrie représentée par messieurs tels et tels, que onze cents
millions neuf centimes à un roi qui disait *moi* au lieu de dire
1335   *nous*. En un mot, un journal armé de deux ou trois cents
bons mille francs vient d'être fondé dans le but de faire
une opposition qui contente les mécontents, sans nuire au

---

1   *L'escamotage [...] royal* : la « muscade » est une petite boule que font disparaître les
magiciens. Allusion à la révolution de 1830 qui aurait dû être l'aboutissement des
principes révolutionnaires de 1789 (liberté-égalité-fraternité), mais qui devint le
triomphe de l'esprit bourgeois.

2   *acariâtre* : querelleuse, grincheuse.

3   *compassées* : guindées, sans spontanéité.

4   *faubourg Saint-Germain* : quartier de l'aristocratie.

5   *Chaussée-d'Antin* : quartier de la finance.

gouvernement national du roi-citoyen[1]. Or, comme nous
nous moquons de la liberté autant que du despotisme, de
1340 la religion aussi bien que de l'incrédulité; que pour nous
la patrie est une capitale où les idées s'échangent et se
vendent à tant la ligne, où tous les jours amènent de succu-
lents dîners, de nombreux spectacles; où fourmillent de
licencieuses prostituées, où les soupers ne finissent que le
1345 lendemain, où les amours vont à l'heure comme les
citadines[2]; que Paris sera toujours la plus adorable de toutes
les patries! la patrie de la joie, de la liberté, de l'esprit, des
jolies femmes, des mauvais sujets, du bon vin, et où le bâton
du pouvoir ne se fera jamais trop sentir, puisque l'on est
1350 près de ceux qui le tiennent... Nous, véritables sectateurs[3]
du dieu Méphistophélès[§], avons entrepris de badigeonner
l'esprit public, de rhabiller les acteurs, de clouer de nouvelles planches à la baraque gouvernementale, de médica-
menter les doctrinaires, de recuire les vieux républicains, de
1355 réchampir[4] les bonapartistes et de ravitailler le centre,
pourvu qu'il nous soit permis de rire *in petto*[5] des rois et des
peuples, de ne pas être le soir de notre opinion du matin, et
de passer une joyeuse vie à la Panurge[6] ou *more orientali*[7],
couchés sur de moelleux coussins. Nous te destinions les
1360 rênes de cet empire macaronique[8] et burlesque, ainsi nous
t'emmenons de ce pas au dîner donné par le fondateur
dudit journal, un banquier retiré qui, ne sachant que faire
de son or, veut le changer en esprit. Tu y seras accueilli

---

1 *roi-citoyen*: le roi n'était plus roi de droit divin mais de droit constitutionnel.
2 *citadines*: voitures publiques.
3 *sectateurs*: partisans.
4 *réchampir*: dans la peinture en bâtiment, détacher les objets du fond sur lequel on
   les peint, soit en marquant les contours, soit par le contraste des couleurs.
5 *in petto*: «en secret», en italien.
6 *Panurge*: personnage de l'écrivain Rabelais (1494-1553) bourré de défauts, mais
   ingénieux et comique.
7 *more orientali*: «à la manière orientale».
8 *macaronique*: genre burlesque dans lequel on affuble n'importe quel mot d'une
   terminaison latine pour «faire savant».

comme un frère, nous t'y saluerons roi de ces esprits fron-
1365 deurs que rien n'épouvante, dont la perspicacité découvre
les intentions de l'Autriche, de l'Angleterre ou de la Russie,
avant que la Russie, l'Angleterre ou l'Autriche n'aient des
intentions! Oui, nous t'instituerons le souverain de ces
puissances intelligentes qui fournissent au monde les
1370 Mirabeau, les Talleyrand, les Pitt, les Metternich[1], enfin tous
ces hardis Crispins[2] qui jouent entre eux les destinées d'un
empire comme les hommes vulgaires jouent leur *kirchenwasser*[3] aux dominos. Nous t'avons donné pour le plus
intrépide compagnon qui jamais ait étreint corps à corps la
1375 Débauche, ce monstre admirable avec lequel veulent lutter
tous les esprits forts; nous avons même affirmé qu'il ne
t'a pas encore vaincu. J'espère que tu ne feras pas mentir
nos éloges. Taillefer, notre amphitryon[4], nous a promis de
surpasser les étroites saturnales[5] de nos petits Lucullus[6] mo-
1380 dernes. Il est assez riche pour mettre de la grandeur dans les
petitesses, de l'élégance et de la grâce dans le vice. Entends-
tu, Raphaël? lui demanda l'orateur en s'interrompant.

— Oui, répondit le jeune homme moins étonné de
l'accomplissement de ses souhaits que surpris de la manière
1385 naturelle par laquelle les événements s'enchaînaient.

Quoiqu'il lui fût impossible de croire à une influence
magique, il admirait les hasards de la destinée humaine.

— Mais tu nous dis oui, comme si tu pensais à la mort de
ton grand-père, lui répliqua l'un de ses voisins.

---

1 Mirabeau (1749-1791), Talleyrand-Périgord (1754-1838), Pitt (1759-1806), Metternich
   (1773-1859). Hommes politiques, les deux premiers, français, le troisième, anglais,
   et le dernier, autrichien.
2 *Crispins*: Crispin est un valet fripon et rusé, personnage de la *commedia dell'arte*.
3 *kirchenwasser*: eau-de-vie de cerise (kirsch).
4 *amphitryon*: hôte.
5 *saturnales*: orgies, fêtes décadentes.
6 Lucius Licinius Lucullus (~106-~56). Général romain qui consacra sa retraite à
   vivre dans le luxe et le raffinement.

1390   — Ah ! reprit Raphaël avec un accent de naïveté qui fit rire ces écrivains, l'espoir de la jeune France[1], je pensais, mes amis, que nous voilà près de devenir de biens grands coquins[2] ! Jusqu'à présent nous avons fait de l'impiété entre deux vins, nous avons pesé la vie étant ivres, nous avons
1395   prisé[3] les hommes et les choses en digérant. Vierges du fait, nous étions hardis en paroles ; mais marqués maintenant par le fer chaud de la politique, nous allons entrer dans ce grand bagne et y perdre nos illusions. Quand on ne croit plus qu'au diable, il est permis de regretter le paradis de la
1400   jeunesse, le temps d'innocence où nous tendions dévotement la langue à un bon prêtre, pour recevoir le sacré corps de Notre-Seigneur Jésus-Christ. Ah ! mes bons amis, si nous avons eu tant de plaisir à commettre nos premiers péchés, c'est que nous avions des remords pour les embellir et leur
1405   donner du piquant, de la saveur ; tandis que maintenant…

     — Oh ! maintenant, reprit le premier interlocuteur, il nous reste…

     — Quoi ? dit un autre.

     — Le crime…

1410   — Voilà un mot qui a toute la hauteur d'une potence et toute la profondeur de la Seine, répliqua Raphaël.

     — Oh ! tu ne m'entends pas. Je parle des crimes politiques. Depuis ce matin je n'envie qu'une existence, celle des conspirateurs. Demain, je ne sais si ma fantaisie durera
1415   toujours ; mais ce soir la vie pâle de notre civilisation, unie comme la rainure[4] d'un chemin de fer, fait bondir mon cœur de dégoût ! Je suis épris de passion pour les malheurs de la déroute de Moscou, pour les émotions du *Corsaire rouge*[5] et

---

1   *la jeune France* : la jeune bohème romantique de 1830.

2   *coquins* : vauriens.

3   *prisé* : dans le sens de «priser du tabac» ou «aspirer du tabac par le nez» (voir la note 2 à la page 18).

4   *rainure* : rail.

5   *Le Corsaire rouge* : roman de James Fenimore Cooper (1789-1851), romancier américain.

pour l'existence des contrebandiers. Puisqu'il n'y a plus de
1420 Chartreux[1] en France, je voudrais au moins un Botany-Bay[2],
une espèce d'infirmerie destinée aux petits lords Byrons[§],
qui, après avoir chiffonné la vie comme une serviette après
dîner, n'ont plus rien à faire qu'à incendier leur pays, se
brûler la cervelle, conspirer pour la république, ou deman-
1425 der la guerre…

— Émile, dit avec feu le voisin de Raphaël à l'interlocuteur, foi d'homme, sans la révolution de Juillet[3], je me faisais
prêtre pour aller mener une vie animale au fond de quelque
campagne, et…
1430 — Et tu aurais lu le bréviaire tous les jours ?

— Oui.

— Tu es un fat[4].

— Nous lisons bien les journaux.

— Pas mal ! pour un journaliste. Mais, tais-toi, nous
1435 marchons au milieu d'une masse d'abonnés. Le journa-
lisme, vois-tu, c'est la religion des sociétés modernes, et il y
a progrès.

— Comment ?

— Les pontifes[5] ne sont pas tenus de croire, ni le peuple
1440 non plus…

En devisant[6] ainsi, comme de braves gens qui savaient le
De Viris illustribus[7] depuis longues années, ils arrivèrent à
un hôtel de la rue Joubert[8].

---

1   *Chartreux* : religieux de l'ordre de Saint-Bruno.

2   *Botany-Bay* : baie australienne choisie par les Anglais en 1788 pour y installer une
colonie pénitentiaire.

3   *révolution de Juillet* : insurrection des 27, 28 et 29 juillet 1830.

4   *fat* : prétentieux.

5   *pontifes* : personnages qui font autorité, remplis d'eux-mêmes.

6   *devisant* : conversant.

7   *De Viris illustribus urbis Romae* : *Des hommes illustres de Rome*, ouvrage d'histoire
romaine qui servit à l'enseignement du latin pendant tout le xixᵉ siècle.

8   *rue Joubert* : dans le quartier de la finance (voir la note 5 à la page 57).

Émile était un journaliste qui avait conquis plus de gloire
1445 à ne rien faire que les autres n'en recueillent de leurs succès.
Critique hardi, plein de verve et de mordant, il possédait
toutes les qualités que comportaient ses défauts. Franc et
rieur, il disait en face mille épigrammes[§] à un ami qu'absent
il défendait avec courage et loyauté. Il se moquait de tout,
1450 même de son avenir. Toujours dépourvu d'argent, il restait,
comme tous les hommes de quelque portée, plongé dans
une inexprimable paresse, jetant un livre dans un mot au
nez de gens qui ne savaient pas mettre un mot dans leurs
livres. Prodigue de promesses qu'il ne réalisait jamais, il
1455 s'était fait de sa fortune et de sa gloire un coussin pour
dormir, courant ainsi la chance de se réveiller vieux à l'hôpital. D'ailleurs, ami jusqu'à l'échafaud, fanfaron de
cynisme et simple comme un enfant, il ne travaillait que par
boutade ou par nécessité.

1460 　— Nous allons faire, suivant l'expression de maître
Alcofribas[1], un fameux *tronçon de chiere lie*[2], dit-il à Raphaël
en lui montrant les caisses de fleurs qui embaumaient et
verdissaient les escaliers.

　— J'aime les porches[3] bien chauffés et garnis de riches
1465 tapis, répondit Raphaël. Le luxe dès le péristyle[4] est rare en
France. Ici, je me sens renaître.

　— Et là-haut nous allons boire et rire encore une fois,
mon pauvre Raphaël. Ah çà ! reprit-il, j'espère que nous
serons les vainqueurs et que nous marcherons sur toutes ces
1470 têtes-là.

Puis, d'un geste moqueur, il montra les convives en entrant
dans un salon qui resplendissait de dorures, de lumières, et
où ils furent aussitôt accueillis par les jeunes gens les plus

---

1　*Alcofribas Nasier* : anagramme de François Rabelais (1494-1553).

2　*tronçon de chiere lie* : «morceau de plaisir», en français de la Renaissance ; désigne
　ici l'orgie qui suivra.

3　*porches* : vestibules.

4　*péristyle* : colonnade qui décore la façade d'un édifice.

remarquables de Paris. L'un venait de révéler un talent neuf,
1475 et de rivaliser par son premier tableau avec les gloires de la
peinture impériale. L'autre avait hasardé la veille un livre
plein de verdeur[1], empreint d'une sorte de dédain littéraire,
et qui découvrait à l'école moderne de nouvelles routes. Plus
loin, un statuaire dont la figure pleine de rudesse accusait
1480 quelque vigoureux génie, causait avec un de ces froids
railleurs qui, selon l'occurrence, tantôt ne veulent voir de
supériorité nulle part, et tantôt en reconnaissent partout.
Ici, le plus spirituel de nos caricaturistes, à l'œil malin, à la
bouche mordante, guettait les épigrammes[5] pour les
1485 traduire à coups de crayon. Là, ce jeune et audacieux
écrivain, qui mieux que personne distillait la quintessence[2]
des pensées politiques, ou condensait en se jouant l'esprit
d'un écrivain fécond, s'entretenait avec ce poète dont les
écrits écraseraient toutes les œuvres du temps présent, si son
1490 talent avait la puissance de sa haine. Tous deux essayaient de
ne pas dire la vérité et de ne pas mentir, en s'adressant de
douces flatteries. Un musicien célèbre consolait en *si* bémol,
et d'une voix moqueuse un jeune homme politique récemment tombé de la tribune sans se faire aucun mal. De jeunes
1495 auteurs sans style étaient auprès de jeunes auteurs sans
idées, des prosateurs[3] pleins de poésie près de poètes
prosaïques[4]. Voyant ces êtres incomplets, un pauvre saint-
simonien[5], assez naïf pour croire à sa doctrine, les accouplait
avec charité, voulant sans doute les transformer en religieux
1500 de son ordre. Enfin il s'y trouvait deux ou trois de ces
savants destinés à mettre de l'azote dans la conversation,
et plusieurs vaudevillistes[6] prêts à y jeter de ces lueurs

---

1 *verdeur* : rudesse de langage.
2 *quintessence* : meilleur de quelque chose.
3 *prosateurs* : auteurs qui écrivent en prose.
4 *prosaïques* : sans poésie.
5 *saint-simonien* : qui adhère à la doctrine de Saint-Simon (1760-1825), partisan
 d'une société industrielle où s'harmoniseraient les intérêts des chefs d'entreprise
 et des ouvriers. Les idées de Saint-Simon annoncent le socialisme.
6 *vaudevillistes* : auteurs de vaudevilles (comédies légères, divertissantes).

éphémères qui, semblables aux étincelles du diamant, ne
donnent ni chaleur ni lumière. Quelques hommes à para-
1505 doxes, riant sous cape des gens qui épousent leurs admirations ou leurs mépris pour les hommes et les choses,
faisaient déjà de cette politique à double tranchant, avec
laquelle ils conspirent contre tous les systèmes, sans prendre
parti pour aucun. Le *jugeur*[1] qui ne s'étonne de rien, qui se
1510 mouche au milieu d'une *cavatine*[2] aux Bouffons[§], y crie
brava[3] avant tout le monde, et contredit ceux qui prévien-
nent son avis, était là cherchant à s'attribuer les mots des
gens d'esprit. Parmi ces convives, cinq avaient de l'avenir,
une dizaine devaient obtenir quelque gloire viagère[4]; quant
1515 aux autres, ils pouvaient comme toutes les médiocrités se
dire le fameux mensonge de Louis XVIII: *Union et oubli*[5].
L'amphitryon[§] avait la gaieté soucieuse d'un homme qui
dépense deux mille écus. De temps en temps ses yeux se
dirigeaient avec impatience vers la porte du salon, en
1520 appelant celui des convives qui se faisait attendre. Bientôt
apparut un gros petit homme qui fut accueilli par une
flatteuse rumeur, c'était le notaire qui, le matin même, avait
achevé de créer le journal. Un valet de chambre vêtu de noir
vint ouvrir les portes d'une vaste salle à manger, où chacun
1525 alla sans cérémonie reconnaître sa place autour d'une table
immense. Avant de quitter les salons, Raphaël y jeta un
dernier coup d'œil. Son souhait était certes bien complètement réalisé. La soie et l'or tapissaient les appartements.
De riches candélabres supportant d'innombrables bougies
1530 faisaient briller les plus légers détails des frises[6] dorées, les

---

1 *jugeur*: personne qui juge de tout sans avoir la compétence nécessaire.
2 *cavatine*: pièce vocale assez courte dans un opéra.
3 *brava*: bravo.
4 *viagère*: qui doit durer pendant la vie d'une personne et pas au-delà.
5 *Union et oubli*: union de tous les Français dans l'oubli des luttes antérieures à la
   Restauration.
6 *frises*: bordures ornementales.

délicates ciselures[1] du bronze et les somptueuses couleurs de l'ameublement. Les fleurs rares de quelques jardinières artistement construites avec des bambous, répandaient de doux parfums. Tout jusqu'aux draperies respirait une
1535 élégance sans prétention; enfin il y avait en tout je ne sais quelle grâce poétique dont le prestige devait agir sur l'imagination d'un homme sans argent.

— Cent mille livres de rente sont un bien joli commentaire du catéchisme[2], et nous aident merveilleusement à
1540 mettre la *morale en actions*! dit-il en soupirant. Oh! oui, ma vertu ne va guère à pied. Pour moi, le vice c'est une mansarde, un habit râpé[§], un chapeau gris en hiver, et des dettes chez le portier. Ah! je veux vivre au sein de ce luxe un an, six mois, n'importe! Et puis après mourir. J'aurai du
1545 moins épuisé, connu, dévoré mille existences.

— Oh! lui dit Émile qui l'écoutait, tu prends le coupé[3] d'un agent de change pour le bonheur. Va, tu serais bientôt ennuyé de la fortune en t'apercevant qu'elle te ravirait la chance d'être un homme supérieur. Entre les pauvretés de la
1550 richesse et les richesses de la pauvreté, l'artiste a-t-il jamais balancé? Ne nous faut-il pas toujours des luttes, à nous autres? Aussi, prépare ton estomac, vois, dit-il en lui montrant par un geste héroïque le majestueux, le trois fois saint et rassurant aspect que présentait la salle à manger du
1555 benoît[4] capitaliste. Cet homme-là, reprit-il, ne s'est vraiment donné la peine d'amasser son argent que pour nous. N'est-ce pas une espèce d'éponge oubliée par les naturalistes[5] dans l'ordre des polypiers[6], et qu'il s'agit de presser avec délicatesse,

---

1 *ciselures* : du verbe «ciseler», travailler avec un ciseau (des ouvrages de métal ou de pierre).

2 *catéchisme* : instruction dans les principes de la foi chrétienne.

3 *coupé* : voiture fermée à quatre roues tirée par des chevaux.

4 *benoît* : bon et doux.

5 *naturalistes* : savants qui s'occupent spécialement de sciences naturelles (botanique, minéralogie, zoologie).

6 *polypiers* : animaux aquatiques fossilisés dans la roche calcaire.

avant de la laisser sucer par des héritiers ? Ne trouves-tu pas
1560 du style aux bas-reliefs[§] qui décorent les murs ? Et les lustres, et les tableaux, quel luxe bien entendu ! S'il faut croire
les envieux et ceux qui tiennent à voir les ressorts de la vie,
cet homme aurait tué, pendant la Révolution, un Allemand
et quelques autres personnes qui seraient, dit-on, son
1565 meilleur ami et la mère de cet ami[1]. Peux-tu donner place à
des crimes sous les cheveux grisonnants de ce vénérable
Taillefer ? Il a l'air d'un bien bon homme. Vois donc comme
l'argenterie étincelle, et chacun de ces rayons brillants serait
pour lui un coup de poignard ?... Allons donc ! Autant
1570 vaudrait croire en Mahomet. Si le public avait raison, voici
trente hommes de cœur et de talent qui s'apprêteraient à
manger les entrailles, à boire le sang d'une famille. Et nous
deux, jeunes gens pleins de candeur, d'enthousiasme, nous
serions complices du forfait ! J'ai envie de demander à notre
1575 capitaliste s'il est honnête homme.

— Non pas maintenant ! s'écria Raphaël, mais quand il
sera ivre mort, nous aurons dîné.

Les deux amis s'assirent en riant. D'abord et par un
regard plus rapide que la parole, chaque convive paya son
1580 tribut d'admiration au somptueux coup d'œil qu'offrait une
longue table, blanche comme une couche de neige fraîche-
ment tombée, et sur laquelle s'élevaient symétriquement les
couverts couronnés de petits pains blonds. Les cristaux
répétaient les couleurs de l'iris[2] dans leurs reflets étoilés, les
1585 bougies traçaient des feux croisés à l'infini, les mets placés
sous des dômes d'argent aiguisaient l'appétit et la curiosité.
Les paroles furent assez rares. Les voisins se regardèrent. Le
vin de Madère circula. Puis le premier service apparut dans
toute sa gloire, il aurait fait honneur à feu Cambacérès[3], et

---

1 Allusion à l'intrigue de *L'Auberge rouge*, que Balzac écrivait en même temps que *La Peau de chagrin*.

2 *iris* : plante à grandes fleurs ornementales bleues, violettes, blanches.

3 Jean-Jacques Régis de Cambacérès (1753-1824). Juriste et homme politique français dont les dîners sont restés célèbres.

1590 Brillat-Savarin[1] l'eût célébré. Les vins de Bordeaux et de Bourgogne, blancs et rouges, furent servis avec une profusion royale. Cette première partie du festin était comparable, en tout point, à l'exposition d'une tragédie classique. Le second acte devint quelque peu bavard. Chaque convive
1595 avait bu raisonnablement en changeant de crus suivant ses caprices, en sorte qu'au moment où l'on emporta les restes de ce magnifique service, de tempétueuses discussions s'étaient établies ; quelques fronts pâles rougissaient, plusieurs nez commençaient à s'empourprer, les visages
1600 s'allumaient, les yeux pétillaient. Pendant cette aurore de l'ivresse, le discours ne sortit pas encore des bornes de la civilité ; mais les railleries, les bons mots s'échappèrent peu à peu de toutes les bouches ; puis la calomnie[2] éleva tout doucement sa petite tête de serpent et parla d'une voix
1605 flûtée ; çà et là, quelques sournois écoutèrent attentivement, espérant garder leur raison. Le second service trouva donc les esprits tout à fait échauffés. Chacun mangea en parlant, parla en mangeant, but sans prendre garde à l'affluence des liquides, tant ils étaient lampants[3] et parfumés, tant l'exem-
1610 ple fut contagieux. Taillefer se piqua d'animer ses convives, et fit avancer les terribles vins du Rhône, le chaud Tokay, le vieux Roussillon[4] capiteux. Déchaînés comme les chevaux d'une malle-poste[5] qui part d'un relais, ces hommes fouettés par les flammèches du vin de Champagne impatiemment
1615 attendu, mais abondamment versé, laissèrent alors galoper leur esprit dans le vide de ces raisonnements que personne

---

1 Anthelme Brillat-Savarin (1755-1826). Magistrat, gastronome et écrivain français, auteur de la *Physiologie du goût ou Méditations de gastronomie transcendante* (1825).

2 *calomnie* : ragot, diffamation.

3 *lampants* : se dit des vins corsés, bons à boire, à lamper («boire à grandes gorgées» dans le langage populaire).

4 *vins du Rhône, le chaud Tokay, le vieux Roussillon* : types de vins ; le Tokay est un vin de liqueur de Hongrie.

5 *malle-poste* : voiture des services postaux.

n'écoute, se mirent à raconter ces histoires qui n'ont pas
d'auditeur, recommencèrent cent fois ces interpellations qui
restent sans réponse. L'orgie seule déploya sa grande voix, sa
1620 voix composée de cent clameurs confuses qui grossissent
comme les crescendo[1] de Rossini[2]. Puis arrivèrent les toasts
insidieux, les forfanteries[3], les défis. Tous renonçaient à se
glorifier de leur capacité intellectuelle pour revendiquer
celle des tonneaux, des foudres, des cuves. Il semblait que
1625 chacun eût deux voix. Il vint un moment où les maîtres
parlèrent tous à la fois, et où les valets sourirent. Mais cette
mêlée de paroles où les paradoxes douteusement lumineux,
les vérités grotesquement habillées se heurtèrent à travers
les cris, les jugements interlocutoires[4], les arrêts souverains
1630 et les niaiseries, comme au milieu d'un combat se croisent
les boulets, les balles et la mitraille, eût sans doute intéressé
quelque philosophe par la singularité des pensées, ou surpris un politique par la bizarrerie des systèmes. C'était tout
à la fois un livre et un tableau. Les philosophies, les reli-
1635 gions, les morales, si différentes d'une latitude à l'autre, les
gouvernements, enfin tous les grands actes de l'intelligence
humaine tombèrent sous une faux aussi longue que celle du
Temps, et peut-être eussiez-vous pu difficilement décider si
elle était maniée par la Sagesse ivre, ou par l'Ivresse devenue
1640 sage et clairvoyante. Emportés par une espèce de tempête,
ces esprits semblaient, comme la mer irritée contre ses
falaises, vouloir ébranler toutes les lois entre lesquelles
flottent les civilisations, satisfaisant ainsi sans le savoir à la
volonté de Dieu, qui laisse dans la nature le bien et le mal
1645 en gardant pour lui seul le secret de leur lutte perpétuelle.

---

1 *crescendo* : amplification progressive de l'intensité sonore.

2 Gioacchino Rossini (1792-1868). Célèbre compositeur italien que fréquenta Balzac
   entre 1830 et 1833.

3 *forfanteries* : vantardises.

4 *jugements interlocutoires* : en droit, jugements qui ordonnent des mesures destinées
   à compléter l'instruction de l'affaire.

Furieuse et burlesque, la discussion fut en quelque sorte un sabbat[1] des intelligences. Entre les tristes plaisanteries dites par ces enfants de la Révolution à la naissance d'un journal, et les propos tenus par de joyeux buveurs à la naissance de Gargantua[2], se trouvait tout l'abîme qui sépare le dix-neuvième siècle du seizième. Celui-ci apprêtait une destruction en riant, le nôtre riait au milieu des ruines.

— Comment appelez-vous le jeune homme que je vois là-bas ? dit le notaire en montrant Raphaël. J'ai cru l'entendre nommer Valentin.

— Que chantez-vous avec votre Valentin tout court ? s'écria Émile en riant. Raphaël de Valentin, s'il vous plaît ! *Nous portons un aigle d'or en champ de sable couronné d'argent becqué et onglé de gueules*, avec une belle devise : NON CECIDIT ANIMUS[3] ! Nous ne sommes pas un enfant trouvé, mais le descendant de l'empereur *Valens*[4], souche des *Valentinois*, fondateur des villes de Valence en Espagne et en France, héritier légitime de l'empire d'Orient. Si nous laissons trôner Mahmoud[5] à Constantinople, c'est par pure bonne volonté, et faute d'argent ou de soldats.

Émile décrivit en l'air, avec sa fourchette, une couronne au-dessus de la tête de Raphaël. Le notaire se recueillit pendant un moment et se remit bientôt à boire en laissant échapper un geste authentique, par lequel il semblait avouer qu'il lui était impossible de rattacher à sa clientèle les villes de Valence, de Constantinople, Mahmoud, l'empereur Valens et la famille des Valentinois.

---

1 *sabbat* : ici, dans le sens de «bruit d'enfer», tapage.

2 *Gargantua* : personnage de géant bon vivant créé par Rabelais.

3 *Non cecidit animus* : «Notre courage n'a pas failli.»

4 Valentinien Ier (321-375), empereur romain, plaça son frère Valens à la tête de l'Orient. Quant aux villes de Valence en France et en Espagne, elles étaient d'importantes colonies romaines sous Valentinien.

5 Mahmoud II (1784-1839). Sultan ottoman de 1808 à 1839, symbole de l'oppression turque.

— La destruction de ces fourmilières nommées Babylone, Tyr, Carthage[1], ou Venise[2], toujours écrasées sous
1675 les pieds d'un géant qui passe, ne serait-elle pas un avertissement donné à l'homme par une puissance moqueuse ? dit Claude Vignon, espèce d'esclave acheté pour faire du Bossuet[3] à dix sous la ligne.

— Moïse, Sylla, Louis XI, Richelieu, Robespierre et
1680 Napoléon[4] sont peut-être un même homme qui reparaît à travers les civilisations, comme une comète dans le ciel ! répondit un ballanchiste[5].

— Pourquoi sonder la Providence[§] ? dit Canalis le fabricant de ballades.

1685 — Allons, voilà la Providence, s'écria le jugeur[§] en l'interrompant. Je ne connais rien au monde de plus élastique.

— Mais, monsieur, Louis XIV[6] a fait périr plus d'hommes pour creuser les aqueducs de Maintenon[7] que la Convention[8] pour asseoir justement l'impôt, pour mettre de l'unité dans
1690 la loi, nationaliser la France et faire également partager les héritages, disait Massol, un jeune homme devenu républicain faute d'une syllabe devant son nom[9].

---

1 *Babylone, Tyr, Carthage* : anciennes grandes villes de Mésopotamie, de Phénicie et d'Afrique du Nord ayant connu un destin tragique.

2 Venise avait été prise par Napoléon Bonaparte en 1797 et livrée à l'Autriche. Elle ne fera à nouveau partie du royaume d'Italie qu'à partir de 1866.

3 Jacques Bénigne Bossuet (1627-1704). Prélat, théologien et écrivain français ; célèbre orateur.

4 *Moïse, Sylla, Louis XI, Richelieu, Robespierre et Napoléon* : toutes ces grandes figures de l'histoire ont pour point commun d'avoir dominé leur époque, pour le meilleur ou pour le pire.

5 *ballanchiste* : adepte des idées de Pierre-Simon Ballanche (1776-1847), qui croyait qu'après un nombre indéfini d'épreuves et des périodes alternées de déclin et de renaissance, l'humanité finirait par trouver sa perfection.

6 Louis XIV (1638-1715). Roi de France de 1643 à 1715 ; symbole du classicisme français.

7 *aqueducs de Maintenon* : gigantesques aqueducs que Louis XIV avait tenté de faire construire dans le but d'amener les eaux de l'Eure jusqu'à Versailles.

8 *Convention* : assemblée de la Révolution française formée en 1792.

9 *une syllabe devant son nom* : la particule nobiliaire.

— Monsieur, lui répondit Moreau de l'Oise, bon propriétaire, vous qui prenez le sang pour du vin, cette fois-ci
1695 laisserez-vous à chacun sa tête sur ses épaules ?

— À quoi bon, monsieur ? Les principes de l'ordre social
ne valent-ils donc pas quelques sacrifices ?

— Bixiou ! Hé ! Chose-le-républicain prétend que la tête
de ce propriétaire serait un sacrifice, dit un jeune homme à
1700 son voisin.

— Les hommes et les événements ne sont rien, disait le
républicain en continuant sa théorie à travers les hoquets,
il n'y a en politique et en philosophie que des principes et
des idées.

1705 — Quelle horreur ! Vous n'auriez nul chagrin de tuer vos
amis pour un *si*…

— Hé ! monsieur, l'homme qui a des remords est le vrai
scélérat, car il a quelque idée de la vertu ; tandis que Pierre
le Grand[1], le duc d'Albe[2], étaient des systèmes, et le corsaire
1710 Monbard[3], une organisation.

— Mais la société ne peut-elle pas se priver de vos systèmes et de vos organisations ? dit Canalis.

— Oh ! d'accord, s'écria le républicain.

— Eh ! votre stupide république me donne des nausées !
1715 nous ne saurions découper tranquillement un chapon[4] sans
y trouver la loi agraire.

— Tes principes sont excellents, mon petit Brutus[5] farci
de truffes ! Mais tu ressembles à mon valet de chambre, le
drôle[6] est si cruellement possédé par la manie de la propreté,

---

1 Pierre le Grand (1672-1725). Tsar qui contribua au rayonnement de la Russie à travers l'Europe, mais dont les méthodes étaient souvent tyranniques.

2 Fernando Alvarez de Tolède, duc d'Albe (1507-1582). Général et homme politique
   espagnol ; gouverneur des Pays-Bas, il organisa une répression implacable.

3 Monbard. Redoutable pirate du XVIIᵉ siècle, surnommé «l'Exterminateur».

4 *chapon* : jeune coq châtré, émasculé, que l'on engraisse pour la table.

5 *Brutus* : fils adoptif de Jules César, il organisa le complot qui mit fin aux jours de
   son père, en 44 av. J.-C.

6 *drôle* : coquin.

1720 que si je lui laissais brosser mes habits à sa fantaisie, j'irais
tout nu.

— Vous êtes des brutes ! Vous voulez nettoyer une nation
avec des cure-dents, répliqua l'homme à la république.
Selon vous la justice serait plus dangereuse que les voleurs.

1725 — Hé ! hé ! fit l'avoué[1] Desroches.

— Sont-ils ennuyeux avec leur politique ! dit Cardot le
notaire. Fermez la porte. Il n'y a pas de science ou de vertu
qui vaille une goutte de sang. Si nous voulions faire la liquidation de la vérité, nous la trouverions peut-être en faillite.

1730 — Ah ! il en aurait sans doute moins coûté de nous
amuser dans le mal que de nous disputer dans le bien. Aussi
donnerais-je tous les discours prononcés à la tribune depuis
quarante ans pour une truite, pour un conte de Perrault[2] ou
une croquade[3] de Charlet[4].

1735 — Vous avez bien raison ! Passez-moi des asperges. Car,
après tout, la liberté enfante l'anarchie, l'anarchie conduit
au despotisme, et le despotisme ramène à la liberté. Des
millions d'êtres ont péri sans avoir pu faire triompher
aucun de ces systèmes. N'est-ce pas le cercle vicieux dans

1740 lequel tournera toujours le monde moral ? Quand l'homme
croit avoir perfectionné, il n'a fait que déplacer les choses.

— Oh ! oh ! s'écria Cursy le vaudevilliste, alors,
messieurs, je porte un toast à Charles X, père de la liberté[5] !

— Pourquoi pas ? dit Émile. Quand le despotisme est dans

1745 les lois, la liberté se trouve dans les mœurs, et *vice versa*.

— Buvons donc à l'imbécillité du pouvoir qui nous
donne tant de pouvoir sur les imbéciles ! dit le banquier.

---

1 *avoué* : représentant en justice.

2 Charles Perrault (1628-1703). Auteur des *Contes de ma mère l'Oye*, qui inaugurent
le genre littéraire des contes de fées. *La Peau de chagrin* doit d'ailleurs son titre à
l'un des contes les plus célèbres de Perrault : *Peau d'âne*.

3 *croquade* : croquis.

4 Nicolas Charlet (1792-1845). Peintre, dessinateur et lithographe, il devint célèbre
pour ses gravures sur l'armée napoléonienne.

5 Charles X (1757-1836). Roi de France de 1824 à 1830. L'affirmation est ironique.

— Hé ! mon cher, au moins Napoléon nous a-t-il laissé de la gloire ! criait un officier de marine qui n'était jamais sorti de Brest.

— Ah ! la gloire, triste denrée. Elle se paye cher et ne se garde pas. Ne serait-elle point l'égoïsme des grands hommes, comme le bonheur est celui des sots ?

— Monsieur, vous êtes bien heureux.

— Le premier qui inventa les fossés[1] était sans doute un homme faible, car la société ne profite qu'aux gens chétifs. Placés aux deux extrémités du monde moral, le sauvage et le penseur ont également horreur de la propriété.

— Joli ! s'écria Cardot. S'il n'y avait pas de propriétés, comment pourrions-nous faire des actes ?

— Voilà des petits pois délicieusement fantastiques !

— Et le curé fut trouvé mort dans son lit, le lendemain…

— Qui parle de mort ? Ne badinez pas ! J'ai un oncle.

— Vous vous résigneriez sans doute à le perdre.

— Ce n'est pas une question.

— Écoutez-moi, messieurs ! MANIÈRE DE TUER SON ONCLE. Chut ! (Écoutez ! Écoutez !) Ayez d'abord un oncle gros et gras, septuagénaire au moins, ce sont les meilleurs oncles. (Sensation.) Faites-lui manger, sous un prétexte quelconque, un pâté de foie gras…

— Hé ! mon oncle est un grand homme sec, avare et sobre.

— Ah ! ces oncles-là sont des monstres qui abusent de la vie.

— Et, dit l'homme aux oncles en continuant, annoncez-lui, pendant sa digestion, la faillite de son banquier.

— S'il résiste ?

— Lâchez-lui une jolie fille !

— S'il est… dit-il en faisant un geste négatif.

---

1 Allusion à Jean-Jacques Rousseau, qui attribuait les misères du genre humain à la notion de propriété (« fossé » étant employé ici comme symbole de frontière entre le bien d'un homme et celui de son voisin).

1780 — Alors, ce n'est pas un oncle, l'oncle est essentiellement égrillard[1].

— La voix de la Malibran[2] a perdu deux notes.

— Non, monsieur.

— Si, monsieur.

1785 — Oh ! oh ! Oui et non, n'est-ce pas l'histoire de toutes les dissertations religieuses, politiques et littéraires ? L'homme est un bouffon qui danse sur des précipices !

— À vous entendre, je suis un sot.

— Au contraire, c'est parce que vous ne m'entendez pas.

1790 — L'instruction, belle niaiserie ! Monsieur Heineffetter-mach[3] porte le nombre des volumes imprimés à plus d'un milliard, et la vie d'un homme ne permet pas d'en lire cent cinquante mille. Alors expliquez-moi ce que signifie le mot *instruction* ? pour les uns, elle consiste à savoir les noms 1795 du cheval d'Alexandre[5], du dogue Bérécillo, du seigneur des Accords, et d'ignorer celui de l'homme auquel nous devons le flottage des bois ou la porcelaine. Pour les autres, être instruit, c'est savoir brûler un testament et vivre en honnêtes gens, aimés, considérés, au lieu de voler une montre 1800 en récidive, avec les cinq circonstances aggravantes[4], et d'aller mourir en place de Grève[5], haïs et déshonorés.

— Nathan restera-t-il ?

— Ah ! ses collaborateurs, monsieur, ont bien de l'esprit.

— Et Canalis ?

1805 — C'est un grand homme, n'en parlons plus.

— Vous êtes ivres ?

— La conséquence immédiate d'une constitution est l'aplatissement des intelligences. Arts, sciences, monuments, tout est dévoré par un effroyable sentiment d'égoïsme, notre

---

1 *égrillard* : grivois, libertin.

2 Maria Malibran (1808-1836). Cantatrice espagnole dont la beauté et le talent scénique masquaient les petites imperfections vocales.

3 *Monsieur Heineffettermach* : nom fantaisiste.

4 *les cinq circonstances aggravantes* : l'effraction, l'escalade, la nuit, la violence et le fait que la maison soit habitée.

1810 lèpre actuelle. Vos trois cents bourgeois, assis sur des banquettes[1], ne penseront qu'à planter des peupliers. Le despotisme fait illégalement de grandes choses, la liberté ne se donne même pas la peine d'en faire légalement de très petites.

1815 — Votre enseignement mutuel[2] fabrique des pièces de cent sous en chair humaine, dit un absolutiste en interrompant. Les individualités disparaissent chez un peuple nivelé par l'instruction.

— Cependant le but de la société n'est-il pas de procurer
1820 à chacun le bien-être ? demanda le saint-simonien.

— Si vous aviez cinquante mille livres de rente, vous ne penseriez guère au peuple. Êtes-vous épris de belle passion pour l'humanité, allez à Madagascar : vous y trouverez un joli petit peuple tout neuf à saint-simoniser[3], à classer, à
1825 mettre en bocal ; mais ici, chacun entre tout naturellement dans son alvéole, comme une cheville dans son trou. Les portiers sont portiers, et les niais sont des bêtes sans avoir besoin d'être promus par un collège de Pères. Ah ! ah !

— Vous êtes un carliste[4] !
1830 — Pourquoi pas ? J'aime le despotisme, il annonce un certain mépris pour la race humaine. Je ne hais pas les rois. Ils sont si amusants ! Trôner dans une chambre, à trente millions de lieues du soleil, n'est-ce donc rien ?

— Mais résumons cette large vue de la civilisation, disait
1835 le savant qui pour l'instruction du sculpteur inattentif avait entrepris une discussion sur le commencement des sociétés et sur les peuples autochtones. À l'origine des nations, la force fut en quelque sorte matérielle, une, grossière ; puis avec l'accroissement des agrégations, les gouvernements ont

---

1 *Vos trois cents bourgeois, assis sur des banquettes* : les députés.

2 *enseignement mutuel* : méthode pédagogique consistant à utiliser les élèves les plus avancés comme moniteurs des autres.

3 *saint-simoniser* : néologisme de Balzac qui veut dire «évangéliser».

4 *carliste* : partisan du retour sur le trône de Charles X (1824-1830).

1840 procédé par des décompositions plus ou moins habiles du pouvoir primitif. Ainsi, dans la haute antiquité, la force était dans la théocratie[1] ; le prêtre tenait le glaive et l'encensoir[2]. Plus tard, il y eut deux sacerdoces[3] : le pontife[§] et le roi. Aujourd'hui, notre société, dernier terme de la civilisation,

1845 a distribué la puissance suivant le nombre des combinaisons, et nous sommes arrivés aux forces nommées industrie, pensée, argent, parole. Le pouvoir, n'ayant plus alors d'unité marche sans cesse vers une dissolution sociale qui n'a plus d'autre barrière que l'intérêt. Aussi ne nous

1850 appuyons-nous ni sur la religion, ni sur la force matérielle, mais sur l'intelligence. Le livre vaut-il le glaive, la discussion vaut-elle l'action ? Voilà le problème.

— L'intelligence a tout tué, s'écria le carliste. Allez, la liberté absolue mène les nations au suicide, elles s'ennuient

1855 dans le triomphe, comme un Anglais millionnaire.

— Que nous direz-vous de neuf ? Aujourd'hui vous avez ridiculisé tous les pouvoirs, et c'est même chose vulgaire que de nier Dieu ! Vous n'avez plus de croyance. Aussi le siècle est-il comme un vieux sultan perdu de débauche !

1860 Enfin, votre lord Byron[§], en dernier désespoir de poésie, a chanté les passions du crime[4].

— Savez-vous, lui répondit Bianchon complètement ivre, qu'une dose de phosphore[5] de plus ou de moins fait l'homme de génie ou le scélérat, l'homme d'esprit ou l'idiot,

1865 l'homme vertueux ou le criminel ?

— Peut-on traiter ainsi la vertu ! s'écria de Cursy. La vertu, sujet de toutes les pièces de théâtre, dénouement de tous les drames, base de tous les tribunaux.

---

1 *théocratie* : régime où l'Église, les prêtres jouent un rôle politique important.

2 *tenait le glaive et l'encensoir* : s'occupait des affaires de l'État et de la religion.

3 *sacerdoces* : fonctions auxquelles on peut rattacher un caractère religieux ; ordres.

4 Allusion aux poèmes de Byron *Le Corsaire* et *Lara*, qui regorgent d'aventures sanglantes.

5 *dose de phosphore* : en 1834, un jeune chimiste du nom de Jean-Baptiste Couerbe émit l'hypothèse d'une relation entre la quantité de phosphore présente dans le cerveau et la santé de l'esprit.

— Hé ! tais-toi donc, animal. Ta vertu, c'est Achille sans
1870 talon[1] ! dit Bixiou.

— À boire !

— Veux-tu parier que je bois une bouteille de vin de
Champagne d'un seul trait ?

— Quel trait d'esprit ! s'écria Bixiou.

1875 — Ils sont gris[2] comme des charretiers, dit un jeune
homme qui donnait sérieusement à boire à son gilet.

— Oui, monsieur, le gouvernement actuel est l'art de
faire régner l'opinion publique.

— L'opinion ? Mais c'est la plus vicieuse de toutes les
1880 prostituées ! À vous entendre, hommes de morale et de
politique, il faudrait sans cesse préférer vos lois à la nature,
l'opinion à la conscience. Allez, tout est vrai, tout est faux !
Si la société nous a donné le duvet des oreillers, elle a certes
compensé le bienfait par la goutte, comme elle a mis la
1885 procédure pour tempérer la justice, et les rhumes à la suite
des châles de Cachemire.

— Monstre ! dit Émile en interrompant le misanthrope[3],
comment peux-tu médire de la civilisation en présence de
vins, de mets délicieux, et à table jusqu'au menton ? Mords
1890 ce chevreuil aux pieds et aux cornes dorés, mais ne mords
pas ta mère.

— Est-ce ma faute, à moi, si le catholicisme arrive à
mettre un million de dieux dans un sac de farine[4], si la république aboutit toujours à quelque Napoléon, si la royauté
1895 se trouve entre l'assassinat de Henri IV et le jugement de
Louis XVI, si le libéralisme devient La Fayette[5] ?

---

1 *Achille sans talon* : homme sans faiblesse, surhumain ; Achille est un héros
légendaire de la Grèce antique dont le seul point faible était le talon.

2 *gris* : ivres.

3 *misanthrope* : qui n'aime pas ses semblables et les fuit.

4 *un million [...] farine* : moquerie à propos du dogme catholique de la présence du
Christ dans l'hostie.

5 La Fayette (1757-1834). Général et homme politique français ; après avoir participé
à la révolution de 1830, il refusa la présidence de la République et fut déconsidéré
par les républicains.

— L'avez-vous embrassé en juillet ?

— Non.

— Alors taisez-vous, sceptique.

1900 — Les sceptiques sont les hommes les plus consciencieux.

— Ils n'ont pas de conscience.

— Que dites-vous ? Ils en ont au moins deux.

— Escompter le ciel ! Monsieur, voilà une idée vraiment
1905 commerciale. Les religions antiques n'étaient qu'un heureux
développement du plaisir physique ; mais nous autres nous
avons développé l'âme et l'espérance, il y a eu progrès.

— Hé ! mes bons amis, que pouvez-vous attendre d'un
siècle repu de politique ? dit Nathan. Quel a été le sort
1910 du *Roi de Bohême et de ses sept châteaux*[1], la plus ravissante
conception…

— Ça ? cria le jugeur[§] d'un bout de la table à l'autre. C'est
des phrases tirées au hasard dans un chapeau, véritable
ouvrage écrit pour Charenton[2].

1915 — Vous êtes un sot !

— Vous êtes un drôle[§] !

— Oh ! oh !

— Ah ! ah !

— Ils se battront.

1920 — Non.

— À demain, monsieur.

— À l'instant, répondit Nathan.

— Allons ! allons ! Vous êtes deux braves.

— Vous en êtes un autre ! dit le provocateur.

1925 — Ils ne peuvent seulement pas se mettre debout.

Ah ! je ne me tiens pas droit, peut-être ! reprit le
belliqueux Nathan en se dressant comme un cerf-volant
indécis.

---

1 *Le Roi de Bohême et ses sept châteaux* : œuvre de l'écrivain romantique Charles
  Nodier (1780-1844).
2 *Charenton* : asile d'aliénés.

Il jeta sur la table un regard hébété, puis, comme exténué par cet effort, il retomba sur sa chaise, pencha la tête et resta muet.

— Ne serait-il pas plaisant, dit le jugeur[§] à son voisin, de me battre pour un ouvrage que je n'ai jamais vu ni lu !

— Émile, prends garde à ton habit, ton voisin pâlit, dit Bixiou.

— Kant[1], monsieur. Encore un ballon lancé pour amuser les niais ! Le matérialisme et le spiritualisme sont deux jolies raquettes avec lesquelles des charlatans en robe font aller le même volant. Que Dieu soit en tout selon Spinoza[2], ou que tout vienne de Dieu selon saint Paul[3]... Imbéciles ! Ouvrir ou fermer une porte, n'est-il pas le même mouvement ? L'œuf vient-il de la poule ou la poule de l'œuf ? (Passez-moi du canard !) Voilà toute la science.

— Nigaud, lui cria le savant, la question que tu poses est tranchée par un fait.

— Et lequel ?

— Les chaires de professeurs n'ont pas été faites pour la philosophie, mais bien la philosophie pour les chaires ! Mets des lunettes et lis le budget.

— Voleurs !

— Imbéciles !

— Fripons !

— Dupes[§] !

— Où trouverez-vous ailleurs qu'à Paris un échange aussi vif, aussi rapide entre les pensées, s'écria Bixiou en prenant une voix de basse-taille[4].

---

1   Emmanuel Kant (1724-1804). Philosophe allemand, auteur de *Critique de la raison pure* (1781). Kant s'est interrogé sur les rapports entre la raison pratique et la méta-physique.

2   Baruch Spinoza (1632-1677). Philosophe hollandais. Sa philosophie tend vers une forme de panthéisme (doctrine selon laquelle Dieu est présent en toute chose).

3   saint Paul (5-15, 62-64). Un des piliers du christianisme.

4   *voix de basse-taille* : timbre de voix masculine entre le baryton et la basse.

— Allons, Bixiou, fais-nous quelque farce classique !
Voyons, une charge[1] !

— Voulez-vous que je vous fasse le dix-neuvième siècle ?

1960　— Écoutez !

— Silence !

— Mettez des sourdines à vos mufles !

— Te tairas-tu, chinois !

— Donnez-lui du vin, et qu'il se taise, cet enfant !

1965　— À toi, Bixiou !

L'artiste boutonna son habit noir jusqu'au col, mit ses
gants jaunes, et se grima de manière à singer la *Revue des
Deux Mondes*[2] en louchant ; mais le bruit couvrit sa voix, et
il fut impossible de saisir un seul mot de sa moquerie. S'il ne
1970　représenta pas le siècle, au moins représenta-t-il la *Revue*,
car il ne s'entendit pas lui-même.

Le dessert se trouva servi comme par enchantement. La
table fut couverte d'un vaste surtout[3] en bronze doré, sorti
des ateliers de Thomire[4]. De hautes figures douées par un
1975　célèbre artiste des formes convenues en Europe pour la
beauté idéale, soutenaient et portaient des buissons de
fraises, des ananas, des dattes fraîches, des raisins jaunes,
de blondes pêches, des oranges arrivées de Sétubal[5] par un
paquebot, des grenades[6], des fruits de la Chine, enfin toutes
1980　les surprises du luxe, les miracles du petit four, les délicatesses les plus friandes, les friandises les plus séductrices. Les
couleurs de ces tableaux gastronomiques étaient rehaussées
par l'éclat de la porcelaine, par des lignes étincelantes d'or,
par les découpures des vases. Gracieuse comme les liquides
1985　franges[7] de l'Océan, verte et légère, la mousse couronnait les

---

1　*charge* : caricature, imitation.

2　Le directeur de cette célèbre revue littéraire était borgne.

3　*surtout* : pièce de vaisselle ou d'orfèvrerie décorative que l'on place au centre d'une table.

4　Pierre Philippe Thomire (1751-1843). Sculpteur, ciseleur et bronzier français.

5　*Sétubal* : ville portuaire du Portugal, renommée pour ses oranges.

6　*grenades* : baies rondes de la grosseur d'une orange.

7　*liquides franges* : franges liquides, c'est-à-dire l'écume des vagues.

paysages du Poussin, copiés à Sèvres. Le territoire d'un prince allemand n'aurait pas payé cette richesse insolente. L'argent, la nacre, l'or, les cristaux furent de nouveau prodigués sous de nouvelles formes; mais les yeux engourdis et la verbeuse fièvre de l'ivresse permirent à peine aux convives d'avoir une intuition vague de cette féerie digne d'un conte oriental. Les vins de dessert apportèrent leurs parfums et leurs flammes, philtres puissants, vapeurs enchanteresses qui engendrent une espèce de mirage intellectuel et dont les liens puissants enchaînent les pieds, alourdissent les mains. Les pyramides de fruits furent pillées, les voix grossirent, le tumulte grandit. Il n'y eut plus alors de paroles distinctes, les verres volèrent en éclats, et des rires atroces partirent comme des fusées. Cursy saisit un cor et se mit à sonner une fanfare. Ce fut comme un signal donné par le diable. Cette assemblée en délire hurla, siffla, chanta, cria, rugit, gronda. Vous eussiez souri de voir des gens naturellement gais, devenus sombres comme les dénouements de Crébillon[1], ou rêveurs comme des marins en voiture. Les hommes fins disaient leurs secrets à des curieux qui n'écoutaient pas. Les mélancoliques souriaient comme des danseuses qui achèvent leurs pirouettes. Claude Vignon se dandinait à la manière des ours en cage. Des amis intimes se battaient. Les ressemblances animales inscrites sur les figures humaines, et si curieusement démontrées par les physiologistes[2], reparaissaient vaguement dans les gestes, dans les habitudes du corps. Il y avait un livre tout fait pour quelque Bichat[3] qui se serait trouvé là froid et à jeun. Le maître du logis, se sentant ivre, n'osait se lever, mais il approuvait les extravagances de ses convives par une grimace fixe, en tâchant de conserver un air décent et hospitalier. Sa large

---

1 Claude Crébillon (1674-1732). Écrivain français. Crébillon écrivit neuf tragédies, pleines de scènes sanglantes.

2 *physiologistes* : adeptes de la physiognomonie, c'est-à-dire l'art de reconnaître la personnalité des gens par l'étude des traits de leur visage.

3 François Marie Bichat (1771-1802). Chirurgien physiologue, fondateur de la biologie.

figure, devenue rouge et bleue, presque violacée, terrible à voir, s'associait au mouvement général par des efforts semblables au roulis et au tangage d'un brick[1].

2020   — Les avez-vous assassinés ? lui demanda Émile.

— La peine de mort va, dit-on, être abolie en faveur de la révolution de Juillet[2], répondit Taillefer qui haussa les sourcils d'un air tout à la fois plein de finesse et de bêtise.

— Mais ne les voyez-vous pas quelquefois en songe ? 2025 reprit Raphaël.

— Il y a prescription[3] ! dit le meurtrier plein d'or.

— Et sur sa tombe, s'écria Émile d'un ton sardonique[4], l'entrepreneur du cimetière gravera : *Passants, accordez une larme à sa mémoire !* Oh ! reprit-il, je donnerais bien cent 2030 sous au mathématicien qui me démontrerait par une équation algébrique l'existence de l'enfer.

Il jeta une pièce en l'air en criant : — Face pour Dieu !

— Ne regarde pas, dit Raphaël en saisissant la pièce, que sait-on ? le hasard est si plaisant.

2035   — Hélas ! reprit Émile d'un air tristement bouffon, je ne vois pas où poser les pieds entre la géométrie de l'incrédule et le *Pater noster*[5] du pape. Bah ! buvons ! *Trinc*[6] est, je crois, l'oracle de la divine bouteille et sert de conclusion au *Pantagruel*.

2040   — Nous devons au *Pater noster*, répondit Raphaël, nos arts, nos monuments, nos sciences peut-être ; et, bienfait plus grand encore, nos gouvernements modernes, dans lesquels une société vaste et féconde est merveilleusement

---

1 *brick* : voilier à deux mats dont le plus grand est incliné vers l'arrière.
2 *révolution de Juillet* : il avait été question d'abolir la peine de mort, mais elle fut finalement maintenue.
3 *prescription* : moyen de se libérer d'un crime sous les conditions déterminées par la loi.
4 *sardonique* : moqueur.
5 *Pater noster* : prière («Notre Père»).
6 *Trinc* : allusion au *Pantagruel* de François Rabelais ; consultant l'oracle de la dive bouteille, Pantagruel se fait répondre «Trinch !» (Bois !).

représentée par cinq cents intelligences, où les forces
2045 opposées les unes aux autres se neutralisent en laissant tout
pouvoir à la CIVILISATION, reine gigantesque qui remplace le
ROI, cette ancienne et terrible figure, espèce de faux destin
créé par l'homme entre le ciel et lui. En présence de tant
d'œuvres accomplies, l'athéisme[1] apparaît comme un sque-
2050 lette qui n'engendre pas. Qu'en dis-tu ?

— Je songe aux flots de sang répandus par le catholicisme,
dit froidement Émile. Il a pris nos veines et nos cœurs pour
faire une contrefaçon du déluge. Mais n'importe ! Tout
homme qui pense doit marcher sous la bannière du Christ.
2055 Lui seul a consacré le triomphe de l'esprit sur la matière, lui
seul nous a poétiquement révélé le monde intermédiaire qui
nous sépare de Dieu.

— Tu crois ? reprit Raphaël en lui jetant un indéfinissable
sourire d'ivresse. Eh bien, pour ne pas nous compromettre,
2060 portons le fameux toast : *Diis ignotis*[2] !

Et ils vidèrent leurs calices[3] de science, de gaz carbonique,
de parfums, de poésie et d'incrédulité.

— Si ces messieurs veulent passer dans le salon, le café les
y attend, dit le maître d'hôtel.

2065 En ce moment presque tous les convives se roulaient au
sein de ces limbes[4] délicieuses où les lumières de l'esprit
s'éteignent, où le corps délivré de son tyran s'abandonne
aux joies délirantes de la liberté. Les uns, arrivés à l'apogée
de l'ivresse, restaient mornes et péniblement occupés à
2070 saisir une pensée qui leur attestât leur propre existence, les
autres, plongés dans le marasme produit par une digestion
alourdissante, niaient le mouvement. D'intrépides orateurs
disaient encore de vagues paroles dont le sens leur échappait

---

1 *athéisme* : doctrine de ceux qui ne croient en aucun dieu.
2 *Diis ignotis* : «Aux dieux inconnus !»
3 *calices* : le calice est le vase sacré qui contient le vin, lors de la messe.
4 *limbes* : lieu où les âmes des justes de l'Ancien Testament attendaient la rédemp-
tion du Christ.

à eux-mêmes. Quelques refrains retentissaient comme le
2075 bruit d'une mécanique obligée d'accomplir sa vie factice et
sans âme. Le silence et le tumulte s'étaient bizarrement
accouplés. Néanmoins, en entendant la voix sonore du valet
qui, à défaut d'un maître, leur annonçait des joies nouvelles,
les convives se levèrent entraînés, soutenus ou portés les uns
2080 par les autres. La troupe entière resta pendant un moment
immobile et charmée sur le seuil de la porte. Les jouissances
excessives du festin pâlirent devant le chatouillant spectacle
que l'amphitryon§ offrait au plus voluptueux de leurs sens.
Sous les étincelantes bougies d'un lustre d'or, autour d'une
2085 table chargée de vermeil[1], un groupe de femmes se présenta
soudain aux convives hébétés dont les yeux s'allumèrent
comme autant de diamants. Riches étaient les parures, mais
plus riches encore étaient ces beautés éblouissantes devant
lesquelles disparaissaient toutes les merveilles de ce palais.
2090 Les yeux passionnés de ces filles, prestigieuses comme des
fées, avaient encore plus de vivacité que les torrents de lumière qui faisaient resplendir les reflets satinés des tentures,
la blancheur des marbres et les saillies délicates des bronzes.
Le cœur brûlait à voir les contrastes de leurs coiffures
2095 agitées et de leurs attitudes, toutes diverses d'attraits et de
caractère. C'était une haie de fleurs mêlées de rubis, de
saphirs et de corail ; une ceinture de colliers noirs sur des
cous de neige, des écharpes légères flottant comme les
flammes d'un phare, des turbans orgueilleux, des tuniques
2100 modestement provocantes. Ce sérail§ offrait des séductions
pour tous les yeux, des voluptés pour tous les caprices. Posée
à ravir, une danseuse semblait être sans voile sous les plis
onduleux du cachemire. Là une gaze diaphane, ici la soie
chatoyante cachaient ou révélaient des perfections mysté-
2105 rieuses. De petits pieds étroits parlaient d'amour, des
bouches fraîches et rouges se taisaient. De frêles et décentes

---

1 *vermeil* : argent doré.

jeunes filles, vierges factices dont les jolies chevelures respiraient une religieuse innocence se présentaient aux regards comme des apparitions qu'un souffle pouvait dissiper. Puis 2110 des beautés aristocratiques au regard fier, mais indolentes, mais fluettes, maigres, gracieuses, penchaient la tête comme si elles avaient encore de royales protections à faire acheter. Une Anglaise, blanche et chaste figure aérienne, descendue des nuages d'Ossian[1], ressemblait à un ange de mélancolie, à 2115 un remords fuyant le crime. La Parisienne dont toute la beauté gît dans une grâce indescriptible, vaine de sa toilette et de son esprit, armée de sa toute-puissante faiblesse, souple et dure, sirène sans cœur et sans passion, mais qui sait artificieusement créer les trésors de la passion et contrefaire 2120 les accents du cœur, ne manquait pas à cette périlleuse assemblée où brillaient encore des Italiennes tranquilles en apparence et consciencieuses dans leur félicité, de riches Normandes aux formes magnifiques, des femmes méridionales aux cheveux noirs, aux yeux bien fendus. Vous 2125 eussiez dit des beautés de Versailles[2] convoquées par Lebel[3], ayant dès le matin dressé tous leurs pièges, arrivant comme une troupe d'esclaves orientales réveillées par la voix du marchand pour partir à l'aurore. Elles restaient interdites, honteuses, et s'empressaient autour de la table comme des 2130 abeilles qui bourdonnent dans l'intérieur d'une ruche. Cet embarras craintif, reproche et coquetterie tout ensemble, était ou quelque séduction calculée ou de la pudeur involontaire. Peut-être un sentiment que la femme ne dépouille jamais complètement leur ordonnait-il de s'enve-2135 lopper dans le manteau de la vertu pour donner plus de charme et de piquant aux prodigalités[4] du vice. Aussi la

---

1 Les poèmes d'Ossian, parus en 1760, étaient prétendument des traductions de poèmes écrits au IIIe siècle. Cette rumeur s'avéra finalement être un canular orchestré par leur véritable auteur, James Macpherson (1736-1796).

2 *beautés de Versailles* : courtisanes.

3 *Lebel* : valet de chambre de Louis XV, chargé de ses plaisirs.

4 *prodigalités* : excès.

conspiration ourdie[1] par le vieux Taillefer sembla-t-elle devoir échouer. Ces hommes sans frein furent subjugués tout d'abord[2] par la puissance majestueuse dont est investie 2140 la femme. Un murmure d'admiration résonna comme la plus douce musique. L'amour n'avait pas voyagé de compagnie avec l'ivresse ; au lieu d'un ouragan de passions, les convives surpris dans un moment de faiblesse s'abandonnèrent aux délices d'une voluptueuse extase. À la voix de la poésie qui 2145 les domine toujours, les artistes étudièrent avec bonheur les nuances délicates qui distinguaient ces beautés choisies. Réveillé par une pensée, due peut-être à quelque émanation d'acide carbonique dégagé du vin de Champagne, un philosophe frissonna en songeant aux malheurs qui ame- 2150 naient là ces femmes, dignes peut-être jadis des plus purs hommages. Chacune d'elles avait sans doute un drame sanglant à raconter. Presque toutes apportaient d'infernales tortures, et traînaient après elles des hommes sans foi, des promesses trahies, des joies rançonnées par la misère. Les 2155 convives s'approchèrent d'elles avec politesse, et des conver- sations aussi diverses que les caractères s'établirent. Des groupes se formèrent. Vous eussiez dit d'un salon de bonne compagnie où les jeunes filles et les femmes vont offrant aux convives, après le dîner, les secours que le café, les liqueurs 2160 et le sucre prêtent aux gourmands embarrassés dans les travaux d'une digestion récalcitrante. Mais bientôt quelques rires éclatèrent, le murmure augmenta, les voix s'élevèrent. L'orgie, domptée pendant un moment, menaça par inter- valles de se réveiller. Ces alternatives de silence et de bruit 2165 eurent une vague ressemblance avec une symphonie de Beethoven.

Assis sur un moelleux divan, les deux amis virent d'abord arriver près d'eux une grande fille bien proportionnée, superbe en son maintien, de physionomie assez irrégulière,

---

1 *ourdie* : arrangée, machinée.
2 *tout d'abord* : tout de suite.

2170 mais perçante, mais impétueuse[1], et qui saisissait l'âme par
de vigoureux contrastes. Sa chevelure noire, lascivement
bouclée, semblait avoir déjà subi les combats de l'amour, et
retombait en flocons légers sur ses larges épaules qui
offraient des perspectives attrayantes à voir. De longs rou-
2175 leaux bruns enveloppaient à demi un cou majestueux sur
lequel la lumière glissait par intervalles en révélant la finesse
des plus jolis contours. La peau, d'un blanc mat, faisait
ressortir les tons chauds et animés de ses vives couleurs.
L'œil, armé de longs cils, lançait des flammes hardies,
2180 étincelles d'amour. La bouche, rouge, humide, entrouverte,
appelait le baiser. Cette fille avait une taille forte, mais
amoureusement élastique ; son sein, ses bras étaient largement
développés, comme ceux des belles figures du Carrache[2] ;
néanmoins, elle paraissait leste, souple, et sa vigueur suppo-
2185 sait l'agilité d'une panthère, comme la mâle élégance de ses
formes en promettait les voluptés dévorantes. Quoique cette
fille dût savoir rire et folâtrer, ses yeux et son sourire
effrayaient la pensée. Semblable à ces prophétesses agitées
par un démon, elle étonnait plutôt qu'elle ne plaisait. Toutes
2190 les expressions passaient par masses et comme des éclairs
sur sa figure mobile. Peut-être eût-elle ravi des gens blasés,
mais un jeune homme l'eût redoutée. C'était une statue
colossale tombée du haut de quelque temple grec, sublime à
distance, mais grossière à voir de près. Néanmoins, sa
2195 foudroyante beauté devait réveiller les impuissants, sa voix
charmer les sourds, ses regards ranimer de vieux ossements ;
aussi Émile la compara-t-il vaguement à une tragédie de
Shakespeare, espèce d'arabesque[3] admirable où la joie hurle,
où l'amour a je ne sais quoi de sauvage, où la magie de la
2200 grâce et le feu du bonheur succèdent aux sanglants tumultes

---

1 *impétueuse* : ardente, fougueuse.

2 Annibale Carrache ou Carracci (1560-1609). Peintre et décorateur italien. Balzac
fait allusion à ses représentations sensuelles et pleines de vie du corps humain.

3 *arabesque* : dessin aux lignes sinueuses.

de la colère ; monstre qui sait mordre et caresser, rire comme un démon, pleurer comme les anges, improviser dans une seule étreinte toutes les séductions de la femme, excepté les soupirs de la mélancolie et les enchanteresses modesties d'une vierge ; puis en un moment rugir, se déchirer les flancs, briser sa passion, son amant ; enfin, se détruire elle-même comme fait un peuple insurgé[1]. Vêtue d'une robe en velours rouge, elle foulait d'un pied insouciant quelques fleurs déjà tombées de la tête de ses compagnes, et d'une main dédaigneuse tendait aux deux amis un plateau d'argent. Fière de sa beauté, fière de ses vices peut-être, elle montrait un bras blanc, qui se détachait vivement sur le velours. Elle était là comme la reine du plaisir, comme une image de la joie humaine, de cette joie qui dissipe les trésors amassés par trois générations, qui rit sur des cadavres, se moque des aïeux, dissout des perles[2] et des trônes, transforme les jeunes gens en vieillards, et souvent les vieillards en jeunes gens ; de cette joie permise seulement aux géants fatigués du pouvoir, éprouvés par la pensée, ou pour lesquels la guerre est devenue comme un jouet.

— Comment te nommes-tu ? lui dit Raphaël.

— Aquilina.

— Oh ! oh ! tu viens de *Venise sauvée*[3], s'écria Émile.

— Oui, répondit-elle. De même que les papes se donnent de nouveaux noms en montant au-dessus des hommes, j'en ai pris un autre en m'élevant au-dessus de toutes les femmes.

— As-tu donc, comme ta patronne, un noble et terrible conspirateur qui t'aime et sache mourir pour toi ? dit vivement Émile, réveillé par cette apparence de poésie.

---

1 *insurgé* : révolté.

2 Apparemment, la reine Cléopâtre, pour prouver sa richesse aux yeux de son amant, aurait fait dissoudre une perle et aurait ainsi bu le liquide obtenu.

3 *Venise sauvée* : Aquilina est le nom d'un personnage de *Venise sauvée*, du dramaturge anglais Thomas Otway (1652-1685).

— Je l'ai eu, répondit-elle. Mais la guillotine a été ma rivale. Aussi metté-je toujours quelques chiffons rouges dans ma parure pour que ma joie n'aille jamais trop loin.

— Oh ! si vous lui laissez raconter l'histoire des quatre
2235 jeunes gens de La Rochelle[1], elle n'en finira pas. Tais-toi donc, Aquilina ! Les femmes n'ont-elles pas toutes un amant à pleurer ; mais toutes n'ont pas, comme toi, le bonheur de l'avoir perdu sur un échafaud. Ah ! j'aimerais bien mieux savoir le mien couché dans une fosse, à Clamart[2], que dans
2240 le lit d'une rivale.

Ces phrases furent prononcées d'une voix douce et mélodieuse par la plus innocente, la plus jolie et la plus gentille petite créature qui sous la baguette d'une fée fût jamais sortie d'un œuf enchanté. Elle était arrivée à pas
2245 muets, et montrait une figure délicate, une taille grêle, des yeux bleus ravissants de modestie, des tempes fraîches et pures. Une naïade[3] ingénue qui s'échappe de sa source n'est pas plus timide, plus blanche ni plus naïve que cette jeune fille qui paraissait avoir seize ans, ignorer le mal, ignorer
2250 l'amour, ne pas connaître les orages de la vie, et venir d'une église où elle aurait prié les anges d'obtenir avant le temps son rappel dans les cieux. À Paris seulement se rencontrent ces créatures au visage candide qui cachent la dépravation[4] la plus profonde, les vices les plus raffinés, sous un front
2255 aussi doux, aussi tendre que la fleur d'une marguerite. Trompés d'abord par les célestes promesses écrites dans les suaves attraits de cette jeune fille, Émile et Raphaël acceptèrent le café qu'elle leur versa dans les tasses présentées par Aquilina, et se mirent à la questionner. Elle acheva de trans-
2260 figurer aux yeux des deux poètes, par une sinistre allégorie,

---

1 Quatre jeunes sergents français impliqués dans un complot contre la Restauration furent exécutés en 1822 et devinrent des héros de la liberté.

2 *Clamart* : cimetière de Paris où on enterrait les condamnés à mort avant 1813.

3 *naïade* : baigneuse, nageuse (du nom d'une divinité des rivières et des sources).

4 *dépravation* : débauche.

je ne sais quelle face de la vie humaine, en opposant à l'expression rude et passionnée de son imposante compagne le portrait de cette corruption froide, voluptueusement cruelle, assez étourdie pour commettre un crime, assez forte pour
2265 en rire; espèce de démon sans cœur, qui punit les âmes riches et tendres de ressentir les émotions dont il est privé, qui trouve toujours une grimace d'amour à vendre, des larmes pour le convoi[§] de sa victime, et de la joie le soir pour en lire le testament. Un poète eût admiré la belle
2270 Aquilina; le monde entier devait fuir la touchante Euphrasie : l'une était l'âme du vice, l'autre le vice sans âme.

— Je voudrais bien savoir, dit Émile à cette jolie créature, si parfois tu songes à l'avenir.

— L'avenir ? répondit-elle en riant. Qu'appelez-vous
2275 l'avenir ? Pourquoi penserais-je à ce qui n'existe pas encore ? Je ne regarde jamais ni en arrière ni en avant de moi. N'est-ce pas déjà trop que de m'occuper d'une journée à la fois ? D'ailleurs, l'avenir, nous le connaissons, c'est l'hôpital.

— Comment peux-tu voir d'ici l'hôpital et ne pas éviter
2280 d'y aller ? s'écria Raphaël.

— Qu'a donc l'hôpital de si effrayant ? demanda la terrible Aquilina. Quand nous ne sommes ni mères ni épouses, quand la vieillesse nous met des bas noirs aux jambes et des rides au front, flétrit tout ce qu'il y a de femme en
2285 nous et sèche la joie dans les regards de nos amis, de quoi pourrions-nous avoir besoin ? Vous ne voyez plus alors en nous, de notre parure, que sa fange[1] primitive qui marche sur deux pattes, froide, sèche, décomposée, et va produisant un bruissement de feuilles mortes. Les plus jolis chiffons nous
2290 deviennent des haillons, l'ambre[2] qui réjouissait le boudoir[§] prend une odeur de mort et sent le squelette; puis, s'il se trouve un cœur dans cette boue, vous y insultez tous, vous ne nous permettez même pas un souvenir. Ainsi, que nous

---

1 *fange* : boue.
2 *ambre* : parfum très précieux.

soyons, à cette époque de la vie, dans un riche hôtel à soi-
gner des chiens, ou dans un hôpital à trier des guenilles,
notre existence n'est-elle pas exactement la même ? Cacher
nos cheveux blancs sous un mouchoir à carreaux rouges et
bleus ou sous des dentelles, balayer les rues avec du bouleau
ou les marches des Tuileries avec du satin, être assises à des
foyers dorés ou nous chauffer à des cendres dans un pot de
terre rouge, assister au spectacle de la Grève[1], ou aller à
l'Opéra, y a-t-il donc là tant de différence ?

— *Aquilina mia*, jamais tu n'as eu tant de raison au
milieu de tes désespoirs, reprit Euphrasie. Oui, les
cachemires, les vélins[2], les parfums, l'or, la soie, le luxe, tout
ce qui brille, tout ce qui plaît ne va bien qu'à la jeunesse. Le
temps seul pourrait avoir raison contre nos folies, mais le
bonheur nous absout. Vous riez de ce que je dis, s'écria-
t-elle en lançant un sourire venimeux aux deux amis ; n'ai-je
pas raison ? J'aime mieux mourir de plaisir que de maladie.
Je n'ai ni la manie de la perpétuité ni grand respect pour
l'espèce humaine à voir ce que Dieu en fait ! Donnez-moi
des millions, je les mangerai ; je ne voudrais pas garder un
centime pour l'année prochaine. Vivre pour plaire et régner,
tel est l'arrêt que prononce chaque battement de mon cœur.
La société m'approuve ; ne fournit-elle pas sans cesse à mes
dissipations ? Pourquoi le bon Dieu me fait-il tous les
matins la rente de ce que je dépense tous les soirs ? Pourquoi
nous bâtissez-vous des hôpitaux ? Comme il ne nous a pas
mis entre le bien et le mal pour choisir ce qui nous blesse ou
nous ennuie, je serais bien sotte de ne pas m'amuser.

— Et les autres ? dit Émile.

Les autres ? Eh bien, qu'ils s'arrangent ! J'aime mieux rire
de leurs souffrances que d'avoir à pleurer sur les miennes. Je
défie un homme de me causer la moindre peine.

---

1 *spectacle de la Grève* : exécution à mort.
2 *vélins* : dentelles très fines.

— Qu'as-tu donc souffert pour penser ainsi ? demanda Raphaël.

— J'ai été quittée pour un héritage, moi ! dit-elle en prenant une pose qui fit ressortir toutes ses séductions. Et
2330 cependant j'avais passé les nuits et les jours à travailler pour nourrir mon amant. Je ne veux plus être la dupe[5] d'aucun sourire, d'aucune promesse, et je prétends faire de mon existence une longue partie de plaisir.

— Mais, s'écria Raphaël, le bonheur ne vient-il donc pas
2335 de l'âme ?

— Eh bien, reprit Aquilina, n'est-ce rien que de se voir admirée, flattée, de triompher de toutes les femmes, même des plus vertueuses, en les écrasant par notre beauté, par notre richesse ? D'ailleurs nous vivons plus en un jour
2340 qu'une bonne bourgeoise en dix ans, et alors tout est jugé.

— Une femme sans vertu n'est-elle pas odieuse ? dit Émile à Raphaël.

Euphrasie leur lança un regard de vipère, et répondit avec un inimitable accent d'ironie : — La vertu ! Nous la laissons
2345 aux laides et aux bossues. Que seraient-elles sans cela, les pauvres femmes ?

— Allons, tais-toi, s'écria Émile, ne parle point de ce que tu ne connais pas.

— Ah ! je ne la connais pas ! reprit Euphrasie. Se donner
2350 pendant toute la vie à un être détesté, savoir élever des enfants qui vous abandonnent, et leur dire : Merci ! quand ils vous frappent au cœur ; voilà les vertus que vous ordonnez à la femme ; et encore, pour la récompenser de son abnégation, venez-vous lui imposer des souffrances en
2355 cherchant à la séduire ; si elle résiste, vous la compromettez. Jolie vie ! Autant rester libres, aimer ceux qui nous plaisent et mourir jeunes.

— Ne crains-tu pas de payer tout cela un jour ?

— Eh bien, répondit-elle, au lieu d'entremêler mes
2360 plaisirs de chagrins, ma vie sera coupée en deux parts : une

[handwritten: 2 complaisance dans leurs douleur]

jeunesse certainement joyeuse, et je ne sais quelle vieillesse incertaine pendant laquelle je souffrirai tout à mon aise.

— Elle n'a pas aimé, dit Aquilina d'un son de voix profond. Elle n'a jamais fait cent lieues pour aller dévorer avec mille délices un regard et un refus ; elle n'a point attaché sa vie à un cheveu, ni essayé de poignarder plusieurs hommes pour sauver son souverain, son seigneur, son dieu. Pour elle, l'amour était un joli colonel.

— Hé ! hé ! *La Rochelle*, répondit Euphrasie, l'amour est comme le vent, nous ne savons d'où il vient. D'ailleurs, si tu avais été bien aimée par une bête, tu prendrais les gens d'esprit en horreur.

— Le Code[1] nous défend d'aimer les bêtes, répliqua la grande Aquilina d'un accent ironique.

— Je te croyais plus indulgente pour les militaires, s'écria Euphrasie en riant.

— Sont-elles heureuses de pouvoir abdiquer ainsi leur raison ! s'écria Raphaël.

— Heureuses ! dit Aquilina souriant de pitié, de terreur, en jetant aux deux amis un horrible regard. Ah ! vous ignorez ce que c'est que d'être condamnée au plaisir avec un mort dans le cœur.

[handwritten: description : Topique envahissante]

Contempler en ce moment les salons, c'était avoir une vue anticipée du Pandémonium[2] de Milton. Les flammes bleues du punch coloraient d'une teinte infernale les visages de ceux qui pouvaient boire encore. Des danses folles, animées par une sauvage énergie, excitaient des rires et des cris qui éclataient comme les détonations d'un feu d'artifice. Jonchés de morts et de mourants[3], le boudoir[§] et un petit salon offraient l'image d'un champ de bataille. L'atmosphère était chaude de vin, de plaisirs et de paroles. L'ivresse,

---

1 *Code* : Code civil.

2 *Pandémonium* : capitale de l'enfer dans *Le Paradis perdu* de Milton (1667), poème biblique ayant eu une grande influence sur les romantiques.

3 *Jonchés de morts et de mourants* : à prendre au sens figuré, tout le monde a trop fêté.

l'amour, le délire, l'oubli du monde étaient dans les cœurs,
sur les visages, écrits sur les tapis, exprimés par le désordre,
et jetaient sur tous les regards de légers voiles qui faisaient
2395 voir dans l'air des vapeurs enivrantes. Il s'était ému[1], comme
dans les bandes lumineuses tracées par un rayon de soleil,
une poussière brillante à travers laquelle se jouaient les
formes les plus capricieuses, les luttes les plus grotesques. Çà
et là, des groupes de figures enlacées se confondaient avec
2400 les marbres blancs, nobles chefs-d'œuvre de la sculpture qui
ornaient les appartements. Quoique les deux amis conser-
vassent encore une sorte de lucidité trompeuse dans les idées
et dans leurs organes, un dernier frémissement, simulacre
imparfait de la vie, il leur était impossible de reconnaître ce
2405 qu'il y avait de réel dans les fantaisies bizarres, de possible
dans les tableaux surnaturels qui passaient incessamment
devant leurs yeux lassés. Le ciel étouffant de nos rêves, l'ardente suavité que contractent les figures dans nos visions,
surtout je ne sais quelle agilité chargée de chaînes, enfin les
2410 phénomènes les plus inaccoutumés du sommeil les assail-
laient si vivement qu'ils prirent les jeux de cette débauche
pour les caprices d'un cauchemar où le mouvement est sans
2413 bruit, où les cris sont perdus pour l'oreille. En ce moment le
valet de chambre de confiance réussit, non sans peine, à
2415 attirer son maître dans l'antichambre, et lui dit à l'oreille :

— Monsieur, tous les voisins sont aux fenêtres et se plai-
gnent du tapage.

— S'ils ont peur du bruit, ne peuvent-ils pas faire mettre
de la paille devant leurs portes ? s'écria Taillefer.

2420 Raphaël laissa tout à coup échapper un éclat de rire si
brusquement intempestif, que son ami lui demanda compte
de cette joie brutale.

— Tu me comprendrais difficilement, répondit-il.
D'abord, il faudrait t'avouer que vous m'avez arrêté sur le

---

1   *s'était ému* : s'était mis en mouvement (du verbe *émouvoir*).

2425 quai Voltaire au moment où j'allais me jeter dans la Seine, et tu voudrais sans doute connaître les motifs de ma mort. Mais quand j'ajouterais que, par un hasard presque fabuleux, les ruines les plus poétiques du monde matériel venaient alors de se résumer à mes yeux par une traduction symbo-
2430 lique de la sagesse humaine; tandis qu'en ce moment les débris de tous les trésors intellectuels que nous avons saccagés à table aboutissent à ces deux femmes, images vives et originales de la folie, et que notre profonde insouciance des hommes et des choses a servi de transition aux tableaux
2435 fortement colorés de deux systèmes d'existence si diamé-tralement opposés, en seras-tu plus instruit ? Si tu n'étais pas ivre, tu y verrais peut-être un traité de philosophie.

— Si tu n'avais pas les deux pieds sur cette ravissante Aquilina dont les ronflements ont je ne sais quelle analogie
2440 avec le rugissement d'un orage près d'éclater, reprit Émile qui lui-même s'amusait à rouler et à dérouler les cheveux d'Euphrasie sans trop avoir la conscience de cette innocente occupation, tu rougirais de ton ivresse et de ton bavardage. Tes deux systèmes peuvent entrer dans une seule phrase
2445 et se réduisent à une pensée. La vie simple et mécanique conduit à quelque sagesse insensée en étouffant notre intel-ligence par le travail; tandis que la vie passée dans le vide des abstractions ou dans les abîmes du monde moral mène à quelque folle sagesse. En un mot, tuer les sentiments pour
2450 vivre vieux, ou mourir jeune en acceptant le martyre des passions, voilà notre arrêt. Encore cette sentence lutte-t-elle avec les tempéraments que nous a donnés le rude goguenard[1] à qui nous devons le patron de toutes les créatures.

— Imbécile ! s'écria Raphaël en l'interrompant. Continue
2455 à t'abréger toi-même ainsi, tu feras des volumes ! Si j'avais eu la prétention de formuler proprement ces deux idées, je t'aurais dit que l'homme se corrompt par l'exercice de la

---

1 *goguenard* : plaisantin, moqueur ; ici, Dieu lui-même !

raison et se purifie par l'ignorance. C'est faire le procès aux
sociétés ! Mais que nous vivions avec les sages ou que nous
2460 périssions avec les fous, le résultat n'est-il pas tôt ou tard le
même ? Aussi, le grand abstracteur de quintessence[1] a-t-il
jadis exprimé ces deux systèmes en deux mots : CARYMARY,
CARYMARA[2].

    — Tu me fais douter de la puissance de Dieu, car tu es
2465 plus bête qu'il n'est puissant, répliqua Émile. Notre cher
Rabelais a résolu cette philosophie par un mot plus bref que
Carymary, Carymara : c'est *peut-être*, d'où Montaigne[3] a pris
son *Que sais-je ?* Encore ces derniers mots de la science
morale ne sont-ils guère que l'exclamation de Pyrrhon[4]
2470 restant entre le bien et le mal, comme l'âne de Buridan[5]
entre deux mesures d'avoine. Mais laissons là cette éternelle
discussion qui aboutit aujourd'hui à *oui et non*. Quelle
expérience voulais-tu donc faire en te jetant dans la Seine ?
Étais-tu jaloux de la machine hydraulique du pont Notre-
2475 Dame[6] ?

    — Ah ! si tu connaissais ma vie.

    — Ah ! s'écria Émile, je ne te croyais pas si vulgaire, la
phrase est usée. Ne sais-tu pas que nous avons tous la
prétention de souffrir beaucoup plus que les autres ?
2480   — Ah ! s'écria Raphaël.

---

1 *abstracteur de quintessence* : alchimiste qui extrayait la partie la plus subtile d'un
  corps ; ici, allusion, au sens figuré, à Rabelais.

2 *Carymary, Carymara* : juron proféré par les Parisiens dans le *Gargantua* de
  Rabelais.

3 Montaigne (1533-1592). Écrivain français, auteur des *Essais*, ouvrage dans lequel
  Montaigne se prend comme sujet d'étude. Sa fameuse question «Que sais-je ?» vise
  à démontrer la subjectivité de toute connaissance.

4 Pyrrhon (~326-~275). Philosophe sceptique grec qui niait la possibilité pour
  l'homme d'atteindre à la vérité.

5 Célèbre argument en faveur du libre-arbitre formulé par le philosophe français
  Jean Buridan (1300-1366). Si toutes nos décisions étaient déterminées par nos
  instincts, un âne ayant aussi faim que soif et se trouvant à proximité d'un boisseau
  d'avoine et d'un seau d'eau ne saurait lequel choisir et mourrait.

6 *machine hydraulique du pont Notre-Dame* : machine à pompes, construite en 1670,
  qui distribuait l'eau de la Seine à plusieurs fontaines de Paris.

— *Si tu n'avais pas les deux pieds sur cette ravissante Aquilina
[…], reprit Émile qui lui-même s'amusait à rouler et à
dérouler les cheveux d'Euphrasie […]*

Lignes 2438 à 2442.

— Mais tu es bouffon avec ton *ah !* Voyons ! Une maladie d'âme ou de corps t'oblige-t-elle de ramener tous les matins, par une contraction de tes muscles, les chevaux qui le soir doivent t'écarteler, comme jadis le fit Damiens[1] ? As-tu mangé ton chien tout cru, sans sel, dans ta mansarde ? Tes enfants t'ont-ils jamais dit : J'ai faim ? As-tu vendu les cheveux de ta maîtresse pour aller au jeu ? Es-tu jamais allé payer à un faux domicile une fausse lettre de change[2], tirée sur un faux oncle, avec la crainte d'arriver trop tard ? Voyons, j'écoute. Si tu te jetais à l'eau pour une femme, pour un protêt[3], ou par ennui, je te renie. Confesse-toi, ne mens pas ; je ne te demande point de mémoires historiques. Surtout, sois aussi bref que ton ivresse te le permettra ; je suis exigeant comme un lecteur et près de dormir comme une femme qui lit ses vêpres[4].

— Pauvre sot ! dit Raphaël. Depuis quand les douleurs ne sont-elles plus en raison de la sensibilité ? Lorsque nous arriverons au degré de science qui nous permettra de faire une histoire naturelle des cœurs, de les nommer, de les classer en genres, en sous-genres, en familles, en crustacés, en fossiles, en sauriens[5], en microscopiques, en… que sais-je ? alors, mon bon ami, ce sera chose prouvée qu'il en existe de tendres, de délicats, comme des fleurs, et qui doivent se briser comme elles par de légers froissements auxquels certains cœurs minéraux ne sont même pas sensibles.

— Oh ! de grâce, épargne-moi ta préface, dit Émile d'un air moitié riant moitié piteux, en prenant la main de Raphaël.

---

1 Damiens (1715-1754). Soldat puis domestique de Louis XV. Il frappa son maître d'un inoffensif coup de canif pour le rappeler à ses devoirs et fut pour ce «crime» écartelé sur la place publique.

2 *lettre de change* : traite bancaire.

3 *protêt* : acte par lequel le porteur d'une lettre de change fait constater qu'elle n'a pas été acceptée ou payée à l'échéance.

4 *vêpres* : messe dite le soir ou en fin d'après-midi.

5 *sauriens* : type de reptiles comprenant les lézards et les serpents.

La Femme sans cœur

Après être resté silencieux pendant un moment, Raphaël dit en laissant échapper un geste d'insouciance :

2510 — Je ne sais en vérité s'il ne faut pas attribuer aux fumées du vin et du punch l'espèce de lucidité qui me permet d'embrasser en cet instant toute ma vie comme un même tableau où les figures, les couleurs, les ombres, les lumières, les demi-teintes sont fidèlement rendues. Ce jeu poétique de 2515 mon imagination ne m'étonnerait pas, s'il n'était accompagné d'une sorte de dédain pour mes souffrances et pour mes joies passées. Vue à distance, ma vie est comme rétrécie par un phénomène moral. Cette longue et lente douleur qui a duré dix ans peut aujourd'hui se reproduire par quelques 2520 phrases dans lesquelles la douleur ne sera plus qu'une pensée, et le plaisir une réflexion philosophique. Je juge au lieu de sentir…

— Tu es ennuyeux comme un amendement qui se développe, s'écria Émile.

2525 — C'est possible, reprit Raphaël sans murmurer. Aussi, pour ne pas abuser de tes oreilles, te ferai-je grâce des dix-sept premières années de ma vie. Jusque-là, j'ai vécu comme toi, comme mille autres, de cette vie de collège ou de lycée dont les malheurs fictifs et les joies réelles sont 2530 les délices de notre souvenir, à laquelle notre gastronomie blasée redemande les légumes du vendredi, tant que nous ne les avons pas goûtés de nouveau : belle vie dont les travaux nous semblent méprisables et qui cependant nous ont appris le travail…

2535 — Arrive au drame, dit Émile d'un air moitié comique et moitié plaintif.

— Quand je sortis du collège, reprit Raphaël en réclamant par un geste le droit de continuer, mon père m'astreignit à une discipline sévère, il me logea dans une chambre

2540 contiguë à son cabinet ; je me couchais dès neuf heures du
soir et me levais à cinq heures du matin ; il voulait que je
fisse mon Droit en conscience, j'allais en même temps à
l'École et chez un avoué[s] ; mais les lois du temps et de
l'espace étaient si sévèrement appliquées à mes courses, à
2545 mes travaux, et mon père me demandait en dînant un
compte si rigoureux de…

— Qu'est-ce que cela me fait ? dit Émile.

— Eh ! que le diable t'emporte, répondit Raphaël.
Comment pourras-tu concevoir mes sentiments si je ne
2550 te raconte les faits imperceptibles qui influèrent sur mon
âme, la façonnèrent à la crainte et me laissèrent longtemps
dans la naïveté primitive du jeune homme ? Ainsi, jusqu'à
vingt et un ans, j'ai été courbé sous un despotisme aussi
froid que celui d'une règle monacale. Pour te révéler les
2555 tristesses de ma vie, il suffira peut-être de te dépeindre mon
père : un grand homme sec et mince, le visage en lame de
couteau, le teint pâle, à parole brève, taquin comme une
vieille fille, méticuleux comme un chef de bureau. Sa pater-
nité planait au-dessus de mes lutines[1] et joyeuses pensées, et
2560 les enfermait comme sous un dôme de plomb ; si je voulais
lui manifester un sentiment doux et tendre, il me recevait en
enfant qui va dire une sottise, je le redoutais bien plus que
nous ne craignions naguère nos maîtres d'étude, j'avais
toujours huit ans pour lui. Je crois encore le voir devant
2565 moi. Dans sa redingote marron, où il se tenait droit comme
un cierge pascal, il avait l'air d'un hareng saur[2] enveloppé
dans la couverture rougeâtre d'un pamphlet. Cependant
j'aimais mon père, au fond il était juste. Peut-être ne haïssons-
nous pas la sévérité quand elle est justifiée par un grand
2570 caractère, par des mœurs pures, et qu'elle est adroitement
entremêlée de bonté. Si mon père ne me quitta jamais, si

---

1 *lutines* : espiègles.
2 *hareng saur* : poisson fumé.

jusqu'à l'âge de vingt ans, il ne laissa pas dix francs à ma disposition, dix coquins[§], dix libertins[1] de francs, trésor immense dont la possession vainement enviée me faisait
2575 rêver d'ineffables délices, il cherchait du moins à me procurer quelques distractions. Après m'avoir promis un plaisir pendant des mois entiers, il me conduisait aux Bouffons[§], à un concert, à un bal où j'espérais rencontrer une maîtresse. Une maîtresse ! c'était pour moi l'indépendance. Mais hon-
2580 teux et timide, ne sachant point l'idiome[2] des salons et n'y connaissant personne, j'en revenais le cœur toujours aussi neuf et tout aussi gonflé de désirs. Puis le lendemain, bridé comme un cheval d'escadron par mon père, dès le matin je retournais chez un avoué[§], au Droit, au Palais. Vouloir
2585 m'écarter de la route uniforme que mon père m'avait tracée, c'eût été m'exposer à sa colère ; il m'avait menacé de m'embarquer à ma première faute, en qualité de mousse, pour les Antilles. Aussi me prenait-il un horrible frisson quand par hasard j'osais m'aventurer, pendant une heure ou deux,
2590 dans quelque partie de plaisir. Figure-toi l'imagination la plus vagabonde, le cœur le plus amoureux, l'âme la plus tendre, l'esprit le plus poétique, sans cesse en présence de l'homme le plus caillouteux[3], le plus atrabilaire[4], le plus froid du monde ; enfin marie une jeune fille à un squelette,
2595 et tu comprendras l'existence dont les scènes curieuses ne peuvent que t'être dites : projets de fuite évanouis à l'aspect de mon père, désespoirs calmés par le sommeil, désirs comprimés, sombres mélancolies dissipées par la musique. J'exhalais mon malheur en mélodies. Beethoven ou Mozart
2600 furent souvent mes discrets confidents. Aujourd'hui je souris en me souvenant de tous les préjugés qui troublaient ma conscience à cette époque d'innocence et de vertu : si

---

1 *libertins* : débauchés.
2 *idiome* : langue.
3 *caillouteux* : terre-à-terre.
4 *atrabilaire* : de mauvaise humeur, irrité.

j'avais mis le pied chez un restaurateur, je me serais cru
ruiné; mon imagination me faisait considérer un café
2605 comme un lieu de débauche, où les hommes se perdaient
d'honneur et engageaient leur fortune; quant à risquer de
l'argent au jeu, il aurait fallu en avoir. Oh ! quand je devrais
t'endormir, je veux te raconter l'une des plus terribles joies
de ma vie, une de ces joies armées de griffes et qui s'enfon-
2610 cent dans notre cœur comme un fer chaud sur l'épaule d'un
forçat. J'étais au bal chez le duc de Navarreins, cousin de
mon père. Mais pour que tu puisses parfaitement comprendre ma position, apprends que j'avais un habit râpé[§], des
souliers mal faits, une cravate de cocher et des gants déjà
2615 portés. Je me mis dans un coin afin de pouvoir tout à mon
aise prendre des glaces et contempler les jolies femmes. Mon
père m'aperçut. Par une raison que je n'ai jamais devinée,
tant cet acte de confiance m'abasourdit, il me donna sa
bourse et ses clefs à garder. À dix pas de moi quelques
2620 hommes jouaient. J'entendais frétiller l'or. J'avais vingt ans,
je souhaitais passer une journée entière plongé dans les
crimes de mon âge. C'était un libertinage[1] d'esprit dont
l'analogue ne se trouverait ni dans les caprices de courtisane, ni dans les songes des jeunes filles. Depuis un an je me
2625 rêvais bien mis, en voiture, ayant une belle femme à mes
côtés, tranchant du seigneur, dînant chez Véry[2], allant le soir
au spectacle, décidé à ne revenir que le lendemain chez mon
père, mais armé contre lui d'une aventure plus intriguée[3]
que ne l'est *Le Mariage de Figaro*[4], et de laquelle il lui aurait
2630 été impossible de se dépêtrer. J'avais estimé toute cette joie
cinquante écus. N'étais-je pas encore sous le charme naïf de
l'*école buissonnière*[5] ? J'allai donc dans un boudoir[§] où, seul,

---

1 *libertinage* : dévergondage, débauche.

2 *Véry* : un des grands restaurants parisiens de l'époque.

3 *plus intriguée* : dont l'intrigue est encore mieux nouée.

4 *Le Mariage de Figaro* : célèbre pièce de Beaumarchais (1732-1799).

5 *école buissonnière* : de l'expression «faire l'école buissonnière», c'est-à-dire flâner,
   se promener au lieu d'aller en classe.

les yeux cuisants, les doigts tremblants, je comptai l'argent de mon père : cent écus ! Évoquées par cette somme, les 2635 joies de mon escapade apparurent devant moi, dansant comme les sorcières de *Macbeth*[1] autour de leur chaudière, mais alléchantes, frémissantes, délicieuses ! Je devins un coquin déterminé. Sans écouter ni les tintements de mon oreille, ni les battements précipités de mon cœur, je pris 2640 deux pièces de vingt francs que je vois encore ! Leurs millésimes[2] étaient effacés et la figure de Bonaparte[3] y grimaçait. Après avoir mis la bourse dans ma poche, je revins vers une table de jeu en tenant les deux pièces d'or dans la paume humide de ma main, et je rôdai autour des 2645 joueurs comme un émouchet[4] au-dessus d'un poulailler. En proie à des angoisses inexprimables, je jetai soudain un regard translucide[5] autour de moi. Certain de n'être aperçu par aucune personne de connaissance, je pariai pour un petit homme gras et réjoui, sur la tête duquel j'accumulai 2650 plus de prières et de vœux qu'il ne s'en fait en mer pendant trois tempêtes. Puis, avec un instinct de scélératesse ou de machiavélisme[6] surprenant à mon âge, j'allai me planter près d'une porte, regardant à travers les salons sans y rien voir. Mon âme et mes yeux voltigeaient autour du fatal 2655 tapis vert. De cette soirée date la première observation physiologique à laquelle j'ai dû cette espèce de pénétration qui m'a permis de saisir quelques mystères de notre double nature. Je tournais le dos à la table où se disputait mon futur bonheur, bonheur d'autant plus profond peut-être qu'il 2660 était criminel ; entre les deux joueurs et moi, il se trouvait

---

1 *sorcières de* Macbeth : personnages macabres de la pièce *Macbeth* de Shakespeare (1564-1616).

2 *millésimes* : chiffres qui indiquent la date d'une monnaie.

3 Napoléon Bonaparte (1769-1821). Empereur des Français de 1804 à 1815.

4 *émouchet* : nom usuel de divers petits rapaces.

5 *translucide* : au sens de «extralucide», «clairvoyant».

6 *machiavélisme* : ruse, artifice, perfidie ; mot découlant du nom de l'homme politique et philosophe italien Nicolas Machiavel (1469-1527).

une haie d'hommes, épaisse de quatre ou cinq rangées de causeurs ; le bourdonnement des voix empêchait de distinguer le son de l'or qui se mêlait au bruit de l'orchestre ; malgré tous ces obstacles, par un privilège accordé aux
2665 passions qui leur donne le pouvoir d'anéantir l'espace et le temps, j'entendais distinctement les paroles des deux joueurs, je connaissais leurs points, je savais celui des deux qui retournait le roi comme si j'eusse vu les cartes ; enfin à dix pas du jeu, je pâlissais de ses caprices. Mon père passa
2670 devant moi tout à coup, je compris alors cette parole de l'Écriture : L'esprit de Dieu passa devant sa face[1] ! J'avais gagné. À travers le tourbillon d'hommes qui gravitait autour des joueurs, j'accourus à la table en m'y glissant avec la dextérité d'une anguille qui s'échappe par la maille
2675 rompue d'un filet. De douloureuses, mes fibres[2] devinrent joyeuses. J'étais comme un condamné qui, marchant au supplice, a rencontré le roi. Par hasard, un homme décoré réclama quarante francs qui manquaient. Je fus soupçonné par des yeux inquiets, je pâlis et des gouttes de sueur sillon-
2680 nèrent mon front. Le crime d'avoir volé mon père me parut bien vengé. Le bon gros petit homme dit alors d'une voix certainement angélique : «Tous ces messieurs avaient mis», et paya les quarante francs. Je relevai mon front et jetai des regards triomphants sur les joueurs. Après avoir réintégré
2685 dans la bourse de mon père l'or que j'y avais pris, je laissai mon gain à ce digne et honnête monsieur qui continua de gagner. Dès que je me vis possesseur de cent soixante francs, je les enveloppai dans mon mouchoir de manière à ce qu'ils ne pussent ni remuer ni sonner pendant notre retour au
2690 logis, et ne jouai plus. — «Que faisiez-vous au jeu ? me dit mon père en entrant dans le fiacre[3]. — Je regardais,

---

1 Allusion probable au livre de l'Exode, dans l'Ancien Testament, lorsque Dieu apparaît à Moïse.

2 *fibres* : tous nos organes de la sensibilité.

3 *fiacre* : voiture à cheval louée.

répondis-je en tremblant. — Mais, reprit mon père, il n'y aurait eu rien d'extraordinaire à ce que vous eussiez été forcé par amour-propre à mettre quelque argent sur le tapis. Aux yeux des gens du monde, vous paraissez assez âgé pour avoir le droit de commettre des sottises. Aussi vous excuserais-je, Raphaël, si vous vous étiez servi de ma bourse…» Je ne répondis rien. Quand nous fûmes de retour, je rendis à mon père ses clefs et son argent. En rentrant dans sa chambre, il vida la bourse sur sa cheminée, compta l'or, se tourna vers moi d'un air assez gracieux, et me dit en séparant chaque phrase par une pause plus ou moins longue et significative : — «Mon fils, vous avez bientôt vingt ans. Je suis content de vous. Il vous faut une pension, ne fût-ce que pour vous apprendre à économiser, à connaître les choses de la vie. Dès ce soir, je vous donnerai cent francs par mois. Vous disposerez de votre argent comme il vous plaira. Voici le premier trimestre de cette année», ajouta-t-il en caressant une pile d'or, comme pour vérifier la somme. J'avoue que je fus près de me jeter à ses pieds, de lui déclarer que j'étais un brigand, un infâme, et… pis que cela, un menteur ! La honte me retint, j'allais l'embrasser, il me repoussa faiblement. — «Maintenant, tu es un homme, *mon enfant*, me dit-il. Ce que je fais est une chose simple et juste dont tu ne dois pas me remercier. Si j'ai droit à votre reconnaissance, Raphaël, reprit-il d'un ton doux mais plein de dignité, c'est pour avoir préservé votre jeunesse des malheurs qui dévorent tous les jeunes gens, à Paris. Désormais, nous serons deux amis. Vous deviendrez, dans un an, docteur en droit. Vous avez, non sans quelques déplaisirs et certaines privations, acquis les connaissances solides et l'amour du travail si nécessaires aux hommes appelés à manier les affaires. Apprenez, Raphaël, à me connaître. Je ne veux faire de vous ni un avo-cat, ni un notaire, mais un homme d'État qui puisse devenir la gloire de notre pauvre maison. À demain !» ajouta-t-il en

me renvoyant par un geste mystérieux. Dès ce jour, mon père m'initia franchement à ses projets. J'étais fils unique et j'avais perdu ma mère depuis dix ans. Autrefois, peu flatté
2730 d'avoir le droit de labourer la terre l'épée au côté, mon père, chef d'une maison historique à peu près oubliée en Auvergne, vint à Paris pour y lutter avec le diable. Doué de cette finesse qui rend les hommes du midi de la France si supérieurs quand elle se trouve accompagnée d'énergie, il
2735 était parvenu sans grand appui à prendre position au cœur même du pouvoir. La Révolution[1] renversa bientôt sa fortune; mais il avait su épouser l'héritière d'une grande maison, et s'était vu sous l'Empire au moment de restituer à notre famille son ancienne splendeur. La Restauration, qui
2740 rendit à ma mère des biens considérables, ruina mon père. Ayant jadis acheté plusieurs terres données par l'empereur à ses généraux et situées en pays étranger, il se battait depuis dix ans avec des liquidateurs[2] et des diplomates, avec les tribunaux prussiens et bavarois[3] pour se maintenir dans la
2745 possession contestée de ces malheureuses dotations[4]. Mon père me jeta dans le labyrinthe inextricable de ce vaste procès d'où dépendait notre avenir. Nous pouvions être condamnés à restituer les revenus, ainsi que le prix de certaines coupes de bois faites de 1814 à 1816; dans ce cas,
2750 le bien de ma mère suffisait à peine pour sauver l'honneur de notre nom. Ainsi, le jour où mon père parut en quelque sorte m'avoir émancipé, je tombai sous le joug le plus odieux. Je dus combattre comme sur un champ de bataille, travailler nuit et jour, aller voir des hommes d'État, tâcher
2755 de surprendre leur religion[5], tenter de les intéresser à notre affaire, les séduire, eux, leurs femmes, leurs valets, leurs

---

1 *Révolution* : Révolution française de 1789 à 1799.
2 *liquidateurs* : personnes chargées de procéder à la liquidation de biens.
3 *prussiens et bavarois* : allemands et autrichiens.
4 *dotations* : biens, possessions.
5 *surprendre leur religion* : détecter ce qui les séduit (croyances, vices, etc.).

chiens, et déguiser cet horrible métier sous des formes élégantes, sous d'agréables plaisanteries. Je compris tous les
chagrins dont l'empreinte flétrissait la figure de mon père.
2760 Pendant une année environ, je menai donc en apparence la
vie d'un homme du monde, mais cette dissipation et mon
empressement à me lier avec des parents en faveur ou
avec des gens qui pouvaient nous être utiles, cachaient
d'immenses travaux. Mes divertissements étaient encore des
2765 plaidoiries, et mes conversations des mémoires. Jusque-là,
j'avais été vertueux par l'impossibilité de me livrer à mes
passions de jeune homme; mais craignant alors de causer
la ruine de mon père ou la mienne par une négligence,
je devins mon propre despote, et n'osai me permettre ni
2770 un plaisir ni une dépense. Lorsque nous sommes jeunes,
quand, à force de froissements[1], les hommes et les choses
ne nous ont point encore enlevé cette délicate fleur de
sentiment, cette verdeur de pensée[2], cette noble pureté de
conscience qui ne nous laisse jamais transiger[3] avec le mal,
2775 nous sentons vivement nos devoirs; notre honneur parle
haut et se fait écouter; nous sommes francs et sans détour :
ainsi étais-je alors. Je voulus justifier la confiance de mon
père; naguère, je lui aurais dérobé délicieusement une ché-
tive somme; mais portant avec lui le fardeau de ses affaires,
2780 de son nom, de sa maison, je lui eusse donné secrètement
mes biens, mes espérances, comme je lui sacrifiais mes
plaisirs, heureux même de mon sacrifice! Aussi, quand
monsieur de Villèle exhuma, tout exprès pour nous, un
décret impérial[4] sur les déchéances[5], et nous eut ruinés,
2785 signai-je la vente de mes propriétés, n'en gardant qu'une île

---

1 *froissements* : frictions, frustrations.
2 *verdeur de pensée* : pensée pleine de vigueur.
3 *transiger* : se prêter à des accommodements, des échanges; faire des concessions.
4 *décret impérial* : le décret auquel Balzac fait allusion n'est pas connu, mais la men-
tion du politicien Joseph de Villèle (1773-1854) permet de situer cet épisode en 1825.
5 *déchéances* : perte de droits ou de fonctions, à titre de sanction.

sans valeur, située au milieu de la Loire[1], et où se trouvait
le tombeau de ma mère. Aujourd'hui, peut-être, les
arguments, les détours, les discussions philosophiques,
philanthropiques[§] et politiques ne me manqueraient pas
2790 pour me dispenser de faire ce que mon avoué[§] nommait une
bêtise. Mais à vingt et un ans, nous sommes, je le répète, tout
générosité, tout chaleur, tout amour. Les larmes que je vis
dans les yeux de mon père furent alors pour moi
la plus belle des fortunes, et le souvenir de ces larmes a
2795 souvent consolé ma misère. Dix mois après avoir payé
ses créanciers, mon père mourut de chagrin, il m'adorait
et m'avait ruiné; cette idée le tua. En 1826, à l'âge de
vingt-deux ans, vers la fin de l'automne, je suivis tout seul
le convoi[§] de mon premier ami, de mon père. Peu de jeunes
2800 gens se sont trouvés, seuls avec leurs pensées, derrière un
corbillard, perdus dans Paris, sans avenir, sans fortune. Les
orphelins recueillis par la charité publique ont au moins
pour avenir le champ de bataille, pour père le gouvernement ou le procureur du roi, pour refuge un hospice. Moi,
2805 je n'avais rien! Trois mois après, un commissaire-priseur[2]
me remit onze cent douze francs, produit net et liquide
de la succession paternelle. Des créanciers m'avaient obligé
à vendre notre mobilier. Accoutumé dès ma jeunesse à
donner une grande valeur aux objets de luxe dont j'étais
2810 entouré, je ne pus m'empêcher de marquer une sorte
d'étonnement à l'aspect de ce reliquat[3] exigu. — «Oh! me
dit le commissaire-priseur, tout cela était bien *rococo*[4].» Mot
épouvantable qui flétrissait toutes les religions de mon enfance et me dépouillait de mes premières illusions, les plus
2815 chères de toutes. Ma fortune se résumait par un bordereau

---

1 *Loire* : le plus long des fleuves français.

2 *commissaire-priseur* : officier ministériel chargé de l'estimation des objets immobiliers et de leur vente aux enchères.

3 *reliquat* : reste.

4 *rococo* : démodé et un peu ridicule (en référence au style rococo du XVIIIe siècle,
caractérisé par la surabondance des ornements).

de vente, mon avenir gisait dans un sac de toile qui contenait onze cent douze francs, la Société m'apparaissait en la
personne d'un huissier-priseur qui me parlait le chapeau
sur la tête. Un valet de chambre qui me chérissait, et à qui
2820 ma mère avait jadis constitué quatre cents francs de rente
viagère[§], Jonathas, me dit en quittant la maison d'où j'étais
si souvent sorti joyeusement en voiture pendant mon
enfance : — «Soyez bien économe, monsieur Raphaël !» Il
pleurait, le bon homme.

2825 «Tels sont, mon cher Émile, les événements qui
maîtrisèrent ma destinée, modifièrent mon âme, et me
placèrent jeune encore dans la plus fausse de toutes les situa-
tions sociales, dit Raphaël après avoir fait une pause. Des
liens de famille, mais faibles, m'attachaient à quelques
2830 maisons riches dont l'accès m'eût été interdit par ma fierté,
si le mépris et l'indifférence ne m'en eussent déjà fermé
les portes. Quoique parent de personnes très influentes et
prodigues de leur protection pour des étrangers, je n'avais
ni parents ni protecteurs. Sans cesse arrêtée dans ses
2835 expansions, mon âme s'était repliée sur elle-même. Plein de
franchise et de naturel, je devais paraître froid, dissimulé ;
le despotisme de mon père m'avait ôté toute confiance en
moi ; j'étais timide et gauche, je ne croyais pas que ma voix
pût exercer le moindre empire, je me déplaisais, je me trou-
2840 vais laid, j'avais honte de mon regard. Malgré la voix
intérieure qui doit soutenir les hommes de talent dans leurs
luttes, et qui me criait : Courage ! marche ! malgré les révé-
lations soudaines de ma puissance dans la solitude, malgré
l'espoir dont j'étais animé en comparant les ouvrages nou-
2845 veaux admirés du public à ceux qui voltigeaient dans ma
pensée, je doutais de moi comme un enfant. J'étais la proie
d'une excessive ambition, je me croyais destiné à de grandes
choses, et je me sentais dans le néant. J'avais besoin des
hommes, et je me trouvais sans amis. Je devais me frayer
2850 une route dans le monde, et j'y restais seul, moins craintif

que honteux. Pendant l'année où je fus jeté par mon père dans le tourbillon de la grande société, j'y vins avec un cœur neuf, avec une âme fraîche. Comme tous les grands enfants, j'aspirai secrètement à de belles amours. Je rencontrai parmi les jeunes gens de mon âge une secte de fanfarons qui allaient tête levée, disant des riens, s'asseyant sans trembler près des femmes qui me semblaient les plus imposantes, débitant des impertinences, mâchant le bout de leurs cannes, minaudant[1], se prostituant à eux-mêmes les plus jolies personnes, mettant ou prétendant avoir mis leurs têtes sur tous les oreillers, ayant l'air d'être au refus du plaisir, considérant les plus vertueuses, les plus prudes comme de prise facile et pouvant être conquises à la simple parole, au moindre geste hardi, par le premier regard insolent ! Je te le déclare, en mon âme et conscience, la conquête du pouvoir ou d'une grande renommée littéraire me paraissait un triomphe moins difficile à obtenir qu'un succès auprès d'une femme de haut rang, jeune, spirituelle et gracieuse. Je trouvai donc les troubles de mon cœur, mes sentiments, mes cultes en désaccord avec les maximes de la société. J'avais de la hardiesse, mais dans l'âme seulement, et non dans les manières. J'ai su plus tard que les femmes ne voulaient pas être mendiées ; j'en ai beaucoup vu que j'adorais de loin, auxquelles je livrais un cœur à toute épreuve, une âme à déchirer, une énergie qui ne s'effrayait ni des sacrifices, ni des tortures ; elles appartenaient à des sots de qui je n'aurais pas voulu pour portiers. Combien de fois, muet, immobile, n'ai-je pas admiré la femme de mes rêves, surgissant dans un bal ; dévouant alors en pensée mon existence à des caresses éternelles, j'imprimais toutes mes espérances en un regard, et lui offrais dans mon extase un amour de jeune homme qui courait au-devant des tromperies. En certains moments, j'aurais donné ma vie pour une seule nuit. Eh

---

1 *minaudant* : prenant des manières affectées pour plaire, séduire, attirer l'attention.

bien, n'ayant jamais trouvé d'oreilles où jeter mes propos
2885 passionnés, de regards où reposer les miens, de cœur pour
mon cœur, j'ai vécu dans tous les tourments d'une impuissante énergie qui se dévorait elle-même, soit faute de
hardiesse ou d'occasions, soit inexpérience. Peut-être ai-je
désespéré de me faire comprendre, ou tremblé d'être trop
2890 compris. Et cependant j'avais un orage tout prêt à chaque
regard poli que l'on pouvait m'adresser. Malgré ma promptitude à prendre ce regard ou des mots en apparence
affectueux comme de tendres engagements, je n'ai jamais
osé ni parler ni me taire à propos. À force de sentiment ma
2895 parole était insignifiante, et mon silence devenait stupide.
J'avais sans doute trop de naïveté pour une société factice
qui vit aux lumières, qui rend toutes ses pensées par des
phrases convenues, ou par des mots que dicte la mode. Puis
je ne savais point parler en me taisant, ni me taire en par-
2900 lant. Enfin, gardant en moi des feux qui me brûlaient, ayant
une âme semblable à celle que les femmes souhaitent de
rencontrer, en proie à cette exaltation dont elles sont avides,
possédant l'énergie dont se vantent les sots, toutes les
femmes m'ont été traîtreusement cruelles. Aussi admirais-je
2905 naïvement les héros de coterie[1] quand ils célébraient leurs
triomphes, sans les soupçonner de mensonge. J'avais sans
doute le tort de désirer un amour sur parole, de vouloir
trouver grande et forte dans un cœur de femme frivole et
légère, affamée de luxe, ivre de vanité, cette passion large, cet
2910 océan qui battait tempétueusement dans mon cœur. Oh ! se
sentir né pour aimer, pour rendre une femme bien heureuse, et n'avoir trouvé personne, pas même une courageuse
et noble Marceline[2] ou quelque vieille marquise ! Porter des

---

1 *héros de coterie* : groupe de personnes se coalisant pour défendre leurs intérêts.

2 *Marceline* : personnage du *Mariage de Figaro* de Beaumarchais (voir la note 4 à la page 102) qui apprend à l'ACTE III que l'homme avec qui elle devait se marier et qui l'a laissée pour une autre est en fait son propre fils.

trésors dans une besace[1] et ne pouvoir rencontrer une en-
2915 fant, quelque jeune fille curieuse pour les lui faire admirer !
J'ai souvent voulu me tuer de désespoir.

— Joliment tragique ce soir ! s'écria Émile.

— Eh ! laisse-moi condamner ma vie, répondit Raphaël.
Si ton amitié n'a pas la force d'écouter mes élégies[2], si tu ne
2920 peux me faire crédit d'une demi-heure d'ennui, dors ! Mais
ne me demande plus alors compte de mon suicide qui
gronde, qui se dresse, qui m'appelle et que je salue. Pour
juger un homme, au moins faut-il être dans le secret de
sa pensée, de ses malheurs, de ses émotions ; ne vouloir
2925 connaître de sa vie que les événements matériels, c'est faire
de la chronologie, l'histoire des sots !

Le ton amer avec lequel ces paroles furent prononcées
frappa si vivement Émile que, dès ce moment, il prêta toute
son attention à Raphaël en le regardant d'un air hébété.

2930 — Mais, reprit le narrateur, maintenant la lueur qui co-
lore ces accidents leur prête un nouvel aspect. L'ordre des
choses que je considérais jadis comme un malheur a peut-
être engendré les belles facultés dont plus tard je me suis
enorgueilli. La curiosité philosophique, les travaux excessifs,
2935 l'amour de la lecture qui, depuis l'âge de sept ans jusqu'à
mon entrée dans le monde, ont constamment occupé ma
vie, ne m'auraient-ils pas doué de la facile puissance avec
laquelle, s'il faut vous en croire, je sais rendre mes idées et
marcher en avant dans le vaste champ des connaissances
2940 humaines ? L'abandon auquel j'étais condamné, l'habitude
de refouler mes sentiments et de vivre dans mon cœur ne
m'ont-ils pas investi du pouvoir de comparer, de méditer ?
En ne se perdant pas au service des irritations mondaines
qui rapetissent la plus belle âme et la réduisent à l'état de
2945 guenille, ma sensibilité ne s'est-elle pas concentrée pour

---

1 *besace* : sac à deux poches, avec une ouverture au milieu.
2 *élégies* : plaintes.

devenir l'organe perfectionné d'une volonté plus haute que le vouloir de la passion ? Méconnu par les femmes, je me souviens de les avoir observées avec la sagacité[§] de l'amour dédaigné. Maintenant, je le vois, la sincérité de mon caractère 2950 a dû déplaire ! Peut-être les femmes veulent-elles un peu d'hypocrisie ? Moi qui suis tour à tour, dans la même heure, homme et enfant, futile et penseur, sans préjugés et plein de superstitions, souvent femme comme elles, n'ont-elles pas dû prendre ma naïveté pour du cynisme, et la pureté même 2955 de ma pensée pour du libertinage[§] ? La science leur était ennui, la langueur[1] féminine faiblesse. Cette excessive mobilité d'imagination, le malheur des poètes, me faisait sans doute juger comme un être incapable d'amour, sans constance dans les idées, sans énergie. Idiot quand je me tai- 2960 sais, je les effarouchais peut-être quand j'essayais de leur plaire, et les femmes m'ont condamné. J'ai accepté, dans les larmes et le chagrin, l'arrêt porté par le monde. Cette peine a produit son fruit. Je voulus me venger de la société, je voulus posséder l'âme de toutes les femmes en me sou- 2965 mettant les intelligences, et voir tous les regards fixés sur moi quand mon nom serait prononcé par un valet à la porte du salon. Je m'instituai grand homme. Dès mon enfance, je m'étais frappé le front en me disant comme André de Chénier : « Il y a quelque chose là[2] ! » Je croyais 2970 sentir en moi une pensée à exprimer, un système à établir, une science à expliquer. Ô mon cher Émile ! Aujourd'hui que j'ai vingt-six ans à peine, que je suis sûr de mourir inconnu, sans avoir jamais été l'amant de la femme que j'ai rêvé de posséder, laisse-moi te conter mes folies ! N'avons-nous pas 2975 tous, plus ou moins, pris nos désirs pour des réalités ? Ah ! je ne voudrais point pour ami d'un jeune homme qui dans ses rêves ne se serait pas tressé des couronnes, construit

---

1 *langueur* : mélancolie.
2 Le poète André de Chénier (1762-1794) fut guillotiné pendant la Terreur. Sur l'échafaud, il se serait exclamé : « J'avais pourtant quelque chose là ! »

quelque piédestal ou donné de complaisantes maîtresses.
Moi, j'ai souvent été général, empereur ; j'ai été Byron[§], puis
2980 rien. Après avoir joué sur le faîte des choses humaines, je
m'apercevais que toutes les montagnes, toutes les difficultés
restaient à gravir. Cet immense amour-propre qui bouillon-
nait en moi, cette croyance sublime à une destinée, et qui
devient du génie peut-être, quand un homme ne se laisse
2985 pas déchiqueter l'âme par le contact des affaires aussi
facilement qu'un mouton abandonne sa laine aux épines
des halliers[1] où il passe, tout cela me sauva. Je voulus me
couvrir de gloire et travailler dans le silence pour la
maîtresse que j'espérais avoir un jour. Toutes les femmes se
2990 résumaient par une seule, et cette femme je croyais la rencontrer dans la première qui s'offrait à mes regards ; mais,
voyant une reine dans chacune d'elles, toutes devaient,
comme les reines qui sont obligées de faire des avances à
leurs amants, venir au-devant de moi, souffreteux, pauvre et
2995 timide. Ah ! pour celle qui m'eût plaint, j'avais dans le cœur
tant de reconnaissance outre l'amour, que je l'eusse adorée
pendant toute sa vie. Plus tard, mes observations m'ont
appris de cruelles vérités. Ainsi, mon cher Émile, je risquais
de vivre éternellement seul. Les femmes sont habituées, par
3000 je ne sais quelle pente de leur esprit, à ne voir dans un
homme de talent que ses défauts, et dans un sot que ses
qualités ; elles éprouvent de grandes sympathies pour les
qualités du sot qui sont une flatterie perpétuelle de leurs
propres défauts, tandis que l'homme supérieur ne leur offre
3005 pas assez de jouissances pour compenser ses imperfections.
Le talent est une fièvre intermittente, nulle femme n'est
jalouse d'en partager seulement les malaises ; toutes elles
veulent trouver dans leurs amants des motifs de satisfaire
leur vanité. C'est elles encore qu'elles aiment en nous ! Un
3010 homme pauvre, fier, artiste, doué du pouvoir de créer,

---

1 *halliers* : groupes de buissons serrés et touffus.

n'est-il pas armé d'un blessant égoïsme ? Il existe autour de lui je ne sais quel tourbillon de pensées dans lequel il enveloppe tout, même sa maîtresse, qui doit en suivre le mouvement. Une femme adulée peut-elle croire à l'amour d'un tel homme ? Ira-t-elle le chercher ? Cet amant n'a pas le loisir de s'abandonner autour d'un divan à ces petites singeries de sensibilité auxquelles les femmes tiennent tant et qui sont le triomphe des gens faux et insensibles. Le temps manque à ses travaux, comment en dépenserait-il à se rapetisser, à se chamarrer[1] ? Prêt à donner ma vie d'un coup, je ne l'aurais pas avilie en détail. Enfin il existe, dans le manège d'un agent de change qui fait les commissions d'une femme pâle et minaudière[2], je ne sais quoi de mesquin dont a horreur l'artiste. L'amour abstrait ne suffit pas à un homme pauvre et grand, il en veut tous les dévouements. Les petites créatures qui passent leur vie à essayer des cachemires ou qui se font les portemanteaux de la mode n'ont pas de dévouement, elles en exigent et voient dans l'amour le plaisir de commander, non celui d'obéir. La véritable épouse en cœur, en chair et en os, se laisse traîner là où va celui en qui résident sa vie, sa force, sa gloire, son bonheur. Aux hommes supérieurs, il faut des femmes orientales dont l'unique pensée soit l'étude de leurs besoins ; car pour eux, le malheur est dans le désaccord de leurs désirs et des moyens. Moi, qui me croyais homme de génie, j'aimais précisément ces petites-maîtresses[3] ! Nourrissant des idées si contraires aux idées reçues, ayant la prétention d'escalader le ciel sans échelle, possédant des trésors qui n'avaient pas cours, armé de connaissances étendues qui surchargeaient ma mémoire et que je n'avais pas encore classées, que je ne m'étais point assimilées ; me trouvant sans parents, sans

---

1 *chamarrer* : faire des politesses excessives, des courbettes.

2 *minaudière* : enjôleuse.

3 *petites-maîtresses* : femmes recherchées dans leur ton, dans leurs manières, dans leur parure et qui ont un air avantageux.

amis, seul au milieu du plus affreux désert, un désert pavé,
un désert animé, pensant, vivant, où tout vous est bien plus
qu'ennemi, indifférent ! la résolution que je pris était
3045 naturelle, quoique folle ; elle comportait je ne sais quoi
d'impossible qui me donna du courage. Ce fut comme un
parti[1] fait avec moi-même, et où j'étais le joueur et l'enjeu.
Voici mon plan. Mes onze cents francs devaient suffire à
ma vie pendant trois ans, et je m'accordais ce temps pour
3050 mettre au jour un ouvrage qui pût attirer l'attention
publique sur moi, me faire une fortune ou un nom. Je me
réjouissais en pensant que j'allais vivre de pain et de lait,
comme un solitaire de la Thébaïde[2], plongé dans le monde
des livres et des idées, dans une sphère inaccessible au
3055 milieu de ce Paris si tumultueux, sphère de travail et de
silence où, comme les chrysalides, je me bâtissais une tombe
pour renaître brillant et glorieux. J'allais risquer de mourir
pour vivre. En réduisant l'existence à ses vrais besoins, au
strict nécessaire, je trouvais que trois cent soixante-cinq
3060 francs par an devaient suffire à ma pauvreté. En effet, cette
maigre somme a satisfait à ma vie, tant que j'ai voulu subir
ma propre discipline claustrale[3]...

— C'est impossible, s'écria Émile.

— J'ai vécu près de trois ans ainsi, répondit Raphaël avec
3065 une sorte de fierté. Comptons ! reprit-il. Trois sous de pain,
deux sous de lait, trois sous de charcuterie m'empêchaient
de mourir de faim et tenaient mon esprit dans un état de
lucidité singulière. J'ai observé, tu le sais, de merveilleux
effets produits par la diète sur l'imagination. Mon logement
3070 me coûtait trois sous par jour, je brûlais pour trois sous
d'huile par nuit, je faisais moi-même ma chambre, je portais
des chemises de flanelle pour ne dépenser que deux sous de

---

1   *parti* : sorte de calcul des probabilités.
2   *Thébaïde* : désert de Haute-Égypte qui servit de refuge à des chrétiens persécutés
    par l'empereur romain Dèce (200-251).
3   *claustrale* : qui rappelle la vie monacale, cloîtrée.

blanchissage par jour. Je me chauffais avec du charbon de
terre, dont le prix divisé par les jours de l'année n'a jamais
3075 donné plus de deux sous pour chacun. J'avais des habits,
du linge, des chaussures pour trois années, je ne voulais m'habiller que pour aller à certains cours publics et aux bibliothèques. Ces dépenses réunies ne faisaient que dix-huit
sous, il me restait deux sous pour les choses imprévues. Je ne
3080 me souviens pas d'avoir, pendant cette longue période de
travail, passé le Pont des Arts,[1] ni d'avoir jamais acheté d'eau ;
j'allais en chercher le matin à la fontaine de la place Saint-
Michel, au coin de la rue des Grès. Oh ! je portais ma pauvreté fièrement. Un homme qui pressent un bel avenir
3085 marche dans sa vie de misère comme un innocent conduit
au supplice, il n'a point honte. Je n'avais pas voulu prévoir
la maladie. Comme Aquilina, j'envisageais l'hôpital sans
terreur. Je n'ai pas douté un moment de ma bonne santé.
D'ailleurs, le pauvre ne doit se coucher que pour mourir. Je
3090 me coupai les cheveux, jusqu'au moment où un ange
d'amour ou de bonté… Mais je ne veux pas anticiper sur la
situation à laquelle j'arrive. Apprends seulement, mon cher
ami, qu'à défaut de maîtresse, je vécus avec une grande pensée, avec un rêve, un mensonge auquel nous commençons
3095 tous par croire plus ou moins. Aujourd'hui je ris de moi
de ce *moi* peut-être saint et sublime qui n'existe plus. La
société, le monde, nos usages, nos mœurs, vus de près,
m'ont révélé le danger de ma croyance innocente et la
superfluité[2] de mes fervents travaux. Ces approvisionne-
3100 ments sont inutiles à l'ambitieux. Que léger soit le bagage de
qui poursuit la fortune. La faute des hommes supérieurs est
de dépenser leurs jeunes années à se rendre dignes de la
faveur. Pendant que les pauvres gens thésaurisent et leur
force et la science pour porter sans effort le poids d'une
3105 puissance qui les fuit, les intrigants riches de mots et

---

1 *Pont des Arts* : ce pont de Paris était autrefois un pont à péage.
2 *superfluité* : inutilité.

dépourvus d'idées vont et viennent, surprennent les sots, et se logent dans la confiance des demi-niais; les uns étudient, les autres marchent, les uns sont modestes, les autres hardis; l'homme de génie tait son orgueil, l'intrigant
3110 arbore le sien, il doit arriver nécessairement. Les hommes du pouvoir ont si fort besoin de croire au mérite tout fait, au talent effronté, qu'il y a chez le vrai savant de l'enfantillage à espérer les récompenses humaines. Je ne cherche certes pas à paraphraser les lieux communs de la vertu, le
3115 Cantique des Cantiques[1] éternellement chanté par les génies méconnus; je veux déduire logiquement la raison des fréquents succès obtenus par les hommes médiocres. Hélas! l'étude est si maternellement bonne qu'il y a peut-être crime à lui demander des récompenses autres que les pures et
3120 douces joies dont elle nourrit ses enfants. Je me souviens d'avoir quelquefois trempé gaiement mon pain dans mon lait, assis auprès de ma fenêtre en y respirant l'air, en laissant planer mes yeux sur un paysage de toits bruns, grisâtres, rouges, en ardoises, en tuiles, couverts de mousses jaunes ou
3125 vertes. Si d'abord cette vue me parut monotone, j'y découvris bientôt de singulières beautés. Tantôt le soir des raies lumineuses, parties des volets mal fermés, nuançaient et animaient les noires profondeurs de ce pays original. Tantôt les lueurs pâles des réverbères projetaient d'en bas des
3130 reflets jaunâtres à travers le brouillard, et accusaient faiblement dans les rues les ondulations de ces toits pressés, océan de vagues immobiles. Enfin parfois de rares figures apparaissaient au milieu de ce morne désert, parmi les fleurs de quelque jardin aérien, j'entrevoyais le profil anguleux et
3135 crochu d'une vieille femme arrosant des capucines, ou dans le cadre d'une lucarne pourrie quelque jeune fille faisant sa toilette, se croyant seule, et de qui je ne pouvais apercevoir que le beau front et les longs cheveux élevés en l'air par un

---

1 *Cantique des Cantiques*: livre de l'Ancien Testament qui chante l'amour sur un mode sensuel peu commun dans la Bible.

joli bras blanc. J'admirais dans les gouttières quelques végé-
3140 tations éphémères, pauvres herbes bientôt emportées par
un orage ! J'étudiais les mousses, leurs couleurs ravivées par
la pluie, et qui sous le soleil se changeaient en un velours sec
et brun à reflets capricieux. Enfin les poétiques et fugitifs
effets du jour, les tristesses du brouillard, les soudains
3145 pétillements du soleil, le silence et les magies de la nuit, les
mystères de l'aurore, les fumées de chaque cheminée, tous
les accidents de cette singulière nature devenus familiers
pour moi, me divertissaient. J'aimais ma prison, elle était
volontaire. Ces savanes de Paris formées par les toits nivelés
3150 comme une plaine, mais qui couvraient des abîmes peuplés,
allaient à mon âme et s'harmoniaient[1] avec mes pensées. Il
est fatigant de retrouver brusquement le monde quand nous
descendons des hauteurs célestes où nous entraînent les
méditations scientifiques; aussi ai-je alors parfaitement
3155 conçu la nudité des monastères. Quand je fus bien résolu à
suivre mon nouveau plan de vie, je cherchai mon logis dans
les quartiers les plus déserts de Paris. Un soir, en revenant de
l'Estrapade, je passais par la rue des Cordiers pour retourner
chez moi. À l'angle de la rue de Cluny, je vis une petite fille
3160 d'environ quatorze ans qui jouait au volant[2] avec une de
ses camarades, et dont les rires et les espiègleries amusaient
les voisins. Il faisait beau, la soirée était chaude, le mois
de septembre durait encore. Devant chaque porte, des
femmes assises devisaient[§] comme dans une ville de
3165 province par un jour de fête. J'observai d'abord la jeune
fille, dont la physionomie était d'une admirable expression,
et le corps tout posé pour un peintre. C'était une scène
ravissante. Je cherchai la cause de cette bonhomie au milieu
de Paris, je remarquai que la rue n'aboutissait à rien, et ne
3170 devait pas être très passante. En me rappelant le séjour de
J.-J. Rousseau[§] dans ce lieu, je trouvai l'hôtel Saint-Quentin,

---

1 *s'harmoniaient* : s'harmonisaient.

2 *volant* : badminton.

le délabrement dans lequel il était me fit espérer d'y rencontrer un gîte peu coûteux, et je voulus le visiter. En entrant
dans une chambre basse, je vis les classiques flambeaux de
3175 cuivre garnis de leurs chandelles, méthodiquement rangés
au-dessus de chaque clef, et fus frappé de la propreté qui
régnait dans cette salle ordinairement assez mal tenue dans
les autres hôtels et que je trouvai là peignée comme un
tableau de genre ; son lit bleu, les ustensiles, les meubles
3180 avaient la coquetterie d'une nature de convention[1]. La
maîtresse de l'hôtel, femme de quarante ans environ, dont
les traits exprimaient des malheurs, dont le regard était
comme terni par des pleurs, se leva, vint à moi ; je lui soumis
humblement le tarif de mon loyer ; mais, sans en paraître
3185 étonnée, elle chercha une clef parmi toutes les autres, et me
conduisit dans les mansardes où elle me montra une chambre qui avait vue sur les toits, sur les cours des maisons
voisines, par les fenêtres desquelles passaient de longues
perches chargées de linge. Rien n'était plus horrible que
3190 cette mansarde aux murs jaunes et sales, qui sentait la misère
et appelait son savant. La toiture s'y abaissait régulièrement
et les tuiles disjointes laissaient voir le ciel. Il y avait place
pour un lit, une table, quelques chaises, et sous l'angle aigu
du toit je pouvais loger mon piano. N'étant pas assez
3195 riche pour meubler cette cage digne des *plombs* de Venise[2], la
pauvre femme n'avait jamais pu la louer. Ayant précisément
excepté[3] de la vente mobilière que je venais de faire les
objets qui m'étaient en quelque sorte personnels, je fus
bientôt d'accord avec mon hôtesse, et m'installai le lende-
3200 main chez elle. Je vécus dans ce sépulcre[4] aérien pendant
près de trois ans, travaillant nuit et jour sans relâche, avec

---

1 *nature de convention* : peinture (nature morte) conventionnelle, faite de clichés.
2 *plombs de Venise* : prison célèbre de Venise, appelée ainsi en raison de son toit fait
   de tuiles de plomb.
3 *excepté* : exclu.
4 *sépulcre* : tombeau.

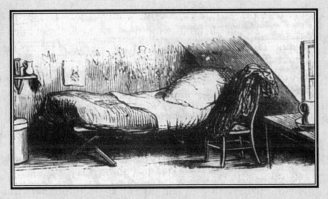

Rien n'était plus horrible que cette mansarde aux murs jaunes et sales, qui sentait la misère et appelait son savant.

Lignes 3189 à 3191.

tant de plaisir que l'étude me semblait être le plus beau
thème, la plus heureuse solution de la vie humaine. Le
calme et le silence nécessaires au savant ont je ne sais quoi
3205 de doux, d'enivrant comme l'amour. L'exercice de la pensée,
la recherche des idées, les contemplations tranquilles de la
Science nous prodiguent d'ineffables délices, indescriptibles
comme tout ce qui participe de l'intelligence dont les
phénomènes sont invisibles à nos sens extérieurs. Aussi
3210 sommes-nous toujours forcés d'expliquer les mystères de
l'esprit par des comparaisons matérielles. Le plaisir de nager
dans un lac d'eau pure, au milieu des rochers, des bois et des
fleurs, seul et caressé par une brise tiède, donnerait aux
ignorants une bien faible image du bonheur que j'éprouvais
3215 quand mon âme se baignait dans les lueurs de je ne sais
quelle lumière, quand j'écoutais les voix terribles et confuses
de l'inspiration, quand d'une source inconnue les images
ruisselaient dans mon cerveau palpitant. Voir une idée qui
point dans le champ des abstractions humaines comme le
3220 soleil au matin et s'élève comme lui, qui, mieux encore, grandit comme un enfant, arrive à la puberté, se fait lentement
virile, est une joie supérieure aux autres joies terrestres, ou
plutôt c'est un divin plaisir. L'étude prête une sorte de magie
à tout ce qui nous environne. Le bureau chétif sur lequel
3225 j'écrivais, et la basane[1] brune qui le couvrait, mon piano,
mon lit, mon fauteuil, les bizarreries de mon papier de tenture, mes meubles, toutes ces choses s'animèrent et devinrent pour moi d'humbles amis, les complices silencieux de
mon avenir; combien de fois ne leur ai-je pas communiqué
3230 mon âme, en les regardant? Souvent, en laissant voyager
mes yeux sur une moulure déjetée[2], je rencontrais des
développements nouveaux, une preuve frappante de mon
système ou des mots que je croyais heureux pour rendre des

---

1 *basane*: peau de mouton tannée employée ici en guise de buvard.
2 *déjetée*: déformée, abîmée.

pensées presque intraduisibles. À force de contempler les
objets qui m'entouraient, je trouvais à chacun sa physionomie, son caractère; souvent ils me parlaient : si, par-
dessus les toits, le soleil couchant jetait à travers mon étroite
fenêtre quelque lueur furtive, ils se coloraient, pâlissaient,
brillaient, s'attristaient ou s'égayaient en me surprenant
toujours par des effets nouveaux. Ces menus accidents de la
vie solitaire, qui échappent aux préoccupations du monde,
sont la consolation des prisonniers. N'étais-je pas captivé
par une idée, emprisonné dans un système, mais soutenu
par la perspective d'une vie glorieuse ? À chaque difficulté
vaincue, je baisais les mains douces de la femme aux beaux
yeux, élégante et riche qui devait un jour caresser mes cheveux en me disant avec attendrissement : Tu as bien souffert, pauvre ange ! J'avais entrepris deux grandes œuvres.
Une comédie devait en peu de jours me donner une renommée, une fortune, et l'entrée de ce monde, où je voulais
reparaître en y exerçant les droits régaliens[1] de l'homme de
génie. Vous avez tous vu dans ce chef-d'œuvre la première
erreur d'un jeune homme qui sort du collège, une véritable
niaiserie d'enfant. Vos plaisanteries ont coupé les ailes à de
fécondes illusions qui depuis ne se sont plus réveillées. Toi
seul, mon cher Émile, as calmé la plaie profonde que
d'autres firent à mon cœur ! Toi seul admiras ma *Théorie
de la volonté*, ce long ouvrage pour lequel j'avais appris
les langues orientales, l'anatomie, la physiologie, auquel
j'avais consacré la plus grande partie de mon temps. Cette
œuvre, si je ne me trompe, complétera les travaux de
Mesmer, de Lavater, de Gall, de Bichat[2], en ouvrant une
nouvelle route à la science humaine. Là s'arrête ma belle vie,

---

1   *droits régaliens* : droits royaux.
2   Mesmer, Lavater, Gall, Bichat. Hommes de science célèbres. Mesmer (1734-1815)
    était spécialiste du «magnétisme», Lavater (1741-1801) est l'une des grandes figures
    de la physiognomonie, Gall (1758-1828) est le créateur de la phrénologie et Bichat
    (1771-1802) est le fondateur de la biologie.

ce sacrifice de tous les jours, ce travail de ver à soie inconnu
3265 au monde et dont la seule récompense est peut-être dans le
travail même. Depuis l'âge de raison jusqu'au jour où j'eus
terminé ma théorie, j'ai observé, appris, écrit, lu sans
relâche, et ma vie fut comme un long pensum[1]. Amant
efféminé de la paresse orientale, amoureux de mes rêves,
3270 sensuel, j'ai toujours travaillé, me refusant à goûter les
jouissances de la vie parisienne. Gourmand, j'ai été sobre ;
aimant et la marche et les voyages maritimes, désirant
visiter plusieurs pays, trouvant encore du plaisir à faire,
comme un enfant, ricocher des cailloux sur l'eau, je suis
3275 resté constamment assis, une plume à la main ; bavard,
j'allais écouter en silence les professeurs aux cours publics
de la Bibliothèque et du Muséum ; j'ai dormi sur mon grabat solitaire comme un religieux de l'ordre de saint Benoît[2],
et la femme était cependant ma seule chimère, une chimère
3280 que je caressais et qui me fuyait toujours ! Enfin ma vie a été
une cruelle antithèse, un perpétuel mensonge. Puis jugez
donc les hommes ! Parfois mes goûts naturels se réveillaient
comme un incendie longtemps couvé. Par une sorte de
mirage ou de calenture[3], moi, veuf de toutes les femmes
3285 que je désirais, dénué de tout et logé dans une mansarde
d'artiste, je me voyais alors entouré de maîtresses ravissantes ! Je courais à travers les rues de Paris, couché sur les
moelleux coussins d'un brillant équipage[§] ! J'étais rongé de
vices, plongé dans la débauche, voulant tout, ayant tout ;
3290 enfin ivre à jeun, comme saint Antoine dans sa tentation[4].
Heureusement le sommeil finissait par éteindre ces visions
dévorantes ; le lendemain la science m'appelait en souriant,
et je lui étais fidèle. J'imagine que les femmes dites

---

1 *pensum* : travail supplémentaire imposé à un élève en guise de punition.

2 *ordre de saint Benoît* : ordre religieux des bénédictins.

3 *calenture* : terme de médecine. Espèce de délire furieux auquel les navigateurs sont
   sujets sous la zone torride.

4 Saint Antoine (251-356) aurait été soumis à différentes visions et hallucinations par
   Satan, comme celle d'être ivre alors qu'il est à jeun.

vertueuses doivent être souvent la proie de ces tourbillons
3295 de folie, de désirs et de passions, qui s'élèvent en nous, malgré
nous. De tels rêves ne sont pas sans charmes, ne ressemblent-
ils pas à ces causeries du soir, en hiver, où l'on part de son
foyer pour aller en Chine? Mais que devient la vertu,
pendant ces délicieux voyages où la pensée a franchi tous les
3300 obstacles? Pendant les dix premiers mois de ma réclusion,
je menai la vie pauvre et solitaire que je t'ai dépeinte; j'allais
chercher moi-même, dès le matin et sans être vu, mes
provisions pour la journée; je faisais ma chambre, j'étais
tout ensemble le maître et le serviteur, je diogénisais[1] avec
3305 une incroyable fierté. Mais après ce temps, pendant lequel
l'hôtesse et sa fille espionnèrent mes mœurs et mes habitudes, examinèrent ma personne et comprirent ma misère,
peut-être parce qu'elles étaient elles-mêmes fort malheureuses, il s'établit d'inévitables liens entre elles et moi.
3310 Pauline, cette charmante créature dont les grâces naïves et
secrètes m'avaient en quelque sorte amené là, me rendit
plusieurs services qu'il me fut impossible de refuser. Toutes
les infortunes sont sœurs, elles ont le même langage, la
même générosité, la générosité de ceux qui, ne possédant
3315 rien, sont prodigues de sentiment, paient de leur temps et
de leur personne. Insensiblement Pauline s'impatronisa[2]
chez moi, voulut me servir et sa mère ne s'y opposa point.
Je vis la mère elle-même raccommodant mon linge et
rougissant d'être surprise à cette charitable occupation.
3320 Devenu malgré moi leur protégé, j'acceptai leurs services.
Pour comprendre cette singulière affection, il faut connaître
l'emportement du travail, la tyrannie des idées et cette
répugnance instinctive qu'éprouve pour les détails de la vie
matérielle l'homme qui vit par la pensée. Pouvais-je résister
3325 à la délicate attention avec laquelle Pauline m'apportait à

---

1 *diogénisais*: vivais plus que simplement; néologisme de Balzac inspiré par
Diogène, philosophe cynique du Ve siècle av. J.-C., qui vivait dans un tonneau.
2 *s'impatronisa*: s'installa comme si elle était chez elle.

pas muets mon repas frugal, quand elle s'apercevait que, depuis sept ou huit heures, je n'avais rien pris? Avec les grâces de la femme et l'ingénuité de l'enfance, elle me souriait en faisant un signe pour me dire que je ne devais pas la

3330 voir. C'était Ariel[1] se glissant comme un sylphe[2] sous mon toit, et prévoyant mes besoins. Un soir, Pauline me raconta son histoire avec une touchante ingénuité. Son père était chef d'escadron dans les grenadiers[3] à cheval de la garde impériale. Au passage de la Bérézina[4], il avait été fait prison-

3335 nier par les Cosaques[5]; plus tard, quand Napoléon proposa de l'échanger, les autorités russes le firent vainement chercher en Sibérie; au dire des autres prisonniers, il s'était échappé avec le projet d'aller aux Indes. Depuis ce temps, madame Gaudin, mon hôtesse, n'avait pu obtenir aucune

3340 nouvelle de son mari, les désastres de 1814 et 1815[6] étaient arrivés, seule, sans ressources et sans secours, elle avait pris le parti de tenir un hôtel garni pour faire vivre sa fille. Elle espérait toujours revoir son mari. Son plus cruel chagrin était de laisser Pauline sans éducation, sa Pauline, filleule de

3345 la princesse Borghèse[7], et qui n'aurait pas dû mentir aux belles destinées promises par son impériale protectrice. Quand madame Gaudin me confia cette amère douleur qui la tuait, et me dit avec un accent déchirant: «Je donnerais bien et le chiffon de papier qui crée Gaudin baron de

3350 l'empire[8], et le droit que nous avons à la dotation de Wistchnau, pour savoir Pauline élevée à Saint-Denis[9]!» tout

---

1 *Ariel*: génie de l'air dans *La Tempête* de Shakespeare.
2 *sylphe*: génie de l'air (comparaison pléonastique).
3 *grenadiers*: soldats d'élite.
4 *Bérézina*: rivière de Biélorussie traversée par l'armée française en retraite lors de la campagne de Russie, sous Napoléon Bonaparte.
5 *Cosaques*: cavaliers de l'armée russe.
6 *désastres de 1814 et 1815*: l'effondrement de l'Empire et l'échec des Cent-Jours.
7 Pauline Borghèse, née Bonaparte (1780-1825). Sœur de Napoléon Ier.
8 Napoléon avait créé la noblesse d'Empire par un décret qui rétablissait les titres de noblesse annulés lors de la Révolution française.
9 *Saint-Denis*: maison d'éducation de la Légion d'honneur.

à coup je tressaillis, et pour reconnaître les soins que me prodiguaient ces deux femmes, j'eus l'idée de m'offrir à finir l'éducation de Pauline. La candeur avec laquelle ces deux
3355 femmes acceptèrent ma proposition fut égale à la naïveté qui la dictait. J'eus ainsi des heures de récréation. La petite avait les plus heureuses dispositions, elle apprit avec tant de facilité qu'elle devint bientôt plus forte que je ne l'étais sur le piano. En s'accoutumant à penser tout haut près de
3360 moi, elle déployait les mille gentillesses d'un cœur qui s'ouvre à la vie comme le calice d'une fleur lentement dépliée par le soleil, elle m'écoutait avec recueillement et plaisir en arrêtant sur moi ses yeux noirs et veloutés qui semblaient sourire, elle répétait ses leçons d'un accent doux
3365 et caressant en témoignant une joie enfantine quand j'étais content d'elle. Sa mère, chaque jour plus inquiète d'avoir à préserver de tout danger une jeune fille qui développait en croissant toutes les promesses faites par les grâces de son enfance, la vit avec plaisir s'enfermant pendant toute la
3370 journée pour étudier. Mon piano étant le seul dont elle pût se servir, elle profitait de mes absences pour s'exercer. Quand je rentrais, je trouvais Pauline chez moi, dans la toilette la plus modeste ; mais au moindre mouvement, sa taille souple et les attraits de sa personne se révélaient sous
3375 l'étoffe grossière. Comme l'héroïne du conte de *Peau d'Âne*[1] elle laissait voir un pied mignon dans d'ignobles souliers. Mais ces jolis trésors, cette richesse de jeune fille, tout ce luxe de beauté fut comme perdu pour moi. Je m'étais ordonné à moi-même de ne voir qu'une sœur en Pauline,
3380 j'aurais eu horreur de tromper la confiance de sa mère, j'admirais cette charmante fille comme un tableau, comme le portrait d'une maîtresse morte. Enfin, c'était mon enfant, ma statue. Pygmalion[2] nouveau, je voulais faire d'une vierge

---

1 *héroïne du conte de* Peau d'Âne : princesse du conte de Perrault.

2 *Pygmalion* : roi et sculpteur de Chypre qui aurait demandé aux dieux de lui accorder une femme à l'image d'une statue dont il était amoureux.

vivante et colorée, sensible et parlante, un marbre ; j'étais
3385 très sévère avec elle, mais plus je lui faisais éprouver les effets
de mon despotisme magistral, plus elle devenait douce et
soumise. Si je fus encouragé dans ma retenue et dans ma
continence[1] par des sentiments nobles, néanmoins les raisons de procureur[2] ne me manquèrent pas. Je ne comprends
3390 point la probité[3] des écus sans la probité[§] de la pensée.
Tromper une femme ou faire faillite a toujours été même
chose pour moi. Aimer une jeune fille ou se laisser aimer
par elle constitue un vrai contrat dont les conditions
doivent être bien entendues. Nous sommes maîtres d'aban-
3395 donner la femme qui se vend, mais non pas la jeune fille qui
se donne, car elle ignore l'étendue de son sacrifice. J'aurais
donc épousé Pauline, et c'eût été une folie. N'était-ce pas
livrer une âme douce et vierge à d'effroyables malheurs ?
Mon indigence parlait son langage égoïste, et venait tou-
3400 jours mettre sa main de fer entre cette bonne créature et
moi. Puis, je l'avoue à ma honte, je ne conçois pas l'amour
dans la misère. Peut-être est-ce en moi une dépravation due
à cette maladie humaine que nous nommons la civilisation ;
mais une femme, fût-elle attrayante autant que la belle
3405 Hélène, la Galatée d'Homère[4], n'a plus aucun pouvoir sur
mes sens pour peu qu'elle soit crottée. Ah ! vive l'amour
dans la soie, sur le cachemire, entouré des merveilles du luxe
qui le parent merveilleusement bien, parce que lui-même
est un luxe peut-être. J'aime à froisser sous mes désirs de
3410 pimpantes[5] toilettes, à briser des fleurs, à porter une main
dévastatrice dans les élégants édifices d'une coiffure
embaumée. Des yeux brûlants, cachés par un voile de dentelle que les regards percent comme la flamme déchire la

---

1 *continence* : chasteté.
2 *raisons de procureur* : raisons légales ; Raphaël fait allusion ici à sa pauvreté.
3 *probité* : honnêteté, intégrité.
4 *Hélène, la Galatée d'Homère* : personnage de *l'Iliade* du poète grec Homère
  (IXe siècle av. J.-C.).
5 *pimpantes* : élégantes, gracieuses.

J'aime à froisser sous mes désirs de pimpantes toilettes [...]

Lignes 3409 et 3410.

fumée du canon, m'offrent de fantastiques attraits. Mon
3415 amour veut des échelles de soie escaladées en silence, par
une nuit d'hiver. Quel plaisir d'arriver couvert de neige dans
une chambre éclairée par des parfums, tapissée de soies
peintes et d'y trouver une femme qui, elle aussi, secoue de
la neige, car quel autre nom donner à ces voiles de
3420 voluptueuses mousselines à travers lesquels elle se dessine
vaguement comme un ange dans son nuage, et d'où elle va
sortir ? Puis il me faut encore un craintif bonheur, une
audacieuse sécurité. Enfin je veux revoir cette mystérieuse
femme, mais éclatante, mais au milieu du monde, mais
3425 vertueuse, environnée d'hommages, vêtue de dentelles, de
diamants, donnant ses ordres à la ville, et si haut placée et si
imposante que nul n'ose lui adresser des vœux. Au milieu de
sa cour, elle me jette un regard à la dérobée, un regard qui
dément ces artifices, un regard qui me sacrifie le monde et
3430 les hommes ! Certes, je me suis cent fois trouvé ridicule
d'aimer quelques aunes de blonde[1], du velours, de fines
batistes[2], les tours de force d'un coiffeur, des bougies, un
carrosse, un titre, d'héraldiques[3] couronnes peintes par des
vitriers ou fabriquées par un orfèvre, enfin tout ce qu'il y a
3435 de factice et de moins femme dans la femme ; je me suis
moqué de moi, je me suis raisonné, tout a été vain. Une
femme aristocratique et son sourire fin, la distinction de ses
manières et son respect d'elle-même m'enchantent ; quand
elle met une barrière entre elle et le monde, elle flatte en moi
3440 toutes les vanités, qui sont la moitié de l'amour. Enviée par
tous, ma félicité me paraît avoir plus de saveur. En ne faisant
rien de ce que font les autres femmes, en ne marchant pas,
ne vivant pas comme elles, en s'enveloppant dans un manteau qu'elles ne peuvent avoir, en respirant des parfums à
3445 elle, ma maîtresse me semble être bien mieux à moi ; plus

---

1 *aunes de blonde* : dentelles de soie.
2 *batistes* : toiles de lin très fines.
3 *héraldiques* : relatifs aux blasons.

elle s'éloigne de la terre, même dans ce que l'amour a de terrestre, plus elle s'embellit à mes yeux. En France, heureusement pour moi, nous sommes depuis vingt ans sans reine, j'eusse aimé la reine ! Pour avoir les façons d'une

3450   princesse, une femme doit être riche. En présence de mes romanesques fantaisies, qu'était Pauline ? Pouvait-elle me vendre des nuits qui coûtent la vie, un amour qui tue et met en jeu toutes les facultés humaines ? Nous ne mourons guère pour de pauvres filles qui se donnent ! Je n'ai jamais

3455   pu détruire ces sentiments ni ces rêveries de poète. J'étais né pour l'amour impossible, et le hasard a voulu que je fusse servi par-delà mes souhaits. Combien de fois n'ai-je pas vêtu de satin les pieds mignons de Pauline, emprisonné sa taille svelte comme un jeune peuplier dans une robe de gaze, jeté

3460   sur son sein une légère écharpe en lui faisant fouler les tapis de son hôtel et la conduisant à une voiture élégante ? Je l'eusse adorée ainsi, je lui donnais une fierté qu'elle n'avait pas, je la dépouillais de toutes ses vertus, de ses grâces naïves, de son délicieux naturel, de son sourire ingénu pour

3465   la plonger dans le Styx[1] de nos vices et lui rendre le cœur invulnérable, pour la farder de nos crimes, pour en faire la poupée fantasque§ de nos salons, une femme fluette qui se couche au matin pour renaître le soir, à l'aurore des bougies. Pauline était tout sentiment, tout fraîcheur, je la voulais

3470   sèche et froide. Dans les derniers jours de ma folie, le souvenir m'a montré Pauline, comme il nous peint les scènes de notre enfance. Plus d'une fois, je suis resté attendri, songeant à de délicieux moments : soit que je revisse cette délicieuse fille assise près de ma table, occupée à

3475   coudre, paisible, silencieuse, recueillie et faiblement éclairée par le jour qui, descendant de ma lucarne, dessinait de légers reflets argentés sur sa belle chevelure noire ; soit que j'entendisse son rire jeune, ou sa voix au timbre riche

---

1   *Styx* : dans la mythologie, fleuve qui entoure les Enfers ; son eau passait pour avoir des propriétés magiques.

chanter les gracieuses cantilènes[1] qu'elle composait sans
3480 efforts. Souvent ma Pauline s'exaltait en faisant de la
musique, sa figure ressemblait alors d'une manière frappante à la noble tête par laquelle Carlo Dolci[2] a voulu
représenter l'Italie. Ma cruelle mémoire me jetait cette jeune
fille à travers les excès de mon existence comme un remords,
3485 comme une image de la vertu ! Mais laissons la pauvre enfant à sa destinée ! Quelque malheureuse qu'elle puisse être,
au moins l'aurai-je mise à l'abri d'un effroyable orage en
évitant de la traîner dans mon enfer. Jusqu'à l'hiver dernier,
ma vie fut la vie tranquille et studieuse de laquelle j'ai tâché
3490 de te donner une faible image. Dans les premiers jours du
mois de décembre 1829, je rencontrai Rastignac qui, malgré
le misérable état de mes vêtements, me donna le bras et
s'enquit de ma fortune avec un intérêt vraiment fraternel ;
pris à la glu de ses manières[3], je lui racontai brièvement et
3495 ma vie et mes espérances ; il se mit à rire, me traita tout à la
fois d'homme de génie et de sot, sa voix gasconne[4], son
expérience du monde, l'opulence qu'il devait à son savoir-
faire, agirent sur moi d'une manière irrésistible. Rastignac
me fit mourir à l'hôpital, méconnu comme un niais, condui-
3500 sit mon propre convoi[5], me jeta dans le trou des pauvres. Il
me parla de charlatanisme. Avec cette verve aimable qui le
rend si séduisant, il me montra tous les hommes de génie
comme des charlatans. Il me déclara que j'avais un sens de
moins, une cause de mort, si je restais seul, rue des Cordiers.
3505 Selon lui, je devais aller dans le monde, habituer les gens
à prononcer mon nom et me dépouiller moi-même de
l'humble *monsieur* qui messeyait[5] à un grand homme de son

---

1 *cantilènes* : chansons.
2 Carlo Dolci (1616-1686). Peintre italien de la Renaissance, spécialiste de la peinture
religieuse. Cependant, Dolci n'a jamais représenté l'Italie par un visage féminin.
Cette «noble tête» n'existe que dans l'imagination de Balzac.
3 *pris à la glu de ses manières* : envoûté par ses manières.
4 *gasconne* : Rastignac vient de la Gascogne, ancienne région de France.
5 *messeyait* : ne convenait pas (du verbe «messeoir»).

vivant. — «Les imbéciles, s'écria-t-il, nomment ce métier-là *intriguer*, les gens à morale le proscrivent sous le mot de *vie*
3510 *dissipée*; ne nous arrêtons pas aux hommes, interrogeons les résultats. Toi, tu travailles? Eh bien, tu ne feras jamais rien. Moi, je suis propre à tout et bon à rien, paresseux comme un homard? Eh bien, j'arriverai à tout. Je me répands, je me pousse, l'on me fait place; je me vante, l'on me croit, je fais
3515 des dettes, on les paie! La dissipation, mon cher, est un système politique. La vie d'un homme occupé à manger sa fortune devient souvent une spéculation; il place ses capitaux en amis, en plaisirs, en protecteurs, en connaissances. Un négociant risque-t-il un million? Pendant vingt ans il ne
3520 dort ni ne boit, ni ne s'amuse; il couve son million, il le fait trotter par toute l'Europe; il s'ennuie, se donne à tous les démons que l'homme a inventés; puis une liquidation, comme j'en ai vu faire, le laisse souvent sans un sou, sans un nom, sans un ami. Le dissipateur, lui, s'amuse à vivre, à faire
3525 courir ses chevaux. Si par hasard il perd ses capitaux, il a la chance d'être nommé receveur général[1], de se bien marier, d'être attaché à un ministre, à un ambassadeur. Il a encore des amis, une réputation et toujours de l'argent. Connaissant les ressorts du monde, il les manœuvre à son
3530 profit. Ce système est-il logique, ou ne suis-je qu'un fou? N'est-ce pas là la moralité de la comédie qui se joue tous les jours dans le monde? Ton ouvrage est achevé, reprit-il après une pause, tu as un talent immense! Eh bien, tu arrives à mon point de départ. Il faut maintenant faire ton succès toi-
3535 même, c'est plus sûr. Tu iras conclure des alliances avec les coteries[§], conquérir des prôneurs[2]. Moi, je veux me mettre de moitié dans ta gloire, je serai le bijoutier qui aura monté les diamants de ta couronne. Pour commencer, dit-il, sois ici demain soir. Je te présenterai dans une maison où va tout

---

1 *receveur général* : comptable public haut placé.
2 *prôneurs* : personnes qui ne tarissent pas d'éloges.

3540 Paris, notre Paris à nous, celui des beaux, des gens à millions, des célébrités, enfin des hommes qui parlent d'or comme Chrysostome[1]. Quand ces gens ont adopté un livre, le livre devient à la mode ; s'il est réellement bon, ils ont donné quelque brevet de génie sans le savoir. Si tu as de
3545 l'esprit, mon cher enfant, tu feras toi-même la fortune de ta théorie en comprenant mieux la théorie de la fortune. Demain soir tu verras la belle comtesse Fœdora, la femme à la mode. — Je n'en ai jamais entendu parler. — Tu es un Cafre[2], dit Rastignac en riant. Ne pas connaître Fœdora !
3550 Une femme à marier qui possède près de quatre-vingt mille livres de rente, qui ne veut de personne ou de qui personne ne veut ! Espèce de problème féminin, une Parisienne à moitié Russe, une Russe à moitié Parisienne ! Une femme chez laquelle s'éditent toutes les productions romantiques
3555 qui ne paraissent pas, la plus belle femme de Paris, la plus gracieuse ! Tu n'es même pas un Cafre, tu es la bête intermédiaire qui joint le Cafre à l'animal. Adieu, à demain ! »
Il fit une pirouette et disparut sans attendre ma réponse, n'admettant pas qu'un homme raisonnable pût refuser
3560 d'être présenté à Fœdora. Comment expliquer la fascination d'un nom ? Fœdora me poursuivit comme une mauvaise pensée avec laquelle on cherche à transiger[§]. Une voix me disait : Tu iras chez Fœdora. J'avais beau me débattre avec cette voix et lui crier qu'elle mentait, elle écrasait tous mes
3565 raisonnements avec ce nom : Fœdora. Mais ce nom, cette femme n'étaient-ils pas le symbole de tous mes désirs et le thème de ma vie ? Le nom réveillait les poésies artificielles du monde, faisait briller les fêtes du haut-Paris et les clinquants de la vanité. La femme m'apparaissait avec tous
3570 les problèmes de passion dont je m'étais affolé. Ce n'était peut-être ni la femme ni le nom, mais tous mes vices qui se

---

1 Saint Jean Chrysostome (349-407) doit son surnom, «Bouche d'or», à son talent
   de prédicateur.

2 *Cafre* : les Cafres sont une ethnie noire d'Afrique du Sud.

dressaient debout dans mon âme pour me tenter de nouveau. La comtesse Fœdora, riche et sans amant, résistant à des séductions parisiennes, n'était-ce pas l'incarnation de mes
3575 espérances, de mes visions ? Je me créai une femme, je la dessinai dans ma pensée, je la rêvai. Pendant la nuit je ne dormis pas, je devins son amant, je fis tenir en peu d'heures une vie entière, une vie d'amour, et j'en savourai les fécondes, les brûlantes délices. Le lendemain, incapable de
3580 soutenir le supplice d'attendre longuement la soirée, j'allai louer un roman, et passai la journée à le lire, me mettant ainsi dans l'impossibilité de penser ni de mesurer le temps. Pendant ma lecture le nom de Fœdora retentissait en moi comme un son que l'on entend dans le lointain, qui ne vous
3585 trouble pas, mais qui se fait écouter. Je possédais heureusement encore un habit noir et un gilet blanc assez honorables ; puis de toute ma fortune il me restait environ trente francs, que j'avais semés dans mes hardes, dans mes tiroirs, afin de mettre entre une pièce de cent sous et mes fantaisies la
3590 barrière épineuse d'une recherche et les hasards d'une circumnavigation[1] dans ma chambre. Au moment de m'habiller, je poursuivis mon trésor à travers un océan de papiers. La rareté du numéraire peut te faire concevoir ce que mes gants et mon fiacre⁵ emportèrent de richesses, ils
3595 mangèrent le pain de tout un mois. Hélas ! nous ne manquons jamais d'argent pour nos caprices, nous ne discutons que le prix des choses utiles ou nécessaires. Nous jetons l'or avec insouciance à des danseuses, et nous marchandons un ouvrier dont la famille affamée attend le payement d'un
3600 mémoire. Combien de gens ont un habit de cent francs, un diamant à la pomme de leur canne, et qui dînent à vingt-cinq sous ! Il semble que nous n'achetions jamais assez chèrement les plaisirs de la vanité. Rastignac, fidèle au rendez-vous, sourit de ma métamorphose et m'en plaisanta ; mais,

---

1 *circumnavigation* : voyage maritime autour d'un continent.

3605 tout en allant chez la comtesse, il me donna de charitables conseils sur la manière de me conduire avec elle ; il me la peignit avare, vaine et défiante ; mais avare avec faste, vaine avec simplicité, défiante avec bonhomie. — « Tu connais mes engagements, me dit-il, et tu sais combien je perdrais à

3610 changer d'amour. En observant Fœdora j'étais désintéressé, de sang-froid, mes remarques doivent être justes. En pensant à te présenter chez elle, je songeais à ta fortune ; ainsi prends garde à tout ce que tu lui diras, elle a une mémoire cruelle, elle a une adresse à désespérer un diplomate, elle

3615 saurait deviner le moment où il dit vrai ; entre nous, je crois que son mariage n'est pas reconnu par l'empereur, car l'ambassadeur de Russie s'est mis à rire quand je lui ai parlé d'elle. Il ne la reçoit pas, et la salue fort légèrement quand il la rencontre au bois. Néanmoins elle est de la société de

3620 madame de Sérisy, va chez mesdames de Nucingen et de Restaud[1]. En France sa réputation est intacte ; la duchesse de Carigliano[1], la maréchale la plus *collet monté* de toute la coterie[§] bonapartiste, va souvent passer avec elle la belle saison à sa terre. Beaucoup de jeunes fats, le fils d'un pair de

3625 France[2], lui ont offert un nom en échange de sa fortune ; elle les a tous poliment éconduits[3]. Peut-être sa sensibilité ne commence-t-elle qu'au titre de comte ! N'es-tu pas marquis ? Marche en avant si elle te plaît ! Voilà ce que j'appelle donner des instructions. » Cette plaisanterie me fit croire

3630 que Rastignac voulait rire et piquer ma curiosité, en sorte que ma passion improvisée était arrivée à son paroxysme quand nous nous arrêtâmes devant un péristyle[§] orné de fleurs. En montant un vaste escalier à tapis, où je remarquai toutes les recherches du *comfort*[4] anglais, le cœur me battit ;

---

1 Mmes *de Sérisy, de Nucingen, de Restaud et la duchesse de Carigliano* : personnages fictifs de la *Comédie humaine*.

2 *pair de France* : membre de la Haute Assemblée législative.

3 *éconduits* : rejetés.

4 *comfort* : coquetterie de Balzac, qui choisit de garder l'orthographe anglaise du mot « confort » puisqu'il fait allusion au confort de certains foyers d'Angleterre.

3635 j'en rougissais, je démentais mon origine, mes sentiments,
ma fierté, j'étais sottement bourgeois. Hélas ! je sortais
d'une mansarde, après trois années de pauvreté, sans savoir
encore mettre au-dessus des bagatelles de la vie ces trésors
acquis, ces immenses capitaux intellectuels qui vous
3640 enrichissent en un moment quand le pouvoir tombe entre
vos mains sans vous écraser, parce que l'étude vous a formé
d'avance aux luttes politiques. J'aperçus une femme d'environ vingt-deux ans, de moyenne taille, vêtue de blanc,
entourée d'un cercle d'hommes, couchée sur une ottomane[1]
3645 et tenant à la main un écran de plumes. En voyant entrer
Rastignac, elle se leva, vint à nous, sourit avec grâce, me fit
d'une voix mélodieuse un compliment sans doute apprêté[2] ;
notre ami m'avait annoncé comme un homme de talent, et
son adresse, son emphase gasconne me procurèrent un
3650 accueil flatteur. Je fus l'objet d'une attention particulière qui
me rendit confus ; mais Rastignac avait heureusement parlé
de ma modestie. Je rencontrai là des savants, des gens de
lettres, d'anciens ministres, des pairs[§] de France. La conversation reprit son cours quelque temps après mon arrivée, et,
3655 sentant que j'avais une réputation à soutenir, je me rassurai ;
puis, sans abuser de la parole quand elle m'était accordée, je
tâchai de résumer les discussions par des mots plus ou
moins incisifs, profonds ou spirituels. Je produisis quelque
sensation. Pour la millième fois de sa vie Rastignac fut
3660 prophète. Quand il y eut assez de monde pour que chacun
retrouvât sa liberté, mon introducteur me donna le bras, et
nous nous promenâmes dans les appartements. — «N'aie
pas l'air d'être trop émerveillé de la princesse, me dit-il, elle
devinerait le motif de ta visite.» Les salons étaient meublés
3665 avec un goût exquis. J'y vis des tableaux de choix. Chaque
pièce avait, comme chez les Anglais les plus opulents, son
caractère particulier, et la tenture de soie, les agréments, la

---

1 *ottomane* : canapé au dossier arrondi.
2 *apprêté* : affecté, peu naturel.

forme des meubles, le moindre décor s'harmoniaient[§] avec une pensée première. Dans un boudoir[§] gothique[§] dont les
3670 portes étaient cachées par des rideaux en tapisserie[§], les encadrements de l'étoffe, la pendule, les dessins du tapis étaient gothiques[§]; le plafond formé de solives[1] brunes sculptées présentait à l'œil des caissons[2] pleins de grâce et d'originalité, les boiseries étaient artistement travaillées,
3675 rien ne détruisait l'ensemble de cette jolie décoration, pas même les croisées[3] dont les vitraux étaient coloriés et précieux. Je fus surpris à l'aspect d'un petit salon moderne où je ne sais quel artiste avait épuisé la science de notre décor si léger, si frais, si suave, sans éclat, sobre de dorures. C'était
3680 amoureux et vague comme une ballade allemande, un vrai réduit[4] taillé pour une passion de 1827[5], embaumé par des jardinières pleines de fleurs rares. Après ce salon, j'aperçus en enfilade une pièce dorée où revivait le goût du siècle de Louis XIV[6] qui, opposé à nos peintures actuelles, produisait
3685 un bizarre mais agréable contraste. — «Tu seras assez bien logé, me dit Rastignac avec un sourire où perçait une légère ironie. N'est-ce pas séduisant?» ajouta-t-il en s'asseyant. Tout à coup il se leva, me prit par la main, me conduisit à la chambre à coucher, et me montra sous un dais[7] de mousse-
3690 line et de moire[8] blanches un lit voluptueux doucement éclairé, le vrai lit d'une jeune fée fiancée à un génie. — «N'y a-t-il pas, s'écria-t-il à voix basse, de l'impudeur, de l'insolence et de la coquetterie outre mesure, à nous laisser contempler ce trône de l'amour? Ne se donner à personne,
3695 et permettre à tout le monde de mettre là sa carte! Si j'étais

---

1 *solives* : poutres qui supportent le plafond.
2 *caissons* : compartiments creux laissés par l'entrecroisement des solives.
3 *croisées* : châssis vitrés, ordinairement à battants, qui ferment une fenêtre.
4 *réduit* : petite pièce.
5 *1827* : année où se déroule le récit de Raphaël.
6 *siècle de Louis XIV* : xviie siècle, essentiellement.
7 *dais* : toile supportée par des montants de bois.
8 *moire* : tissu apprêté qui présente des parties mates et des parties brillantes.

libre, je voudrais voir cette femme soumise et pleurant à ma
porte. — Es-tu donc si certain de sa vertu ? — Les plus
audacieux de nos maîtres, et même les plus habiles, avouent
avoir échoué près d'elle, l'aiment encore et sont ses amis
3700 dévoués. Cette femme n'est-elle pas une énigme ?» Ces
paroles excitèrent en moi une sorte d'ivresse, ma jalousie
craignait déjà le passé. Tressaillant d'aise, je revins précipitamment dans le salon où j'avais laissé la comtesse que je
rencontrai dans le boudoir§ gothique§. Elle m'arrêta par un
3705 sourire, me fit asseoir près d'elle, me questionna sur mes
travaux, et sembla s'y intéresser vivement, surtout quand
je lui traduisis mon système en plaisanteries au lieu de
prendre le langage d'un professeur pour le lui développer
doctoralement. Elle parut s'amuser beaucoup en apprenant
3710 que la volonté humaine était une force matérielle semblable
à la vapeur ; que, dans le monde moral, rien ne résistait à
cette puissance quand un homme s'habituait à la concentrer,
à en manier la somme, à diriger constamment sur les âmes
la projection de cette masse fluide[1] ; que cet homme pouvait
3715 à son gré tout modifier relativement à l'humanité, même
les lois de la nature. Les objections de Fœdora me révélèrent
en elle une certaine finesse d'esprit, je me complus à lui
donner raison pendant quelques moments pour la flatter, et
je détruisis ses raisonnements de femme par un mot, en
3720 attirant son attention sur un fait journalier dans la vie, le
sommeil, fait vulgaire en apparence, mais au fond plein de
problèmes insolubles pour le savant, et je piquai sa
curiosité. La comtesse resta même un instant silencieuse
quand je lui dis que nos idées étaient des êtres organisés,
3725 complets qui vivaient dans un monde invisible et influaient
sur nos destinées, en lui citant pour preuves les pensées de

---

1 *masse fluide* : Mesmer prétendait émettre un fluide (au sens de «courant électrique») qui lui permettait de guérir les gens.

Descartes, de Diderot[1], de Napoléon qui avaient conduit, qui conduisaient encore tout un siècle. J'eus l'honneur d'amuser cette femme, elle me quitta en m'invitant à la venir voir ; en style de cour, elle me donna les grandes entrées. Soit que je prisse, selon ma louable habitude, des formules polies pour des paroles de cœur, soit que Fœdora vît en moi quelque célébrité prochaine, et voulût augmenter sa ménagerie de savants, je crus lui plaire. J'évoquai toutes mes connaissances physiologiques et mes études antérieures sur la femme pour examiner minutieusement pendant cette soirée cette singulière personne et ses manières ; caché dans l'embrasure d'une fenêtre, j'espionnai ses pensées en les cherchant dans son maintien, en étudiant ce manège d'une maîtresse de maison qui va et vient, s'assied et cause, appelle un homme, l'interroge, et s'appuie pour l'écouter sur un chambranle[2] de porte ; je remarquai dans sa démarche un mouvement brisé si doux, une ondulation de robe si gracieuse, elle excitait si puissamment le désir que je devins alors très incrédule sur sa vertu. Si Fœdora méconnaissait aujourd'hui l'amour, elle avait dû jadis être fort passionnée ; car une volupté savante se peignait jusque dans la manière dont elle se posait devant son interlocuteur, elle se soutenait sur la boiserie avec coquetterie, comme une femme près de tomber, mais aussi près de s'enfuir si quelque regard trop vif l'intimide. Les bras mollement croisés, paraissant respirer les paroles, les écoutant même du regard et avec bienveillance, elle exhalait le sentiment. Ses lèvres fraîches et rouges tranchaient sur un teint d'une vive blancheur. Ses cheveux bruns faisaient assez bien valoir la couleur orangée de ses yeux mêlés de veines comme une pierre de Florence, et dont l'expression semblait ajouter de la finesse à ses paroles. Enfin son corsage était paré des grâces les plus attrayantes.

3730
3735
3740
3745
3750
3755

---

1 Denis Diderot (1713-1784). Écrivain et philosophe français du Siècle des lumières qui consacra une grande partie de son temps à la constitution de l'*Encyclopédie*.

2 *chambranle* : encadrement d'une porte.

Une rivale aurait peut-être accusé de dureté d'épais sourcils
3760 qui paraissaient se rejoindre, et blâmé l'imperceptible duvet
qui ornait les contours du visage. Je trouvai la passion
empreinte en tout. L'amour était écrit sur les paupières italiennes de cette femme, sur ses belles épaules dignes de la
Vénus de Milo[1], dans ses traits, sur sa lèvre inférieure un peu
3765 forte et légèrement ombragée. C'était plus qu'une femme,
c'était un roman. Oui, ces richesses féminines, l'ensemble
harmonieux des lignes, les promesses que cette riche structure faisait à la passion, étaient tempérés par une réserve
constante, par une modestie extraordinaire, qui contras-
3770 taient avec l'expression de toute la personne. Il fallait une
observation aussi sagace[§] que la mienne pour découvrir
dans cette nature les signes d'une destinée de volupté. Pour
expliquer plus clairement ma pensée, il y avait en Fœdora
deux femmes séparées par le buste peut-être ; l'une était
3775 froide, la tête seule semblait être amoureuse ; avant d'arrêter
ses yeux sur un homme, elle préparait son regard, comme
s'il se passait je ne sais quoi de mystérieux en elle-même,
vous eussiez dit d'une convulsion dans ses yeux si brillants.
Enfin, ou ma science était imparfaite, et j'avais encore bien
3780 des secrets à découvrir dans le monde moral, ou la comtesse
possédait une belle âme dont les sentiments et les émanations
communiquaient à sa physionomie ce charme qui nous
subjugue et nous fascine, ascendant tout moral et d'autant
plus puissant qu'il s'accorde avec les sympathies du désir. Je
3785 sortis ravi, séduit par cette femme, enivré par son luxe,
chatouillé dans tout ce que mon cœur avait de noble, de
vicieux, de bon, de mauvais. En me sentant si ému, si
vivant, si exalté, je crus comprendre l'attrait qui amenait là
ces artistes, ces diplomates, ces hommes du pouvoir, ces
3790 agioteurs[2] doublés de tôle comme leurs caisses ; sans doute
ils venaient chercher près d'elle l'émotion délirante qui

---

1 *Vénus de Milo* : célèbre statue représentant Vénus, la déesse de l'amour.
2 *agioteurs* : spéculateurs.

faisait vibrer en moi toutes les forces de mon être, fouettait mon sang dans la moindre veine, agaçait le plus petit nerf et tressaillait dans mon cerveau ! Elle ne s'était donnée à aucun
3795 pour les garder tous. Une femme est coquette tant qu'elle n'aime pas. — «Puis, dis-je à Rastignac, elle a peut-être été mariée ou vendue à quelque vieillard, et le souvenir de ses premières noces lui donne de l'horreur pour l'amour.» Je revins à pied du faubourg Saint-Honoré, où Fœdora
3800 demeure. Entre son hôtel et la rue des Cordiers il y a presque tout Paris ; le chemin me parut court, et cependant il faisait froid. Entreprendre la conquête de Fœdora dans l'hiver, un rude hiver, quand je n'avais pas trente francs en ma possession, quand la distance qui nous séparait était si grande ! Un
3805 jeune homme pauvre peut seul savoir ce qu'une passion coûte en voitures, en gants, en habits, linge, etc. Si l'amour reste un peu trop de temps platonique, il devient ruineux. Vraiment, il y a des Lauzun[1] de l'École de Droit auxquels il est impossible d'approcher d'une passion logée à un pre-
3810 mier étage. Et comment pouvais-je lutter, moi, faible, grêle, mis simplement, pâle et hâve[2] comme un artiste en conva-lescence d'un ouvrage, avec des jeunes gens bien frisés, jolis, pimpants[§], cravatés à désespérer toute la Croatie[3], riches, armés de tilburys[4] et vêtus d'impertinence ? — «Bah !
3815 Fœdora ou la mort ! criai-je au détour d'un pont. Fœdora, c'est la fortune !» Le beau boudoir[§] gothique[§] et le salon à la Louis XIV passèrent devant mes yeux ; je revis la comtesse avec sa robe blanche, ses grandes manches gracieuses, et sa séduisante démarche, et son corsage tentateur. Quand
3820 j'arrivai dans ma mansarde nue, froide, aussi mal peignée que la perruque d'un naturaliste, j'étais encore environné

---

1 Armand Louis de Gontaut, second duc de Lauzun (dit «le beau Lauzun») (1747-1793), eut une jeunesse scandaleuse et orageuse à la cour, juste avant la Révolution.

2 *hâve* : amaigri par la faim, la fatigue et la souffrance.

3 *Croatie* : le mot «cravate» vient du mot «croate» ; la cravate serait une imitation de l'ornement vestimentaire que portaient les soldats croates au XVIIᵉ siècle.

4 *tilburys* : voitures à cheval à deux places, découvertes et légères.

par les images du luxe de Fœdora. Ce contraste était un mauvais conseiller, les crimes doivent naître ainsi. Je maudis alors, en frissonnant de rage, ma décente et honnête misère, ma mansarde féconde où tant de pensées avaient surgi. Je demandai compte à Dieu, au diable, à l'État social, à mon père, à l'univers entier, de ma destinée, de mon malheur ; je me couchai tout affamé, grommelant[1] de risibles imprécations[§], mais bien résolu de séduire Fœdora. Ce cœur de femme était un dernier billet de loterie chargé de ma fortune. Je te ferai grâce de mes premières visites chez Fœdora, pour arriver promptement au drame. Tout en tâchant de m'adresser à l'âme de cette femme, j'essayai de gagner son esprit, d'avoir sa vanité pour moi ; afin d'être sûrement aimé, je lui donnai mille raisons de mieux s'aimer elle-même, jamais je ne la laissai dans un état d'indifférence ; les femmes veulent des émotions à tout prix, je les lui prodiguai ; je l'eusse mise en colère plutôt que de la voir insouciante avec moi. Si d'abord, animé d'une volonté ferme et du désir de me faire aimer, je pris un peu d'ascendant sur elle, bientôt ma passion grandit, je ne fus plus maître de moi, je tombai dans le vrai, je me perdis et devins éperdument amoureux. Je ne sais pas bien ce que nous appelons, en poésie ou dans la conversation, *amour* ; mais le sentiment qui se développa tout à coup dans ma double nature, je ne l'ai trouvé peint nulle part, ni dans les phrases rhétoriques et apprêtées de J.-J. Rousseau[§] de qui j'occupais peut-être le logis, ni dans les froides conceptions de nos deux siècles littéraires, ni dans les tableaux de l'Italie. La vue du lac de Bienne[2], quelques motifs de Rossini[§], la Madone de Murillo[3]

---

1 *grommelant* : grognant.
2 *lac de Bienne* : lac de Suisse.
3 *Madone de Murillo* : l'*Immaculée Conception,* chef-d'œuvre de Murillo (peintre espagnol, 1618-1682).

que possède le maréchal Soult[1], les lettres de la Lescombat[2], certains mots épars dans les recueils d'anecdotes, mais surtout les prières des extatiques et quelques passages de nos fabliaux[3], ont pu seuls me transporter dans les divines

3855 régions de mon premier amour. Rien dans les langages humains, aucune traduction de la pensée faite à l'aide des couleurs, des marbres, des mots ou des sons, ne saurait rendre le nerf, la vérité, le fini, la soudaineté du sentiment dans l'âme ! Oui ! Qui dit art, dit mensonge. L'amour passe

3860 par des transformations infinies avant de se mêler pour toujours à notre vie et de la teindre à jamais de sa couleur de flamme. Le secret de cette infusion imperceptible échappe à l'analyse de l'artiste. La vraie passion s'exprime par des cris, par des soupirs ennuyeux pour un homme

3865 froid. Il faut aimer sincèrement pour être de moitié dans les rugissements de Lovelace, en lisant Clarisse Harlowe[4]. L'amour est une source naïve, partie de son lit de cresson, de fleurs, de gravier, qui rivière, qui fleuve, change de nature et d'aspect à chaque flot, et se jette dans un incommensurable

3870 océan où les esprits incomplets voient la monotonie, où les grandes âmes s'abîment en de perpétuelles contemplations. Comment oser décrire ces teintes transitoires du sentiment, ces riens qui ont tant de prix, ces mots dont l'accent épuise les trésors du langage, ces regards plus féconds que les

3875 plus riches poèmes ? Dans chacune des scènes mystiques par lesquelles nous nous éprenons insensiblement d'une femme, s'ouvre un abîme à engloutir toutes les poésies

---

1 Maréchal Soult (1769-1851). Maréchal de France qui se distingua pendant les campagnes de la Révolution et de l'Empire.

2 Marie-Catherine Lescombat (1725-1755). Elle fit assassiner son mari par un de ses élèves, qu'elle avait pris pour amant. Ils furent pendus tous les deux. Elle écrivit des lettres passionnées à son amant pour le décider au meurtre.

3 *fabliaux* : petits récits plaisants ou édifiants du Moyen Âge.

4 *Clarisse Harlowe* : personnage principal du roman épistolaire *Clarisse Harlowe* de Samuel Richardson (1689-1761). Clarisse meurt de désespoir après avoir été abusée par Lovelace, un séducteur cynique.

humaines. Eh ! Comment pourrions-nous reproduire par des gloses[1] les vives et mystérieuses agitations de l'âme, quand les paroles nous manquent pour peindre les mystères visibles de la beauté ? Quelles fascinations ! Combien d'heures ne suis-je pas resté plongé dans une extase ineffable occupé à *la* voir ! Heureux, de quoi ? je ne sais. Dans ces moments, si son visage était inondé de lumière, il s'y opérait je ne sais quel phénomène qui le faisait resplendir ; l'imperceptible duvet qui dore sa peau délicate et fine en dessinait mollement les contours avec la grâce que nous admirons dans les lignes lointaines de l'horizon quand elles se perdent dans le soleil. Il semblait que le jour la caressât en s'unissant à elle, ou qu'il s'échappât de sa rayonnante figure une lumière plus vive que la lumière même ; puis une ombre passant sur cette douce figure y produisait une sorte de couleur qui en variait les expressions en en changeant les teintes. Souvent une pensée semblait se peindre sur son front de marbre ; son œil paraissait rougir, sa paupière vacillait, ses traits ondulaient agités par un sourire ; le corail intelligent de ses lèvres s'animait, se dépliait, se repliait ; je ne sais quel reflet de ses cheveux jetait des tons bruns sur ses tempes fraîches ; à chaque accident, elle avait parlé. Chaque nuance de beauté donnait des fêtes nouvelles à mes yeux, révélait des grâces inconnues à mon cœur. Je voulais lire un sentiment, un espoir, dans toutes ces phases du visage. Ces discours muets pénétraient d'âme à âme comme un son dans l'écho, et me prodiguaient des joies passagères qui me laissaient des impressions profondes. Sa voix me causait un délire que j'avais peine à comprimer. Imitant je ne sais quel prince de Lorraine, j'aurais pu ne pas sentir un charbon ardent au creux de ma main pendant qu'elle aurait passé dans ma chevelure ses doigts chatouilleux. Ce n'était plus une admiration, un désir, mais un charme, une fatalité. Souvent, rentré sous mon toit, je voyais indistinctement Fœdora chez

---

1 *gloses* : annotations, notes explicatives en marge d'un texte.

elle, et participais vaguement à sa vie ; si elle souffrait, je
souffrais, et je lui disais le lendemain : — «Vous avez souffert !» Combien de fois n'est-elle pas venue au milieu des
3915 silences de la nuit, évoquée par la puissance de mon extase !
Tantôt, soudaine comme une lumière qui jaillit, elle abattait
ma plume, elle effarouchait la Science et l'Étude qui
s'enfuyaient désolées ; elle me forçait à l'admirer en
reprenant la pose attrayante où je l'avais vue naguère.
3920 Tantôt j'allais moi-même au-devant d'elle dans le monde
des apparitions, et la saluais comme une espérance en lui
demandant de me faire entendre sa voix argentine[1] ; puis je
me réveillais en pleurant. Un jour, après m'avoir promis de
venir au spectacle avec moi, tout à coup elle refusa
3925 capricieusement de sortir, et me pria de la laisser seule.
Désespéré d'une contradiction qui me coûtait une journée
de travail, et, le dirai-je ? mon dernier écu, je me rendis là où
elle aurait dû être, voulant voir la pièce qu'elle avait désiré
voir. À peine placé, je reçus un coup électrique dans le cœur.
3930 Une voix me dit : — Elle est là ! Je me retourne, j'aperçois
la comtesse au fond de sa loge, cachée dans l'ombre, au rez-
de-chaussée. Mon regard n'hésita pas, mes yeux la trouvèrent
tout d'abord[§] avec une lucidité fabuleuse, mon âme avait
volé vers sa vie comme un insecte vole à sa fleur. Par quoi
3935 mes sens avaient-ils été avertis ? Il est de ces tressaillements
intimes qui peuvent surprendre les gens superficiels, mais
ces effets de notre nature intérieure sont aussi simples que
les phénomènes habituels de notre vision extérieure ; aussi
ne fus-je pas étonné, mais fâché. Mes études sur notre puis-
3940 sance morale, si peu connue, servaient au moins à me faire
rencontrer dans ma passion quelques preuves vivantes de
mon système. Cette alliance du savant et de l'amoureux,
d'une véritable idolâtrie et d'un amour scientifique, avait je
ne sais quoi de bizarre. La Science était souvent contente de

---

1 *argentine* : qui résonne clair comme l'argent.

3945 ce qui désespérait l'amant, et, quand il croyait triompher, l'amant chassait loin de lui la Science avec bonheur. Fœdora me vit et devint sérieuse, je la gênais. Au premier entracte, j'allai lui rendre une visite ; elle était seule, je restai. Quoique nous n'eussions jamais parlé d'amour, je pressentis une

3950 explication. Je ne lui avais point encore dit mon secret, et cependant il existait entre nous une sorte d'entente : elle me confiait ses projets d'amusement, et me demandait la veille avec une sorte d'inquiétude amicale si je viendrais le lende- main ; elle me consultait par un regard quand elle disait un

3955 mot spirituel, comme si elle eût voulu me plaire exclusive- ment ; si je boudais, elle devenait caressante ; si elle faisait la fâchée, j'avais en quelque sorte le droit de l'interroger ; si je me rendais coupable d'une faute, elle se laissait longtemps supplier avant de me pardonner. Ces querelles, auxquelles

3960 nous avions pris goût, étaient pleines d'amour. Elle y déployait tant de grâce et de coquetterie, et moi j'y trouvais tant de bonheur ! En ce moment notre intimité fut tout à fait suspendue, et nous restâmes l'un devant l'autre comme deux étrangers. La comtesse était glaciale ; moi, j'appré-

3965 hendais un malheur. — «Vous allez m'accompagner», me dit-elle quand la pièce fut finie. Le temps avait changé subitement. Lorsque nous sortîmes il tombait une neige mêlée de pluie. La voiture de Fœdora ne put arriver jusqu'à la porte du théâtre. En voyant une femme bien mise obligée

3970 de traverser le boulevard, un commissionnaire étendit son parapluie au-dessus de nos têtes, et réclama le prix de son service quand nous fûmes montés. Je n'avais rien, j'eusse alors vendu dix ans de ma vie pour avoir deux sous. Tout ce qui fait l'homme et ses mille vanités furent écrasés en moi

3975 par une douleur infernale. Ces mots : Je n'ai pas de monnaie, mon cher ! furent dits d'un ton dur qui parut venir de ma passion contrariée, dits par moi, frère de cet homme, moi qui connaissais si bien le malheur ! moi qui jadis avais donné sept cent mille francs avec tant de facilité ! Le valet

3980 repoussa le commissionnaire, et les chevaux fendirent l'air.
En revenant à son hôtel, Fœdora, distraite, ou affectant
d'être préoccupée, répondit par de dédaigneux monosyllabes à mes questions. Je gardai le silence. Ce fut un horrible
moment. Arrivés chez elle, nous nous assîmes devant la
3985 cheminée. Quand le valet de chambre se fut retiré après
avoir attisé le feu, la comtesse se tourna vers moi d'un
air indéfinissable et me dit avec une sorte de solennité :
— «Depuis mon retour en France, ma fortune a tenté
quelques jeunes gens, j'ai reçu des déclarations d'amour qui
3990 auraient pu satisfaire mon orgueil, j'ai rencontré des
hommes dont l'attachement était si sincère et si profond
qu'ils m'eussent encore épousée, même quand ils n'auraient
trouvé en moi qu'une fille pauvre comme je l'étais jadis.
Enfin sachez, monsieur de Valentin, que de nouvelles
3995 richesses et des titres nouveaux m'ont été offerts ; mais
apprenez aussi que je n'ai jamais revu les personnes assez
mal inspirées pour m'avoir parlé d'amour. Si mon affection
pour vous était légère, je ne vous donnerais pas un avertissement dans lequel il entre plus d'amitié que d'orgueil.
4000 Une femme s'expose à recevoir une sorte d'affront lorsque,
en se supposant aimée, elle se refuse par avance à un sentiment toujours flatteur. Je connais les scènes d'Arsinoé[1],
d'Araminte[2], ainsi je me suis familiarisée avec les réponses
que je puis entendre en pareille circonstance ; mais j'espère
4005 aujourd'hui ne pas être mal jugée par un homme supérieur
pour lui avoir montré franchement mon âme.» Elle
s'exprimait avec le sang-froid d'un avoué[§], d'un notaire,
expliquant à leurs clients les moyens d'un procès ou les
articles d'un contrat. Le timbre clair et séducteur de sa voix
4010 n'accusait pas la moindre émotion ; seulement sa figure et

---

1 *Arsinoé* : personnage de vieille coquette devenue bigote du *Misanthrope* de Molière
   (1622-1673).
2 *Araminte* : personnage de jeune, jolie et riche veuve des *Fausses confidences* de
   Marivaux (1688-1763).

son maintien, toujours nobles et décents, me semblèrent avoir une froideur, une sécheresse diplomatiques. Elle avait sans doute médité ses paroles et fait le programme de cette scène. Oh ! mon cher ami, quand certaines femmes trouvent
4015 du plaisir à nous déchirer le cœur, quand elles se sont promis d'y enfoncer un poignard et de le retourner dans la plaie, ces femmes-là sont adorables, elles aiment ou veulent être aimées ! Un jour elles nous récompenseront de nos douleurs, comme Dieu doit, dit-on, rémunérer nos bonnes
4020 œuvres ; elles nous rendront en plaisirs le centuple d'un mal dont la violence est appréciée par elles : leur méchanceté n'est-elle pas pleine de passion ? Mais être torturé par une femme qui nous tue avec indifférence, n'est-ce pas un atroce supplice ? En ce moment Fœdora marchait, sans le savoir,
4025 sur toutes mes espérances, brisait ma vie et détruisait mon avenir avec la froide insouciance et l'innocente cruauté d'un enfant qui, par curiosité, déchire les ailes d'un papillon.
— «Plus tard, ajouta Fœdora, vous reconnaîtrez, je l'espère, la solidité de l'affection que j'offre à mes amis. Pour eux,
4030 vous me trouverez toujours bonne et dévouée. Je saurais leur donner ma vie, mais vous me mépriseriez si je subissais leur amour sans le partager. Je m'arrête. Vous êtes le seul homme auquel j'aie encore dit ces derniers mots.» D'abord les paroles me manquèrent, et j'eus peine à maîtriser
4035 l'ouragan qui s'élevait en moi ; mais bientôt je refoulai mes sensations au fond de mon âme, et me mis à sourire : — «Si je vous dis que je vous aime, répondis-je, vous me bannirez ; si je m'accuse d'indifférence, vous m'en punirez. Les prêtres, les magistrats et les femmes ne dépouillent jamais leur
4040 robe entièrement. Le silence ne préjuge rien ; trouvez bon, madame, que je me taise. Pour m'avoir adressé de si fraternels avertissements, il faut que vous ayez craint de me perdre, cette pensée pourrait satisfaire mon orgueil. Mais laissons la personnalité loin de nous. Vous êtes peut-être la seule
4045 femme avec laquelle je puisse discuter en philosophe une

résolution si contraire aux lois de la nature. Relativement aux autres sujets de votre espèce, vous êtes un phénomène. Eh bien, cherchons ensemble, de bonne foi, la cause de cette anomalie psychologique. Existe-t-il en vous, comme chez 4050 beaucoup de femmes fières d'elles-mêmes, amoureuses de leurs perfections, un sentiment d'égoïsme raffiné qui vous fasse prendre en horreur l'idée d'appartenir à un homme, d'abdiquer votre vouloir et d'être soumise à une supériorité de convention qui vous offense ? Vous me sembleriez mille 4055 fois plus belle. Auriez-vous été maltraitée une première fois par l'amour ? Peut-être le prix que vous devez attacher à l'élégance de votre taille, à votre délicieux corsage, vous fait-il craindre les dégâts de la maternité : ne serait-ce pas une de vos meilleures raisons secrètes pour vous refuser à être trop 4060 bien aimée ? Avez-vous des imperfections qui vous rendent vertueuse malgré vous ? Ne vous fâchez pas, je discute, j'étudie, je suis à mille lieues de la passion. La nature, qui fait des aveugles de naissance, peut bien créer des femmes sourdes, muettes et aveugles en amour. Vraiment vous êtes 4065 un sujet précieux pour l'observation médicale ! Vous ne savez pas tout ce que vous valez. Vous pouvez avoir un dégoût fort légitime pour les hommes, je vous approuve, ils me paraissent tous laids et odieux. Mais vous avez raison, ajoutai-je en sentant mon cœur se gonfler, vous devez nous 4070 mépriser, il n'existe pas d'homme qui soit digne de vous ! » Je ne te dirai pas tous les sarcasmes que je lui débitai en riant. Eh bien, la parole la plus acérée, l'ironie la plus aiguë, ne lui arrachèrent ni un mouvement ni un geste de dépit. Elle m'écoutait en gardant sur ses lèvres, dans ses yeux, 4075 son sourire d'habitude, ce sourire qu'elle prenait comme un vêtement, et toujours le même pour ses amis, pour ses simples connaissances, pour les étrangers. — « Ne suis-je pas bien bonne de me laisser mettre ainsi sur un amphithéâtre[1] ?

---

1 *sur un amphithéâtre* : sur la table de dissection d'un amphithéâtre d'une faculté de médecine.

dit-elle en saisissant un moment pendant lequel je la regar-
4080 dais en silence. Vous le voyez, continua-t-elle en riant, je n'ai
pas de sottes susceptibilités en amitié ! Beaucoup de femmes
puniraient votre impertinence en vous faisant fermer leur
porte. — Vous pouvez me bannir de chez vous sans être
tenue de donner la raison de vos sévérités. En disant cela je
4085 me sentais prêt à la tuer si elle m'avait congédié. — Vous
êtes fou, s'écria-t-elle en souriant. — Avez-vous jamais
songé, repris-je, aux effets d'un violent amour ? Un homme
au désespoir a souvent assassiné sa maîtresse. — Il vaut
mieux être morte que malheureuse, répondit-elle froide-
4090 ment. Un homme si passionné doit un jour abandonner sa
femme et la laisser sur la paille après lui avoir mangé sa
fortune.» Cette arithmétique m'abasourdit. Je vis clairement
un abîme entre cette femme et moi. Nous ne pouvions
jamais nous comprendre. — «Adieu, lui dis-je froidement.
4095 — Adieu, répondit-elle en inclinant la tête d'un air amical.
À demain.» Je la regardai pendant un moment en lui
dardant[1] tout l'amour auquel je renonçais. Elle était debout,
et me jetait son sourire banal, le détestable sourire d'une
statue de marbre, paraissant exprimer l'amour, mais froid.
4100 Concevras-tu bien, mon cher, toutes les douleurs qui m'as-
saillirent en revenant chez moi par la pluie et la neige, en
marchant sur le verglas des quais pendant une lieue, ayant
tout perdu ? Oh ! savoir qu'elle ne pensait seulement pas à
ma misère et me croyait, comme elle, riche et doucement
4105 voiturée ! Combien de ruines et de déceptions ! Il ne s'agissait
plus d'argent, mais de toutes les fortunes de mon âme.
J'allais au hasard, en discutant avec moi-même les mots de
cette étrange conversation, je m'égarais si bien dans mes
commentaires que je finissais par douter de la valeur nomi-
4110 nale des paroles et des idées ! Et j'aimais toujours, j'aimais
cette femme froide dont le cœur voulait être conquis à tout

---

1 *dardant* : lançant, jetant.

moment, et qui, en effaçant toujours les promesses de la veille, se produisait le lendemain comme une maîtresse nouvelle. En tournant sous les guichets de l'Institut, un

4115 mouvement fiévreux me saisit. Je me souvins alors que j'étais à jeun. Je ne possédais pas un denier. Pour comble de malheur, la pluie déformait mon chapeau. Comment pouvoir aborder désormais une femme élégante et me présenter dans un salon sans un chapeau mettable ! Grâce à des soins

4120 extrêmes, et tout en maudissant la mode niaise et sotte qui nous condamne à exhiber la coiffe de nos chapeaux en les gardant constamment à la main, j'avais maintenu le mien jusque-là dans un état douteux. Sans être curieusement neuf ou sèchement vieux, dénué de barbe ou très soyeux, il

4125 pouvait passer pour le chapeau d'un homme soigneux ; mais son existence artificielle arrivait à son dernier période[1], il était blessé, déjeté§, fini, véritable haillon, digne représentant de son maître. Faute de trente sous, je perdais mon industrieuse[2] élégance. Ah ! combien de sacrifices ignorés

4130 n'avais-je pas faits à Fœdora depuis trois mois ! Souvent je consacrais l'argent nécessaire au pain d'une semaine pour aller la voir un moment. Quitter mes travaux et jeûner, ce n'était rien ! Mais traverser les rues de Paris sans se laisser éclabousser, courir pour éviter la pluie, arriver chez elle

4135 aussi bien mis que les fats qui l'entouraient, ah ! pour un poète amoureux et distrait, cette tâche avait d'innombrables difficultés. Mon bonheur, mon amour, dépendait d'une moucheture[3] de fange§ sur mon seul gilet blanc ! Renoncer à la voir si je me crottais, si je me mouillais ! Ne pas posséder

4140 cinq sous pour faire effacer par un décrotteur la plus légère tache de boue sur ma botte ! Ma passion s'était augmentée de tous ces petits supplices inconnus, immenses chez un homme irritable. Les malheureux ont des dévouements

---

1 *dernier période* : dernière étape.

2 *industrieuse* : adroite, habile, ingénieuse.

3 *moucheture* : petite tache.

desquels il ne leur est point permis de parler aux femmes
4145 qui vivent dans une sphère de luxe et d'élégance ; elles voient
le monde à travers un prisme qui teint en or les hommes et
les choses. Optimistes par égoïsme, cruelles par bon ton, ces
femmes s'exemptent de réfléchir au nom de leurs jouissances, et s'absolvent de leur indifférence au malheur par
4150 l'entraînement du plaisir. Pour elles un denier n'est jamais
un million, c'est le million qui leur semble être un denier. Si
l'amour doit plaider sa cause par de grands sacrifices, il doit
aussi les couvrir délicatement d'un voile, les ensevelir dans
le silence ; mais, en prodiguant leur fortune et leur vie, en se
4155 dévouant, les hommes riches profitent des préjugés
mondains qui donnent toujours un certain éclat à leurs
amoureuses folies ; pour eux le silence parle et le voile est
une grâce, tandis que mon affreuse détresse me condamnait
à d'épouvantables souffrances sans qu'il me fût permis de
4160 dire : J'aime ! ou : Je meurs ! Était-ce du dévouement après
tout ? N'étais-je pas richement récompensé par le plaisir
que j'éprouvais à tout immoler pour elle ? La comtesse avait
donné d'extrêmes valeurs, attaché d'excessives jouissances
aux accidents les plus vulgaires de ma vie. Naguère insou-
4165 ciant en fait de toilette, je respectais maintenant mon habit
comme un autre moi-même. Entre une blessure à recevoir
et la déchirure de mon frac[5], je n'aurais pas hésité ! Tu dois
alors épouser ma situation et comprendre les rages de
pensées, la frénésie croissante qui m'agitaient en marchant,
4170 et que peut-être la marche animait encore ! J'éprouvais je ne
sais quelle joie infernale à me trouver au faîte du malheur.
Je voulais voir un présage de fortune dans cette dernière
crise ; mais le mal a des trésors sans fond. La porte de mon
hôtel était entrouverte. À travers les découpures en forme
4175 de cœur pratiquées dans le volet, j'aperçus une lumière
projetée dans la rue. Pauline et sa mère causaient en
m'attendant. J'entendis prononcer mon nom, j'écoutai.
— « Raphaël, disait Pauline, est bien mieux que l'étudiant

du numéro sept ! Ses cheveux blonds sont d'une si jolie
4180 couleur ! Ne trouves-tu pas quelque chose dans sa voix, je ne
sais, mais quelque chose qui vous remue le cœur ? Et puis,
quoiqu'il ait l'air un peu fier, il est si bon, il a des manières
si distinguées ! Oh ! il est vraiment très bien ! Je suis sûre
que toutes les femmes doivent être folles de lui. — Tu en
4185 parles comme si tu l'aimais, reprit madame Gaudin. — Oh !
je l'aime comme un frère, répondit-elle en riant. Je serais
joliment ingrate si je n'avais pas de l'amitié pour lui ! Ne
m'a-t-il pas appris la musique, le dessin, la grammaire, enfin
tout ce que je sais ? Tu ne fais pas grande attention à mes
4190 progrès, ma bonne mère ; mais je deviens si instruite que
dans quelque temps je serai assez forte pour donner des
leçons, et alors nous pourrons avoir un domestique.» Je me
retirai doucement ; et, après avoir fait quelque bruit, j'entrai
dans la salle pour y prendre ma lampe que Pauline voulut
4195 allumer. La pauvre enfant venait de jeter un baume délicieux
sur mes plaies. Ce naïf éloge de ma personne me rendit un
peu de courage. J'avais besoin de croire en moi-même et de
recueillir un jugement impartial sur la véritable valeur de
mes avantages. Mes espérances, ainsi ranimées, se reflétèrent
4200 peut-être sur les choses que je voyais. Peut-être aussi
n'avais-je point encore bien sérieusement examiné la scène
assez souvent offerte à mes regards par ces deux femmes au
milieu de cette salle ; mais alors j'admirai dans sa réalité le
plus délicieux tableau de cette nature modeste si naïvement
4205 reproduite par les peintres flamands. La mère, assise au coin
d'un foyer à demi éteint, tricotait des bas, et laissait errer sur
ses lèvres un bon sourire. Pauline coloriait des écrans[1], ses
couleurs, ses pinceaux étalés sur une petite table parlaient
aux yeux par de piquants effets ; mais, ayant quitté sa place
4210 et se tenant debout pour allumer ma lampe, sa blanche
figure en recevait toute la lumière ; il fallait être subjugué

_____

1 *écrans* : éventails.

par une bien terrible passion pour ne pas adorer ses mains
transparentes et roses, l'idéal de sa tête et sa virginale
attitude ! La nuit et le silence prêtaient leur charme à cette
4215 laborieuse veillée, à ce paisible intérieur. Ces travaux continus
et gaiement supportés attestaient une résignation religieuse
pleine de sentiments élevés. Une indéfinissable harmonie
existait là entre les choses et les personnes. Chez Fœdora
le luxe était sec, il réveillait en moi de mauvaises pensées ;
4220 tandis que cette humble misère et ce bon naturel me
rafraîchissaient l'âme. Peut-être étais-je humilié en présence
du luxe ; près de ces deux femmes, au milieu de cette salle
brune où la vie simplifiée semblait se réfugier dans les
émotions du cœur, peut-être me réconciliai-je avec moi-
4225 même en trouvant à exercer la protection que l'homme est
si jaloux de faire sentir. Quand je fus près de Pauline, elle
me jeta un regard presque maternel, et s'écria, les mains
tremblantes, en posant vivement la lampe : — «Dieu !
Comme vous êtes pâle ! Ah ! il est tout mouillé ! Ma mère va
4230 vous essuyer. Monsieur Raphaël, reprit-elle après une légère
pause, vous êtes friand de lait : nous avons eu ce soir de la
crème, tenez, voulez-vous y goûter ?» Elle sauta comme un
petit chat sur un bol de porcelaine plein de lait, et me le
présenta si vivement, me le mit sous le nez d'une si
4235 gentille façon, que j'hésitai. — «Vous me refuseriez ?» dit-
elle d'une voix altérée. Nos deux fiertés se comprenaient :
Pauline paraissait souffrir de sa pauvreté, et me reprocher
ma hauteur. Je fus attendri. Cette crème était peut-être son
déjeuner du lendemain, j'acceptai cependant. La pauvre fille
4240 essaya de cacher sa joie, mais elle pétillait dans ses yeux.
— «J'en avais besoin, lui dis-je en m'asseyant. (Une expression soucieuse passa sur son front.) Vous souvenez-vous,
Pauline, de ce passage où Bossuet[§] nous peint Dieu récompensant un verre d'eau plus richement qu'une victoire ?
4245 — Oui, dit-elle. Et son sein battait comme celui d'une jeune

fauvette[1] entre les mains d'un enfant. — Eh bien, comme nous nous quitterons bientôt, ajoutai-je d'une voix mal assurée, laissez-moi vous témoigner ma reconnaissance pour tous les soins que vous et votre mère vous avez eus de moi. — Oh ! ne comptons pas, dit-elle en riant. Son rire cachait une émotion qui me fit mal. — Mon piano, repris-je sans paraître avoir entendu ses paroles, est un des meilleurs instruments d'Érard[2] : acceptez-le. Prenez-le sans scrupule, je ne saurais vraiment l'emporter dans le voyage que je compte entreprendre.» Éclairées peut-être par l'accent de mélancolie avec lequel je prononçai ces mots, les deux femmes semblèrent m'avoir compris et me regardèrent avec une curiosité mêlée d'effroi. L'affection que je cherchais au milieu des froides régions du grand monde, était donc là, vraie, sans faste, mais onctueuse et peut-être durable. — «Il ne faut pas prendre tant de souci, me dit la mère. Restez ici. Mon mari est en route à cette heure, reprit-elle. Ce soir, j'ai lu l'Évangile de saint Jean pendant que Pauline tenait suspendue entre ses doigts notre clef attachée dans une Bible, la clef a tourné. Ce présage annonce que Gaudin se porte bien et prospère. Pauline a recommencé pour vous et pour le jeune homme du numéro sept; mais la clef n'a tourné que pour vous. Nous serons tous riches, Gaudin reviendra millionnaire. Je l'ai vu en rêve sur un vaisseau plein de serpents; heureusement l'eau était trouble, ce qui signifie or et pierreries d'outre-mer.» Ces paroles amicales et vides, semblables aux vagues chansons avec lesquelles une mère endort les douleurs de son enfant, me rendirent une sorte de calme. L'accent et le regard de la bonne femme exhalaient cette douce cordialité qui n'efface pas le chagrin, mais qui l'apaise, qui le berce et l'émousse[§]. Plus perspicace que sa mère, Pauline m'examinait avec inquiétude, ses yeux intelligents semblaient deviner ma vie et mon avenir. Je remerciai

---

1 *fauvette* : petit oiseau au chant agréable.
2 Sébastien Érard (1752-1831). Célèbre fabricant de pianos.

par une inclination de tête la mère et la fille; puis je me
4280 sauvai, craignant de m'attendrir. Quand je me trouvai seul
sous mon toit, je me couchai dans mon malheur. Ma fatale
imagination me dessina mille projets sans base et me dicta
des résolutions impossibles. Quand un homme se traîne
dans les décombres de sa fortune, il y rencontre encore
4285 quelques ressources; mais j'étais dans le néant. Ah! mon
cher, nous accusons trop facilement la misère. Soyons indul-
gents pour les effets du plus actif de tous les dissolvants
sociaux. Là où règne la misère, il n'existe plus ni pudeur, ni
crimes, ni vertus, ni esprit. J'étais alors sans idées, sans force,
4290 comme une jeune fille tombée à genoux devant un tigre.
Un homme sans passion et sans argent reste maître de sa
personne; mais un malheureux qui aime ne s'appartient
plus et ne peut pas se tuer. L'amour nous donne une sorte
de religion pour nous-mêmes, nous respectons en nous une
4295 autre vie; il devient alors le plus horrible des malheurs, le
malheur avec une espérance, une espérance qui vous fait
accepter des tortures. Je m'endormis avec l'idée d'aller le
lendemain confier à Rastignac la singulière détermination
de Fœdora. — «Ah! ah! me dit Rastignac en me voyant
4300 entrer chez lui dès neuf heures du matin, je sais ce qui
t'amène, tu dois être congédié par Fœdora. Quelques
bonnes âmes jalouses de ton empire sur la comtesse ont
annoncé votre mariage. Dieu sait les folies que tes rivaux
t'ont prêtées et les calomnies[5] dont tu as été l'objet! — Tout
4305 s'explique!» m'écriai-je. Je me souvins de toutes mes
impertinences et trouvai la comtesse sublime. À mon gré,
j'étais un infâme qui n'avait pas encore assez souffert, et je
ne vis plus dans son indulgence que la patiente charité de
l'amour. — «N'allons pas si vite, me dit le prudent Gascon.
4310 Fœdora possède la pénétration naturelle aux femmes
profondément égoïstes, elle t'aura jugé peut-être au moment
où tu ne voyais encore en elle que sa fortune et son luxe; en
dépit de ton adresse, elle aura lu dans ton âme. Elle est assez

dissimulée pour qu'aucune dissimulation ne trouve grâce
4315 devant elle. Je crois, ajouta-t-il, t'avoir mis dans une mauvaise voie. Malgré la finesse de son esprit et de ses manières,
cette créature me semble impérieuse comme toutes les
femmes qui ne prennent de plaisir que par la tête. Pour elle
le bonheur gît tout entier dans le bien-être de la vie, dans les
4320 jouissances sociales; chez elle, le sentiment est un rôle, elle
te rendrait malheureux, et ferait de toi son premier valet!»
Rastignac parlait à un sourd. Je l'interrompis, en lui exposant
avec une apparente gaieté ma situation financière. — «Hier
au soir, me répondit-il, une veine contraire m'a emporté
4325 tout l'argent dont je pouvais disposer. Sans cette vulgaire
infortune, j'eusse partagé volontiers ma bourse avec toi.
Mais, allons déjeuner au cabaret, les huîtres nous donneront
peut-être un bon conseil.» Il s'habilla, fit atteler son tilbury[§];
puis semblables à deux millionnaires, nous arrivâmes au
4330 Café de Paris[1] avec l'impertinence de ces audacieux spéculateurs qui vivent sur des capitaux imaginaires. Ce diable de
Gascon me confondait par l'aisance de ses manières et par
son aplomb imperturbable. Au moment où nous prenions
le café, après avoir fini un repas fort délicat et très bien
4335 entendu, Rastignac, qui distribuait des coups de tête à une
foule de jeunes gens également recommandables par les
grâces de leur personne et par l'élégance de leur mise, me dit
en voyant entrer un de ces *dandys*[2] : — «Voici ton affaire!»
Et il fit signe à un gentilhomme bien cravaté, qui semblait
4340 chercher une table à sa convenance, de venir lui parler.
— «Ce gaillard-là, me dit Rastignac à l'oreille, est décoré
pour avoir publié des ouvrages qu'il ne comprend pas; il est
chimiste, historien, romancier, publiciste[3]; il possède des
quarts, des tiers, des moitiés, dans je ne sais combien de
4345 pièces de théâtre, et il est ignorant comme la mule de don

---

1 *Café de Paris* : célèbre restaurant chic.

2 *dandys* : hommes d'une suprême élégance dans leur mise et leurs manières.

3 *publiciste* : ici, écrivain politique.

Miguel[1]. Ce n'est pas un homme, c'est un nom, une étiquette familière au public. Aussi se garderait-il bien d'entrer dans ces cabinets sur lesquels il y a cette inscription : *Ici l'on peut écrire soi-même.* Il est fin à jouer tout un congrès. En deux
4350 mots, c'est un métis en morale, ni tout à fait probe, ni complètement fripon. Mais chut ! il s'est déjà battu, le monde n'en demande pas davantage et dit de lui : C'est un homme honorable. — Eh bien, mon excellent ami, mon honorable ami, comment se porte Votre Intelligence ? lui dit Rastignac
4355 au moment où l'inconnu s'assit à la table voisine. — Mais ni bien, ni mal. Je suis accablé de travail. J'ai entre les mains tous les matériaux nécessaires pour faire des mémoires historiques très curieux, et je ne sais à qui les attribuer. Cela me tourmente, il faut se hâter, les mémoires vont passer de
4360 mode. — Sont-ce des mémoires contemporains, anciens, sur la cour, sur quoi ? — Sur l'affaire du Collier[2]. — N'est-ce pas un miracle ? me dit Rastignac en riant. Puis se retournant vers le spéculateur : — Monsieur de Valentin, reprit-il en me désignant, est un de mes amis que je vous présente
4365 comme l'une de nos futures célébrités littéraires. Il avait jadis une tante fort bien en cour, marquise, et depuis deux ans il travaille à une histoire royaliste de la révolution. Puis, se penchant à l'oreille de ce singulier négociant, il lui dit : — C'est un homme de talent ; mais un niais qui peut vous
4370 faire vos mémoires, au nom de sa tante, pour cent écus par volume. — Le marché me va, répondit l'autre en haussant sa cravate. Garçon, mes huîtres, donc ! — Oui, mais vous me donnerez vingt-cinq louis de commission et lui paierez un volume d'avance, reprit Rastignac. — Non, non. Je
4375 n'avancerai que cinquante écus pour être plus sûr d'avoir

---

1   Don Miguel, roi du Portugal (1828-1834), fut tué dans un accident de carrosse provoqué par l'emballement des mules qui le tiraient. L'allusion concerne peut-être don Miguel, qui ne savait ni lire ni écrire à dix-neuf ans et dont le règne fut lamentable.

2   *Sur l'affaire du Collier* : affaire qui marqua le début de l'impopularité de Marie-Antoinette.

promptement mon manuscrit.» Rastignac me répéta cette conversation mercantile à voix basse. Puis sans me consulter : — «Nous sommes d'accord, lui répondit-il. Quand pouvons-nous aller vous voir pour terminer cette affaire ?

4380 — Eh bien, venez dîner ici, demain soir, à sept heures.» Nous nous levâmes, Rastignac jeta de la monnaie au garçon, mit la carte à payer dans sa poche, et nous sortîmes. J'étais stupéfait de la légèreté, de l'insouciance avec laquelle il avait vendu ma respectable tante, la marquise de Montbauron.

4385 — «J'aime mieux m'embarquer pour le Brésil, et y enseigner aux Indiens l'algèbre, que je ne sais pas, que de salir le nom de ma famille !» Rastignac m'interrompit par un éclat de rire. — «Es-tu bête ! Prends d'abord les cinquante écus et fais les mémoires. Quand ils seront achevés, tu refuseras

4390 de les mettre sous le nom de ta tante, imbécile ! Madame de Montbauron, morte sur l'échafaud, ses paniers[1], ses considérations, sa beauté, son fard, ses mules[2] valent bien plus de six cents francs. Si le libraire ne veut pas alors payer ta tante ce qu'elle vaut, il trouvera quelque vieux chevalier d'indus-

4395 trie, ou je ne sais quelle fangeuse[§] comtesse pour signer les mémoires. — Oh ! m'écriai-je, pourquoi suis-je sorti de ma vertueuse mansarde ? Le monde a des envers bien salement ignobles. — Bon, répondit Rastignac, voilà de la poésie, et il s'agit d'affaires. Tu es un enfant. Écoute : quant aux

4400 mémoires, le public les jugera ; quant à mon proxénète littéraire, n'a-t-il pas dépensé huit ans de sa vie, et payé ses relations avec la librairie par de cruelles expériences ? En partageant inégalement avec lui le travail du livre, ta part d'argent n'est-elle pas aussi la plus belle ? Vingt-cinq

4405 louis sont une bien plus grande somme pour toi que mille francs pour lui. Va, tu peux écrire des mémoires historiques, œuvres d'art si jamais il en fut, quand Diderot a fait six

---

1 *paniers* : jupons garnis de tiges circulaires d'osier servant à donner de l'ampleur aux robes.

2 *mules* : pantoufles de femme à talons assez hauts.

sermons pour cent écus[1]. — Enfin, lui dis-je tout ému, c'est
pour moi une nécessité : ainsi, mon pauvre ami, je te dois
des remerciements. Vingt-cinq louis me rendront bien
riche. — Et plus riche que tu ne penses, reprit-il en riant. Si
Finot me donne une commission dans l'affaire, ne devines-
tu pas qu'elle sera pour toi ? Allons au bois de Boulogne,
dit-il ; nous y verrons ta comtesse, et je te montrerai la jolie
petite veuve que je dois épouser, une charmante personne,
Alsacienne un peu grasse. Elle lit Kant[§], Schiller, Jean-Paul[2],
et une foule de livres hydrauliques[3]. Elle a la manie de
toujours me demander mon opinion, je suis obligé d'avoir
l'air de comprendre toute cette sensiblerie allemande, de
connaître un tas de ballades, toutes drogues qui me sont
défendues par le médecin. Je n'ai pas encore pu la
déshabituer de son enthousiasme littéraire, elle pleure des
averses à la lecture de Goethe, et je suis obligé de pleurer un
peu, par complaisance, car il y a cinquante mille livres de
rentes, mon cher, et le plus joli petit pied, la plus jolie petite
main de la terre ! Ah ! si elle ne disait pas *mon anche*, et
proulier pour mon *ange* et *brouiller*, ce serait une femme
accomplie. » Nous vîmes la comtesse, brillante dans un brillant équipage[§]. La coquette nous salua fort affectueusement
en me jetant un sourire qui me parut alors divin et plein
d'amour. Ah ! j'étais bien heureux, je me croyais aimé,
j'avais de l'argent et des trésors de passion, plus de misère.
Léger, gai, content de tout, je trouvai la maîtresse de mon ami
charmante. Les arbres, l'air, le ciel, toute la nature semblait
me répéter le sourire de Fœdora. En revenant des Champs-
Élysées, nous allâmes chez le chapelier et chez le tailleur[§]
de Rastignac. L'affaire du Collier me permit de quitter mon

---

1 Même s'il n'avait pas la foi, Diderot aurait composé six sermons pour un mission-
   naire, mais il aurait été payé cinquante écus chacun.
2 Friedrich Schiller (1759-1805) et Johann Paul Richter (1763-1825) : écrivains romantiques allemands.
3 *livres hydrauliques* : livres qui font pleurer.

misérable pied de paix, pour passer à un formidable pied de guerre. Désormais je pouvais sans crainte lutter de grâce et d'élégance avec les jeunes gens qui tourbillonnaient autour de Fœdora. Je revins chez moi. Je m'y enfermai, restant tranquille en apparence, près de ma lucarne ; mais disant d'éternels adieux à mes toits, vivant dans l'avenir, dramatisant ma vie, escomptant l'amour et ses joies. Ah ! comme une existence peut devenir orageuse entre les quatre murs d'une mansarde ! L'âme humaine est une fée, elle métamorphose une paille en diamants ; sous sa baguette les palais enchantés éclosent comme les fleurs des champs sous les chaudes inspirations du soleil. Le lendemain, vers midi, Pauline frappa doucement à ma porte et m'apporta, devine quoi ? une lettre de Fœdora. La comtesse me priait de venir la prendre au Luxembourg pour aller, de là, voir ensemble le Muséum et le Jardin des Plantes. — «Un commissionnaire attend la réponse», me dit-elle après un moment de silence. Je griffonnai promptement une lettre de remerciement que Pauline emporta. Je m'habillai. Au moment où, assez content de moi-même, j'achevais ma toilette, un frisson glacial me saisit à cette pensée : Fœdora est-elle venue en voiture ou à pied ? Pleuvra-t-il, fera-t-il beau ? Mais, me dis-je, qu'elle soit à pied ou en voiture, est-on jamais certain de l'esprit fantasque[§] d'une femme ? Elle sera sans argent et voudra donner cent sous à un petit Savoyard[§] parce qu'il aura de jolies guenilles. J'étais sans un rouge liard[1] et ne devais avoir de l'argent que le soir. Oh ! combien, dans ces crises de notre jeunesse, un poète paie cher la puissance intellectuelle dont il est investi par le régime et par le travail ! En un instant, mille pensées vives et douloureuses me piquèrent comme autant de dards. Je regardai le ciel par ma lucarne, le temps était fort incertain. En cas de malheur, je pouvais bien prendre une voiture pour la journée ; mais aussi ne tremblerais-je pas à tout moment, au milieu de mon bonheur, de ne pas

---

1 *sans un rouge liard* : sans un sou.

rencontrer Finot le soir ? Je ne me sentis pas assez fort pour supporter tant de craintes au sein de ma joie. Malgré la certitude de ne rien trouver, j'entrepris une grande exploration
4475 à travers ma chambre, je cherchai des écus imaginaires jusque dans la profondeur de ma paillasse, je fouillai tout, je secouai même de vieilles bottes. En proie à une fièvre nerveuse, je regardais mes meubles d'un œil hagard après les avoir renversés tous. Comprendras-tu le délire qui
4480 m'anima, lorsqu'en ouvrant pour la septième fois le tiroir de ma table à écrire que je visitais avec cette espèce d'indolence dans laquelle nous plonge le désespoir, j'aperçus collée contre une planche latérale, tapie sournoisement, mais propre, brillante, lucide comme une étoile à son lever, une belle
4485 et noble pièce de cent sous ? Ne lui demandant compte ni de son silence ni de la cruauté dont elle était coupable en se tenant ainsi cachée, je la baisai comme un ami fidèle au malheur et la saluai par un cri qui trouva de l'écho. Je me retournai brusquement et vis Pauline devenue pâle. — «J'ai
4490 cru, dit-elle d'une voix émue, que vous vous faisiez mal. Le commissionnaire… Elle s'interrompit comme si elle étouffait. Mais ma mère l'a payé», ajouta-t-elle. Puis elle s'enfuit, enfantine et follette comme un caprice. Pauvre petite ! je lui souhaitai mon bonheur. En ce moment, il me semblait avoir
4495 dans l'âme tout le plaisir de la terre, et j'aurais voulu restituer aux malheureux la part que je croyais leur voler. Nous avons presque toujours raison dans nos pressentiments d'adversité, la comtesse avait renvoyé sa voiture. Par un de ces caprices que les jolies femmes ne s'expliquent pas
4500 toujours à elles-mêmes, elle voulait aller au Jardin des Plantes par les boulevards et à pied. — «Mais il va pleuvoir», lui dis-je. Elle prit plaisir à me contredire. Par hasard, il fit beau pendant tout le temps que nous marchâmes dans le Luxembourg. Quand nous en sortîmes, un gros nuage dont
4505 la marche excitait mon inquiétude ayant laissé tomber quelques gouttes d'eau, nous montâmes dans un fiacre[§].

Lorsque nous eûmes atteint les boulevards, la pluie cessa, le ciel reprit sa sérénité. En arrivant au Muséum, je voulus renvoyer la voiture, Fœdora me pria de la garder. Que de 4510 tortures ! Mais causer avec elle en comprimant un secret délire qui sans doute se formulait sur mon visage par quelque sourire niais et arrêté, errer dans le Jardin des Plantes, en parcourir les allées bocagères[1] et sentir son bras appuyé sur le mien, il y eut dans tout cela je ne sais quoi de 4515 fantastique : c'était un rêve en plein jour. Cependant ses mouvements, soit en marchant, soit en nous arrêtant, n'avaient rien de doux ni d'amoureux, malgré leur apparente volupté. Quand je cherchais à m'associer en quelque sorte à l'action de sa vie, je rencontrais en elle une intime et 4520 secrète vivacité, je ne sais quoi de saccadé, d'excentrique. Les femmes sans âme n'ont rien de moelleux dans leurs gestes. Aussi n'étions-nous unis, ni par une même volonté ni par un même pas. Il n'existe point de mots pour rendre ce désaccord matériel de deux êtres, car nous ne sommes pas encore 4525 habitués à reconnaître une pensée dans le mouvement. Ce phénomène de notre nature se sent instinctivement, il ne s'exprime pas.

«Pendant ces violents paroxysmes de ma passion, reprit Raphaël après un moment de silence, et comme s'il 4530 répondait à une objection qu'il se fût adressée à lui-même, je n'ai pas disséqué mes sensations, analysé mes plaisirs, ni supputé les battements de mon cœur, comme un avare examine et pèse ses pièces d'or. Oh ! non, l'expérience jette aujourd'hui sa triste lumière sur les événements passés, et le 4535 souvenir m'apporte ces images, comme par un beau temps les flots de la mer amènent brin à brin les débris d'un naufrage sur la grève[§]. — «Vous pouvez me rendre un service assez important, me dit la comtesse en me regardant d'un air confus. Après vous avoir confié mon antipathie pour l'amour,

---

1 *bocagères* : boisées.

4540 je me sens plus libre en réclamant de vous un bon office au
nom de l'amitié. N'aurez-vous pas, reprit-elle en riant,
beaucoup plus de mérite à m'obliger aujourd'hui ?» Je la
regardais avec douleur. N'éprouvant rien près de moi, elle
était pateline[1] et non pas affectueuse ; elle me paraissait
4545 jouer un rôle en actrice consommée ; puis tout à coup son
accent, un regard, un mot réveillaient mes espérances ; mais
si mon amour ranimé se peignait alors dans mes yeux, elle
en soutenait les rayons sans que la clarté des siens s'en alté-
rât, car ils semblaient, comme ceux des tigres, être doublés
4550 par une feuille de métal. En ces moments-là, je la détestais.
— «La protection du duc de Navarreins, dit-elle en continuant avec des inflexions de voix pleines de câlinerie, me
serait très utile auprès d'une personne toute-puissante en
Russie, et dont l'intervention est nécessaire pour me faire
4555 rendre justice dans une affaire qui concerne à la fois ma
fortune et mon état dans le monde, la reconnaissance de mon
mariage par l'empereur. Le duc de Navarreins n'est-il pas
votre cousin ? Une lettre de lui déciderait tout. — Je vous
appartiens, lui répondis-je, ordonnez. — Vous êtes bien
4560 aimable, reprit-elle en me serrant la main. Venez dîner avec
moi, je vous dirai tout comme à un confesseur. «Cette
femme si méfiante, si discrète, et à laquelle personne n'avait
entendu dire un mot sur ses intérêts, allait donc me consulter. — «Oh ! combien j'aime maintenant le silence que vous
4565 m'avez imposé ! m'écriai-je. Mais j'aurais voulu quelque
épreuve plus rude encore.» En ce moment, elle accueillit
l'ivresse de mes regards et ne se refusa point à mon admiration, elle m'aimait donc ! Nous arrivâmes chez elle. Fort
heureusement, le fond de ma bourse put satisfaire le cocher.
4570 Je passai délicieusement la journée, seul avec elle, chez elle ;
c'était la première fois que je pouvais la voir ainsi. Jusqu'à
ce jour, le monde, sa gênante politesse et ses façons froides

---

1 *pateline* : mielleuse, flatteuse.

nous avaient toujours séparés, même pendant ses
sompuetux dîners ; mais alors j'étais chez elle comme si
4575 j'eusse vécu sous son toit, je la possédais pour ainsi dire. Ma
vagabonde imagination brisait les entraves, arrangeait les
événements de la vie à ma guise, et me plongeait dans les
délices d'un amour heureux. Me croyant son mari, je
l'admirais occupée de petits détails ; j'éprouvais même du
4580 bonheur à lui voir ôter son schall[1] et son chapeau. Elle me
laissa seul un moment, et revint les cheveux arrangés, charmante. Cette jolie toilette avait été faite pour moi ! Pendant
le dîner, elle me prodigua ses attentions et déploya des
grâces infinies dans mille choses qui semblent des riens et
4585 qui cependant sont la moitié de la vie. Quand nous fûmes
tous deux devant un foyer pétillant, assis sur la soie, envi-
ronnés des plus désirables créations d'un luxe oriental ;
quand je vis si près de moi cette femme dont la beauté
célèbre faisait palpiter tant de cœurs, cette femme si difficile
4590 à conquérir, me parlant, me rendant l'objet de toutes ses
coquetteries, ma voluptueuse félicité devint presque de la souffrance. Pour mon malheur, je me souvins de l'importante
affaire que je devais conclure, et voulus aller au rendez-vous
qui m'avait été donné la veille. — «Quoi ! déjà !» dit-elle
4595 en me voyant prendre mon chapeau. Elle m'aimait ! Je le
crus du moins, en l'entendant prononcer ces deux mots
d'une voix caressante. Pour prolonger mon extase, j'aurais
alors volontiers troqué deux années de ma vie contre chacune
des heures qu'elle voulait bien m'accorder. Mon bonheur
4600 s'augmenta de tout l'argent que je perdais ! Il était minuit
quand elle me renvoya. Néanmoins le lendemain mon
héroïne me coûta bien des remords, je craignis d'avoir manqué l'affaire des mémoires, devenue si capitale pour moi ;
je courus chez Rastignac, et nous allâmes surprendre à son
4605 lever le titulaire de mes travaux futurs. Finot me lut un petit

---

1 *schall* : châle.

acte où il n'était point question de ma tante, et après la signature duquel il me compta cinquante écus. Nous déjeunâmes tous les trois. Quand j'eus payé mon nouveau chapeau, soixante cachets[1] à trente sous et mes dettes, il ne me resta plus que trente francs ; mais toutes les difficultés de la vie s'étaient aplanies pour quelques jours. Si j'avais voulu écouter Rastignac, je pouvais avoir des trésors en adoptant avec franchise le *système anglais*. Il voulait absolument m'établir un crédit et me faire faire des emprunts, en prétendant que les emprunts soutiendraient le crédit. Selon lui, l'avenir était de tous les capitaux du monde le plus considérable et le plus solide. En hypothéquant ainsi mes dettes sur de futurs contingents[2], il donna ma pratique à son tailleur[§], un artiste qui comprenait *le jeune homme* et devait me laisser tranquille jusqu'à mon mariage. Dès ce jour, je rompis avec la vie monastique[3] et studieuse que j'avais menée pendant trois ans. J'allai fort assidûment chez Fœdora, où je tâchai de surpasser en apparence les impertinents ou les héros de coterie[§] qui s'y trouvaient. En croyant avoir échappé pour toujours à la misère, je recouvrai ma liberté d'esprit, j'écrasai mes rivaux, et passai pour un homme plein de séductions, prestigieux, irrésistible. Cependant les gens habiles disaient en parlant de moi : « Un garçon aussi spirituel ne doit avoir de passions que dans la tête ! » Ils vantaient charitablement mon esprit aux dépens de ma sensibilité. « Est-il heureux de ne pas aimer ! s'écriaient-ils. S'il aimait, aurait-il autant de gaieté, de verve ? » J'étais cependant bien amoureusement stupide en présence de Fœdora ! Seul avec elle, je ne savais rien lui dire, ou si je parlais, je médisais de l'amour ; j'étais tristement gai comme un courtisan qui veut cacher un cruel dépit. Enfin, j'essayai

---

1 *cachets* : sorte de tickets de repas.

2 *contingents* : contributions.

3 *vie monastique* : vie de moine ; ici, au sens de « désargentée et sans distraction aucune ».

de me rendre indispensable à sa vie, à son bonheur, à sa
vanité : tous les jours près d'elle, j'étais un esclave, un jouet
sans cesse à ses ordres. Après avoir ainsi dissipé ma journée,
4640 je revenais chez moi pour y travailler pendant les nuits, ne
dormant guère que deux ou trois heures de la matinée. Mais
n'ayant pas, comme Rastignac, l'habitude du système
anglais, je me vis bientôt sans un sou. Dès lors, mon cher
ami, fat§ sans bonnes fortunes, élégant sans argent,
4645 amoureux anonyme, je retombai dans cette vie précaire,
dans ce froid et profond malheur soigneusement caché sous
les trompeuses apparences du luxe. Je ressentis alors mes
souffrances premières, mais moins aiguës ; je m'étais fami-
liarisé sans doute avec leurs terribles crises. Souvent les
4650 gâteaux et le thé, si parcimonieusement offerts dans les
salons, étaient ma seule nourriture. Quelquefois, les
somptueux dîners de la comtesse me substantaient[1] pendant
deux jours. J'employai tout mon temps, mes efforts et ma
science d'observation à pénétrer plus avant dans l'impéné-
4655 trable caractère de Fœdora. Jusqu'alors, l'espérance ou le
désespoir avaient influencé mon opinion, je voyais en elle
tour à tour la femme la plus aimante ou la plus insensible de
son sexe ; mais ces alternatives de joie et de tristesse devinrent
intolérables : je voulus chercher un dénouement à cette lutte
4660 affreuse, en tuant mon amour. De sinistres lueurs brillaient
parfois dans mon âme et me faisaient entrevoir des abîmes
entre nous. La comtesse justifiait toutes mes craintes, je
n'avais pas encore surpris de larmes dans ses yeux ; au
théâtre une scène attendrissante la trouvait froide et rieuse,
4665 elle réservait toute sa finesse pour elle, et ne devinait ni le
malheur ni le bonheur d'autrui. Enfin elle m'avait joué !
Heureux de lui faire un sacrifice, je m'étais presque avili
pour elle en allant voir mon parent le duc de Navarreins,
homme égoïste qui rougissait de ma misère et qui avait de

---

1 *substantaient* : nourrissaient (sustentaient) ; clin d'œil de Balzac à la langue de
Rabelais.

4670 trop grands torts envers moi pour ne pas me haïr ; il me
reçut donc avec cette froide politesse qui donne aux gestes
et aux paroles l'apparence de l'insulte, son regard inquiet
excita ma pitié. J'eus honte pour lui de sa petitesse au milieu
de tant de grandeur, de sa pauvreté au milieu de tant de
4675 luxe. Il me parla des pertes considérables que lui occasion-
nait le trois pour cent, je lui dis alors quel était l'objet de
ma visite. Le changement de ses manières, qui de glaciales
devinrent insensiblement affectueuses, me dégoûta. Eh bien,
mon ami, il vint chez la comtesse, il m'y écrasa. Fœdora
4680 trouva pour lui des enchantements, des prestiges inconnus ;
elle le séduisit, traita sans moi cette affaire mystérieuse de
laquelle je ne sus pas un mot : j'avais été pour elle un
moyen !… Elle paraissait ne plus m'apercevoir quand mon
cousin était chez elle, elle m'acceptait alors avec moins de
4685 plaisir peut-être que le jour où je lui fus présenté. Un soir,
elle m'humilia devant le duc par un de ces gestes et par un
de ces regards qu'aucune parole ne saurait peindre. Je sortis
pleurant, formant mille projets de vengeance, combinant
d'épouvantables viols. Souvent je l'accompagnais aux
4690 Bouffons[§] ; là, près d'elle, tout entier à mon amour, je la
contemplais en me livrant au charme d'écouter la musique,
épuisant mon âme dans la double jouissance d'aimer et de
retrouver les mouvements de mon cœur bien rendus par les
phrases du musicien. Ma passion était dans l'air, sur la scène ;
4695 elle triomphait partout, excepté chez ma maîtresse. Je prenais
alors la main de Fœdora, j'étudiais ses traits et ses yeux en
sollicitant une fusion de nos sentiments, une de ces soudaines harmonies qui, réveillées par les notes, font vibrer les
âmes à l'unisson ; mais sa main était muette et ses yeux ne
4700 disaient rien. Quand le feu de mon cœur émané de tous mes
traits la frappait trop fortement au visage, elle me jetait ce
sourire cherché, phrase convenue qui se reproduit au salon
sur les lèvres de tous les portraits. Elle n'écoutait pas la
musique. Les divines pages de Rossini, de Cimarosa, de

4705   Zingarelli[1] ne lui rappelaient aucun sentiment, ne lui
        traduisaient aucune poésie de sa vie, son âme était aride.
        Fœdora se produisait là comme un spectacle dans le spectacle.
        Sa lorgnette[2] voyageait incessamment de loge en loge ;
        inquiète, quoique tranquille, elle était victime de la mode ;
4710   sa loge, son bonnet, sa voiture, sa personne étaient tout
        pour elle. Vous rencontrez souvent des gens de colossale
        apparence de qui le cœur est tendre et délicat sous un corps
        de bronze ; mais elle cachait un cœur de bronze sous sa frêle
        et gracieuse enveloppe. Ma fatale science me déchirait bien
4715   des voiles. Si le bon ton consiste à s'oublier pour autrui, à
        mettre dans sa voix et dans ses gestes une constante
        douceur, à plaire aux autres en les rendant contents d'eux-
        mêmes, malgré sa finesse, Fœdora n'avait pas effacé tout
        vestige de sa plébéienne[3] origine : son oubli d'elle-même
4720   était fausseté ; ses manières, au lieu d'être innées, avaient été
        laborieusement conquises ; enfin sa politesse sentait la servi-
        tude. Eh bien, ses paroles emmiellées étaient pour ses favoris
        l'expression de la bonté, sa prétentieuse exagération était un
        noble enthousiasme. Moi seul avais étudié ses grimaces,
4725   j'avais dépouillé son être intérieur de la mince écorce qui
        suffit au monde, et n'étais plus la dupe[§] de ses singeries ; je
        connaissais à fond son âme de chatte. Quand un niais la
        complimentait, la vantait, j'avais honte pour elle. Et je
        l'aimais toujours ! J'espérais fondre ses glaces sous les ailes
4730   d'un amour de poète. Si je pouvais une fois ouvrir son cœur
        aux tendresses de la femme, si je l'initiais à la sublimité des
        dévouements, je la voyais alors parfaite ; elle devenait un ange.
        Je l'aimais en homme, en amant, en artiste, quand il aurait
        fallu ne pas l'aimer pour l'obtenir ; un fat[§] bien gourmé[4],
4735   un froid calculateur, en aurait triomphé peut-être. Vaine,

---

1   *Rossini, Cimarosa, Zingarelli* : compositeurs italiens.
2   *lorgnette* : petite lunette grossissante ; jumelle.
3   *plébéienne* : populaire.
4   *gourmé* : affecté, prétentieux.

artificieuse, elle eût sans doute entendu le langage de la vanité, se serait laissé entortiller dans les pièges d'une intrigue ; elle eût été dominée par un homme sec et glacé. Des douleurs acérées entraient jusqu'au vif dans mon âme quand elle me révélait naïvement son égoïsme. Je l'apercevais avec douleur seule un jour dans la vie et ne sachant à qui tendre la main, ne rencontrant pas de regards amis où reposer les siens. Un soir, j'eus le courage de lui peindre, sous des couleurs animées, sa vieillesse déserte, vide et triste. À l'aspect de cette épouvantable vengeance de la nature trompée, elle dit un mot atroce. — « J'aurai toujours de la fortune, me répondit-elle. Eh bien, avec de l'or nous pouvons toujours créer autour de nous les sentiments qui sont nécessaires à notre bien-être. » Je sortis foudroyé par la logique de ce luxe, de cette femme, de ce monde, en me blâmant d'en être si sottement idolâtre. Je n'aimais pas Pauline pauvre, Fœdora riche n'avait-elle pas le droit de repousser Raphaël ? Notre conscience est un juge infaillible, quand nous ne l'avons pas encore assassinée. « Fœdora, me criait une voix sophistique[1], n'aime ni ne repousse personne ; elle est libre, mais elle s'est autrefois donnée pour de l'or. Amant ou époux, le comte russe l'a possédée. Elle aura bien une tentation dans sa vie ! Attends-la. » Ni vertueuse, ni fautive, cette femme vivait loin de l'humanité, dans une sphère à elle, enfer ou paradis. Ce mystère femelle vêtu de cachemire et de broderies mettait en jeu dans mon cœur tous les sentiments humains, orgueil, ambition, amour, curiosité. Un caprice de la mode, ou cette envie de paraître original qui nous poursuit tous, avait amené la manie de vanter un petit spectacle du boulevard. La comtesse témoigna le désir de voir la figure enfarinée d'un acteur qui faisait les délices de quelques gens d'esprit, et j'obtins l'honneur de la conduire à la première représentation de je ne sais quelle

_____

1 *sophistique* : fausse.

mauvaise farce. La loge coûtait à peine cent sous, je ne pos-
4770 sédais pas un traître liard. Ayant encore un demi-volume de
mémoires à écrire, je n'osais pas aller mendier un secours à
Finot, et Rastignac, ma providence, était absent. Cette gêne
constante maléficiait[1] toute ma vie. Une fois, au sortir des
Bouffons§, par une horrible pluie, Fœdora m'avait fait
4775 avancer une voiture sans que je pusse me soustraire à son
obligeance de parade : elle n'admit aucune de mes excuses,
ni mon goût pour la pluie, ni mon envie d'aller au jeu. Elle
ne devinait mon indigence ni dans l'embarras de mon
maintien, ni dans mes paroles tristement plaisantes. Mes
4780 yeux rougissaient, mais comprenait-elle un regard ? La vie
des jeunes gens est soumise à de singuliers caprices !
Pendant le voyage, chaque tour de roue réveilla des pensées
qui me brûlèrent le cœur ; j'essayai de détacher une planche
au fond de la voiture en espérant glisser sur le pavé ; mais
4785 rencontrant des obstacles invincibles, je me pris à rire
convulsivement et demeurai dans un calme morne, hébété
comme un homme au carcan. À mon arrivée au logis, aux
premiers mots que je balbutiai, Pauline m'interrompit en
disant : — «Si vous n'avez pas de monnaie…» Ah ! la
4790 musique de Rossini§ n'était rien auprès de ces paroles. Mais
revenons aux Funambules. Pour pouvoir y conduire la
comtesse, je pensai à mettre en gage le cercle d'or qui
entourait le portrait de ma mère. Quoique le Mont-de-Piété
se fût toujours dessiné dans ma pensée comme une des
4795 portes du bagne, il valait encore mieux y porter mon lit
moi-même que de solliciter une aumône. Le regard d'un
homme à qui vous demandez de l'argent fait tant de mal !
Certains emprunts nous coûtent notre honneur, comme
certains refus prononcés par une bouche amie nous
4800 enlèvent une dernière illusion. Pauline travaillait, sa mère
était couchée. Jetant un regard furtif sur le lit dont les

---

1 *maléficiait* : gâchait.

rideaux étaient légèrement relevés, je crus madame Gaudin
profondément endormie, en apercevant au milieu de
l'ombre son profil calme et jaune imprimé sur l'oreiller.

4805 — «Vous avez du chagrin, me dit Pauline qui posa son
pinceau sur son coloriage. — Ma pauvre enfant, vous pouvez
me rendre un grand service», lui répondis-je. Elle me regarda
d'un air si heureux que je tressaillis. — M'aimerait-elle?
pensai-je. — «Pauline?» repris-je. Et je m'assis près d'elle

4810 pour la bien étudier. Elle me devina, tant mon accent était
interrogateur; elle baissa les yeux, et je l'examinai, croyant
pouvoir lire dans son cœur comme dans le mien, tant sa
physionomie était naïve et pure. — «Vous m'aimez? lui dis-
je. — Un peu, passionnément, pas du tout!» s'écria-t-elle.

4815 Elle ne m'aimait pas. Son accent moqueur et la gentillesse
du geste qui lui échappa peignaient seulement une folâtre
reconnaissance de jeune fille. Je lui avouai donc ma détresse,
l'embarras dans lequel je me trouvais, et la priai de m'aider.
— «Comment, monsieur Raphaël, dit-elle, vous ne voulez

4820 pas aller au Mont-de-Piété, et vous m'y envoyez!» Je rougis,
confondu par la logique d'un enfant. Elle me prit alors la
main comme si elle eût voulu compenser par une caresse la
vérité de son exclamation. — «Oh! j'irais bien, dit-elle,
mais la course est inutile. Ce matin, j'ai trouvé derrière le

4825 piano deux pièces de cent sous qui s'étaient glissées à votre
insu entre le mur et la barre, et je les ai mises sur votre table.
— Vous devez bientôt recevoir de l'argent, monsieur
Raphaël, me dit la bonne mère qui montra sa tête entre les
rideaux, je puis bien vous prêter quelques écus en attendant.

4830 — Oh! Pauline, m'écriai-je en lui serrant la main, je voudrais être riche. — Bah! pourquoi?» dit-elle d'un air
mutin. Sa main tremblant dans la mienne répondait à tous
les battements de mon cœur; elle retira vivement ses doigts,
examina les miens: — «Vous épouserez une femme riche!

4835 dit-elle, mais elle vous donnera bien du chagrin. Ah! Dieu!
elle vous tuera. J'en suis sûre!» Il y avait dans son cri une

sorte de croyance aux folles superstitions de sa mère.
— «Vous êtes bien crédule, Pauline ! — Oh ! bien certainement ! dit-elle en me regardant avec terreur, la femme que
4840 vous aimerez vous tuera.» Elle reprit son pinceau, le trempa
dans la couleur en laissant paraître une vive émotion, et ne
me regarda plus. En ce moment, j'aurais bien voulu croire à
des chimères. Un homme n'est pas tout à fait misérable
quand il est superstitieux. Une superstition, c'est souvent
4845 une espérance. Retiré dans ma chambre, je vis en effet deux
nobles écus dont la présence me parut inexplicable. Au sein
des pensées confuses du premier sommeil, je tâchai de
vérifier mes dépenses pour me justifier cette trouvaille
inespérée, mais je m'endormis perdu dans d'inutiles calculs.
4850 Le lendemain, Pauline vint me voir au moment où je sortais
pour aller louer une loge. — «Vous n'avez peut-être pas
assez de dix francs, me dit en rougissant cette bonne et
aimable fille, ma mère m'a chargée de vous offrir cet argent.
Prenez, prenez !» Elle jeta trois écus sur ma table et voulut
4855 se sauver ; mais je la retins. L'admiration sécha les larmes qui
roulaient dans mes yeux : — «Pauline, lui dis-je, vous êtes
un ange ! Ce prêt me touche bien moins que la pudeur de
sentiment avec laquelle vous me l'offrez. Je désirais une
femme riche, élégante, titrée[1] ; hélas ! maintenant je voudrais
4860 posséder des millions et rencontrer une jeune fille pauvre
comme vous et comme vous riche de cœur, je renoncerais à
une passion fatale qui me tuera. Vous aurez peut-être raison.
— Assez !» dit-elle. Elle s'enfuit, et sa voix de rossignol, ses
roulades[2] fraîches retentirent dans l'escalier. — Elle est bien
4865 heureuse de ne pas aimer encore ! me dis-je en pensant aux
tortures que je souffrais depuis plusieurs mois. Les quinze
francs de Pauline me furent bien précieux. Fœdora,
songeant aux émanations populacières de la salle où nous
devions rester pendant quelques heures, regretta de ne pas

---

1 *titrée* : possédant un titre de noblesse.

2 *roulades* : successions de notes chantées rapidement et légèrement sur une syllabe.

Elle me prit alors la main comme si elle eût voulu compenser par une caresse la vérité de son exclamation.

Lignes 4821 à 4823.

4870 avoir un bouquet, j'allai lui chercher des fleurs, je lui apportai ma vie et ma fortune. J'eus à la fois des remords et des plaisirs en lui donnant un bouquet dont le prix me révéla tout ce que la galanterie superficielle en usage dans le monde avait de dispendieux. Bientôt elle se plaignit de

4875 l'odeur un peu trop forte d'un jasmin du Mexique, elle éprouva un intolérable dégoût en voyant la salle, en se trouvant assise sur de dures banquettes, elle me reprocha de l'avoir amenée là. Quoiqu'elle fût près de moi, elle voulut s'en aller ; elle s'en alla. M'imposer des nuits sans sommeil,

4880 avoir dissipé deux mois de mon existence, et ne pas lui plaire ! Jamais ce démon ne fut ni plus gracieux ni plus insensible. Pendant la route, assis près d'elle dans un étroit coupé§, je respirais son souffle, je touchais son gant parfumé, je voyais distinctement les trésors de sa beauté, je

4885 sentais une vapeur douce comme l'iris§ : toute la femme et point de femme. En ce moment, un trait de lumière me permit de voir les profondeurs de cette vie mystérieuse. Je pensai tout à coup au livre récemment publié par un poète, une vraie conception d'artiste taillée dans la statue de

4890 Polyclès[1]. Je croyais voir ce monstre qui, tantôt officier, dompte un cheval fougueux, tantôt jeune fille, se met à sa toilette et désespère ses amants, amant, désespère une vierge douce et modeste. Ne pouvant plus résoudre autrement Fœdora, je lui racontai cette histoire fantastique ; mais rien

4895 ne décela sa ressemblance avec cette poésie de l'impossible, elle s'en amusa de bonne foi, comme un enfant d'une fable prise aux *Mille et Une Nuits*[2]. Pour résister à l'amour d'un homme de mon âge, à la chaleur communicative de cette belle contagion de l'âme, Fœdora doit être gardée par

4900 quelque mystère, me dis-je en revenant chez moi. Peut-être,

---

1 *statue de Polyclès* : statue antique achetée par Napoléon Ier et qui fit sensation au Louvre en 1811.

2 *Mille et Une Nuits* : les contes des *Mille et Une Nuits*, œuvre anonyme d'origine arabe qu'on venait de traduire en français.

semblable à lady Delacour[1], est-elle dévorée par un cancer ?
Sa vie est sans doute une vie artificielle. À cette pensée, j'eus
froid. Puis je formai le projet le plus extravagant et le plus
raisonnable en même temps auquel un amant puisse jamais
4905 songer. Pour examiner cette femme corporellement comme
je l'avais étudiée intellectuellement, pour la connaître enfin
tout entière, je résolus de passer une nuit chez elle, dans sa
chambre, à son insu. Voici comment j'exécutai cette entreprise, qui me dévorait l'âme comme un désir de vengeance
4910 mord le cœur d'un moine corse[2]. Aux jours de réception,
Fœdora réunissait une assemblée trop nombreuse pour
qu'il fût possible au portier d'établir une balance exacte
entre les entrées et les sorties. Sûr de pouvoir rester dans la
maison sans y causer de scandale, j'attendis impatiemment
4915 la prochaine soirée de la comtesse. En m'habillant, je mis
dans la poche de mon gilet un petit canif anglais, à défaut de
poignard. Trouvé sur moi, cet instrument littéraire[3] n'aurait
rien de suspect, et ne sachant jusqu'où me conduirait ma
résolution romanesque, je voulais être armé. Lorsque les
4920 salons commencèrent à se remplir, j'allai dans la chambre à
coucher y examiner les choses, et trouvai les persiennes et
les volets fermés, ce fut un premier bonheur ; comme la
femme de chambre pourrait venir pour détacher les rideaux
drapés aux fenêtres, je lâchai leurs embrasses[4] ; je risquais
4925 beaucoup en me hasardant ainsi à faire le ménage par
avance, mais je m'étais soumis aux périls de ma situation et
les avais froidement calculés. Vers minuit, je vins me cacher
dans l'embrasure d'une fenêtre. Afin de ne pas laisser voir
mes pieds, j'essayai de grimper sur la plinthe de la boiserie,

---

1 *lady Delacour* : personnage de *Belinda* (1801) de la romancière irlandaise Maria
   Edgeworth (1767-1849). Lady Delacour cache la maladie qui la ronge à tout le
   monde.
2 *moine corse* : allusion de Balzac à l'une de ses nouvelles, *La Vendetta*.
3 *instrument littéraire* : le canif anglais servait, entre autres choses, à tailler les
   plumes d'oie qu'on utilisait pour écrire.
4 *embrasses* : ganses fixées à une patère et servant à retenir un rideau.

4930 le dos appuyé contre le mur, en me cramponnant à l'espagnolette[1]. Après avoir étudié mon équilibre, mes points
d'appui, mesuré l'espace qui me séparait des rideaux, je
parvins à me familiariser avec les difficultés de ma position,
de manière à demeurer là sans être découvert, si les
4935 crampes, la toux et les éternuements me laissaient tranquille.
Pour ne pas me fatiguer inutilement, je me tins debout en
attendant le moment critique pendant lequel je devais rester
suspendu comme une araignée dans sa toile. La moire
blanche et la mousseline des rideaux formaient devant moi
4940 de gros plis semblables à des tuyaux d'orgue, où je pratiquai
des trous avec mon canif afin de tout voir par ces espèces de
meurtrières[2]. J'entendis vaguement le murmure des salons,
les rires des causeurs, leurs éclats de voix. Ce tumulte
vaporeux, cette sourde agitation diminua par degrés.
4945 Quelques hommes vinrent prendre leurs chapeaux placés
près de moi, sur la commode de la comtesse. Quand ils
froissaient les rideaux, je frissonnais en pensant aux distractions, aux hasards de ces recherches faites par des gens
pressés de partir et qui furettent[3] alors partout. J'augurai bien
4950 de mon entreprise en n'éprouvant aucun de ces malheurs.
Le dernier chapeau fut emporté par un vieil amoureux de
Fœdora, qui, se croyant seul, regarda le lit, et poussa un gros
soupir suivi de je ne sais quelle exclamation assez énergique.
La comtesse, qui n'avait plus autour d'elle, dans le boudoir[§]
4955 voisin de sa chambre, que cinq ou six personnes intimes,
leur proposa d'y prendre le thé. Les calomnies[§], pour lesquelles la société actuelle a réservé le peu de croyance qui lui
reste, se mêlèrent alors à des épigrammes[§], à des jugements
spirituels, au bruit des tasses et des cuillers. Sans pitié pour
4960 mes rivaux, Rastignac excitait un rire fou par de mordantes

---

1 *espagnolette* : poignée servant à fermer et à ouvrir le châssis d'une fenêtre.

2 *meurtrières* : fentes verticales pratiquées dans un mur de fortification pour jeter
   des projectiles ou tirer sur les assaillants.

3 *furettent* : fouinent, fouillent.

saillies[1]. — «Monsieur de Rastignac est un homme avec lequel il ne faut pas se brouiller, dit la comtesse en riant. — Je le crois, répondit-il naïvement. J'ai toujours eu raison dans mes haines. Et dans mes amitiés, ajouta-t-il. Mes ennemis

4965 me servent autant que mes amis peut-être. J'ai fait une étude assez spéciale de l'idiome[§] moderne et d'artifices naturels dont on se sert pour tout attaquer ou pour tout défendre. L'éloquence ministérielle est un perfectionnement social. Un de vos amis est-il sans esprit ? Vous parlez de sa

4970 probité[§], de sa franchise. L'ouvrage d'un autre est-il lourd ? Vous le présentez comme un travail consciencieux. Si le livre est mal écrit, vous en vantez les idées. Tel homme est sans foi, sans constance, vous échappe à tout moment ? Bah ! il est séduisant, prestigieux, il charme. S'agit-il de vos ennemis ?

4975 Vous leur jetez à la tête les morts et les vivants ; vous renversez pour eux les termes de votre langage, et vous êtes aussi perspicace à découvrir leurs défauts que vous étiez habile à mettre en relief les vertus de vos amis. Cette application de la lorgnette[§] à la vue morale est le secret de nos conversa-

4980 tions et tout l'art du courtisan. N'en pas user, c'est vouloir combattre sans armes des gens bardés de fer[2] comme des chevaliers bannerets[3]. Et j'en use ! J'en abuse même quelquefois. Aussi me respecte-t-on, moi et mes amis, car, d'ailleurs, mon épée vaut ma langue.» Un des plus fervents

4985 admirateurs de Fœdora, jeune homme dont l'impertinence était célèbre, et qui s'en faisait même un moyen de parvenir, releva le gant si dédaigneusement jeté par Rastignac. Il se mit, en parlant de moi, à vanter outre mesure mes talents et ma personne. Rastignac avait oublié ce genre de médisance.

4990 Cet éloge sardonique[§] trompa la comtesse qui m'immola sans pitié ; pour amuser ses amis, elle abusa de mes secrets,

---

1 *saillies* : mots d'esprit.

2 *bardés de fer* : recouverts d'une armure.

3 *chevaliers bannerets* : seigneurs qui pouvaient lever bannière (emblème de guerre) en réunissant leurs vassaux (hommes de main).

de mes prétentions et de mes espérances. — «Il a de l'avenir, dit Rastignac. Peut-être sera-t-il un jour homme à prendre de cruelles revanches, ses talents égalent au moins son
4995 courage; aussi regardé-je comme bien hardis ceux qui s'attaquent à lui, car il a de la mémoire… — Et fait des mémoires, dit la comtesse, à qui parut déplaire le profond silence qui régna. — Des mémoires de fausse comtesse, madame, répliqua Rastignac. Pour les écrire, il faut avoir
5000 une autre sorte de courage. — Je lui crois beaucoup de courage, reprit-elle, il m'est fidèle.» Il me prit une vive tentation de me montrer soudain aux rieurs comme l'ombre de Banquo dans *Macbeth*[1]. Je perdais une maîtresse, mais j'avais un ami! Cependant l'amour me souffla tout à coup un de
5005 ces lâches et subtils paradoxes avec lesquels il sait endormir toutes nos douleurs. Si Fœdora m'aime, pensé-je, ne doit-elle pas dissimuler son affection sous une plaisanterie malicieuse? Combien de fois le cœur n'a-t-il pas démenti les mensonges de la bouche? Enfin bientôt mon impertinent rival, resté seul avec la comtesse, voulut partir. — «Eh!
5010 quoi, déjà? lui dit-elle avec un son de voix plein de câlineries et qui me fit palpiter. Ne me donnerez-vous pas encore un moment? N'avez-vous donc plus rien à me dire, et ne me sacrifierez-vous point quelques-uns de vos plaisirs?» Il
5015 s'en alla. — «Ah! s'écria-t-elle en bâillant, ils sont tous bien ennuyeux!» Et tirant avec force un cordon, le bruit d'une sonnette retentit dans les appartements. La comtesse rentra dans sa chambre en fredonnant une phrase du *Pria che spunti*[2]. Jamais personne ne l'avait entendue chanter, et ce
5020 mutisme donnait lieu à de bizarres interprétations. Elle avait, dit-on, promis à son premier amant, charmé de ses talents et jaloux d'elle par-delà le tombeau, de ne donner à

---

1 *ombre de Banquo dans* Macbeth : dans *Macbeth* de Shakespeare, les apparitions du fantôme de Banquo terrifient Macbeth, son assassin.

2 *Pria che spunti in ciel l'aurora* : «Avant que ne pointe au ciel l'aurore», célèbre air d'un opéra de Cimarosa (1749-1801).

personne un bonheur qu'il voulait avoir goûté seul. Je tendis
les forces de mon âme pour aspirer les sons. De note en note
5025 la voix s'éleva, Fœdora sembla s'animer, les richesses de son
gosier se déployèrent, et cette mélodie prit alors quelque
chose de divin. La comtesse avait dans l'organe une clarté
vive, une justesse de ton, je ne sais quoi d'harmonique et de
vibrant qui pénétrait, remuait et chatouillait le cœur. Les
5030 musiciennes sont presque toujours amoureuses. Celle qui
chantait ainsi devait savoir bien aimer. La beauté de cette
voix fut donc un mystère de plus dans une femme déjà si
mystérieuse. Je la voyais alors comme je te vois, elle paraissait s'écouter elle-même et ressentir une volupté qui lui fût
5035 particulière ; elle éprouvait comme une jouissance d'amour.
Elle vint devant la cheminée en achevant le principal motif
de ce rondo[1] ; mais quand elle se tut, sa physionomie
changea, ses traits se décomposèrent et sa figure exprima la
fatigue. Elle venait d'ôter un masque ; actrice, son rôle était
5040 fini. Cependant l'espèce de flétrissure imprimée à sa beauté
par son travail d'artiste, ou par la lassitude de la soirée,
n'était pas sans charme. La voilà vraie, me dis-je. Elle mit
comme pour se chauffer, un pied sur la barre de bronze qui
surmontait le garde-cendre, ôta ses gants, détacha ses brace-
5045 lets, et enleva par-dessus sa tête une chaîne d'or au bout de
laquelle était suspendue sa cassolette[2] ornée de pierres
précieuses. J'éprouvais un plaisir indicible à voir ses mouvements empreints de la gentillesse dont les chattes font
preuve en se toilettant au soleil. Elle se regarda dans la glace,
5050 et dit tout haut d'un air de mauvaise humeur : «Je n'étais pas
jolie ce soir, mon teint se fane avec une effrayante rapidité.
Je devrais peut-être me coucher plus tôt, renoncer à cette vie
dissipée. Mais Justine se moque-t-elle de moi ?» Elle sonna
de nouveau, la femme de chambre accourut. Où logeait-elle ?
5055 Je ne sais. Elle arriva par un escalier dérobé. J'étais curieux

---

1 *rondo* : chanson.
2 *cassolette* : petit encensoir, brûle-parfum.

de l'examiner. Mon imagination de poète avait souvent incriminé cette invisible servante, grande fille brune, bien faite. — «Madame a sonné? — Deux fois, répondit Fœdora. Vas-tu donc maintenant devenir sourde? — J'étais
5060 à faire le lait d'amandes de madame.» Justine s'agenouilla, défit les cothurnes[1] des souliers, déchaussa sa maîtresse, qui nonchalamment étendue sur un fauteuil à ressorts, au coin du feu, bâillait en se grattant la tête. Il n'y avait rien que de très naturel dans tous ses mouvements, et nul symptôme ne
5065 me révéla ni les souffrances secrètes, ni les passions que j'avais supposées. — «Georges est amoureux, dit-elle, je le renverrai. N'a-t-il pas encore défait les rideaux ce soir? À quoi pense-t-il?» À cette observation, tout mon sang reflua vers mon cœur, mais il ne fut plus question des rideaux.
5070 — «L'existence est bien vide, reprit la comtesse. Ah çà! prends garde de m'égratigner comme hier. Tiens, vois-tu, dit-elle en lui montrant un petit genou satiné, je porte encore la marque de tes griffes.» Elle mit ses pieds nus dans des pantoufles de velours fourrées de cygne, et détacha sa
5075 robe pendant que Justine prit un peigne pour lui arranger les cheveux. — «Il faut vous marier, madame, avoir des enfants. — Des enfants! Il ne me manquerait plus que cela pour m'achever, s'écria-t-elle. Un mari? Quel est l'homme auquel je pourrais me… Étais-je bien coiffée ce soir?
5080 — Mais, pas très bien. — Tu es une sotte. — Rien ne vous va plus mal que de trop crêper vos cheveux, reprit Justine. Les grosses boucles bien lisses vous sont plus avantageuses. — Vraiment? — Mais oui, madame, les cheveux crêpés clair ne vont bien qu'aux blondes. — Me marier? non, non. Le
5085 mariage est un trafic pour lequel je ne suis pas née.» Quelle épouvantable scène pour un amant! Cette femme solitaire, sans parents, sans amis, athée en amour, ne croyant à aucun sentiment; et quelque faible que fût en elle ce besoin

---

1 *cothurnes*: chaussures de théâtre montantes et lacées à semelles très épaisses. Ici, le terme désigne par extension «les lacets».

d'épanchement cordial, naturel à toute créature humaine,
5090 réduite pour le satisfaire à causer avec sa femme de chambre, à dire des phrases sèches ou des riens ! J'en eus pitié.
Justine la délaça. Je la contemplai curieusement au moment
où le dernier voile s'enleva. Elle avait un corsage de vierge
qui m'éblouit ; à travers sa chemise et à la lueur des bougies,
5095 son corps blanc et rose étincela comme une statue d'argent
qui brille sous son enveloppe de gaze. Non, nulle imperfec-
tion ne devait lui faire redouter les yeux furtifs de l'amour.
Hélas ! un beau corps triomphera toujours des résolutions
les plus martiales. La maîtresse s'assit devant le feu, muette
5100 et pensive, pendant que la femme de chambre allumait
la bougie de la lampe d'albâtre[1] suspendue devant le lit.
Justine alla chercher une bassinoire[2], prépara le lit, aida sa
maîtresse à se coucher ; puis, après un temps assez long
employé par de minutieux services qui accusaient la
5105 profonde vénération de Fœdora pour elle-même, cette fille
partit. La comtesse se retourna plusieurs fois, elle était
agitée, elle soupirait ; ses lèvres laissaient échapper un léger
bruit perceptible à l'ouïe et qui indiquait des mouvements
d'impatience ; elle avança la main vers la table, y prit une
5110 fiole, versa dans son lait avant de le boire quelques gouttes
d'une liqueur brune ; enfin, après quelques soupirs pénibles,
elle s'écria : — «Mon Dieu !» Cette exclamation, et surtout
l'accent qu'elle y mit, me brisa le cœur. Insensiblement elle
resta sans mouvement. J'eus peur, mais bientôt j'entendis
5115 retentir la respiration égale et forte d'une personne
endormie ; j'écartai la soie criarde des rideaux, quittai ma
position et vins me placer au pied de son lit, en la regardant
avec un sentiment indéfinissable. Elle était ravissante ainsi.
Elle avait la tête sous le bras comme un enfant ; son tranquille
5120 et joli visage enveloppé de dentelles exprimait une suavité

---

1 *albâtre* : sorte de pierre, souvent blanche.
2 *bassinoire* : bassin à couvercle percé dans lequel on met de la braise et qu'un
manche permet de promener dans un lit pour le réchauffer.

qui m'enflamma. Présumant trop de moi-même, je n'avais pas compris mon supplice : être si près et si loin d'elle. Je fus obligé de subir toutes les tortures que je m'étais préparées. *Mon Dieu !* ce lambeau d'une pensée inconnue, que je devais remporter pour toute lumière, avait tout à coup changé mes idées sur Fœdora. Ce mot insignifiant ou profond, sans substance ou plein de réalités, pouvait s'interpréter également par le bonheur ou par la souffrance, par une douleur de corps ou par des peines. Était-ce imprécation ou prière, souvenir ou avenir, regret ou crainte ? Il y avait toute une vie dans cette parole, vie d'indigence ou de richesse ; il y tenait même un crime ! L'énigme cachée dans ce beau semblant de femme renaissait, Fœdora pouvait être expliquée de tant de manières qu'elle devenait inexplicable. Les fantaisies du souffle qui passait entre ses dents, tantôt faible, tantôt accentué, grave ou léger, formaient une sorte de langage auquel j'attachais des pensées et des sentiments. Je rêvais avec elle, j'espérais m'initier à ses secrets en pénétrant dans son sommeil, je flottais entre mille partis contraires, entre mille jugements. À voir ce beau visage, calme et pur, il me fut impossible de refuser un cœur à cette femme. Je résolus de faire encore une tentative. En lui racontant ma vie, mon amour, mes sacrifices, peut-être pourrais-je réveiller en elle la pitié, lui arracher une larme, à elle qui ne pleurait jamais. J'avais placé toutes mes espérances dans cette dernière épreuve, quand le tapage de la rue m'annonça le jour. Il y eut un moment où je me représentai Fœdora se réveillant dans mes bras. Je pouvais me mettre tout doucement à ses côtés, m'y glisser, et l'étreindre. Cette idée me tyrannisa si cruellement, que, voulant y résister, je me sauvai dans le salon sans prendre aucune précaution pour éviter le bruit ; mais j'arrivai heureusement à une porte dérobée qui donnait sur un petit escalier. Ainsi que je le présumai, la clef se trouvait à la serrure ; je tirai la porte avec force, je descendis hardiment dans la cour, et sans regarder si j'étais vu, je sautai vers

la rue en trois bonds. Deux jours après, un auteur devait lire une comédie chez la comtesse, j'y allai dans l'intention de rester le dernier pour lui présenter une requête assez singulière ; je voulais la prier de m'accorder la soirée du
5160 lendemain, et de me la consacrer tout entière, en faisant fermer sa porte. Quand je me trouvai seul avec elle, le cœur me faillit. Chaque battement de la pendule m'épouvantait. Il était minuit moins un quart. — « Si je ne lui parle pas, me dis-je, il faut me briser le crâne sur l'angle de la cheminée. »
5165 Je m'accordai trois minutes de délai, les trois minutes se passèrent, je ne me brisai pas le crâne sur le marbre, mon cœur s'était alourdi comme une éponge dans l'eau. — « Vous êtes extrêmement aimable, me dit-elle. — Ah ! madame, répondis-je, si vous pouviez me comprendre ! — Qu'avez-
5170 vous ? reprit-elle, vous pâlissez. — J'hésite à réclamer de vous une grâce. Elle m'encouragea par un geste, et je lui demandai le rendez-vous. — Volontiers, dit-elle. Mais pourquoi ne me parleriez-vous pas en ce moment ? — Pour ne pas vous tromper, je dois vous montrer l'étendue de
5175 votre engagement, je désire passer cette soirée près de vous, comme si nous étions frère et sœur. Soyez sans crainte, je connais vos antipathies ; vous avez pu m'apprécier assez pour être certaine que je ne veux rien de vous qui puisse vous déplaire ; d'ailleurs, les audacieux ne procèdent pas
5180 ainsi. Vous m'avez témoigné de l'amitié, vous êtes bonne, pleine d'indulgence. Eh bien, sachez que je dois vous dire adieu demain. Ne vous rétractez pas ! » m'écriai-je en la voyant près de parler, et je disparus. En mai dernier, vers huit heures du soir, je me trouvai seul avec Fœdora, dans
5185 son boudoir[§] gothique[§]. Je ne tremblai pas alors, j'étais sûr d'être heureux. Ma maîtresse devait m'appartenir, ou je me réfugiais dans les bras de la mort. J'avais condamné mon lâche amour. Un homme est bien fort quand il s'avoue sa faiblesse. Vêtue d'une robe de cachemire bleu, la comtesse
5190 était étendue sur un divan, les pieds sur un coussin. Un

béret oriental, coiffure que les peintres attribuent aux premiers Hébreux, avait ajouté je ne sais quel piquant attrait
d'étrangeté à ses séductions. Sa figure était empreinte d'un
charme fugitif, qui semblait prouver que nous sommes à
5195 chaque instant des êtres nouveaux, uniques, sans aucune
similitude avec le *nous* de l'avenir et le *nous* du passé. Je ne
l'avais jamais vue aussi éclatante. — «Savez-vous, dit-elle en
riant, que vous avez piqué ma curiosité? — Je ne la
tromperai pas, répondis-je froidement, en m'asseyant près
5200 d'elle et lui prenant une main qu'elle m'abandonna. Vous
avez une bien belle voix! — Vous ne m'avez jamais entendue, s'écria-t-elle en laissant échapper un mouvement de
surprise. — Je vous prouverai le contraire quand cela sera
nécessaire. Votre chant délicieux serait-il donc encore un
5205 mystère? Rassurez-vous, je ne veux pas le pénétrer.» Nous
restâmes environ une heure à causer familièrement. Si je
pris le ton, les manières et les gestes d'un homme auquel
Fœdora ne devait rien refuser, j'eus aussi tout le respect
d'un amant. En jouant ainsi, j'obtins la faveur de lui baiser
5210 la main; elle se déganta par un mouvement mignon, et
j'étais alors si voluptueusement enfoncé dans l'illusion à
laquelle j'essayais de croire, que mon âme se fondit et
s'épancha dans ce baiser. Fœdora se laissa flatter, caresser
avec un incroyable abandon. Mais ne m'accuse pas de
5215 niaiserie; si j'avais voulu faire un pas de plus au-delà de
cette câlinerie fraternelle, j'eusse senti les griffes de la chatte.
Nous restâmes dix minutes environ, plongés dans un profond silence. Je l'admirais, lui prêtant des charmes auxquels
elle mentait. En ce moment, elle était à moi, à moi seul. Je
5220 possédais cette ravissante créature, comme il était permis de
la posséder, intuitivement; je l'enveloppai dans mon désir,
la tins, la serrai, mon imagination l'épousa. Je vainquis alors
la comtesse de la puissance d'une fascination magnétique.
Aussi ai-je toujours regretté de ne pas m'être entièrement
5225 soumis cette femme; mais, en ce moment, je n'en voulais

pas à son corps, je souhaitais une âme, une vie, ce bonheur idéal et complet, beau rêve auquel nous ne croyons pas longtemps. — «Madame, lui dis-je enfin, sentant que la dernière heure de mon ivresse était arrivée, écoutez-moi. Je vous aime, vous le savez, je vous l'ai dit mille fois, vous auriez dû m'entendre. Ne voulant devoir votre amour ni à des grâces de fat§, ni à des flatteries ou à des importunités de niais, je n'ai pas été compris. Combien de maux n'ai-je pas soufferts pour vous, et dont cependant vous êtes innocente ! Mais dans quelques moments vous me jugerez. Il y a deux misères, madame : celle qui va par les rues effrontément en haillons, qui, sans le savoir, recommence Diogène§, se nourrissant de peu, réduisant la vie au simple ; heureuse plus que la richesse peut-être, insouciante du moins, elle prend le monde là où les puissants n'en veulent plus. Puis la misère du luxe, une misère espagnole, qui cache la mendicité sous un titre ; fière, emplumée, cette misère en gilet blanc, en gants jaunes, a des carrosses, et perd une fortune faute d'un centime. L'une est la misère du peuple ; l'autre, celle des escrocs, des rois et des gens de talent. Je ne suis ni peuple, ni roi, ni escroc ; peut-être n'ai-je pas de talent : je suis une exception. Mon nom m'ordonne de mourir plutôt que de mendier. Rassurez-vous, madame, je suis riche aujourd'hui, je possède de la terre tout ce qu'il m'en faut, lui dis-je en voyant sa physionomie prendre la froide expression qui se peint dans nos traits quand nous sommes surpris par des quêteuses de bonne compagnie. Vous souvenez-vous du jour où vous avez voulu venir au Gymnase[1] sans moi, croyant que je ne m'y trouverais point ?» Elle fit un signe de tête affirmatif. «J'avais employé mon dernier écu pour aller vous y voir. Vous rappelez-vous la promenade que nous fîmes au Jardin des Plantes ? Votre voiture me coûta toute ma fortune.» Je lui racontai mes sacrifices, je lui peignis ma vie,

---

1 *Gymnase* : théâtre inauguré en 1820.

non pas comme je te la raconte aujourd'hui, dans l'ivresse
5260 du vin, mais dans la noble ivresse du cœur. Ma passion déborda par des mots flamboyants, par des traits de sentiment
oubliés depuis, et que ni l'art, ni le souvenir ne sauraient
reproduire. Ce ne fut pas la narration sans chaleur d'un
amour détesté, mon amour dans sa force et dans la beauté
5265 de son espérance m'inspira ces paroles qui projettent toute
une vie en répétant les cris d'une âme déchirée. Mon accent
fut celui des dernières prières faites par un mourant sur le
champ de bataille. Elle pleura. Je m'arrêtai. Grand Dieu ! Ses
larmes étaient le fruit de cette émotion factice achetée cent
5270 sous à la porte d'un théâtre, j'avais eu le succès d'un bon
acteur. — «Si j'avais su, dit-elle. — N'achevez pas, m'écriai-
je. Je vous aime encore assez en ce moment pour vous
tuer…» Elle voulut saisir le cordon de la sonnette. J'éclatai
de rire. «N'appelez pas, repris-je. Je vous laisserai paisible-
5275 ment achever votre vie. Ce serait mal entendre la haine que
de vous tuer ! Ne craignez aucune violence ; j'ai passé toute
une nuit au pied de votre lit, sans…

    — Monsieur, dit-elle en rougissant ; mais après ce pre-
mier mouvement donné à la pudeur que doit posséder toute
5280 femme, même la plus insensible, elle me jeta un regard
méprisant et me dit : Vous avez dû avoir bien froid !
— Croyez-vous, madame, que votre beauté me soit si précieuse ? lui répondis-je en devinant les pensées qui l'agitaient. Votre figure est pour moi la promesse d'une âme plus
5285 belle encore que vous n'êtes belle. Eh ! madame, les hommes
qui ne voient que la femme dans une femme peuvent
acheter tous les soirs des odalisques[1] dignes du sérail[§] et se
rendre heureux à bas prix ! Mais j'étais ambitieux, je voulais
vivre cœur à cœur avec vous, avec vous qui n'avez pas de
5290 cœur. Je le sais maintenant. Si vous deviez être à un homme,
je l'assassinerais. Mais non, vous l'aimeriez, et sa mort vous

---

1 *odalisques* : femmes d'un harem.

ferait peut-être de la peine. Combien je souffre ! m'écriai-je.
— Si cette promesse peut vous consoler, dit-elle en riant, je
puis vous assurer que je n'appartiendrai à personne. — Eh
5295 bien, repris-je en l'interrompant, vous insultez à Dieu même,
et vous en serez punie ! Un jour, couchée sur un divan, ne
pouvant supporter ni le bruit ni la lumière, condamnée à
vivre dans une sorte de tombe, vous souffrirez des maux
inouïs. Quand vous chercherez la cause de ces lentes et ven-
5300 geresses douleurs, souvenez-vous alors des malheurs que
vous avez si largement jetés sur votre passage ! Ayant semé
partout des imprécations[s], vous trouverez la haine au retour.
Nous sommes les propres juges, les bourreaux d'une justice
qui règne ici-bas, et marche au-dessus de celle des hommes,
5305 au-dessous de celle de Dieu. — Ah ! dit-elle en riant, je suis
sans doute bien criminelle de ne pas vous aimer ? Est-ce ma
faute ? Non, je ne vous aime pas ; vous êtes un homme, cela
suffit. Je me trouve heureuse d'être seule, pourquoi change-
rais-je ma vie, égoïste si vous voulez, contre les caprices d'un
5310 maître ? Le mariage est un sacrement en vertu duquel nous
ne nous communiquons que des chagrins. D'ailleurs, les
enfants m'ennuient. Ne vous ai-je pas loyalement prévenu
de mon caractère ? Pourquoi ne vous êtes-vous pas contenté
de mon amitié ? Je voudrais pouvoir consoler les peines que
5315 je vous ai causées en ne devinant pas le compte de vos petits
écus, j'apprécie l'étendue de vos sacrifices ; mais l'amour
peut seul payer votre dévouement, vos délicatesses, et je
vous aime si peu, que cette scène m'affecte désagréablement.
— Je sens combien je suis ridicule, pardonnez-moi, lui dis-
5320 je avec douceur sans pouvoir retenir mes larmes. Je vous
aime assez, repris-je, pour écouter avec délices les cruelles
paroles que vous prononcez. Oh ! je voudrais pouvoir signer
mon amour de tout mon sang. — Tous les hommes nous
disent plus ou moins bien ces phrases classiques, reprit-elle
5325 en riant. Mais il paraît qu'il est très difficile de mourir à nos
pieds, car je rencontre de ces morts-là partout. Il est minuit,

permettez-moi de me coucher. — Et dans deux heures vous vous écrierez : *Mon Dieu !* lui dis-je. — Avant-hier ! Oui, dit-elle en riant, je pensais à mon agent de change, j'avais
5330 oublié de lui faire convertir mes rentes de *cinq* en *trois*, et dans la journée le *trois* avait baissé.» Je la contemplais d'un œil étincelant de rage. Ah ! quelquefois un crime doit être tout un poème, je l'ai compris. Familiarisée sans doute avec les déclarations les plus passionnées, elle avait déjà oublié
5335 mes larmes et mes paroles. — «Épouseriez-vous un pair[§] de France ? lui demandai-je froidement. — Peut-être, s'il était duc.» Je pris mon chapeau, je la saluai. — «Permettez-moi de vous accompagner jusqu'à la porte de mon appartement, dit-elle en mettant une ironie perçante dans son geste, dans
5340 la pose de sa tête et dans son accent. Madame. — Monsieur. — Je ne vous verrai plus. — Je l'espère, répondit-elle en inclinant la tête avec une impertinente expression. — Vous voulez être duchesse ? repris-je animé par une sorte de frénésie que son geste alluma dans mon cœur. Vous êtes
5345 folle de titres et d'honneurs ? Eh bien, laissez-vous seulement aimer par moi, dites à ma plume de ne parler, à ma voix de ne retentir que pour vous, soyez le principe secret de ma vie, soyez mon étoile ! Puis ne m'acceptez pour époux que ministre, pair[§] de France, duc. Je me ferai tout ce que
5350 vous voudrez que je sois ! — Vous avez, dit-elle en souriant, assez bien employé votre temps chez l'avoué[§], vos plaidoyers ont de la chaleur. — Tu as le présent, m'écriai-je, et moi l'avenir. Je ne perds qu'une femme, et tu perds un nom, une famille. Le temps est gros de ma vengeance, il t'apportera la
5355 laideur et une mort solitaire, à moi la gloire ! — Merci de la péroraison[1] !» dit-elle en retenant un bâillement et témoignant par son attitude le désir de ne plus me voir. Ce mot m'imposa silence. Je lui jetai ma haine dans un regard et je m'enfuis. Il fallait oublier Fœdora, me guérir de ma

---

1 *péroraison* : conclusion d'un discours.

5360 folie, reprendre ma studieuse solitude ou mourir. Je m'imposai donc des travaux exorbitants, je voulus achever mes ouvrages. Pendant quinze jours, je ne sortis pas de ma mansarde, et consumai toutes mes nuits en de pâles études. Malgré mon courage et les inspirations de mon désespoir, je
5365 travaillais difficilement, par saccades. La muse[1] avait fui. Je ne pouvais chasser le fantôme brillant et moqueur de Fœdora. Chacune de mes pensées couvait une autre pensée maladive, je ne sais quel désir, terrible comme un remords. J'imitai les anachorètes[2] de la Thébaïde[§]. Sans prier comme
5370 eux, comme eux je vivais dans un désert, creusant mon âme au lieu de creuser des rochers. Je me serais au besoin serré les reins avec une ceinture armée de pointes, pour dompter la douleur morale par la douleur physique. Un soir, Pauline pénétra dans ma chambre. — «Vous vous tuez, me dit-elle
5375 d'une voix suppliante; vous devriez sortir, allez voir vos amis. — Ah! Pauline! votre prédiction était vraie. Fœdora me tue, je veux mourir. La vie m'est insupportable. — Il n'y a donc qu'une femme dans le monde? dit-elle en souriant. Pourquoi mettez-vous des peines infinies dans une vie si
5380 courte?» Je regardai Pauline avec stupeur. Elle me laissa seul. Je ne m'étais pas aperçu de sa retraite, j'avais entendu sa voix, sans comprendre le sens de ses paroles. Bientôt je fus obligé de porter le manuscrit de mes mémoires à mon entrepreneur de littérature. Préoccupé par ma passion, j'ignorais
5385 comment j'avais pu vivre sans argent, je savais seulement que les quatre cent cinquante francs qui m'étaient dus suffiraient à payer mes dettes; j'allai donc chercher mon salaire, et je rencontrai Rastignac, qui me trouva changé, maigri. — «De quel hôpital sors-tu? me dit-il. — Cette
5390 femme me tue, répondis-je. Je ne puis ni la mépriser ni l'oublier. — Il vaut mieux la tuer, tu n'y songeras peut-être

---

1 *muse* : inspiration ; les muses sont neuf déesses de la mythologie antique qui président aux arts libéraux.

2 *anachorètes* : religieux contemplatifs qui se retirent dans la solitude.

plus, s'écria-t-il en riant. — J'y ai bien pensé, répondis-je.
Mais si parfois je rafraîchis mon âme par l'idée d'un crime,
viol ou assassinat, et les deux ensemble, je me trouve inca-
5395 pable de le commettre en réalité. La comtesse est un
admirable monstre qui demanderait grâce, et n'est pas
Othello[1] qui veut ! — Elle est comme toutes les femmes
que nous ne pouvons pas avoir, dit Rastignac en m'interrompant. — Je suis fou, m'écriai-je. Je sens la folie rugir par
5400 moments dans mon cerveau. Mes idées sont comme des
fantômes, elles dansent devant moi sans que je puisse les
saisir. Je préfère la mort à cette vie. Aussi cherché-je avec
conscience le meilleur moyen de terminer cette lutte. Il ne
s'agit plus de la Fœdora vivante, de la Fœdora du faubourg
5405 Saint-Honoré, mais de ma Fœdora, de celle qui est là,
dis-je en me frappant le front. Que penses-tu de l'opium ?
— Bah ! des souffrances atroces, répondit Rastignac.
— L'asphyxie[§] ? — Canaille ! — La Seine ? — Les filets[2] et la
Morgue sont bien sales. — Un coup de pistolet ? — Et si tu
5410 te manques, tu restes défiguré. Écoute, reprit-il, j'ai comme
tous les jeunes gens médité sur les suicides. Qui de nous, à
trente ans, ne s'est pas tué deux ou trois fois ? Je n'ai rien
trouvé de mieux que d'user l'existence par le plaisir. Plonge-
toi dans une dissolution profonde, ta passion ou toi, vous y
5415 périrez. L'intempérance, mon cher, est la reine de toutes les
morts. Ne commande-t-elle pas à l'apoplexie[3] foudroyante ?
L'apoplexie est un coup de pistolet qui ne nous manque
point. Les orgies nous prodiguent tous les plaisirs
physiques, n'est-ce pas l'opium en petite monnaie ? En nous
5420 forçant de boire à outrance, la débauche porte de mortels
défis au vin. Le tonneau de malvoisie du duc de Clarence[4]

---

1 Dans *Othello* de Shakespeare, Othello, brûlé par la jalousie, tue son épouse.

2 *filets* : filets jetés dans la Seine pour arrêter les corps des noyés.

3 *apoplexie* : arrêt brusque des fonctions cérébrales, avec perte de connaissance.

4 Épisode de la guerre des Deux-Roses (guerre civile anglaise du xvᵉ siècle). Le roi
   Édouard fit condamner son frère à mort pour haute trahison. Le duc de Clarence
   aurait choisi de mourir noyé dans un tonneau de vin de malvoisie.

n'a-t-il pas meilleur goût que les bourbes[1] de la Seine ? Quand
nous tombons noblement sous la table, n'est-ce pas une petite
asphyxie[§] périodique ? Si la patrouille nous ramasse, en res-
5425 tant étendus sur les lits froids des corps de garde, ne jouis-
sons-nous pas des plaisirs de la Morgue, moins les ventres
enflés, turgides[2], bleus, verts, plus l'intelligence de la crise ?
Ah ! reprit-il, ce long suicide n'est pas une mort d'épicier
en faillite. Les négociants ont déshonoré la rivière, ils se
5430 jettent à l'eau pour attendrir leurs créanciers. À ta place,
je tâcherais de mourir avec élégance. Si tu veux créer un
nouveau genre de mort en te débattant ainsi contre la
vie, je suis ton second. Je m'ennuie, je suis désappointé.
L'Alsacienne qu'on m'a proposée pour femme a six doigts
5435 au pied gauche, je ne puis pas vivre avec une femme qui a
six doigts ! Cela se saurait, je deviendrais ridicule. Elle n'a
que dix-huit mille francs de rente, sa fortune diminue et ses
doigts augmentent. Au diable ! En menant une vie enragée,
peut-être trouverons-nous le bonheur par hasard ! »
5440 Rastignac m'entraîna. Ce projet faisait briller de trop fortes
séductions, il rallumait trop d'espérances, enfin il avait une
couleur trop poétique pour ne pas plaire à un poète. — « Et
de l'argent ? lui dis-je. — N'as-tu pas quatre cent cinquante
francs ? — Oui, mais je dois à mon tailleur[§], à mon hôtesse.
5445 — Tu paies ton tailleur[§] ? Tu ne seras jamais rien, pas
même ministre. — Mais que pouvons-nous avec vingt louis ?
— Aller au jeu. Je frissonnai. — Ah ! reprit-il en s'apercevant
de ma pruderie, tu veux te lancer dans ce que je nomme
le *Système dissipationnel*, et tu as peur d'un tapis vert !
5450 — Écoute, lui répondis-je, j'ai promis à mon père de ne
jamais mettre le pied dans une maison de jeu. Non seulement cette promesse est sacrée, mais encore j'éprouve une
horreur invincible en passant devant un tripot[§] ; prends mes
cent écus, et vas-y seul. Pendant que tu risqueras notre

---

1 *bourbes* : boues.
2 *turgides* : gonflés, enflés.

5455 fortune, j'irai mettre mes affaires en ordre et reviendrai
t'attendre chez toi.» Voilà, mon cher, comment je me perdis.
Il suffit à un jeune homme de rencontrer une femme qui ne
l'aime pas, ou une femme qui l'aime trop, pour que toute sa
vie soit dérangée. Le bonheur engloutit nos forces, comme
5460 le malheur éteint nos vertus. Revenu à mon hôtel Saint-
Quentin, je contemplai longtemps la mansarde où j'avais
mené la chaste vie d'un savant, une vie qui peut-être aurait
été honorable, longue, et que je n'aurais pas dû quitter pour
la vie passionnée qui m'entraînait dans un gouffre. Pauline
5465 me surprit dans une attitude mélancolique. — «Eh bien,
qu'avez-vous?» dit-elle. Je me levai froidement et comptai
l'argent que je devais à sa mère en y ajoutant le prix de mon
loyer pour six mois. Elle m'examina avec une sorte de terreur. — «Je vous quitte, ma chère Pauline. — Je l'ai deviné,
5470 s'écria-t-elle. — Écoutez, mon enfant, je ne renonce pas à
venir ici. Gardez-moi ma cellule pendant une demi-année.
Si je ne suis pas de retour vers le quinze novembre, vous
hériterez de moi. Ce manuscrit cacheté[§], dis-je en lui montrant un paquet de papiers, est la copie de mon grand
5475 ouvrage sur *la Volonté*, vous le déposerez à la Bibliothèque
du Roi. Quant à tout ce que je laisse ici, vous en ferez ce que
vous voudrez. Elle me jetait des regards qui pesaient sur
mon cœur. Pauline était là comme une conscience vivante.
— Je n'aurai plus de leçons, dit-elle en me montrant le
5480 piano. Je ne répondis pas. — M'écrirez-vous? — Adieu,
Pauline.» Je l'attirai doucement à moi, puis sur son front
d'amour, vierge comme la neige qui n'a pas touché terre, je
mis un baiser de frère, un baiser de vieillard. Elle se sauva. Je
ne voulus pas voir madame Gaudin. Je mis ma clef à sa place
5485 habituelle et partis. En quittant la rue de Cluny, j'entendis
derrière moi le pas léger d'une femme. — «Je vous avais
brodé cette bourse, la refuserez-vous aussi?» me dit
Pauline. Je crus apercevoir à la lueur du réverbère une larme
dans les yeux de Pauline, et je soupirai. Poussés tous deux

5490 par la même pensée peut-être, nous nous séparâmes avec
l'empressement de gens qui auraient voulu fuir la peste. La
vie de dissipation à laquelle je me vouais apparut devant
moi bizarrement exprimée par la chambre où j'attendais
avec une noble insouciance le retour de Rastignac. Au
5495 milieu de la cheminée s'élevait une pendule surmontée
d'une Vénus accroupie sur sa tortue[1], et qui tenait entre ses
bras un cigare à demi consumé. Des meubles élégants,
présents de l'amour, étaient épars. De vieilles chaussettes
traînaient sur un voluptueux divan. Le confortable fauteuil
5500 à ressorts dans lequel j'étais plongé portait des cicatrices
comme un vieux soldat, il offrait aux regards ses bras
déchirés, et montrait incrustées sur son dossier la pommade
et l'huile antique apportées par toutes les têtes d'amis.
L'opulence et la misère s'accouplaient naïvement dans le lit,
5505 sur les murs, partout. Vous eussiez dit les palais de Naples
bordés de lazzaroni[2]. C'était une chambre de joueur ou de
mauvais sujet dont le luxe est tout personnel, qui vit de
sensations, et des incohérences ne se soucie guère. Ce tableau
ne manquait pas d'ailleurs de poésie. La vie s'y dressait avec
5510 ses paillettes et ses haillons, soudaine, incomplète comme
elle est réellement, mais vive, mais fantasque[§] comme dans
une halte où le maraudeur a pillé tout ce qui fait sa joie. Un
Byron[§] auquel manquaient des pages avait allumé la
falourde[3] du jeune homme qui risque au jeu mille francs et
5515 n'a pas une bûche, qui court en tilbury[§] sans posséder une
chemise saine et valide. Le lendemain, une comtesse, une
actrice ou l'écarté[4] lui donnent un trousseau de roi. Ici la
bougie était fichée dans le fourreau vert d'un briquet phosphorique[5]; là gisait un portrait de femme dépouillé de sa

---

1 Certaines «pendules à sujets» du XIXe siècle représentaient effectivement Vénus
   (déesse de l'amour) assise sur le dos d'une tortue.

2 *lazzaroni* : mendiants de Naples.

3 *falourde* : fagot de bûches liées ensemble.

4 *écarté* : jeu de cartes.

5 *briquet phosphorique* : pièce d'acier dont on se servait pour tirer du feu d'un caillou.

5520 monture d'or ciselé. Comment un jeune homme naturellement avide d'émotions renoncerait-il aux attraits d'une vie
aussi riche d'oppositions et qui lui donne les plaisirs de la
guerre en temps de paix ? J'étais presque assoupi quand,
d'un coup de pied, Rastignac enfonça la porte de sa chambre,
5525 et s'écria « Victoire ! nous pourrons mourir à notre aise ! » Il
me montra son chapeau plein d'or, le mit sur la table, et
nous dansâmes autour comme deux cannibales ayant une
proie à manger, hurlant, trépignant, sautant, nous donnant
des coups de poing à tuer un rhinocéros, et chantant à
5530 l'aspect de tous les plaisirs du monde contenus pour nous
dans ce chapeau. — « Vingt-sept mille francs, répétait
Rastignac en ajoutant quelques billets de banque au tas d'or.
À d'autres cet argent suffirait pour vivre, mais nous suffira-
t-il pour mourir ? Oh ! oui, nous expirerons dans un bain
5535 d'or. Hourra ! » Et nous cabriolâmes derechef[1]. Nous
partageâmes en héritiers, pièce à pièce, commençant par
les doubles napoléons[5], allant des grosses pièces aux petites,
et distillant notre joie en disant longtemps : À toi. À moi.
— « Nous ne dormirons pas, s'écria Rastignac. Joseph, du
5540 punch ! » Il jeta de l'or à son fidèle domestique. — « Voilà ta
part, dit-il, enterre-toi si tu peux. » Le lendemain, j'achetai
des meubles chez Lesage[2], je louai l'appartement où tu m'as
connu, rue Taitbout[3], et chargeai le meilleur tapissier de le
décorer. J'eus des chevaux. Je me lançai dans un tourbillon
5545 de plaisirs creux et réels tout à la fois. Je jouais, gagnais et
perdais tour à tour d'énormes sommes, mais au bal, chez
nos amis ; jamais dans les maisons de jeu pour lesquelles je
conservai ma sainte et primitive horreur. Insensiblement je
me fis des amis. Je dus leur attachement à des querelles ou à
5550 cette facilité confiante avec laquelle nous nous livrons nos
secrets en nous avilissant de compagnie ; mais peut-être

---

1 *derechef* : encore une fois.

2 *Lesage* : marchand de meubles et d'objets d'art à Paris.

3 *rue Taitbout* : rue élégante de Paris.

« *Victoire ! nous pourrons mourir à notre aise !* » *Il me montra son chapeau plein d'or, le mit sur la table, et nous dansâmes* […]

Lignes 5525 à 5527.

aussi, ne nous accrochons-nous bien que par nos vices ? Je
hasardai quelques compositions littéraires qui me valurent
des compliments. Les grands hommes de la littérature
5555 marchande, ne voyant point en moi de rival à craindre, me
vantèrent, moins sans doute pour mon mérite personnel
que pour chagriner celui de leurs camarades. Je devins un
viveur, pour me servir de l'expression pittoresque consacrée
par votre langage d'orgie. Je mettais de l'amour-propre à me
5560 tuer promptement, à écraser les plus gais compagnons par
ma verve et par ma puissance. J'étais toujours frais, élégant.
Je passais pour spirituel. Rien ne trahissait en moi cette
épouvantable existence qui fait d'un homme un entonnoir,
un appareil à chyle[1], un cheval de luxe. Bientôt la Débauche
5565 m'apparut dans toute la majesté de son horreur, et je la
compris ! Certes les hommes sages et rangés qui étiquettent
des bouteilles pour leurs héritiers ne peuvent guère concevoir ni la théorie de cette large vie, ni son état normal ; en
inculquerez-vous la poésie aux gens de province pour qui
5570 l'opium et le thé, si prodigues de délices, ne sont encore que
deux médicaments ? À Paris même, dans cette capitale de la
pensée, ne se rencontre-t-il pas des sybarites[2] incomplets ?
Inhabiles à supporter l'excès du plaisir, ne s'en vont-ils pas
fatigués après une orgie, comme le sont ces bons bourgeois
5575 qui, après avoir entendu quelque nouvel opéra de Rossini[§],
condamnent la musique ? Ne renoncent-ils pas à cette vie,
comme un homme sobre ne veut plus manger de pâtés de
Ruffec, parce que le premier lui a donné une indigestion ? La
débauche est certainement un art comme la poésie, et veut
5580 des âmes fortes. Pour en saisir les mystères, pour en savourer
les beautés, un homme doit en quelque sorte s'adonner à de
consciencieuses études. Comme toutes les sciences, elle est

---

1 *chyle* : liquide d'aspect laiteux résultant de la transformation dans l'intestin des ali-
   ments mélangés aux sucs digestifs.
2 *sybarites* : personnes qui recherchent les plaisirs de la vie dans le luxe et le raffinement.

d'abord repoussante, épineuse. D'immenses obstacles environnent les grands plaisirs de l'homme, non ses jouissances
5585 de détail, mais les systèmes qui érigent en habitude ses sensations les plus rares, les résument, les lui fertilisent en lui créant une vie dramatique dans sa vie, en nécessitant une exorbitante, une prompte dissipation de ses forces. La Guerre, le Pouvoir, les Arts sont des corruptions mises aussi
5590 loin de la portée humaine, aussi profondes que l'est la débauche, et toutes sont de difficile accès. Mais quand une fois l'homme est monté à l'assaut de ces grands mystères, ne marche-t-il pas dans un monde nouveau ? Les généraux, les ministres, les artistes sont tous plus ou moins portés vers la
5595 dissolution par le besoin d'opposer de violentes distractions à leur existence si fort en dehors de la vie commune. Après tout, la guerre est la débauche du sang, comme la politique est celle des intérêts. Tous les excès sont frères. Ces monstruosités sociales possèdent la puissance des abîmes, elles nous
5600 attirent comme Sainte-Hélène appelait Napoléon ; elles donnent des vertiges, elles fascinent, et nous voulons en voir le fond sans savoir pourquoi. La pensée de l'infini existe peut-être dans ces précipices, peut-être renferment-ils quelque grande flatterie pour l'homme ; n'intéresse-t-il pas
5605 alors tout à lui-même ? Pour contraster avec le paradis de ses heures studieuses, avec les délices de la conception, l'artiste fatigué demande, soit comme Dieu le repos du dimanche, soit comme le diable les voluptés de l'enfer, afin d'opposer le travail des sens au travail de ses facultés.
5610 Le délassement de lord Byron[§] ne pouvait pas être le boston babillard[1] qui charme un rentier ; poète, il voulait la Grèce à jouer contre Mahmoud[2]. En guerre, l'homme ne devient-il pas un ange exterminateur, une espèce de bourreau,

---

1 *boston babillard* : jeu de cartes de salon inventé à Boston en 1775, excellent prétexte pour «babiller» (bavarder) innocemment entre bourgeois.

2 À la fin de ses jours, Byron lutta pour l'indépendance de la Grèce, contre le sultan Mahmoud II (voir la note 5 à la page 69).

mais gigantesque ? Ne faut-il pas des enchantements bien
5615 extraordinaires pour nous faire accepter ces atroces
douleurs, ennemies de notre frêle enveloppe, qui entourent
les passions comme d'une enceinte épineuse ? S'il se roule
convulsivement et souffre une sorte d'agonie après avoir
abusé du tabac, le fumeur n'a-t-il pas assisté je ne sais en
5620 quelles régions à de délicieuses fêtes ? Sans se donner le
temps d'essuyer ses pieds qui trempent dans le sang jusqu'à
la cheville, l'Europe n'a-t-elle pas sans cesse recommencé
la guerre ? L'homme en masse a-t-il donc aussi son ivresse,
comme la nature a ses accès d'amour ? Pour l'homme privé,
5625 pour le Mirabeau qui végète sous un règne paisible et rêve
des tempêtes[1], la débauche comprend tout ; elle est une perpétuelle étreinte de toute la vie, ou mieux, un duel avec une
puissance inconnue, avec un monstre : d'abord le monstre
épouvante, il faut l'attaquer par les cornes, c'est des fatigues
5630 inouïes ; la nature vous a donné je ne sais quel estomac
étroit ou paresseux ? vous le domptez, vous l'élargissez, vous
apprenez à porter le vin, vous apprivoisez l'ivresse, vous
passez les nuits sans sommeil, vous vous faites enfin un
tempérament de colonel de cuirassiers, en vous créant vous-
5635 même une seconde fois, comme pour fronder Dieu ! Quand
l'homme s'est ainsi métamorphosé, quand, vieux soldat,
le néophyte a façonné son âme à l'artillerie, ses jambes à
la marche, sans encore appartenir au monstre, mais sans
savoir entre eux quel est le maître, ils se roulent l'un sur
5640 l'autre, tantôt vainqueurs, tantôt vaincus, dans une sphère
où tout est merveilleux, où s'endorment les douleurs de
l'âme, où revivent seulement des fantômes d'idées. Déjà cette
lutte atroce est devenue nécessaire. Réalisant ces fabuleux
personnages qui, selon les légendes, ont vendu leur âme au
5645 diable pour en obtenir la puissance de mal faire, le dissipateur a troqué sa mort contre toutes les jouissances de la vie,

---

1 Mirabeau eut une jeunesse orageuse et fut emprisonné à maintes reprises sur l'intervention de son père.

mais abondantes, mais fécondes! Au lieu de couler longtemps entre deux rives monotones, au fond d'un Comptoir
ou d'une Étude, l'existence bouillonne et fuit comme un
5650 torrent. Enfin la débauche est sans doute au corps ce que
sont à l'âme les plaisirs mystiques. L'ivresse vous plonge en
des rêves dont les fantasmagories sont aussi curieuses que
peuvent l'être celles de l'extase. Vous avez des heures ravissantes comme les caprices d'une jeune fille, des causeries
5655 délicieuses avec des amis, des mots qui peignent toute une
vie, des joies franches et sans arrière-pensée, des voyages
sans fatigue, des poèmes déroulés en quelques phrases. La
brutale satisfaction de la bête au fond de laquelle la science
a été chercher une âme, est suivie de torpeurs enchanteresses
5660 après lesquelles soupirent les hommes ennuyés de leur
intelligence. Ne sentent-ils pas tous la nécessité d'un repos
complet, et la débauche n'est-elle pas une sorte d'impôt que
le génie paie au mal? Vois tous les grands hommes: s'ils ne
sont pas voluptueux, la nature les crée chétifs. Moqueuse
5665 ou jalouse, une puissance leur vicie l'âme ou le corps pour
neutraliser les efforts de leurs talents. Pendant ces heures
avinées, les hommes et les choses comparaissent devant
vous, vêtus de vos livrées[5]. Roi de la création, vous la trans-
formez à vos souhaits. À travers ce délire perpétuel, le jeu
5670 vous verse, à votre gré, son plomb fondu dans les veines. Un
jour, vous appartenez au monstre, vous avez alors, comme je
l'eus, un réveil enragé: l'impuissance est assise à votre
chevet. Vieux guerrier, une phtisie[1] vous dévore; diplomate,
un anévrisme[2] suspend dans votre cœur la mort à un
5675 fil; moi, peut-être une pulmonie[3] va me dire: «Partons!»
comme elle a dit jadis à Raphaël d'Urbin, tué par un excès
d'amour. Voilà comment j'ai vécu! J'arrivais ou trop tôt ou
trop tard dans la vie du monde; sans doute ma force y eût

---

1 *phtisie*: tuberculose pulmonaire.

2 *anévrisme*: dilatation d'une paroi du cœur.

3 *pulmonie*: le mot désigne soit la pneumonie ou la tuberculose, selon le cas.

été dangereuse si je ne l'avais amortie ainsi ; l'univers
5680 n'a-t-il pas été guéri d'Alexandre[§] par la coupe d'Hercule[1], à
la fin d'une orgie ! Enfin à certaines destinées trompées, il
faut le ciel ou l'enfer, la débauche ou l'hospice du mont
Saint-Bernard[2]. Tout à l'heure je n'avais pas le courage de
moraliser ces deux créatures, dit-il en montrant Euphrasie
5685 et Aquilina. N'étaient-elles pas mon histoire personnifiée,
une image de ma vie ! Je ne pouvais guère les accuser, elles
m'apparaissaient comme des juges. Au milieu de ce poème
vivant, au sein de cette étourdissante maladie, j'eus cependant deux crises bien fertiles en âcres douleurs. D'abord
5690 quelques jours après m'être jeté comme Sardanapale[3]
dans mon bûcher, je rencontrai Fœdora sous le péristyle[§]
des Bouffons[§]. Nous attendions nos voitures. — « Ah ! je
vous retrouve encore en vie. Ce mot était la traduction de
son sourire, des malicieuses et sourdes paroles qu'elle dit à
5695 son sigisbée[4] en lui racontant sans doute mon histoire, et
jugeant mon amour comme un amour vulgaire. Elle
applaudissait à sa fausse perspicacité. Oh ! mourir pour elle,
l'adorer encore, la voir dans mes excès, dans mes ivresses,
dans le lit des courtisanes, et me sentir victime de sa plaisan-
5700 terie ! Ne pouvoir déchirer ma poitrine et y fouiller mon
amour pour le jeter à ses pieds ! Enfin, j'épuisai facilement
mon trésor ; mais trois années de régime m'avaient constitué
la plus robuste de toutes les santés, et le jour où je me trouvai sans argent, je me portais à merveille. Pour continuer de
5705 mourir, je signai des lettres de change à courte échéance, et le
jour du payement arriva. Cruelles émotions ! et comme elles
font vivre de jeunes cœurs ! Je n'étais pas fait pour vieillir

---

1 *coupe d'Hercule* : dans la mythologie, Hercule aurait traversé l'océan dans une
   énorme coupe à deux anses. Quant à Alexandre (voir la note 11 à la page 30), il
   serait mort après avoir bu le vin que contenait l'une de ces coupes.

2 *hospice du mont Saint-Bernard* : hospice fondé au xe siècle et situé dans les Alpes.

3 *Sardanapale* : tyran légendaire d'Assyrie qui se donna la mort en s'immolant par le
   feu sur un immense bûcher, avec ses femmes, ses esclaves et ses trésors.

4 *sigisbée* : cavalier servant.

*Enfin la débauche est sans doute au corps
ce que sont à l'âme les plaisirs mystiques.*

Lignes 5650 et 5651.

Illustration pour une édition de *La Peau de chagrin*.

encore; mon âme était toujours jeune, vivace et verte. Ma
première dette ranima toutes mes vertus qui vinrent à pas
5710 lents et m'apparurent désolées. Je sus transiger[§] avec elles
comme avec ces vieilles tantes qui commencent par nous
gronder et finissent en nous donnant des larmes et de l'argent. Plus sévère, mon imagination me montrait mon nom
voyageant, de ville en ville, dans les places de l'Europe. *Notre*
5715 *nom, c'est nous-mêmes*, a dit Eusèbe Salverte[1]. Après des
courses vagabondes, j'allais, comme le double d'un
Allemand[2], revenir à mon logis d'où je n'étais pas sorti, pour
me réveiller moi-même en sursaut. Ces hommes de la
banque, ces remords commerciaux, vêtus de gris, portant la
5720 livrée[§] de leur maître, une plaque d'argent, jadis je les voyais
avec indifférence quand ils allaient par les rues de Paris;
mais aujourd'hui, je les haïssais par avance. Un matin, l'un
d'eux ne viendrait-il pas me demander raison des onze
lettres de change que j'avais griffonnées? Ma signature
5725 valait trois mille francs, je ne les valais pas moi-même! Les
huissiers, aux faces insouciantes à tous les désespoirs, même
à la mort, se levaient devant moi, comme les bourreaux qui
disent à un condamné : — Voici trois heures et demie qui
sonnent. Leurs clercs avaient le droit de s'emparer de moi,
5730 de griffonner mon nom, de le salir, de s'en moquer. Je
DEVAIS ! Devoir, est-ce donc s'appartenir? D'autres hommes
ne pouvaient-ils pas me demander compte de ma vie?
pourquoi j'avais mangé des puddings à la *chipolata*[3],
pourquoi je buvais à la glace? pourquoi je dormais, mar-
5735 chais, pensais, m'amusais sans les payer? Au milieu d'une
poésie, au sein d'une idée, ou à déjeuner, entouré d'amis, de
joie, de douces railleries, je pouvais voir entrer un monsieur

---

1 Eusèbe Baconnière de Salverte (1771-1839). Homme politique français ayant publié
   en 1824 son *Essai historique et philosophique sur les noms d'hommes, de peuples et de
   dieux* dont les premières lignes sont précisément : «Notre nom, c'est nous-
   mêmes.»

2 Allusion à un conte d'Hoffmann (écrivain et compositeur allemand, 1776-1822).

3 *chipolata* : ragoût d'oignons.

en habit marron, tenant à la main un chapeau râpé§. Ce
monsieur sera ma dette, ce sera ma lettre de change§, un
5740 spectre qui flétrira ma joie, me forcera de quitter la table
pour lui parler; il m'enlèvera ma gaieté, ma maîtresse, tout
jusqu'à mon lit. Le remords est plus tolérable; il ne nous
met ni dans la rue ni à Sainte-Pélagie§, il ne nous plonge pas
dans cette exécrable sentine[1] du vice, il ne nous jette qu'à
5745 l'échafaud où le bourreau anoblit: au moment de notre
supplice, tout le monde croit à notre innocence; tandis
que la société ne laisse pas une vertu au débauché sans
argent. Puis ces dettes à deux pattes, habillées de drap vert,
portant des lunettes bleues ou des parapluies multicolores;
5750 ces dettes incarnées avec lesquelles nous nous trouvons
face à face au coin d'une rue, au moment où nous sourions,
ces gens allaient avoir l'horrible privilège de dire:
— «Monsieur de Valentin me doit et ne me paie pas. Je le
tiens. Ah! qu'il n'ait pas l'air de me faire mauvaise mine!»
5755 Il faut saluer nos créanciers, les saluer avec grâce. «Quand
me paierez-vous?» disent-ils. Et nous sommes dans l'obli-
gation de mentir, d'implorer un autre homme pour de
l'argent, de nous courber devant un sot assis sur sa caisse, de
recevoir son froid regard, son regard de sangsue plus odieux
5760 qu'un soufflet[2], de subir sa morale de Barême[3] et sa crasse
ignorance. Une dette est une œuvre d'imagination qu'ils ne
comprennent pas. Des élans de l'âme entraînent, sub-
juguent souvent un emprunteur, tandis que rien de grand
ne subjugue, rien de généreux ne guide ceux qui vivent dans
5765 l'argent et ne connaissent que l'argent. J'avais horreur de
l'argent. Enfin la lettre de change§ peut se métamorphoser
en vieillard chargé de famille, flanqué de vertus. Je devrais

---

1 *sentine*: lieu sale et humide.

2 *soufflet*: gifle.

3 *morale de Barême*: morale qui ne tient compte que des chiffres. François Barême
(1640-1703) était arithméticien.

peut-être à un vivant tableau de Greuze[1], à un paralytique
environné d'enfants, à la veuve d'un soldat, qui tous me
tendront des mains suppliantes. Terribles créanciers avec
lesquels il faut pleurer, et quand nous les avons payés, nous
leur devons encore des secours. La veille de l'échéance, je
m'étais couché dans ce calme faux des gens qui dorment
avant leur exécution, avant un duel, ils se laissent toujours
bercer par une menteuse espérance. Mais en me réveillant,
quand je fus de sang-froid, quand je sentis mon âme empri-
sonnée dans le portefeuille d'un banquier, couchée sur des
états, écrite à l'encre rouge, mes dettes jaillirent partout
comme des sauterelles ; elles étaient dans ma pendule, sur
mes fauteuils, ou incrustées dans les meubles desquels je me
servais avec le plus de plaisir. Devenus la proie des harpies
du Châtelet[2], ces doux esclaves matériels allaient donc être
enlevés par des recors[3], et brutalement jetés sur la place. Ah !
ma dépouille était encore moi-même. La sonnette de mon
appartement retentissait dans mon cœur, elle me frappait
où l'on doit frapper les rois, à la tête. C'était un martyre,
sans le ciel pour récompense. Oui, pour un homme généreux, une dette est l'enfer, mais l'enfer avec des huissiers
et des agents d'affaires. Une dette impayée est la bassesse, un
commencement de friponnerie, et pis que tout cela, un
mensonge ! Elle ébauche des crimes, elle assemble les madriers de l'échafaud. Mes lettres de change furent protestées.
Trois jours après je les payai ; voici comment. Un spéculateur vint me proposer de lui vendre l'île que je possédais
dans la Loire[5] et où était le tombeau de ma mère. J'acceptai.
En signant le contrat chez le notaire de mon acquéreur, je
sentis au fond de l'étude obscure une fraîcheur semblable à

---

1   Jean-Baptiste Greuze (1725-1805). Peintre, pastelliste et dessinateur français. Balzac
    fait ici allusion au célèbre tableau de Greuze, *Paralytique soigné par ses enfants*
    (1763).

2   *proie des harpies du Châtelet* : victime des gardes du commerce ou les huissiers qui
    procèdent aux saisies sur ordre du tribunal de première instance.

3   *recors* : personnes qui accompagnaient un huissier et lui servaient de témoins.

celle d'une cave. Je frissonnai en reconnaissant le même froid humide qui m'avait saisi sur le bord de la fosse où gisait mon père. J'accueillis ce hasard comme un funeste présage. Il me semblait entendre la voix de ma mère et voir son ombre ; je ne sais quelle puissance faisait retentir vaguement mon propre nom dans mon oreille, au milieu d'un bruit de cloches ! Le prix de mon île me laissa, toutes dettes payées, deux mille francs. Certes, j'eusse pu revenir à la paisible existence du savant, retourner à ma mansarde après avoir expérimenté la vie, y revenir la tête pleine d'observations immenses et jouissant déjà d'une espèce de réputation. Mais Fœdora n'avait pas lâché sa proie. Nous nous étions souvent trouvés en présence. Je lui faisais corner[1] mon nom aux oreilles par ses amants étonnés de mon esprit, de mes chevaux, de mes succès, de mes équipages§. Elle restait froide et insensible à tout, même à cette horrible phrase : Il se tue pour vous ! dite par Rastignac. Je chargeais le monde entier de ma vengeance, mais je n'étais pas heureux ! En creusant ainsi la vie jusqu'à la fange§, j'avais toujours senti davantage les délices d'un amour partagé, j'en poursuivais le fantôme à travers les hasards de mes dissipations, au sein des orgies. Pour mon malheur, j'étais trompé dans mes belles croyances, j'étais puni de mes bienfaits par l'ingratitude, récompensé de mes fautes par mille plaisirs. Sinistre philosophie, mais vraie pour la débauche ! Enfin Fœdora m'avait communiqué la lèpre de sa vanité. En sondant mon âme, je la trouvais gangrenée, pourrie. Le démon m'avait imprimé son ergot au front. Il m'était désormais impossible de me passer des tressaillements continuels d'une vie à tout moment risquée, et des exécrables raffinements de la richesse. Riche à millions, j'aurais toujours joué, mangé, couru. Je ne voulais plus rester seul avec moi-même. J'avais besoin de courtisanes, de

---

1 *corner* : dire très fort.

faux amis, de vin, de bonne chère pour m'étourdir. Les liens qui attachent un homme à la famille étaient brisés en moi pour toujours. Galérien[1] du plaisir, je devais accomplir ma destinée de suicide. Pendant les derniers jours de ma 5835 fortune, je fis chaque soir des excès incroyables ; mais, chaque matin, la mort me rejetait dans la vie. Semblable à un rentier viager[§], j'aurais pu passer tranquillement dans un incendie. Enfin je me trouvai seul avec une pièce de vingt francs, je me souvins alors du bonheur de Rastignac…»

5840 — Hé ! hé ! s'écria-t-il en pensant tout à coup à son talisman qu'il tira de sa poche.

Soit que, fatigué des luttes de cette longue journée, il n'eût plus la force de gouverner son intelligence dans les flots de vin et de punch, soit qu'exaspéré par l'image de sa vie, il 5845 se fût insensiblement enivré par le torrent de ses paroles, Raphaël s'anima, s'exalta comme un homme complètement privé de raison. «Au diable la mort ! s'écria-t-il en brandissant la Peau. Je veux vivre maintenant ! Je suis riche, j'ai toutes les vertus. Rien ne me résistera. Qui ne serait pas bon 5850 quand il peut tout ? Hé ! hé ! Ohé ! J'ai souhaité deux cent mille livres de rentes, je les aurai. Saluez-moi, pourceaux qui vous vautrez sur ces tapis comme sur du fumier ! Vous m'appartenez, fameuse propriété ! Je suis riche, je peux vous acheter tous, même le député qui ronfle là. Allons, canaille 5855 de la haute société, bénissez-moi ! Je suis pape.»

En ce moment les exclamations de Raphaël, jusque-là couvertes par la basse continue des ronflements, furent entendues soudain. La plupart des dormeurs se réveillèrent en criant, ils virent l'interrupteur mal assuré sur ses jambes, et 5860 maudirent sa bruyante ivresse par un concert de jurements.

— Taisez-vous ! reprit Raphaël. Chiens, à vos niches ! Émile, j'ai des trésors, je te donnerai des cigares de La Havane.

---

1 *Galérien* : homme condamné à ramer sur les galères du roi.

— Je t'entends, répondit le poète, *Fœdora ou la mort !*
Va ton train ! Cette sucrée de Fœdora t'a trompé. Toutes
5865 les femmes sont filles d'Ève. Ton histoire n'est pas du tout
dramatique.

— Ah ! tu dormais, sournois ?

— Non ! Fœdora ou la mort, j'y suis.

— Réveille-toi, s'écria Raphaël en frappant Émile avec
5870 la Peau de chagrin comme s'il voulait en tirer du fluide
électrique.

— Tonnerre ! dit Émile en se levant et en saisissant
Raphaël à bras-le-corps, mon ami, songe donc que tu es
avec des femmes de mauvaise vie.

5875 — Je suis millionnaire.

— Si tu n'es pas millionnaire, tu es bien certainement
ivre.

— Ivre du pouvoir. Je peux te tuer ! Silence, je suis
Néron[1] ! je suis Nabuchodonosor[2] !

5880 — Mais, Raphaël, nous sommes en méchante compagnie, tu devrais rester silencieux, par dignité.

— Ma vie a été un trop long silence. Maintenant, je vais
me venger du monde entier. Je ne m'amuserai pas à dissiper
de vils écus, j'imiterai, je résumerai mon époque en consom-
5885 mant des vies humaines, et des intelligences, des âmes. Voilà
un luxe qui n'est pas mesquin, n'est-ce pas l'opulence de la
peste ! Je lutterai avec la fièvre jaune, bleue, verte, avec les
armées, avec les échafauds. Je puis avoir Fœdora. Mais non,
je ne veux pas de Fœdora, c'est ma maladie, je meurs de
5890 Fœdora ! Je veux oublier Fœdora.

— Si tu continues à crier, je t'emporte dans la salle à
manger.

— Vois-tu cette Peau ? c'est le testament de Salomon[§].
Il est à moi, Salomon, ce petit cuistre[3] de roi ! J'ai l'Arabie,

---

1 Néron. Empereur romain tyrannique (54-68).

2 Nabuchodonosor. Roi despotique de Babylone (~605-~562).

3 *cuistre* : vaurien.

5895 Pétrée[1] encore. L'univers à moi. Tu es à moi, si je veux. Ah !
si je veux, prends garde ! Je peux acheter toute ta boutique
de journaliste, tu seras mon valet. Tu me feras des couplets,
tu régleras mon papier. Valet ! *Valet*[2], cela veut dire : Il se
porte bien, parce qu'il ne pense à rien.

5900 À ce mot, Émile emporta Raphaël dans la salle à manger.

— Eh bien, oui, mon ami, lui dit-il, je suis ton valet. Mais
tu vas être rédacteur en chef d'un journal, tais-toi ! Sois
décent, par considération pour moi ! M'aimes-tu ?

— Si je t'aime ! Tu auras des cigares de La Havane, avec
5905 cette Peau. Toujours la Peau, mon ami, la Peau souveraine !
Excellent topique[3], je peux guérir les cors. As-tu des cors ? Je
te les ôte.

— Jamais je ne l'ai vu si stupide.

— Stupide, mon ami ? Non. Cette peau se rétrécit quand
5910 j'ai un désir… c'est une antiphrase. Le brachmane[4], il se
trouve un brachmane là-dessous ! le brachmane donc était
un goguenard[5], parce que les désirs, vois-tu, doivent étendre…

— Eh bien, oui.

— Je te dis…

5915 — Oui, cela est très vrai, je pense comme toi. Le désir
étend…

— Je te dis, la Peau…

— Oui.

— Tu ne me crois pas. Je te connais, mon ami, tu es
5920 menteur comme un nouveau roi[5].

— Comment veux-tu que j'adopte les divagations de ton
ivresse ?

— Je te parie, je peux te le prouver. Prenons la mesure.

---

1 *Pétrée* : on appelait Arabie Pétrée, la région la plus désertique du pays (l'adjectif
«pétré» signifie «couvert de roches»).

2 *Valet* : Balzac joue sur l'homographie entre le mot «valet» et le verbe latin «valeo»
(«être en bonne santé») conjugué à la 3e personne du singulier.

3 *topique* : médicament qui agit où il est appliqué, sur la peau ou une muqueuse.

4 *brachmane* : brahmane ou bramine ; prêtre chez les hindous.

5 Allusion à Louis-Philippe, roi des Français depuis 1830.

— Allons, il ne s'endormira pas, s'écria Émile en voyant
5925 Raphaël occupé à fureter dans la salle à manger.

Valentin animé d'une adresse de singe, grâce à cette
singulière lucidité dont les phénomènes contrastent parfois
chez les ivrognes avec les obtuses visions de l'ivresse, sut
trouver une écritoire[§] et une serviette, en répétant toujours :
5930 Prenons la mesure ! Prenons la mesure !

— Eh bien, oui, reprit Émile, prenons la mesure !

Les deux amis étendirent la serviette et y superposèrent la
Peau de chagrin. Émile, dont la main semblait être plus
assurée que celle de Raphaël, décrivit à la plume, par une
5935 ligne d'encre, les contours du talisman, pendant que son
ami lui disait : — J'ai souhaité deux cent mille livres de
rente, n'est-il pas vrai ? Eh bien quand je les aurai, tu verras
la diminution de tout mon chagrin.

— Oui, maintenant dors. Veux-tu que je t'arrange sur ce
5940 canapé ? Allons, es-tu bien ?

— Oui, mon nourrisson de la Presse. Tu m'amuseras, tu
chasseras mes mouches. L'ami du malheur a droit d'être
l'ami du pouvoir. Aussi, te donnerai-je des ci… ga… res…
de La Hav…

5945 — Allons, cuve ton or, millionnaire.

— Toi, cuve tes articles. Bonsoir. Dis donc bonsoir à
Nabuchodonosor ! Amour ! À boire ! France… gloire et
riche… Riche…

Bientôt les deux amis unirent leurs ronflements à la
5950 musique qui retentissait dans les salons. Concert inutile !
Les bougies s'éteignirent une à une en faisant éclater leurs
bobèches[1] de cristal. La nuit enveloppa d'un crêpe[2] cette
longue orgie dans laquelle le récit de Raphaël avait été

---

1 *bobèches* : disques légèrement concaves des chandeliers servant à recevoir la cire
   coulant des bougies.
2 *crêpe* : tissu apprêté de soie ou de laine fine. Il était de tradition de porter un
   morceau de crêpe noir en signe de deuil.

comme une orgie de paroles, de mots sans idées, et d'idées
5955 auxquelles les expressions avaient souvent manqué.

Le lendemain, vers midi, la belle Aquilina se leva, bâillant,
fatiguée, et les joues marbrées par les empreintes du
tabouret en velours peint sur lequel sa tête avait reposé.
Euphrasie, réveillée par le mouvement de sa compagne, se
5960 dressa tout à coup en jetant un cri rauque ; sa jolie figure, si
blanche, si fraîche la veille, était jaune et pâle comme celle
d'une fille allant à l'hôpital. Insensiblement les convives se
remuèrent en poussant des gémissements sinistres, ils se
sentirent les bras et les jambes raidis, mille fatigues diverses
5965 les accablèrent à leur réveil. Un valet vint ouvrir les persiennes et les fenêtres des salons. L'assemblée se trouva sur
pied, rappelée à la vie par les chauds rayons du soleil qui
pétilla sur les têtes des dormeurs. Les mouvements du sommeil ayant brisé l'élégant édifice de leurs coiffures et fané
5970 leurs toilettes, les femmes frappées par l'éclat du jour
présentèrent un hideux spectacle : leurs cheveux pendaient
sans grâce, leurs physionomies avaient changé d'expression,
leurs yeux si brillants étaient ternis par la lassitude. Les
teints bilieux qui jettent tant d'éclat aux lumières faisaient
5975 horreur, les figures lymphatiques, si blanches, si molles
quand elles sont reposées, étaient devenues vertes ; les
bouches naguère délicieuses et rouges, maintenant sèches et
blanches, portaient les honteux stigmates de l'ivresse. Les
hommes reniaient leurs maîtresses nocturnes à les voir ainsi
5980 décolorées, cadavéreuses comme des fleurs écrasées dans
une rue après le passage des processions. Ces hommes
dédaigneux étaient plus horribles encore. Vous eussiez frémi
de voir ces faces humaines, aux yeux caves[1] et cernés qui
semblaient ne rien voir, engourdies par le vin, hébétées par
5985 un sommeil gêné, plus fatigant que réparateur. Ces visages
hâves[§] où paraissaient à nu les appétits physiques sans la

---

1   *caves* : creux.

poésie dont les décore notre âme, avaient je ne sais quoi de féroce et de froidement bestial. Ce réveil du vice sans vêtement, ni fard, ce squelette du mal déguenillé, froid, vide et
5990 privé des sophismes de l'esprit ou des enchantements du luxe, épouvanta ces intrépides athlètes, quelque habitués qu'ils fussent à lutter avec la débauche. Artistes et courtisanes gardèrent le silence en examinant d'un œil hagard le désordre de l'appartement où tout avait été dévasté, ravagé
5995 par le feu des passions. Un rire satanique s'éleva tout à coup lorsque Taillefer, entendant le râle sourd de ses hôtes, essaya de les saluer par une grimace; son visage en sueur et sanguinolent[§] fit planer sur cette scène infernale l'image du crime sans remords. (Voir *L'Auberge rouge*[1].) Le tableau fut
6000 complet. C'était la vie fangeuse[§] au sein du luxe, un horrible mélange des pompes et des misères humaines, le réveil de la débauche, quand de ses mains fortes, elle a pressé tous les fruits de la vie, pour ne laisser autour d'elle que d'ignobles débris ou des mensonges auxquels elle ne croit plus. Vous
6005 eussiez dit la Mort souriant au milieu d'une famille pestiférée : plus de parfums ni de lumières étourdissantes, plus de gaieté ni de désirs; mais le dégoût avec ses odeurs nauséabondes et sa poignante philosophie, mais le soleil éclatant comme la vérité, mais un air pur comme la vertu,
6010 qui contrastaient avec une atmosphère chaude, chargée de miasmes, les miasmes d'une orgie ! Malgré leur habitude du vice, plusieurs de ces jeunes filles pensèrent à leur réveil d'autrefois, quand, innocentes et pures, elles entrevoyaient par leurs croisées[§] champêtres ornées de chèvrefeuilles et de
6015 roses un frais paysage enchanté par les joyeuses roulades[§] de l'alouette, vaporeusement illuminé par les lueurs de l'aurore et paré des fantaisies de la rosée. D'autres se peignirent le déjeuner de la famille, la table autour de laquelle riaient innocemment les enfants et le père, où tout respirait un charme

---

1 *L'Auberge rouge* : récit qu'écrivait Balzac en même temps que *La Peau de chagrin*.

6020 indéfinissable, où les mets étaient simples comme les cœurs.
Un artiste songeait à la paix de son atelier, à sa chaste statue,
au gracieux modèle qui l'attendait. Un jeune homme, se souvenant du procès d'où dépendait le sort d'une famille, pensait
à la transaction importante qui réclamait sa présence. Le
6025 savant regrettait son cabinet où l'appelait un noble ouvrage.
Presque tous se plaignaient d'eux-mêmes. En ce moment,
Émile, frais et rose comme le plus joli des commis-marchands
d'une boutique en vogue, apparut en riant.

    — Vous êtes plus laids que des recors[§], s'écria-t-il. Vous ne
6030 pourrez rien faire aujourd'hui ; la journée est perdue, m'est
avis de déjeuner.

    À ces mots, Taillefer sortit pour donner des ordres. Les
femmes allèrent languissamment rétablir le désordre de
leurs toilettes devant les glaces. Chacun se secoua. Les plus
6035 vicieux prêchèrent les plus sages. Les courtisanes se
moquèrent de ceux qui paraissaient ne pas se trouver de
force à continuer ce rude festin. En un moment, ces spectres
s'animèrent, formèrent des groupes, s'interrogèrent et sourirent. Quelques valets habiles et lestes remirent prompte-
6040 ment les meubles et chaque chose à sa place. Un déjeuner
splendide fut servi. Les convives se ruèrent alors dans la salle
à manger. Là, si tout porta l'empreinte ineffaçable des excès
de la veille, au moins y eut-il trace d'existence et de pensée
comme dans les dernières convulsions d'un mourant. Sem-
6045 blable au convoi[§] du mardi gras, la saturnale[§] était enterrée
par des masques fatigués de leurs danses, ivres de l'ivresse,
et voulant convaincre le plaisir d'impuissance pour ne pas
s'avouer la leur. Au moment où cette intrépide assemblée
borda la table du capitaliste, Cardot, qui, la veille, avait dis-
6050 paru prudemment après le dîner, pour finir son orgie dans
le lit conjugal, montra sa figure officieuse sur laquelle errait
un doux sourire. Il semblait avoir deviné quelque succession, à déguster, à partager, à inventorier, à grossoyer[1], une

---

1 *grossoyer* : en faire une copie légale.

succession pleine d'actes à faire, grosse d'honoraires, aussi
6055 juteuse que le filet tremblant dans lequel l'amphitryon§
plongeait alors son couteau.

— Oh ! oh ! nous allons déjeuner par-devant notaire,
s'écria de Cursy.

— Vous arrivez à propos pour coter et parapher[1] toutes
6060 ces pièces, lui dit le banquier en lui montrant le festin.

— Il n'y a pas de testament à faire, mais pour des contrats
de mariage, peut-être ! dit le savant qui pour la première
fois depuis un an s'était supérieurement marié.

— Oh ! oh !
6065 — Ah ! ah !

— Un instant, répliqua Cardot assourdi par un chœur de
mauvaises plaisanteries, je viens ici pour affaire sérieuse.
J'apporte six millions à l'un de vous. (Silence profond.)
Monsieur, dit-il en s'adressant à Raphaël qui, dans ce
6070 moment, s'occupait sans cérémonie à s'essuyer les yeux avec
un coin de sa serviette, madame votre mère n'était-elle pas
une demoiselle O'Flaharty ?

— Oui, répondit Raphaël assez machinalement, *Barbe-
Marie*.

6075 — Avez-vous ici, reprit Cardot, votre acte de naissance et
celui de madame de Valentin ?

— Je le crois.

— Eh bien, monsieur, vous êtes seul et unique héritier du
major O'Flaharty, décédé en août 1828, à Calcutta.

6080 — C'est une fortune *incalcuttable* ! s'écria le jugeur§.

— Le major ayant disposé par son testament de plusieurs
sommes en faveur de quelques établissements publics, sa
succession a été réclamée à la Compagnie des Indes par le
gouvernement français, reprit le notaire. Elle est en ce
6085 moment liquide et palpable. Depuis quinze jours je cherchais infructueusement les ayants cause de la demoiselle
Barbe-Marie O'Flaharty, lorsque hier à table…

---

1 *coter et parapher* : marquer pour le classement et y apposer ses initiales.

En ce moment, Raphaël se leva soudain en laissant échapper le mouvement brusque d'un homme qui reçoit une blessure. Il se fit comme une acclamation silencieuse, le premier sentiment des convives fut dicté par une sourde envie, tous les yeux se tournèrent vers lui comme autant de flammes. Puis un murmure, semblable à celui d'un parterre qui se courrouce, une rumeur d'émeute commença, grossit, et chacun dit un mot pour saluer cette fortune immense apportée par le notaire. Rendu à toute sa raison par la brusque obéissance du sort, Raphaël étendit promptement sur la table la serviette avec laquelle il avait mesuré naguère la Peau de chagrin. Sans rien écouter, il y superposa le talisman, et frissonna violemment en voyant une petite distance entre le contour tracé sur le linge et celui de la Peau.

— Hé bien ! qu'a-t-il donc ? s'écria Taillefer, il a sa fortune à bon compte.

— *Soutiens-le, Châtillon*[1], dit Bixiou à Émile, la joie va le tuer.

Une horrible pâleur dessina tous les muscles de la figure flétrie de cet héritier, ses traits se contractèrent, les saillies de son visage blanchirent, les creux devinrent sombres, le masque fut livide, et les yeux se fixèrent. Il voyait la MORT. Ce banquier splendide entouré de courtisanes fanées, de visages rassasiés, cette agonie de la joie, était une vivante image de sa vie. Raphaël regarda trois fois le talisman qui jouait à l'aise dans les impitoyables lignes imprimées sur la serviette, il essayait de douter ; mais un clair pressentiment anéantissait son incrédulité. Le monde lui appartenait, il pouvait tout et ne voulait plus rien. Comme un voyageur au milieu du désert, il avait un peu d'eau pour la soif et devait mesurer sa vie au nombre des gorgées. Il voyait ce que chaque désir devait lui coûter de jours. Puis il croyait à la

---

1 *Soutiens-le, Châtillon* : parodie d'un vers célèbre de *Zaïre* (1732), tragédie de Voltaire. Dans cette pièce, Lusignan, s'apercevant avec horreur que son fils s'apprête à épouser sa fille, dit à son confident : «Soutiens-moi, Châtillon.»

6120 Peau de chagrin, il s'écoutait respirer, il se sentait déjà malade, il se demandait : Ne suis-je pas pulmonique§ ? Ma mère n'est-elle pas morte de la poitrine ?

— Ah ! ah ! Raphaël, vous allez bien vous amuser ! Que me donnerez-vous ? disait Aquilina.

6125 — Buvons à la mort de son oncle, le major Martin O'Flaharty ! Voilà un homme.

— Il sera pair§ de France.

— Bah ! qu'est-ce qu'un pair§ de France après Juillet[1] ? dit le jugeur§.

6130 — Auras-tu loge aux Bouffons§ ?

— J'espère que vous nous régalerez tous, dit Bixiou.

— Un homme comme lui sait faire grandement les choses, dit Émile.

Le hourra de cette assemblée rieuse résonnait aux oreilles
6135 de Valentin sans qu'il pût saisir le sens d'un seul mot ; il pensait vaguement à l'existence mécanique et sans désirs d'un paysan de Bretagne, chargé d'enfants, labourant son champ, mangeant du sarrazin, buvant du cidre à même son *piché*[2], croyant à la Vierge et au roi, communiant à Pâques,
6140 dansant le dimanche sur une pelouse verte et ne comprenant pas le sermon de son *recteur*[3]. Le spectacle offert en ce moment à ses regards, ces lambris[4] dorés, ces courtisanes, ce repas, ce luxe, le prenaient à la gorge et le faisaient tousser.

— Désirez-vous des asperges ? lui cria le banquier.

6145 — *Je ne désire rien*, lui répondit Raphaël d'une voix tonnante.

— Bravo ! répliqua Taillefer. Vous comprenez la fortune, elle est un brevet d'impertinence. Vous êtes des nôtres ! Messieurs, buvons à la puissance de l'or. Monsieur de
6150 Valentin devenu six fois millionnaire arrive au pouvoir. Il

---

1 Allusion à l'abolition de l'hérédité de la pairie sous Louis-Philippe.
2 *piché* : pichet.
3 *recteur* : en Bretagne, curé.
4 *lambris* : revêtements travaillés sur les murs et les plafonds.

est roi, il peut tout, il est au-dessus de tout, comme sont tous les riches. Pour lui désormais, les Français sont égaux devant la loi est un mensonge inscrit en tête de la Charte. Il n'obéira pas aux lois, les lois lui obéiront. Il n'y a pas

6155 d'échafaud, pas de bourreaux pour les millionnaires !

— Oui, répliqua Raphaël, ils sont eux-mêmes leurs bourreaux !

— Encore un préjugé ! cria le banquier.

— Buvons, dit Raphaël en mettant le talisman dans sa

6160 poche.

— Que fais-tu là ? dit Émile en lui arrêtant la main. Messieurs, ajouta-t-il en s'adressant à l'assemblée assez surprise des manières de Raphaël, apprenez que notre ami de Valentin, que dis-je ? Monsieur le marquis de Valentin, possède

6165 un secret pour faire fortune. Ses souhaits sont accomplis au moment même où il les forme. À moins de passer pour un laquais, pour un homme sans cœur, il va nous enrichir tous.

— Ah ! mon petit Raphaël, je veux une parure de perles, s'écria Euphrasie.

6170 — S'il est reconnaissant, il me donnera deux voitures attelées de beaux chevaux et qui aillent vite ! dit Aquilina.

— Souhaitez cent mille livres de rente pour moi.

— Des cachemires !

— Payez mes dettes !

6175 — Envoie une apoplexie§ à mon oncle, le grand sec !

— Raphaël, je te tiens quitte à dix mille livres de rente.

— Voilà bien des donations ! s'écria le notaire.

— Il devrait bien me guérir de la goutte.

— Faites baisser les rentes, s'écria le banquier.

6180 Toutes ces phrases partirent comme les gerbes du bouquet qui termine un feu d'artifice. Ces furieux désirs étaient peut-être plus sérieux que plaisants.

— Mon cher ami, dit Émile d'un air grave, je me conten-
terai de deux cent mille livres de rente, exécute-toi de bonne
6185 grâce, allons !

— Émile, dit Raphaël, tu ne sais donc pas à quel prix ?

— Belle excuse ! s'écria le poète. Ne devons-nous pas
nous sacrifier pour nos amis ?

— J'ai presque envie de souhaiter votre mort à tous,
6190 répondit Valentin en jetant un regard sombre et profond sur
les convives.

— Les mourants sont furieusement cruels, dit Émile en
riant. Te voilà riche, ajouta-t-il sérieusement, eh bien, je ne
te donne pas deux mois pour devenir fangeusement[§] égoïste.
6195 Tu es déjà stupide, tu ne comprends pas une plaisanterie. Il
ne te manque plus que de croire à ta Peau de chagrin.

Raphaël, qui craignit les moqueries de cette assemblée,
garda le silence, but outre mesure et s'enivra pour oublier
un moment sa funeste puissance.

Après avoir vérifié le numéro qui lui avait été indiqué,
cette vivante palingénésie de Rollin frappa doucement
à la porte d'un magnifique hôtel.

Lignes 6212 à 6215.

ILLUSTRATION DE JANET LANGES POUR L'ÉDITION DE 1838.
Bibliothèque nationale, Paris.

L'Agonie

6200 Dans les premiers jours du mois de décembre, un vieillard septuagénaire allait, malgré la pluie, par la rue de Varenne en levant le nez à la porte de chaque hôtel, et cherchant l'adresse de monsieur le marquis Raphaël de Valentin, avec la naïveté d'un enfant et l'air absorbé des 6205 philosophes. L'empreinte d'un violent chagrin aux prises avec un caractère despotique éclatait sur cette figure accompagnée de longs cheveux gris en désordre, desséchés comme un vieux parchemin qui se tord dans le feu. Si quelque peintre eût rencontré ce singulier personnage, vêtu 6210 de noir, maigre et ossu[1], sans doute il l'aurait, de retour à l'atelier, transfiguré sur son album, en inscrivant au-dessous du portrait : *Poète classique en quête d'une rime*. Après avoir vérifié le numéro qui lui avait été indiqué, cette vivante palingénésie[2] de Rollin frappa doucement à la porte d'un 6215 magnifique hôtel.

— Monsieur Raphaël y est-il ? demanda le bonhomme à un suisse[3] en livrée[§].

— Monsieur le marquis ne reçoit personne, répondit le valet en avalant une énorme mouillette[4] qu'il retirait d'un 6220 large bol de café.

— Sa voiture est là, répondit le vieil inconnu en montrant un brillant équipage[§] arrêté sous le dais[§] de bois qui représentait une tente de coutil[5] et par lequel les marches du perron étaient abritées. Il va sortir, je l'attendrai.

---

1 *ossu* : qui a de gros os.
2 *palingénésie* : chez les stoïciens, retour périodique éternel des mêmes événements. Ici, Balzac veut dire «la forme ressuscitée» de Rollin.
3 *suisse* : portier.
4 *mouillette* : morceau de pain long et mince que l'on trempe dans un autre liquide.
5 *coutil* : toile croisée ou serrée, en fil ou en coton.

6225   — Ah ! mon ancien[1], vous pourriez bien rester ici jusqu'à demain matin, reprit le suisse[§]. Il y a toujours une voiture prête pour monsieur. Mais sortez, je vous prie, je perdrais six cents francs de rente viagère[§] si je laissais une seule fois entrer sans ordre une personne étrangère à l'hôtel.

6230   En ce moment, un grand vieillard dont le costume ressemblait assez à celui d'un huissier ministériel sortit du vestibule et descendit précipitamment quelques marches en examinant le vieux solliciteur ébahi.

          — Au surplus, voici monsieur Jonathas, dit le suisse[§].
6235   Parlez-lui.

          Les deux vieillards, attirés l'un vers l'autre par une sympathie ou par une curiosité mutuelle, se rencontrèrent au milieu de la vaste cour d'honneur, à un rond-point où croissaient quelques touffes d'herbe entre les pavés. Un
6240   silence effrayant régnait dans cet hôtel. En voyant Jonathas, vous eussiez voulu pénétrer le mystère qui planait sur sa figure, et dont parlaient les moindres choses dans cette maison morne. Le premier soin de Raphaël, en recueillant l'immense succession de son oncle, avait été de découvrir
6245   où vivait le vieux serviteur dévoué sur l'affection duquel il pouvait compter. Jonathas pleura de joie en revoyant son jeune maître auquel il croyait avoir dit un éternel adieu ; mais rien n'égala son bonheur quand le marquis le promut aux éminentes fonctions d'intendant[2]. Le vieux Jonathas
6250   devint une puissance intermédiaire placée entre Raphaël et le monde entier. Ordonnateur[3] suprême de la fortune de son maître, exécuteur aveugle d'une pensée inconnue, il était comme un sixième sens à travers lequel les émotions de la vie arrivaient à Raphaël.

---

1   *Ah ! mon ancien* : formule utilisée d'un ancien soldat à un autre.
2   *intendant* : personne chargée d'administrer la maison, les affaires et les biens d'un particulier.
3   *Ordonnateur* : personne compétente pour gérer la fortune d'autrui.

6255   — Monsieur, je désirerais parler à monsieur Raphaël,
dit le vieillard à Jonathas en montant quelques marches du
perron pour se mettre à l'abri de la pluie.

— Parler à monsieur le marquis ! s'écria l'intendant. À
peine m'adresse-t-il la parole, à moi son père nourricier[1].

6260   — Mais je suis aussi son père nourricier, s'écria le vieil
homme. Si votre femme l'a jadis allaité, je lui ai fait sucer
moi-même le sein des muses. Il est mon nourrisson, mon
enfant, *carus alumnus*[2] ! J'ai façonné sa cervelle, cultivé son
entendement, développé son génie, et, j'ose le dire, à mon

6265   honneur et gloire. N'est-il pas un des hommes les plus
remarquables de notre époque ? Je l'ai eu, sous moi, en sixième, en troisième et en rhétorique. Je suis son professeur.

— Ah ! monsieur est monsieur Porriquet.

— Précisément. Mais monsieur…

6270   — Chut, chut ! fit Jonathas à deux marmitons[3] dont les
voix rompaient le silence claustral[§] dans lequel la maison
était ensevelie.

— Mais, monsieur, reprit le professeur, monsieur le
marquis serait-il malade ?

6275   — Mon cher monsieur, répondit Jonathas, Dieu seul sait
ce qui tient mon maître. Voyez-vous, il n'existe pas à Paris
deux maisons semblables à la nôtre. Entendez-vous ? deux
maisons. Ma foi, non. Monsieur le marquis a fait acheter cet
hôtel qui appartenait précédemment à un duc et pair[§]. Il a

6280   dépensé trois cent mille francs pour le meubler. Voyez-vous ?
c'est une somme, trois cent mille francs. Mais chaque pièce
de notre maison est un vrai miracle. Bon ! me suis-je dit en
voyant cette magnificence, c'est comme chez défunt monsieur son grand-père ! Le jeune marquis va recevoir la ville

6285   et la cour ! Point. Monsieur n'a voulu voir personne. Il mène
une drôle de vie, monsieur Porriquet, entendez-vous ? une

---

1   *père nourricier* : père adoptif.

2   *carus alumnus* : cher enfant, en latin.

3   *marmitons* : jeunes aides-cuisiniers.

vie inconciliable. Monsieur se lève tous les jours à la même heure. Il n'y a que moi, moi seul, voyez-vous ? qui puisse entrer dans sa chambre. J'ouvre à sept heures, été comme
6290 hiver. Cela est convenu singulièrement. Étant entré, je lui dis : Monsieur le marquis, il faut vous réveiller et vous habiller. Il se réveille et s'habille. Je dois lui donner sa robe de chambre, toujours faite de la même façon et de la même étoffe. Je suis obligé de la remplacer quand elle ne pourra plus servir, rien
6295 que pour lui éviter la peine d'en demander une neuve. C'te imagination ! Au fait, il a mille francs à manger par jour, il fait ce qu'il veut, ce cher enfant. D'ailleurs, je l'aime tant, qu'il me donnerait un soufflet[§] sur la joue droite, je lui tendrais la gauche ! Il me dirait de faire des choses plus
6300 difficiles, je les ferais encore, entendez-vous ? Au reste, il m'a chargé de tant de vétilles[1], que j'ai de quoi m'occuper. Il lit les journaux, pas vrai ? Ordre de les mettre au même endroit, sur la même table. Je viens aussi, à la même heure, lui faire moi-même la barbe et je ne tremble pas. Le
6305 cuisinier perdrait mille écus de rente viagère[§] qui l'attendent après la mort de monsieur, si le déjeuner ne se trouvait pas inconciliablement servi devant monsieur, à dix heures, tous les matins, et le dîner à cinq heures précises. Le menu est dressé pour l'année entière, jour par jour. Monsieur le mar-
6310 quis n'a rien à souhaiter. Il a des fraises quand il y a des fraises, et le premier maquereau qui arrive à Paris, il le mange. Le programme est imprimé, il sait le matin son dîner par cœur. Pour lors, il s'habille à la même heure avec les mêmes habits, le même linge, posés toujours par moi,
6315 entendez-vous ? sur le même fauteuil. Je dois encore veiller à ce qu'il ait toujours le même drap ; en cas de besoin, si sa redingote s'abîme, une supposition, la remplacer par une autre, sans lui en dire un mot. S'il fait beau, j'entre et je dis à mon maître : Vous devriez sortir, monsieur ! Il me répond

---

1 *vétilles* : détails.

6320 oui, ou non. S'il a idée de se promener, il n'attend pas ses
chevaux, ils sont toujours attelés ; le cocher reste inconciliablement, fouet en main, comme vous le voyez là. Le soir,
après le dîner, monsieur va un jour à l'Opéra et l'autre aux
Ital… mais non, il n'est pas encore allé aux Italiens, je n'ai
6325 pu me procurer une loge qu'hier. Puis, il rentre à onze
heures précises pour se coucher. Pendant les intervalles de la
journée où il ne fait rien, il lit, il lit toujours, voyez-vous ?
une idée qu'il a. J'ai ordre de lire avant lui le *Journal de la
librairie*[1], afin d'acheter des livres nouveaux, afin qu'il les
6330 trouve le jour même de leur vente sur sa cheminée. J'ai la
consigne d'entrer d'heure en heure chez lui, pour veiller au
feu, à tout, pour voir à ce que rien ne lui manque ; il m'a
donné, monsieur, un petit livre à apprendre par cœur, et où
sont écrits tous mes devoirs, un vrai catéchisme[§]. En été, je
6335 dois, avec des tas de glace, maintenir la température au
même degré de fraîcheur, et mettre en tout temps des fleurs
nouvelles partout. Il est riche ! Il a mille francs à manger par
jour, il peut faire ses fantaisies. Il a été privé assez longtemps
du nécessaire, le pauvre enfant ! Il ne tourmente personne,
6340 il est bon comme le pain, jamais il ne dit mot, mais, par
exemple, silence complet à l'hôtel et dans le jardin ! Enfin,
mon maître n'a pas un seul désir à former, tout marche au
doigt et à l'œil, et *recta*[2] ! Et il a raison, si l'on ne tient pas les
domestiques, tout va à la débandade. Je lui dis tout ce qu'il
6345 doit faire, et il m'écoute. Vous ne sauriez croire à quel point il
a poussé la chose. Ses appartements sont… en… en comment
donc ? ah ! en enfilade. Eh bien, il ouvre, une supposition, la
porte de sa chambre ou de son cabinet, crac ! toutes les
portes s'ouvrent d'elles-mêmes par un mécanisme. Pour lors,
6350 il peut aller d'un bout à l'autre de sa maison sans trouver
une seule porte fermée. C'est gentil et commode et agréable

---

1 *Journal général de l'imprimerie et de la librairie*, dont la rubrique «Bibliographie»
   répertorie toutes les nouvelles publications en France.
2 *recta* : ponctuellement.

pour nous autres ! Ça nous a coûté gros par exemple ! Enfin,
finalement, monsieur Porriquet, il m'a dit : «Jonathas, tu
auras soin de moi comme d'un enfant au maillot[1]. Au mail-
6355 lot, oui, monsieur, au maillot qu'il a dit. Tu penseras à mes
besoins, pour moi.» Je suis le maître, entendez-vous ? et il
est quasiment le domestique. Le pourquoi ? Ah ! par exemple,
voilà ce que personne au monde ne sait que lui et le bon
Dieu. C'est inconciliable !

6360 　　— Il fait un poème, s'écria le vieux professeur.

　　— Vous croyez, monsieur, qu'il fait un poème ? C'est donc
bien assujettissant, ça ! Mais, voyez-vous, je ne crois pas. Il
me répète souvent qu'il veut vivre comme une vergétation[2],
en vergétant. Et pas plus tard qu'hier, monsieur Porriquet, il
6365 regardait une tulipe, et il disait en s'habillant : «Voilà ma vie.
Je vergète, mon pauvre Jonathas.» À cette heure, d'autres
prétendent qu'il est *monomane*[3]. C'est inconciliable !

　　— Tout me prouve, Jonathas, reprit le professeur avec
une gravité magistrale qui imprima un profond respect au
6370 vieux valet de chambre, que votre maître s'occupe d'un
grand ouvrage. Il est plongé dans de vastes méditations, et
ne veut pas en être distrait par les préoccupations de la vie
vulgaire. Au milieu de ses travaux intellectuels, un homme
de génie oublie tout. Un jour le célèbre Newton…

6375 　　— Ah ! Newton, bien, dit Jonathas. Je ne le connais pas.

　　— Newton, un grand géomètre, reprit Porriquet, passa
vingt-quatre heures, le coude appuyé sur une table ; quand
il sortit de sa rêverie, il croyait le lendemain être encore à
la veille, comme s'il eût dormi. Je vais aller le voir, ce cher
6380 enfant, je peux lui être utile.

1　*maillot* : bandes d'étoffes qui servaient à envelopper le corps d'un jeune enfant.

2　*vergétation* : confusion amusante du domestique. Le terme qu'il souhaiterait
employer est *végétation*, au sens de «végéter». Les *vergettes* sont une sorte de
plumeau et *vergéter* signifie «épousseter».

3　*monomane* : qui est obsédé par une idée fixe ; maniaque.

— Minute, s'écria Jonathas. Vous seriez le roi de France, l'ancien, s'entend ! que vous n'entreriez pas à moins de forcer les portes et de me marcher sur le corps. Mais, monsieur Porriquet, je cours lui dire que vous êtes là, et je lui
6385 demanderai comme ça : Faut-il le faire monter ? Il répondra *oui* ou *non*. Jamais je ne lui dis : *Souhaitez-vous ? voulez-vous ? désirez-vous ?* Ces mots-là sont rayés de la conversation. Une fois il m'en est échappé un. — Veux-tu me faire mourir ? m'a-t-il dit, tout en colère.

6390   Jonathas laissa le vieux professeur dans le vestibule, en lui faisant signe de ne pas avancer ; mais il revint promptement avec une réponse favorable, et conduisit le vieil émérite[1] à travers de somptueux appartements dont toutes les portes étaient ouvertes. Porriquet aperçut de loin son élève au coin
6395 d'une cheminée. Enveloppé d'une robe de chambre à grands dessins, et plongé dans un fauteuil à ressorts, Raphaël lisait le journal. L'extrême mélancolie à laquelle il paraissait être en proie était exprimée par l'attitude maladive de son corps affaissé ; elle était peinte sur son front, sur son visage pâle
6400 comme une fleur étiolée. Une sorte de grâce efféminée et les bizarreries particulières aux malades riches distinguaient sa personne. Ses mains, semblables à celles d'une jolie femme, avaient une blancheur molle et délicate. Ses cheveux blonds, devenus rares, se bouclaient autour de ses tempes par une
6405 coquetterie recherchée. Une calotte grecque, entraînée par un gland trop lourd pour le léger cachemire dont elle était faite, pendait sur un côté de sa tête. Il avait laissé tomber à ses pieds le couteau de malachite[2] enrichi d'or dont il s'était servi pour couper les feuillets d'un livre. Sur ses genoux
6410 était le bec d'ambre d'un magnifique houka[3] de l'Inde dont les spirales émaillées gisaient comme un serpent dans sa chambre, et il oubliait d'en sucer les frais parfums.

---

1 *vieil émérite* : professeur à la retraite.
2 *malachite* : pierre précieuse.
3 *houka* : pipe à réservoir.

Cependant la faiblesse générale de son jeune corps était démentie par des yeux bleus où toute la vie semblait s'être retirée, où brillait un sentiment extraordinaire qui saisissait tout d'abord[§]. Ce regard faisait mal à voir. Les uns pouvaient lire du désespoir ; d'autres y deviner un combat intérieur, aussi terrible qu'un remords. C'était le coup d'œil profond de l'impuissant qui refoule ses désirs au fond de son cœur, ou celui de l'avare jouissant par la pensée de tous les plaisirs que son argent pourrait lui procurer, et s'y refusant pour ne pas amoindrir son trésor ; ou le regard du Prométhée enchaîné[1], de Napoléon déchu qui apprend à l'Élysée, en 1815, la faute stratégique commise par ses ennemis, qui demande le commandement pour vingt-quatre heures et ne l'obtient pas. Véritable regard de conquérant et de damné ! et, mieux encore, le regard que plusieurs mois auparavant Raphaël avait jeté sur la Seine ou sur sa dernière pièce d'or mise au jeu. Il soumettait sa volonté, son intelligence, au grossier bon sens d'un vieux paysan à peine civilisé par une domesticité de cinquante années. Presque joyeux de devenir une sorte d'automate, il abdiquait la vie pour vivre, et dépouillait son âme de toutes les poésies du désir. Pour mieux lutter avec la cruelle puissance dont il avait accepté le défi, il s'était fait chaste à la manière d'Origène[2], en châtrant[3] son imagination. Le lendemain du jour où, soudainement enrichi par un testament, il avait vu décroître la Peau de chagrin, il s'était trouvé chez son notaire. Là, un médecin assez en vogue avait raconté sérieusement, au dessert, la manière dont un Suisse attaqué de pulmonie[§] s'en était guéri. Cet homme n'avait pas dit un mot pendant dix ans, et s'était soumis à ne respirer que six fois par minute dans

---

1 *Prométhée enchaîné* : dans la mythologie grecque, Prométhée, pour avoir volé le feu divin et l'avoir donné aux hommes, est enchaîné par Zeus sur un rocher et condamné à avoir le foie dévoré par un aigle.

2 Origène (v. 184-v. 254). Homme religieux égyptien, il s'était volontairement fait émasculer pour éviter de céder à la tentation.

3 *châtrant* : castrant, émasculant.

l'air épais d'une vacherie[1], en suivant un régime alimentaire
extrêmement doux. Je serai cet homme ! se dit en lui-même
6445 Raphaël, qui voulait vivre à tout prix. Au sein du luxe,
il mena la vie d'une machine à vapeur. Quand le vieux
professeur envisagea ce jeune cadavre, il tressaillit ; tout lui
semblait artificiel dans ce corps fluet et débile[2]. En apercevant le marquis à l'œil dévorant, au front chargé de pensées,
6450 il ne put reconnaître l'élève au teint frais et rose, aux membres juvéniles, dont il avait gardé le souvenir. Si le classique
bonhomme, critique sagace[§] et conservateur du bon goût,
avait lu lord Byron[§], il aurait cru voir Manfred[3], là où il eût
voulu voir Childe Harold[3].

6455   — Bonjour, père Porriquet, dit Raphaël à son professeur
en pressant les doigts glacés du vieillard dans une main
brûlante et moite. Comment vous portez-vous ?

      — Mais moi je vais bien, répondit le vieillard effrayé par
le contact de cette main fiévreuse. Et vous ?

6460   — Oh ! j'espère me maintenir en bonne santé.

      — Vous travaillez sans doute à quelque bel ouvrage ?

      — Non, répondit Raphaël. *Exegi monumentum*[4], père
Porriquet, j'ai achevé une grande page, et j'ai dit adieu
pour toujours à la Science. À peine sais-je où se trouve mon
6465 manuscrit.

      — Le style en est pur, sans doute ? demanda le professeur.
Vous n'aurez pas, j'espère, adopté le langage barbare de cette
nouvelle école qui croit faire merveille en inventant
Ronsard[5].

6470   — Mon ouvrage est une œuvre purement physiologique.

---

1 *vacherie* : étable à vaches.

2 *débile* : malade.

3 *Manfred* et *Childe Harold* : personnages de lord Byron. Manfred est un personnage
   acculé au désespoir alors que Childe Harold est plein de vie et de révolte.

4 *Exegi monumentum aere perennius* : «J'ai achevé un monument plus durable que
   l'airain.»

5 *cette nouvelle école [...] Ronsard* : l'école romantique.

— Oh ! tout est dit, reprit le professeur. Dans les sciences, la grammaire doit se prêter aux exigences des découvertes. Néanmoins, mon enfant, un style clair, harmonieux, la langue de Massillon[1], de M. de Buffon[2], du grand Racine, un

6475 style classique, enfin, ne gâte jamais rien. Mais, mon ami, reprit le professeur en s'interrompant, j'oubliais l'objet de ma visite. C'est une visite intéressée.

Se rappelant trop tard la verbeuse élégance et les éloquentes périphrases auxquelles un long professorat avait

6480 habitué son maître, Raphaël se repentit presque de l'avoir reçu ; mais au moment où il allait souhaiter de le voir dehors, il comprima promptement son secret désir en jetant un furtif coup d'œil à la Peau de chagrin, suspendue devant lui et appliquée sur une étoffe blanche où ses contours

6485 fatidiques étaient soigneusement dessinés par une ligne rouge qui l'encadrait exactement. Depuis la fatale orgie, Raphaël étouffait le plus léger de ses caprices, et vivait de manière à ne pas causer le moindre tressaillement à ce terrible talisman. La Peau de chagrin était comme un tigre

6490 avec lequel il lui fallait vivre, sans en réveiller la férocité. Il écouta donc patiemment les amplifications du vieux professeur, le père Porriquet mit une heure à lui raconter les persécutions dont il était devenu l'objet depuis la révolution de Juillet[§]. Le bonhomme, voulant un gouvernement fort,

6495 avait émis le vœu patriotique de laisser les épiciers à leurs comptoirs, les hommes d'État au maniement des affaires publiques, les avocats au Palais, les pairs[§] de France au Luxembourg ; mais un des ministres populaires du roi-citoyen[§] l'avait banni de sa chaire en l'accusant de carlisme[3].

6500 Le vieillard se trouvait sans place, sans retraite et sans pain.

---

1 Jean-Baptiste Massillon (1663-1742). Orateur français qui prononça l'oraison funèbre de Louis XIV.

2 George Louis Leclerc, comte de Buffon (1707-1788). Écrivain et naturaliste français dont l'œuvre était particulièrement appréciée des littéraires pour sa perfection stylistique.

3 *carlisme* : mouvement revendiquant le retour de Charles X (1824-1830) sur le trône.

Étant la providence d'un pauvre neveu dont il payait la pension au séminaire de Saint-Sulpice, il venait, moins pour lui-même que pour son enfant adoptif, prier son ancien élève de réclamer auprès du nouveau ministre, non sa réin-
6505 tégration, mais l'emploi de proviseur dans quelque collège de province. Raphaël était en proie à une somnolence invincible, lorsque la voix monotone du bonhomme cessa de retentir à ses oreilles. Obligé par politesse de regarder les yeux blancs et presque immobiles de ce vieillard au
6510 débit lent et lourd, il avait été stupéfié, magnétisé par une inexplicable force d'inertie.

— Eh bien, mon bon père Porriquet, répliqua-t-il sans savoir précisément à quelle interrogation il répondait, je n'y puis rien du tout. *Je souhaite bien vivement* que vous
6515 réussissiez…

En ce moment, sans apercevoir l'effet que produisirent sur le front jaune et ridé du vieillard ces banales paroles, pleines d'égoïsme et d'insouciance, Raphaël se dressa comme un jeune chevreuil effrayé. Il vit une légère ligne
6520 blanche entre le bord de la peau noire et le dessin rouge; il poussa un cri si terrible que le pauvre professeur en fut épouvanté.

— Allez, vieille bête! s'écria-t-il, vous serez nommé proviseur! Ne pouviez-vous pas me demander une rente
6525 viagère[§] de mille écus plutôt qu'un souhait homicide? Votre visite ne m'aurait rien coûté. Il y a cent mille emplois en France, et je n'ai qu'une vie! Une vie d'homme vaut plus que tous les emplois du monde. Jonathas!

Jonathas parut.
6530 — Voilà de tes œuvres, triple sot, pourquoi m'as-tu proposé de recevoir monsieur? dit-il en lui montrant le vieillard pétrifié. T'ai-je remis mon âme entre les mains pour la déchirer? Tu m'arraches en ce moment dix années d'existence! Encore une faute comme celle-ci, et tu me
6535 conduiras à la demeure où j'ai conduit mon père. N'aurais-je

pas mieux aimé posséder la belle Fœdora que d'obliger cette vieille carcasse, espèce de haillon humain ? J'ai de l'or pour lui. D'ailleurs, quand tous les Porriquet du monde mourraient de faim, qu'est-ce que cela me ferait ?

6540   La colère avait blanchi le visage de Raphaël ; une légère écume sillonnait ses lèvres tremblantes, et l'expression de ses yeux était sanguinaire. À cet aspect, les deux vieillards furent saisis d'un tressaillement convulsif, comme deux enfants en présence d'un serpent. Le jeune homme tomba sur 6545 son fauteuil ; il se fit une sorte de réaction dans son âme, des larmes coulèrent abondamment de ses yeux flamboyants.

— Oh ! ma vie ! ma belle vie ! dit-il. Plus de bienfaisantes pensées ! plus d'amour ! plus rien ! Il se tourna vers le professeur. Le mal est fait, mon vieil ami, reprit-il d'une voix 6550 douce. Je vous aurai largement récompensé de vos soins. Et mon malheur aura, du moins, produit le bien d'un bon et digne homme.

Il y avait tant d'âme dans l'accent qui nuança ces paroles presque inintelligibles, que les deux vieillards pleurèrent 6555 comme on pleure en entendant un air attendrissant chanté dans une langue étrangère.

— Il est épileptique, dit Porriquet à voix basse.

— Je reconnais votre bonté, mon ami, reprit doucement Raphaël, vous voulez m'excuser. La maladie est un accident, 6560 l'inhumanité serait un vice. Laissez-moi maintenant, ajouta-t-il. Vous recevrez demain ou après-demain, peut-être même ce soir, votre nomination, car la *résistance* a triomphé du *mouvement*[1]. Adieu.

Le vieillard se retira, pénétré d'horreur et en proie à de 6565 vives inquiétudes sur la santé morale de Valentin. Cette scène avait eu pour lui quelque chose de surnaturel. Il doutait de lui-même et s'interrogeait comme s'il se fût réveillé, après un songe pénible.

---

1   Le parti du Mouvement et le parti de la Résistance étaient les deux grandes voix politiques lors de la révolution de 1830.

— Écoute, Jonathas, reprit le jeune homme en s'adressant
6570 à son vieux serviteur. Tâche de comprendre la mission que
je t'ai confiée !

— Oui, monsieur le marquis.

— Je suis comme un homme mis hors la loi commune.

— Oui, monsieur le marquis.

6575 — Toutes les jouissances de la vie se jouent autour de
mon lit de mort et dansent comme de belles femmes devant
moi ; si je les appelle, je meurs. Toujours la mort ! Tu dois
être une barrière entre le monde et moi.

— Oui, monsieur le marquis, dit le vieux valet en essuyant
6580 les gouttes de sueur qui chargeaient son front ridé. Mais, si
vous ne voulez pas voir de belles femmes, comment ferez-
vous ce soir aux Italiens ? Une famille anglaise qui repart
pour Londres m'a cédé le reste de son abonnement, et vous
avez une belle loge. Oh ! une loge superbe, aux premières.

6585 Tombé dans une profonde rêverie, Raphaël n'écoutait
plus.

Voyez-vous cette fastueuse voiture, ce coupé§ simple en dehors, de couleur brune, mais sur les panneaux duquel brille
l'écusson d'une antique et noble famille ? Quand ce coupé§
6590 passe rapidement, les grisettes[1] l'admirent, en convoitent le
satin jaune, le tapis de la Savonnerie[2], la passementerie[3]
fraîche comme une paille de riz, les moelleux coussins, et les
glaces muettes. Deux laquais en livrée§ se tiennent derrière
cette voiture aristocratique ; mais au fond, sur la soie, gît
6595 une tête brûlante aux yeux cernés, la tête de Raphaël, triste
et pensif. Fatale image de la richesse ! Il court à travers Paris
comme une fusée, arrive au péristyle§ du théâtre Favart[4],
le marchepied se déploie, ses deux valets le soutiennent, une

---

1 *grisettes* : filles du peuple, de mœurs faciles et hardies.

2 *Savonnerie* : manufacture royale de tapis, ainsi nommée parce qu'elle occupait les
bâtiments d'une ancienne savonnerie.

3 *passementerie* : ensemble des ouvrages de fils destinés à l'ornement de vêtements,
de meubles (dentelles, franges, cordons, etc.).

4 *théâtre Favart* : salle où se produisait le Théâtre-Italien.

foule envieuse le regarde. — Qu'a-t-il fait, celui-là, pour être
6600 si riche ? dit un pauvre étudiant en droit, qui, faute d'un
écu, ne pouvait entendre les magiques accords de Rossini[§].
Raphaël marchait lentement dans les corridors de la salle, il
ne se promettait aucune jouissance de ces plaisirs si fort
enviés jadis. En attendant le second acte de la *Semiramide*[1],
6605 il se promenait au foyer, errait à travers les galeries, insouciant de sa loge dans laquelle il n'était pas encore entré. Le
sentiment de la propriété n'existait déjà plus au fond de son
cœur. Semblable à tous les malades, il ne songeait qu'à son
mal. Appuyé sur le manteau de la cheminée, autour de
6610 laquelle abondaient, au milieu du foyer, les jeunes et vieux
élégants, d'anciens et de nouveaux ministres, des pairs[§] sans
pairie[§], et des pairies sans pair, telles que les a faites la révolution de Juillet[§], enfin tout un monde de spéculateurs et de
journalistes, Raphaël vit à quelques pas de lui, parmi toutes
6615 les têtes, une figure étrange et surnaturelle. Il s'avança en
clignant les yeux fort insolemment vers cet être bizarre, afin
de le contempler de plus près. Quelle admirable peinture !
se dit-il. Les sourcils, les cheveux, la virgule à la Mazarin[2]
que montrait vaniteusement l'inconnu, étaient teints en
6620 noir ; mais, appliqué sur une chevelure sans doute trop
blanche, le cosmétique avait produit une couleur violâtre et
fausse dont les teintes changeaient suivant les reflets plus ou
moins vifs des lumières. Son visage étroit et plat, dont les
rides étaient comblées par d'épaisses couches de rouge et de
6625 blanc, exprimait à la fois la ruse et l'inquiétude. Cette enlu-
minure manquait à quelques endroits de la face et faisait
singulièrement ressortir sa décrépitude et son teint plombé ;
aussi était-il impossible de ne pas rire en voyant cette tête au
menton pointu, au front proéminent, assez semblable à ces
6630 grotesques figures de bois sculptées en Allemagne par les

---

1 *Semiramide* : opéra en deux actes de Rossini, d'après une tragédie de Voltaire.

2 *virgule à la Mazarin* : Mazarin (1602-1661), cardinal et homme politique français
d'origine italienne, portait des moustaches dont la forme évoque celle d'une virgule.

bergers pendant leurs loisirs. En examinant tour à tour ce vieil Adonis[1] et Raphaël, un observateur aurait cru reconnaître dans le marquis les yeux d'un jeune homme sous le masque d'un vieillard, et dans l'inconnu les yeux ternes

6635 d'un vieillard sous le masque d'un jeune homme. Valentin cherchait à se rappeler en quelle circonstance il avait vu ce petit vieux sec, bien cravaté, botté en adulte[2], qui faisait sonner ses éperons et se croisait les bras comme s'il avait toutes les forces d'une pétulante jeunesse à dépenser. Sa

6640 démarche n'accusait rien de gêné, ni d'artificiel. Son élégant habit, soigneusement boutonné, déguisait une antique et forte charpente, en lui donnant la tournure d'un vieux fat[§] qui suit encore les modes. Cette espèce de poupée pleine de vie avait pour Raphaël tous les charmes d'une apparition, et

6645 il le contemplait comme un vieux Rembrand[§] enfumé, récemment restauré, verni, mis dans un cadre neuf. Cette comparaison lui fit retrouver la trace de la vérité dans ses confus souvenirs : il reconnut le marchand de curiosités, l'homme auquel il devait son malheur. En ce moment, un

6650 rire muet échappait à ce fantastique personnage, et se dessinait sur ses lèvres froides, tendues par un faux râtelier[3]. À ce rire, la vive imagination de Raphaël lui montra dans cet homme de frappantes ressemblances avec la tête idéale que les peintres ont donnée au Méphistophélès[§] de Goethe[4].

6655 Mille superstitions s'emparèrent de l'âme forte de Raphaël, il crut alors à la puissance du démon, à tous les sortilèges rapportés dans les légendes du Moyen Âge et mises en œuvre par les poètes. Se refusant avec horreur au sort de Faust[§], il

---

1 *Adonis* : divinité grecque d'une grande beauté, symbole de la vie et de la nature.

2 *botté en adulte* : botté non comme un vieillard mais comme un homme encore combatif, avec des éperons.

3 *faux râtelier* : fausses dents, dentier.

4 *Méphistophélès de Goethe* : le personnage diabolique de la légende de Faust (voir les notes 4 et 2, aux pages 37 et 40) est souvent représenté avec une barbichette pointue.

invoqua soudain le ciel, ayant, comme les mourants, une foi
6660 fervente en Dieu, en la Vierge Marie. Une radieuse et fraîche
lumière lui permit d'apercevoir le ciel de Michel-Ange et de
Sanzio d'Urbin[1] : des nuages, un vieillard à la barbe blanche,
des têtes ailées, une belle femme assise dans une auréole.
Maintenant il comprenait, il adoptait ces admirables créa-
6665 tions dont les fantaisies presque humaines lui expliquaient
son aventure et lui permettaient encore un espoir. Mais
quand ses yeux retombèrent sur le foyer des Italiens, au lieu
de la Vierge il vit une ravissante fille, la détestable Euphrasie,
cette danseuse au corps souple et léger, qui, vêtue d'une
6670 robe éclatante, couverte de perles orientales, arrivait impa-
tiente de son vieillard impatient, et venait se montrer,
insolente, le front hardi, les yeux pétillants, à ce monde
envieux et spéculateur pour témoigner de la richesse sans
bornes du marchand dont elle dissipait les trésors. Raphaël se
6675 souvint du souhait goguenard[§] par lequel il avait accueilli le
fatal présent du vieil homme, et savoura tous les plaisirs de
la vengeance en contemplant l'humiliation profonde de
cette sagesse sublime, dont naguère la chute semblait
impossible. Le funèbre sourire du centenaire s'adressait à
6680 Euphrasie qui répondit par un mot d'amour ; il lui offrit son
bras desséché, fit deux ou trois fois le tour du foyer, recueillit avec délices les regards de passion et les compliments jetés
par la foule à sa maîtresse, sans voir les rires dédaigneux,
sans entendre les railleries mordantes dont il était l'objet.

6685   — Dans quel cimetière cette jeune goule[2] a-t-elle déterré
ce cadavre ? s'écria le plus élégant de tous les romantiques.

Euphrasie se prit à sourire. Le railleur était un jeune
homme aux cheveux blonds, aux yeux bleus et brillants,
svelte, portant moustache, ayant un frac[§] écourté, le cha-
6690 peau sur l'oreille, la repartie vive, tout le langage du genre.

---

1   Allusion aux œuvres de Michel-Ange et de Raphaël (né Raffaele Sanzio, à Urbini).
2   *goule* : sorte de vampire.

— Combien de vieillards, se dit Raphaël en lui-même, couronnent une vie de probité[§], de travail, de vertu, par une folie. Celui-ci a les pieds froids et fait l'amour.

— Hé bien, monsieur, s'écria Valentin en arrêtant le mar-
6695 chand et lançant une œillade à Euphrasie, ne vous souvenez-vous plus des sévères maximes de votre philosophie ?

— Ah ! répondit le marchand d'une voix déjà cassée, je suis maintenant heureux comme un jeune homme. J'avais pris l'existence au rebours. Il y a toute une vie dans une
6700 heure d'amour.

En ce moment, les spectateurs entendirent la sonnette de rappel et quittèrent le foyer pour se rendre à leurs places. Le vieillard et Raphaël se séparèrent. En entrant dans sa loge, le marquis aperçut Fœdora, placée à l'autre côté de la salle
6705 précisément en face de lui. Sans doute arrivée depuis peu, la comtesse rejetait son écharpe en arrière, se découvrait le cou, faisait les petits mouvements indescriptibles d'une co-quette occupée à se poser : tous les regards étaient concentrés sur elle. Un jeune pair[§] de France l'accompagnait, elle lui
6710 demanda la lorgnette[§] qu'elle lui avait donnée à porter. À son geste, à la manière dont elle regarda ce nouveau parte-naire, Raphaël devina la tyrannie à laquelle son successeur était soumis. Fasciné sans doute comme il l'avait été jadis, dupé comme lui, comme lui luttant avec toute la puissance
6715 d'un amour vrai contre les froids calculs de cette femme, ce jeune homme devait souffrir les tourments auxquels Valentin avait heureusement renoncé. Une joie inexprimable anima la figure de Fœdora, quand, après avoir braqué sa lorgnette[§] sur toutes les loges, et rapidement examiné les toilettes, elle
6720 eut la conscience d'écraser par sa parure et par sa beauté les plus jolies, les plus élégantes femmes de Paris ; elle se mit à rire pour montrer ses dents blanches, agita sa tête ornée de fleurs pour se faire admirer, son regard alla de loge en loge, se moquant d'un béret gauchement posé sur le
6725 front d'une princesse russe ou d'un chapeau manqué qui

coiffait horriblement mal la fille d'un banquier. Tout à coup elle pâlit en rencontrant les yeux fixes de Raphaël, son amant dédaigné la foudroya par un intolérable coup d'œil de mépris. Quand aucun de ses amants bannis ne mécon-
6730 naissait sa puissance, Valentin, seul dans le monde, était à l'abri de ses séductions. Un pouvoir impunément bravé touche à sa ruine. Cette maxime est gravée plus profondé-ment au cœur d'une femme qu'à la tête des rois. Aussi Fœdora voyait-elle en Raphaël la mort de ses prestiges et
6735 de sa coquetterie. Un mot, dit par lui la veille à l'Opéra, était déjà devenu célèbre dans les salons de Paris. Le tran-chant de cette terrible épigramme[§] avait fait à la comtesse une blessure incurable. En France, nous savons cautériser[1] une plaie, mais nous n'y connaissons pas encore de remède
6740 au mal que produit une phrase. Au moment où toutes les femmes regardèrent alternativement le marquis et la comtesse, Fœdora aurait voulu l'abîmer[2] dans les oubliettes de quelque Bastille, car malgré son talent pour la dissimula-tion, ses rivales devinèrent sa souffrance. Enfin sa dernière
6745 consolation lui échappa. Ces mots délicieux : Je suis la plus belle ! cette phrase éternelle qui calmait tous les chagrins de sa vanité, devint un mensonge. À l'ouverture du second acte, une femme vint se placer près de Raphaël, dans une loge qui jusqu'alors était restée vide. Le parterre entier laissa
6750 échapper un murmure d'admiration. Cette mer de faces humaines agita ses lames[3] intelligentes et tous les yeux regardèrent l'inconnue. Jeunes et vieux firent un tumulte si prolongé que, pendant le lever du rideau, les musiciens de l'orchestre se tournèrent d'abord pour réclamer le silence ;
6755 mais ils s'unirent aux applaudissements et en accrurent les confuses rumeurs. Des conversations animées s'établirent

---

1 *cautériser* : brûler des tissus avec un cautère (instrument à pointe chauffée au rouge) afin de fermer une plaie.

2 *l'abîmer* : le précipiter dans un abîme ; l'engloutir.

3 *lames* : vagues.

dans chaque loge. Les femmes s'étaient toutes armées de
leurs jumelles, les vieillards rajeunis nettoyaient avec la peau
de leurs gants le verre de leurs lorgnettes§. L'enthousiasme se
6760 calma par degrés, les chants retentirent sur la scène, tout
rentra dans l'ordre. La bonne compagnie, honteuse d'avoir
cédé à un mouvement naturel, reprit la froideur aristocratique de ses manières polies. Les riches veulent ne s'étonner
de rien, ils doivent reconnaître au premier aspect d'une
6765 belle œuvre le défaut qui les dispensera de l'admiration,
sentiment vulgaire. Cependant quelques hommes restèrent
immobiles sans écouter la musique, perdus dans un ravisse-
ment naïf, occupés à contempler la voisine de Raphaël.
Valentin aperçut dans une baignoire[1], et près d'Aquilina,
6770 l'ignoble et sanglante figure de Taillefer, qui lui adressait une
grimace approbative. Puis il vit Émile, qui, debout à
l'orchestre, semblait lui dire : — Mais regarde donc la belle
créature qui est près de toi ! Enfin Rastignac, assis près de
madame de Nucingen et de sa fille, tortillait ses gants
6775 comme un homme au désespoir d'être enchaîné là, sans
pouvoir aller près de la divine inconnue. La vie de Raphaël
dépendait d'un pacte encore inviolé qu'il avait fait lui-
même, il s'était promis de ne jamais regarder attentivement
aucune femme et pour se mettre à l'abri d'une tentation, il
6780 portait un lorgnon dont le verre microscopique artistement
disposé, détruisait l'harmonie des plus beaux traits, en leur
donnant un hideux aspect. Encore en proie à la terreur qui
l'avait saisi le matin, quand pour un simple vœu de politesse
le talisman s'était si promptement resserré, Raphaël résolut
6785 fermement de ne pas se retourner vers sa voisine. Assis
comme une duchesse, il présentait le dos au coin de sa
loge, et dérobait avec impertinence la moitié de la scène à
l'inconnue, ayant l'air de la mépriser, d'ignorer même
qu'une jolie femme se trouvât derrière lui. La voisine copiait

---

1 *baignoire* : loge.

6790 avec exactitude la posture de Valentin. Elle avait appuyé son
coude sur le bord de la loge, et se mettait la tête de trois
quarts, en regardant les chanteurs, comme si elle se fût
posée devant un peintre. Ces deux personnes ressemblaient
à deux amants brouillés qui se boudent, se tournent le dos et
6795 vont s'embrasser au premier mot d'amour. Par moments, les
légers marabouts[1] ou les cheveux de l'inconnue effleuraient
la tête de Raphaël et lui causaient une sensation voluptueuse
contre laquelle il luttait courageusement ; bientôt il sentit le
doux contact des ruches de blonde[2] qui garnissaient le tour
6800 de la robe, la robe elle-même fit entendre le murmure efféminé de ses plis, frissonnement plein de molles sorcelleries ;
enfin le mouvement imperceptible imprimé par la respiration
à la poitrine, au dos, aux vêtements de cette jolie femme,
toute sa vie suave se communiqua soudain à Raphaël
6805 comme une étincelle électrique ; le tulle et la dentelle trans-
mirent fidèlement à son épaule chatouillée la délicieuse
chaleur de ce dos blanc et nu. Par un caprice de la nature,
ces deux êtres, désunis par le bon ton, séparés par les abîmes
de la mort, respirèrent ensemble et pensèrent peut-être l'un
6810 à l'autre. Les pénétrants parfums de l'aloès[3] achevèrent
d'enivrer Raphaël. Son imagination irritée par un obstacle,
et que les entraves rendaient encore plus fantasque[§], lui dessina rapidement une femme en traits de feu. Il se retourna
brusquement. Choquée sans doute de se trouver en contact
6815 avec un étranger, l'inconnue fit un mouvement semblable ;
leurs visages, animés par la même pensée, restèrent en
présence.

    — Pauline !

    — Monsieur Raphaël !

---

1 *marabouts* : plumes de marabout (grand oiseau échassier) utilisées comme ornement
   vestimentaire.

2 *ruches de blonde* : bandes de dentelle servant d'ornement.

3 *de l'aloès* : c'est-à-dire de bois odorants originaires de l'Asie centrale.

6820   Pétrifiés l'un et l'autre, ils se regardèrent un instant en silence. Raphaël voyait Pauline dans une toilette simple et de bon goût. À travers la gaze qui couvrait chastement son corsage, des yeux habiles pouvaient apercevoir une blancheur de lis et deviner des formes qu'une femme eût admirées.
6825 Puis c'était toujours sa modestie virginale, sa céleste candeur, sa gracieuse attitude. L'étoffe de sa manche accusait le tremblement qui faisait palpiter le corps comme palpitait le cœur.

   — Oh ! venez demain, dit-elle, venez à l'hôtel Saint-Quentin, y reprendre vos papiers. J'y serai à midi. Soyez exact.

6830   Elle se leva précipitamment et disparut. Raphaël voulut suivre Pauline, il craignit de la compromettre, resta, regarda Fœdora, la trouva laide ; mais ne pouvant comprendre une seule phrase de musique, étouffant dans cette salle, le cœur plein, il sortit et revint chez lui.

6835   — Jonathas, dit-il à son vieux domestique au moment où il fut dans son lit, donne-moi une demi-goutte de laudanum[1] sur un morceau de sucre, et demain ne me réveille qu'à midi moins vingt minutes.

   — Je veux être aimé de Pauline, s'écria-t-il le lendemain
6840 en regardant le talisman avec une indéfinissable angoisse.

   La Peau ne fit aucun mouvement, elle semblait avoir perdu sa force contractile, elle ne pouvait sans doute pas réaliser un désir accompli déjà.

   — Ah ! s'écria Raphaël en se sentant délivré comme d'un
6845 manteau de plomb qu'il aurait porté depuis le jour où le talisman lui avait été donné, tu mens, tu ne m'obéis donc pas, le pacte est rompu ! Je suis libre, je vivrai. C'était donc une mauvaise plaisanterie.

   En disant ces paroles, il n'osait pas croire à sa propre
6850 pensée. Il se mit aussi simplement qu'il l'était jadis, et voulut aller à pied à son ancienne demeure, en essayant de se reporter en idée à ces jours heureux où il se livrait sans danger à

---

1 *laudanum* : teinture alcoolique d'opium, soporifique et calmante.

la furie de ses désirs, où il n'avait point encore jugé toutes les jouissances humaines. Il marchait, voyant, non plus la Pauline de l'hôtel Saint-Quentin, mais la Pauline de la veille, cette maîtresse accomplie, si souvent rêvée, jeune fille spirituelle, aimante, artiste, comprenant les poètes, comprenant la poésie et vivant au sein du luxe; en un mot Fœdora douée d'une belle âme, ou Pauline comtesse et deux fois millionnaire comme l'était Fœdora. Quand il se trouva sur le seuil usé, sur la dalle cassée de cette porte, où tant de fois il avait eu des pensées de désespoir, une vieille femme sortit de la salle et lui dit :

— N'êtes-vous pas monsieur Raphaël de Valentin ?

— Oui, ma bonne mère, répondit-il.

— Vous connaissez votre ancien logement, reprit-elle, vous y êtes attendu.

— Cet hôtel est-il toujours tenu par madame Gaudin ? demanda-t-il.

— Oh ! non, monsieur. Maintenant madame Gaudin est baronne. Elle est dans une belle maison à elle, de l'autre côté de l'eau. Son mari est revenu. Dame ! Il a rapporté des mille et des cents. L'on dit qu'elle pourrait acheter tout le quartier Saint-Jacques, si elle le voulait. Elle m'a donné *gratis* son fonds et son restant de bail. Ah ! c'est une bonne femme tout de même ! Elle n'est pas plus fière aujourd'hui qu'elle ne l'était hier.

Raphaël monta lestement à sa mansarde, et quand il atteignit les dernières marches de l'escalier, il entendit les sons du piano. Pauline était là, modestement vêtue d'une robe de percaline[1] ; mais la façon de la robe, les gants, le chapeau, le châle, négligemment jetés sur le lit, révélaient toute une fortune.

— Ah ! vous voilà donc ! s'écria Pauline en tournant la tête et se levant par un naïf mouvement de joie.

---

1 *percaline* : toile de coton lustrée, souvent utilisée en doublures.

Raphaël vint s'asseoir près d'elle, rougissant, honteux, heureux ; il la regarda sans rien dire.

— Pourquoi nous avez-vous quittées ? reprit-elle en baissant les yeux au moment où son visage s'empourpra. Qu'êtes-vous devenu ?

— Ah ! Pauline, j'ai été, je suis bien malheureux encore !

— Là ! s'écria-t-elle tout attendrie. J'ai deviné votre sort hier en vous voyant bien mis, riche en apparence, mais en réalité, hein ! monsieur Raphaël, est-ce toujours comme autrefois ?

Valentin ne put retenir quelques larmes, elles roulèrent dans ses yeux, il s'écria : — Pauline !... Je... Il n'acheva pas, ses yeux étincelèrent d'amour, et son cœur déborda dans son regard.

— Oh ! il m'aime, il m'aime, s'écria Pauline.

Raphaël fit un signe de tête, car il se sentit hors d'état de prononcer une seule parole. À ce geste, la jeune fille lui prit la main, la serra, et lui dit tantôt riant, tantôt sanglotant : — Riches, riches, heureux, riches, ta Pauline est riche. Mais moi, je devrais être bien pauvre aujourd'hui. J'ai mille fois dit que je paierais ce mot : *Il m'aime*, de tous les trésors de la terre. Ô mon Raphaël ! J'ai des millions. Tu aimes le luxe, tu seras content ; mais tu dois aimer mon cœur aussi, il y a tant d'amour pour toi dans ce cœur ! Tu ne sais pas ? Mon père est revenu. Je suis une riche héritière. Ma mère et lui me laissent entièrement maîtresse de mon sort ; je suis libre, comprends-tu ?

En proie à une sorte de délire, Raphaël tenait les mains de Pauline, et les baisait si ardemment, si avidement, que son baiser semblait être une sorte de convulsion. Pauline se dégagea les mains, les jeta sur les épaules de Raphaël et le saisit ; ils se comprirent, se serrèrent et s'embrassèrent avec cette sainte et délicieuse ferveur, dégagée de toute arrière-pensée, dont se trouve empreint un seul baiser, le premier baiser par lequel deux âmes prennent possession d'elles-mêmes.

— Ah ! s'écria Pauline en retombant sur la chaise, je ne veux plus te quitter. Je ne sais d'où me vient tant de hardiesse ! reprit-elle en rougissant.

— De la hardiesse, ma Pauline ? Oh ! ne crains rien, c'est
6925 de l'amour, de l'amour vrai, profond, éternel comme le mien, n'est-ce pas ?

— Oh ! parle, parle, dit-elle. Ta bouche a été si longtemps muette pour moi !

— Tu m'aimais donc ?

6930 — Oh ! Dieu, si je t'aimais ! Combien de fois j'ai pleuré, là, tiens, en faisant ta chambre, déplorant ta misère et la mienne. Je me serais vendue au démon pour t'éviter un chagrin ! Aujourd'hui, *mon* Raphaël, car tu es bien à moi : à moi cette belle tête, à moi ton cœur ! Oh ! oui, ton cœur, surtout,
6935 éternelle richesse ! Eh bien, où en suis-je ? reprit-elle après une pause. Ah ! m'y voici : nous avons trois, quatre, cinq millions, je crois. Si j'étais pauvre, je tiendrais peut-être à porter ton nom, à être nommée ta femme ; mais, en ce moment, je voudrais te sacrifier le monde entier, je voudrais
6940 être encore et toujours ta servante. Va, Raphaël, en t'offrant mon cœur, ma personne, ma fortune, je ne te donnerais rien de plus aujourd'hui que le jour où j'ai mis là, dit-elle en montrant le tiroir de la table, certaine pièce de cent sous. Oh ! comme alors ta joie m'a fait mal.

6945 — Pourquoi es-tu riche, s'écria Raphaël, pourquoi n'as-tu pas de vanité ? Je ne puis rien pour toi.

Il se tordit les mains de bonheur, de désespoir, d'amour.

— Quand tu seras madame la marquise de Valentin, je te connais, âme céleste, ce titre et ma fortune ne vaudront
6950 pas...

— Un seul de tes cheveux, s'écria-t-elle.

— Moi aussi, j'ai des millions ; mais que sont maintenant les richesses pour nous ? Ah ! j'ai ma vie, je puis te l'offrir, prends-la.

6955 — Oh ! ton amour, Raphaël, ton amour vaut le monde. Comment, ta pensée est à moi ? mais je suis la plus heureuse des heureuses.

— L'on va nous entendre, dit Raphaël.

— Hé ! il n'y a personne, répondit-elle en laissant échap-
6960 per un geste mutin[1].

— Hé bien, viens, s'écria Valentin en lui tendant les bras.

Elle sauta sur ses genoux et joignit ses mains autour du cou de Raphaël : — Embrassez-moi, dit-elle, pour tous les chagrins que vous m'avez donnés, pour effacer la peine que
6965 vos joies m'ont faite, pour toutes les nuits que j'ai passées à peindre mes écrans[§].

— Tes écrans !

— Puisque nous sommes riches, mon trésor, je puis te dire tout. Pauvre enfant ! Combien il est facile de tromper
6970 les hommes d'esprit ! Est-ce que tu pouvais avoir des gilets blancs et des chemises propres deux fois par semaine, pour trois francs de blanchissage par mois ? Mais tu buvais deux fois plus de lait qu'il ne t'en revenait pour ton argent. Je t'attrapais sur tout : le feu, l'huile, et l'argent donc ! Oh !
6975 mon Raphaël, ne me prends pas pour femme, dit-elle en riant, je suis une personne trop astucieuse.

— Mais comment faisais-tu donc ?

— Je travaillais jusqu'à deux heures du matin, répondit-elle, et je donnais à ma mère une moitié du prix de mes
6980 écrans[§], à toi l'autre.

Ils se regardèrent pendant un moment, tous deux hébétés de joie et d'amour.

— Oh ! s'écria Raphaël, nous paierons sans doute, un jour, ce bonheur par quelque effroyable chagrin.

6985 — Serais-tu marié ? cria Pauline. Ah ! je ne veux te céder à aucune femme.

— Je suis libre, ma chérie.

---

1 *mutin* : exprimant la rébellion.

— Libre, répéta-t-elle. Libre, et à moi !

Elle se laissa glisser sur ses genoux, joignit les mains, et regarda Raphaël avec une dévotieuse ardeur.

— J'ai peur de devenir folle. Combien tu es gentil ! reprit-elle en passant une main dans la blonde chevelure de son amant. Est-elle bête, ta comtesse Fœdora ! Quel plaisir j'ai ressenti hier en me voyant saluée par tous ces hommes. Elle n'a jamais été applaudie, elle ! Dis, cher, quand mon dos a touché ton bras, j'ai entendu en moi je ne sais quelle voix qui m'a crié : Il est là. Je me suis retournée, et je t'ai vu. Oh ! je me suis sauvée, je me sentais l'envie de te sauter au cou devant tout le monde.

— Tu es bien heureuse de pouvoir parler, s'écria Raphaël. Moi, j'ai le cœur serré. Je voudrais pleurer, je ne puis. Ne me retire pas ta main. Il me semble que je resterais, pendant toute ma vie, à te regarder ainsi, heureux, content.

— Oh ! répète-moi cela, mon amour !

— Et que sont les paroles, reprit Valentin en laissant tomber une larme chaude sur les mains de Pauline. Plus tard, j'essaierai de te dire mon amour, en ce moment je ne puis que le sentir…

— Oh ! s'écria-t-elle, cette belle âme, ce beau génie, ce cœur que je connais si bien, tout est à moi, comme je suis à toi.

— Pour toujours, ma douce créature, dit Raphaël d'une voix émue. Tu seras ma femme, mon bon génie. Ta présence a toujours dissipé mes chagrins et rafraîchi mon âme ; en ce moment, ton sourire angélique m'a pour ainsi dire purifié. Je crois commencer une nouvelle vie. Le passé cruel et mes tristes folies me semblent n'être plus que de mauvais songes. Je suis pur, près de toi. Je sens l'air du bonheur. Oh ! sois là toujours, ajouta-t-il en la pressant saintement sur son cœur palpitant.

— Vienne la mort quand elle voudra, s'écria Pauline en extase, j'ai vécu.

Heureux qui devinera leurs joies, il les aura connues !

— Oh ! mon Raphaël, dit Pauline après quelques heures
7025 de silence, je voudrais qu'à l'avenir personne n'entrât dans
cette chère mansarde.

— Il faut murer la porte, mettre une grille à la lucarne et
acheter la maison, répondit le marquis.

— C'est cela, dit-elle. Puis, après un moment de silence :
7030 — Nous avons un peu oublié de chercher tes manuscrits !

Ils se prirent à rire avec une douce innocence.

— Bah ! je me moque de toutes les sciences, dit Raphaël.

— Ah ! monsieur, et la gloire ?

— Tu es ma seule gloire.

7035 — Tu étais bien malheureux en faisant ces petits pieds de
mouche[1], dit-elle en feuilletant les papiers.

— Ma Pauline...

— Oh ! oui, je suis ta Pauline. Eh bien ?

— Où demeures-tu donc ?

7040 — Rue Saint-Lazare. Et toi ?

— Rue de Varenne.

— Comme nous serons loin l'un de l'autre, jusqu'à ce
que... Elle s'arrêta en regardant son ami d'un air coquet et
malicieux.

7045 — Mais, répondit Raphaël, nous avons tout au plus une
quinzaine de jours à rester séparés.

— Vrai ! Dans quinze jours nous serons mariés ! Elle
sauta comme un enfant. Oh ! je suis une fille dénaturée,
reprit-elle, je ne pense plus ni à père, ni à mère, ni à rien
7050 dans le monde ! Tu ne sais pas, pauvre chéri ? Mon père est
bien malade. Il est revenu des Indes, bien souffrant. Il a
manqué mourir au Havre, où nous sommes allées le
chercher. Ah ! Dieu, s'écria-t-elle en regardant l'heure à sa
montre, déjà trois heures. Je dois me trouver à son réveil, à
7055 quatre heures. Je suis la maîtresse au logis : ma mère fait

---

1 *petits pieds de mouche* : écriture fine et serrée.

toutes mes volontés, mon père m'adore, mais je ne veux pas abuser de leur bonté, ce serait mal ! Le pauvre père, c'est lui qui m'a envoyée aux Italiens hier, tu viendras le voir demain, n'est-ce pas ?

7060   — Madame la marquise de Valentin veut-elle me faire l'honneur d'accepter mon bras ?

— Ah ! je vais emporter la clef de cette chambre, reprit-elle. N'est-ce pas un palais, notre trésor ?

— Pauline, encore un baiser ?

7065   — Mille ! Mon Dieu, dit-elle en regardant Raphaël, ce sera toujours ainsi, je crois rêver.

Ils descendirent lentement l'escalier ; puis, bien unis, marchant du même pas, tressaillant ensemble sous le poids du même bonheur, se serrant comme deux colombes,
7070 ils arrivèrent sur la place de la Sorbonne[1], où la voiture de Pauline attendait.

— Je veux aller chez toi, s'écria-t-elle. Je veux voir ta chambre, ton cabinet, et m'asseoir à la table sur laquelle tu travailles. Ce sera comme autrefois, ajouta-t-elle en
7075 rougissant. — Joseph, dit-elle à un valet, je vais rue de Varenne avant de retourner à la maison. Il est trois heures un quart, et je dois être revenue à quatre. Georges pressera les chevaux.

Et les deux amants furent en peu d'instants menés à
7080 l'hôtel de Valentin.

— Oh ! je suis contente d'avoir examiné tout cela, s'écria Pauline en chiffonnant la soie des rideaux qui drapaient le lit de Raphaël. Quand je m'endormirai, je serai là, en pensée. Je me figurerai ta chère tête sur cet oreiller. Dis-moi,
7085 Raphaël, tu n'as pris conseil de personne pour meubler ton hôtel ?

— De personne.

— Bien vrai ? Ce n'est pas une femme qui…

---

1 *place de la Sorbonne* : place de l'université de la Sorbonne, à Paris.

— Pauline !

7090 — Oh ! je me sens une affreuse jalousie. Tu as bon goût. Je veux avoir demain un lit pareil au tien.

Raphaël, ivre de bonheur, saisit Pauline.

— Oh ! mon père, mon père ! dit-elle.

— Je vais donc te reconduire, car je veux te quitter le
7095 moins possible, s'écria Valentin.

— Combien tu es aimant ! Je n'osais pas te le proposer…

— N'es-tu donc pas ma vie ?

Il serait fastidieux de consigner fidèlement ces adorables bavardages de l'amour auxquels l'accent, le regard, un geste
7100 intraduisible donnent seuls du prix. Valentin reconduisit Pauline jusque chez elle, et revint ayant au cœur autant de plaisir que l'homme peut en ressentir et en porter ici-bas. Quand il fut assis dans son fauteuil, près de son feu, pensant à la soudaine et complète réalisation de toutes ses espé-
7105 rances, une idée froide lui traversa l'âme comme l'acier d'un poignard perce une poitrine, il regarda la Peau de chagrin, elle s'était légèrement rétrécie. Il prononça le grand juron français, sans y mettre les jésuitiques[1] réticences de l'abbesse des Andouillettes[2], pencha la tête sur son fauteuil et resta
7110 sans mouvement les yeux arrêtés sur une patère, sans la voir.

— Grand Dieu ! s'écria-t-il. Quoi ! Tous mes désirs, tous ! Pauvre Pauline !

Il prit un compas, mesura ce que la matinée lui avait coûté d'existence : — Je n'en ai pas pour deux mois, dit-il.

7115 Une sueur glacée sortit de ses pores, tout à coup il obéit à un inexprimable mouvement de rage, et saisit la Peau de chagrin en s'écriant : — Je suis bien bête ! Il sortit, courut,

---

1 *jésuitiques* : hypocrites.
2 Allusion à *Tristram Shandy*, du romancier anglais Laurence Sterne (1713-1768). L'abbesse des Andouillettes et la novice Marguerite, désespérées de faire avancer leurs mules, ont recours aux jurons. Mais pour s'éviter la damnation, elles ne prononcent chacune qu'une moitié de juron, par exemple, l'une dit : «Mer…», l'autre dit : «…de !»

traversa les jardins et jeta le talisman au fond d'un puits :
Vogue la galère, dit-il. Au diable toutes ces sottises !

7120   Raphaël se laissa donc aller au bonheur d'aimer, et vécut
cœur à cœur avec Pauline. Leur mariage, retardé par des
difficultés peu intéressantes à raconter, devait se célébrer
dans les premiers jours de mars. Ils s'étaient éprouvés, ne
doutaient point d'eux-mêmes, et le bonheur leur ayant
7125   révélé toute la puissance de leur affection, jamais deux
âmes, deux caractères ne s'étaient aussi parfaitement unis
qu'ils le furent par la passion ; en s'étudiant ils s'aimèrent
davantage : de part et d'autre même délicatesse, même
pudeur, même volupté, la plus douce de toutes les voluptés,
7130   celle des anges ; point de nuages dans leur ciel ; tour à tour
les désirs de l'un faisaient la loi de l'autre. Riches tous deux,
ils ne connaissaient point de caprices qu'ils ne pussent satisfaire, et partant n'avaient point de caprices. Un goût exquis,
le sentiment du beau, une vraie poésie animait l'âme de
7135   l'épouse ; dédaignant les colifichets[1] de la finance, un sourire
de son ami lui semblait plus beau que toutes les perles
d'Ormus[2], la mousseline ou les fleurs formaient ses plus
riches parures. Pauline et Raphaël fuyaient d'ailleurs le
monde, la solitude leur était si belle, si féconde ! Les oisifs
7140   voyaient exactement tous les soirs ce joli ménage de contre-
bande aux Italiens ou à l'Opéra. Si d'abord quelques médi-
sances égayèrent les salons, bientôt le torrent d'événements
qui passa sur Paris[3] fit oublier deux amants inoffensifs ;
enfin, espèce d'excuse auprès des prudes, leur mariage était
7145   annoncé, et par hasard leurs gens se trouvaient discrets ;
aucune méchanceté trop vive ne les punit de leur bonheur.

Vers la fin du mois de février, époque à laquelle d'assez
beaux jours firent croire aux joies du printemps, un matin,

---

1 *colifichets* : ornements de mauvais goût.

2 *Ormus* : île du golfe Persique.

3 *torrent d'événements qui passa sur Paris* : événements succédant à la révolution de
Juillet.

Pauline et Raphaël déjeunaient ensemble dans une petite
7150 serre, espèce de salon rempli de fleurs, et de plain-pied[1] avec
le jardin. Le doux et pâle soleil de l'hiver, dont les rayons
se brisaient à travers des arbustes rares, tiédissait alors la
température. Les yeux étaient égayés par les vigoureux
contrastes des divers feuillages, par les couleurs des touffes
7155 fleuries et par toutes les fantaisies de la lumière et de l'ombre.
Quand tout Paris se chauffait encore devant les tristes foyers,
les deux jeunes époux riaient sous un berceau de camélias,
de lilas, de bruyères. Leurs têtes joyeuses s'élevaient au-
dessus des narcisses, des muguets et des roses du Bengale[§].
7160 Dans cette serre voluptueuse et riche, les pieds foulaient une
natte[§] africaine colorée comme un tapis. Les parois tendues
en coutil[§] vert n'offraient pas la moindre trace d'humidité.
L'ameublement était de bois en apparence grossier, mais
dont l'écorce polie brillait de propreté. Un jeune chat
7165 accroupi sur la table où l'avait attiré l'odeur du lait se laissait
barbouiller de café par Pauline ; elle folâtrait avec lui,
défendait la crème qu'elle lui permettait à peine de flairer
afin d'exercer sa patience et d'entretenir le combat ; elle
éclatait de rire à chacune de ses grimaces, et débitait mille
7170 plaisanteries pour empêcher Raphaël de lire le journal, qui,
dix fois déjà, lui était tombé des mains. Il abondait dans
cette scène matinale un bonheur inexprimable comme tout
ce qui est naturel et vrai. Raphaël feignait toujours de lire sa
feuille, et contemplait à la dérobée Pauline aux prises avec le
7175 chat, sa Pauline enveloppée d'un long peignoir qui la lui
voilait imparfaitement, sa Pauline les cheveux en désordre
et montrant un petit pied blanc veiné de bleu dans une
pantoufle de velours noir. Charmante à voir en déshabillé,
délicieuse comme les fantastiques figures de Westhall[2], elle
7180 semblait être tout à la fois jeune fille et femme ; peut-être
plus jeune fille que femme, elle jouissait d'une félicité sans

---

1 *plain-pied* : au même niveau.
2 Richard Westhall (1765-1836). Aquarelliste anglais.

mélange, et ne connaissait de l'amour que ses premières joies. Au moment où, tout à fait absorbé par sa douce rêverie, Raphaël avait oublié son journal, Pauline le saisit, le chiffonna, en fit une boule, le lança dans le jardin, et le chat courut après la politique qui tournait comme toujours sur elle-même. Quand Raphaël, distrait par cette scène enfantine, voulut continuer à lire et fit le geste de lever la feuille qu'il n'avait plus, éclatèrent des rires francs, joyeux, renaissant d'eux-mêmes comme les chants d'un oiseau.

— Je suis jalouse du journal, dit-elle en essuyant les larmes que son rire d'enfant avait fait couler. N'est-ce pas une félonie, reprit-elle redevenant femme tout à coup, que de lire des proclamations russes en ma présence, et de préférer la prose de l'empereur Nicolas[1] à des paroles, à des regards d'amour ?

— Je ne lisais pas, mon ange aimé, je te regardais.

En ce moment le pas lourd du jardinier dont les souliers ferrés faisaient crier le sable des allées retentit près de la serre.

— Excusez, monsieur le marquis, si je vous interromps ainsi que madame, mais je vous apporte une curiosité comme je n'en ai jamais vu. En tirant tout à l'heure, sous[2] votre respect, un seau d'eau, j'ai amené cette singulière plante marine ! La voilà ! Faut, tout de même, que ce soit bien accoutumé à l'eau, car ce n'était point mouillé, ni humide. C'était sec comme du bois, et point gras du tout. Comme monsieur le marquis est plus savant que moi certainement, j'ai pensé qu'il fallait la lui apporter, et que ça l'intéresserait.

Et le jardinier montrait à Raphaël l'inexorable Peau de chagrin qui n'avait pas six pouces carrés de superficie.

— Merci, Vanière, dit Raphaël. Cette chose est très curieuse.

---

1 Allusion à l'insurrection de Pologne, écrasée par le tsar Nicolas Ier entre novembre 1830 et septembre 1831.
2 *sous* : sauf.

*Un jeune chat accroupi sur la table où l'avait attiré l'odeur
du lait se laissait barbouiller de café par Pauline [...]*

Lignes 7164 à 7166.

— Qu'as-tu, mon ange ? Tu pâlis ! s'écria Pauline.

7215   — Laissez-nous, Vanière.

— Ta voix m'effraie, reprit la jeune fille, elle est singulièrement altérée. Qu'as-tu ? Que te sens-tu ? Où as-tu mal ?
Tu as mal ! Un médecin, cria-t-elle. Jonathas, au secours !

— Ma Pauline, tais-toi, répondit Raphaël qui recouvra
7220   son sang-froid. Sortons. Il y a près de moi une fleur dont le
parfum m'incommode. Peut-être est-ce cette verveine.

Pauline s'élança sur l'innocent arbuste, le saisit par la tige
et le jeta dans le jardin.

— Oh ! ange, s'écria-t-elle en serrant Raphaël par une
7225   étreinte aussi forte que leur amour et en lui apportant avec
une langoureuse coquetterie ses lèvres vermeilles à baiser,
en te voyant pâlir, j'ai compris que je ne te survivrais pas : ta
vie est ma vie. Mon Raphaël, passe-moi ta main sur le dos !
J'y sens encore *la petite mort*, j'y ai froid. Tes lèvres sont
7230   brûlantes. Et ta main ?... Elle est glacée, ajouta-t-elle.

— Folle ! s'écria Raphaël.

— Pourquoi cette larme ? dit-elle. Laisse-la-moi boire.

— Oh ! Pauline, Pauline, tu m'aimes trop.

— Il se passe en toi quelque chose d'extraordinaire,
7235   Raphaël. Sois vrai, je saurai bientôt ton secret. Donne-moi
cela, dit-elle en prenant la Peau de chagrin.

— Tu es mon bourreau, cria le jeune homme en jetant un
regard d'horreur sur le talisman.

— Quel changement de voix ! répondit Pauline qui laissa
7240   tomber le fatal symbole du destin.

— M'aimes-tu ? reprit-il.

— Si je t'aime, est-ce une question ?

— Eh bien, laisse-moi, va-t'en !

La pauvre petite sortit.

7245   — Quoi ! s'écria Raphaël quand il fut seul, dans un siècle
de lumières où nous avons appris que les diamants sont les
cristaux du carbone, à une époque où tout s'explique, où la
police traduirait un nouveau Messie devant les tribunaux et

soumettrait ses miracles à l'Académie des sciences, dans un
7250 temps où nous ne croyons plus qu'aux paraphes des
notaires, je croirais, moi! à une espèce de *Mané, Thekel,
Pharès*[1]? Non, de par Dieu! je ne penserai pas que l'Être
Suprême puisse trouver du plaisir à tourmenter une honnête créature. Allons voir les savants.

7255   Il arriva bientôt, entre la Halle aux vins[2], immense recueil
de tonneaux, et la Salpêtrière[3], immense séminaire d'ivro-
gnerie, devant une petite mare où s'ébaudissaient[4] des
canards remarquables par la rareté des espèces et dont les
ondoyantes couleurs, semblables aux vitraux d'une cathé-
7260 drale, pétillaient sous les rayons du soleil. Tous les canards
du monde étaient là, criant, barbotant, grouillant, et formant
une espèce de chambre canarde rassemblée contre son gré,
mais heureusement sans charte ni principes politiques, et
vivant sans rencontrer de chasseurs, sous l'œil des natura-
7265 listes[§] qui les regardaient par hasard.

    — Voilà monsieur Lavrille, dit un porte-clefs à Raphaël
qui avait demandé ce grand pontife[§] de la zoologie.

    Le marquis vit un petit homme profondément enfoncé
dans quelques sages méditations à l'aspect de deux canards.
7270 Ce savant, entre deux âges, avait une physionomie douce,
encore adoucie par un air obligeant; mais il régnait dans
toute sa personne une préoccupation scientifique: sa perruque incessamment grattée et fantasquement[§] retroussée
laissait voir une ligne de cheveux blancs et accusait la fureur
7275 des découvertes qui, semblable à toutes les passions, nous
arrache si puissamment aux choses de ce monde que nous
perdons la conscience du *moi*. Raphaël, homme de science

---

1 *Mané, Thekel, Pharès*: dans l'Ancien Testament, mots énigmatiques écrits en lettres de feu sur une muraille. Ces mots étaient apparemment une condamnation
   divine de la débauche du roi Balthazar. Il mourut la nuit même.

2 *Halle aux vins*: marché public de vins.

3 *Salpêtrière*: hôpital général des pauvres de Paris affecté en 1796 au traitement des
   maladies mentales et nerveuses.

4 *s'ébaudissaient*: s'amusaient, s'égayaient.

et d'étude, admira ce naturaliste dont les veilles étaient
consacrées à l'agrandissement des connaissances humaines,
7280 dont les erreurs servaient encore la gloire de la France ; mais
une petite-maîtresse[§] aurait ri sans doute de la solution de
continuité qui se trouvait entre la culotte et le gilet rayé du
savant, interstice d'ailleurs chastement rempli par une
chemise qu'il avait copieusement froncée en se baissant et se
7285 levant tour à tour au gré de ses observations zoogénésiques[1].

Après quelques premières phrases de politesse, Raphaël
crut nécessaire d'adresser à monsieur Lavrille un compliment banal sur ses canards.

— Oh ! nous sommes riches en canards, répondit le
7290 naturaliste. Ce genre est d'ailleurs, comme vous le savez sans
doute, le plus fécond de l'ordre des palmipèdes. Il commence au *cygne*, et finit au *canard zinzin*, en comprenant
cent trente-sept variétés d'individus bien distincts, ayant
leurs noms, leurs mœurs, leur patrie, leur physionomie, et
7295 qui ne se ressemblent pas plus entre eux qu'un blanc ne
ressemble à un nègre. En vérité, monsieur, quand nous
mangeons un canard, la plupart du temps nous ne nous
doutons guère de l'étendue… Il s'interrompit à l'aspect
d'un joli petit canard qui remontait le talus de la mare.
7300 — Vous voyez là le cygne à cravate, pauvre enfant du
Canada, venu de bien loin pour nous montrer son plumage
brun et gris, sa petite cravate noire ! Tenez, il se gratte. Voici
la fameuse oie à duvet ou canard *Eider*, sous l'édredon de
laquelle dorment nos petites-maîtresses[§] ; est-elle jolie ! Qui
7305 n'admirerait ce petit ventre d'un blanc rougeâtre, ce bec vert ?
Je viens, monsieur, reprit-il, d'être témoin d'un accouple-
ment dont j'avais jusqu'alors désespéré. Le mariage s'est fait
assez heureusement, et j'en attendrai fort impatiemment
le résultat. Je me flatte d'obtenir une cent trente-huitième

---

1 *zoogénésiques* : néologisme de Balzac, peut-être synonyme de *zoogénie* («génération
   des animaux»).

7310 espèce à laquelle peut-être mon nom sera donné ! Voici les
nouveaux époux, dit-il en montrant deux canards. C'est
d'une part une oie rieuse (*anas albifrons*), de l'autre le grand
canard siffleur (*anas ruffina* de Buffon[§]). J'avais longtemps
hésité entre le canard siffleur, le canard à sourcils blancs et
7315 le canard souchet (*anas clypeata*) : tenez, voici le souchet, ce
gros scélérat brun-noir dont le col est verdâtre et si coquet-
tement irisé. Mais, monsieur, le canard siffleur était huppé[1],
vous comprenez alors que je n'ai plus balancé. Il ne nous
manque ici que le canard varié à calotte noire. Ces messieurs
7320 prétendent unanimement que ce canard fait double emploi
avec le canard sarcelle à bec recourbé, quant à moi… Il fit
un geste admirable qui peignit à la fois la modestie et
l'orgueil des savants, orgueil plein d'entêtement, modestie
pleine de suffisance. Je ne le pense pas, ajouta-t-il. Vous
7325 voyez, mon cher monsieur, que nous ne nous amusons pas
ici. Je m'occupe en ce moment de la monographie[2] du genre
canard. Mais je suis à vos ordres.

En se dirigeant vers une assez jolie maison de la rue de
Buffon[§], Raphaël soumit la Peau de chagrin aux investiga-
7330 tions de monsieur Lavrille.

— Je connais ce produit, répondit le savant après avoir
braqué sa loupe sur le talisman ; il a servi à quelque dessus
de boîte. Le chagrin est fort ancien ! Aujourd'hui les gainiers[3]
préfèrent se servir de galuchat[4]. Le galuchat est, comme vous
7335 le savez sans doute, la dépouille du *raja sephen*, un poisson
de la mer Rouge…

— Mais ceci, monsieur, puisque vous avez l'extrême
bonté…

---

1 *huppé* : oiseau portant une crête, comme le coq.
2 *monographie* : étude complète et détaillée sur un sujet restreint.
3 *gainiers* : personnes qui vendent ou fabriquent des gaines, des étuis.
4 *galuchat* : peau de certains poissons, raie ou squale, utilisée après traitement pour
   couvrir des gaines, des étuis.

— Ceci, reprit le savant en interrompant, est autre chose :
7340 entre le galuchat et le chagrin, il y a, monsieur, toute la différence de l'océan à la terre, du poisson à un quadrupède.
Cependant la peau du poisson est plus dure que la peau de
l'animal terrestre. Ceci, dit-il en montrant le talisman, est,
comme vous le savez sans doute, un des produits les plus
7345 curieux de la zoologie.

— Voyons, s'écria Raphaël.

— Monsieur, répondit le savant en s'enfonçant dans son
fauteuil, ceci est une peau d'âne.

— Je le sais, dit le jeune homme.

7350   — Il existe en Perse[§], reprit le naturaliste, un âne extrêmement rare, l'onagre[§] des anciens, *equus asinus*[1], le *koulan*[1] des
Tatars, Pallas[2] est allé l'observer, et l'a rendu à la science. En
effet, cet animal avait longtemps passé pour fantastique. Il
est, comme vous le savez, célèbre dans l'Écriture sainte ;
7355 Moïse[§] avait défendu de l'accoupler avec ses congénères.
Mais l'onagre[§] est encore plus fameux par les prostitutions
dont il a été l'objet, et dont parlent souvent les prophètes
bibliques. Pallas, comme vous le savez sans doute, déclare,
dans ses *Act. Pétrop.*, tome II[3], que ces excès bizarres sont
7360 encore religieusement accrédités chez les Persans et les
Nogaïs[4] comme un remède souverain contre les maux de
reins et la goutte sciatique[5]. Nous ne nous doutons guère de
cela, nous autres pauvres Parisiens. Le Muséum ne possède
pas d'onagre[§]. Quel superbe animal ! reprit le savant. Il est
7365 plein de mystères : son œil est muni d'une espèce de tapis
réflecteur auquel les Orientaux attribuent le pouvoir de la
fascination, sa robe est plus élégante et plus polie que ne
l'est celle de nos plus beaux chevaux ; elle est sillonnée de

---

1 *equus asinus, koulan* : divers types d'ânes.

2 Pierre Simon Pallas (1741-1811). Naturaliste et explorateur allemand.

3 *Actes de l'Académie impériale des sciences de Saint-Pétersbourg.* Le tome II contient
en effet un article de Pallas sur l'onagre.

4 *Nogaïs* : l'un des peuples tatars (peuples de l'Asie centrale et de Russie orientale).

5 *goutte sciatique* : type de goutte (poussées inflammatoires autour des articulations).

bandes plus ou moins fauves, et ressemble beaucoup à la
7370 peau du zèbre. Son lainage a quelque chose de moelleux,
d'ondoyant, de gras au toucher; sa vue égale en justesse et
en précision la vue de l'homme; un peu plus grand que nos
plus beaux ânes domestiques, il est doué d'un courage
extraordinaire. Si, par hasard, il est surpris, il se défend avec
7375 une supériorité remarquable contre les bêtes les plus féroces;
quant à la rapidité de sa marche, elle ne peut se comparer
qu'au vol des oiseaux; un onagre[§], monsieur, tuerait à la
course les meilleurs chevaux arabes ou persans. D'après le
père du consciencieux docteur Niebuhr[1], de qui, vous le
7380 savez sans doute, nous déplorons la perte récente, le terme
moyen du pas ordinaire de ces admirables créatures est de
sept mille pas géométriques[2] par heure. Nos ânes dégénérés
ne sauraient donner une idée de cet âne indépendant et fier.
Il a le port leste, animé, l'air spirituel, fin, une physionomie
7385 gracieuse, des mouvements pleins de coquetterie ! C'est le
roi zoologique de l'Orient. Les superstitions turques et per-
sanes lui donnent même une mystérieuse origine, et le nom
de Salomon[§] se mêle aux récits que les conteurs du Thibet[3]
et de la Tartarie[4] font sur les prouesses attribuées à ces nobles
7390 animaux. Enfin un onagre[§] apprivoisé vaut des sommes
immenses; il est presque impossible de le saisir dans les
montagnes, où il bondit comme un chevreuil, et semble
voler comme un oiseau. La fable des chevaux ailés, notre
Pégase[5], a sans doute pris naissance dans ces pays, où les
7395 bergers ont pu voir souvent un onagre[§] sautant d'un rocher
à un autre. Les ânes de selle, obtenus en Perse[§] par l'accou-
plement d'une ânesse avec un onagre[§] apprivoisé, sont

---

1 Barthold Georg Niebuhr (1776-1831). Historien et diplomate allemand, spécialiste
   de l'histoire romaine. Son père, Carsten Niebuhr (1733-1815) est l'auteur de plusieurs
   récits de voyage en Arabie.
2 *sept mille pas géométriques* : 8400 mètres.
3 *Thibet* : Tibet.
4 *Tartarie* : bras de mer de Sibérie extrême-orientale.
5 *Pégase* : cheval ailé de la mythologie grecque, symbole de l'inspiration poétique.

peints en rouge, suivant une immémoriale tradition. Cet
usage a donné lieu peut-être à notre proverbe : Méchant
7400 comme un âne rouge. À une époque où l'histoire naturelle
était très négligée en France, un voyageur aura, je pense,
amené un de ces animaux curieux qui supportent fort
impatiemment l'esclavage. De là, le dicton ! La peau que
vous me présentez, reprit le savant, est la peau d'un onagre[§].
7405 Nous varions sur l'origine du nom. Les uns prétendent que
Chagri[1] est un mot turc, d'autres veulent que *Chagri* soit la
ville où cette dépouille zoologique subit une préparation
chimique assez bien décrite par Pallas, et qui lui donne le
grain particulier que nous admirons ; monsieur Martellens
7410 m'a écrit que *Châagri* est un ruisseau.

— Monsieur, je vous remercie de m'avoir donné des renseignements qui fourniraient une admirable note à quelque
Dom Calmet[2], si les bénédictins existaient encore ; mais j'ai
eu l'honneur de vous faire observer que ce fragment était
7415 primitivement d'un volume égal… à cette carte géogra-
phique, dit Raphaël en montrant à Lavrille un atlas ouvert :
or depuis trois mois elle s'est sensiblement contractée…

— Bien, reprit le savant, je comprends. Monsieur, toutes
les dépouilles d'êtres primitivement organisés sont sujettes
7420 à un dépérissement naturel, facile à concevoir, et dont les
progrès sont soumis aux influences atmosphériques. Les
métaux eux-mêmes se dilatent ou se resserrent d'une
manière sensible, car les ingénieurs ont observé des espaces
assez considérables entre de grandes pierres primitivement
7425 maintenues par des barres de fer. La science est vaste, la vie
humaine est bien courte. Aussi n'avons-nous pas la prétention
de connaître tous les phénomènes de la nature.

— Monsieur, reprit Raphaël presque confus, excusez la
demande que je vais vous faire. Êtes-vous bien sûr que cette

---

1 *Chagri* : le mot *chagrin* vient du turc *sagri*, qui signifie «croupe».
2 Dom Augustin Calmet (1672-1757). Bénédictin, auteur de commentaires sur la
   Bible.

7430 Peau soit soumise aux lois ordinaires de la zoologie, qu'elle
puisse s'étendre ?

— Oh ! certes. Ah ! peste, dit monsieur Lavrille en
essayant de tirer le talisman. Mais, monsieur, reprit-il, si
vous voulez aller voir Planchette, le célèbre professeur de
7435 mécanique, il trouvera certainement un moyen d'agir sur
cette Peau, de l'amollir, de la distendre.

— Oh ! monsieur, vous me sauvez la vie.

Raphaël salua le savant naturaliste, et courut chez
Planchette, en laissant le bon Lavrille au milieu de son
7440 cabinet rempli de bocaux et de plantes séchées. Il rempor-
tait de cette visite, sans le savoir, toute la science humaine :
une nomenclature ! Ce bonhomme ressemblait à Sancho
Pança racontant à Don Quichotte l'histoire des chèvres[1], il
s'amusait à compter des animaux et à les numéroter. Arrivé
7445 sur le bord de la tombe, il connaissait à peine une petite
fraction des incommensurables nombres du grand trou-
peau jeté par Dieu à travers l'océan des mondes, dans un
but ignoré. Raphaël était content. — Je vais tenir mon âne
en bride, s'écriait-il. Sterne[§] avait dit avant lui : «Ménageons
7450 notre âne, si nous voulons vivre vieux.» Mais la bête est
fantasque[§] !

Planchette était un grand homme sec, véritable poète
perdu dans une perpétuelle contemplation, occupé à
regarder toujours un abîme sans fond, LE MOUVEMENT. Le
7455 vulgaire taxe de folie ces esprits sublimes, gens incompris
qui vivent dans une admirable insouciance du luxe et du
monde, restant des journées entières à fumer un cigare
éteint, ou venant dans un salon sans avoir toujours bien
exactement marié les boutons de leurs vêtements avec les
7460 boutonnières. Un jour, après avoir longtemps mesuré le

---

1 Dans *Don Quichotte* de Cervantès (écrivain espagnol, 1547-1616), Sancho entreprend de raconter l'histoire du berger qui fit passer la rivière à ses trois cents
chèvres, une par une. Don Quichotte se lasse, Sancho s'embrouille dans son récit,
qui avorte.

vide, ou entassé des X sous des Aa—gG, ils ont analysé quelque loi naturelle et décomposé le plus simple des principes ; tout à coup la foule admire une nouvelle machine ou quelque haquet[1] dont la facile structure nous
7465 étonne et nous confond ! Le savant modeste sourit en disant à ses admirateurs : — Qu'ai-je donc créé ? Rien. L'homme n'invente pas une force, il la dirige, et la science consiste à imiter la nature.

Raphaël surprit le mécanicien[2] planté sur ses deux
7470 jambes, comme un pendu tombé droit sous sa potence. Planchette examinait une bille d'agate qui roulait sur un cadran solaire, en attendant qu'elle s'y arrêtât. Le pauvre homme n'était ni décoré, ni pensionné, car il ne savait pas enluminer[3] ses calculs. Heureux de vivre à l'affût d'une
7475 découverte, il ne pensait ni à la gloire, ni au monde, ni à lui-même, et vivait dans la science pour la science.

— Cela est indéfinissable, s'écria-t-il. — Ah ! monsieur, reprit-il en apercevant Raphaël, je suis votre serviteur. Comment va la maman ? Allez voir ma femme.

7480 — J'aurais cependant pu vivre ainsi ! pensa Raphaël qui tira le savant de sa rêverie en lui demandant le moyen d'agir sur le talisman, qu'il lui présenta. — Dussiez-vous rire de ma crédulité, monsieur, dit le marquis en terminant, je ne vous cacherai rien. Cette Peau me semble posséder une
7485 force de résistance contre laquelle rien ne peut prévaloir.

— Monsieur, dit-il, les gens du monde traitent toujours la science assez cavalièrement, tous nous disent à peu près ce qu'un incroyable disait à Lalande[4] en lui amenant des dames après l'éclipse : « Ayez la bonté de recommencer. »
7490 Quel effet voulez-vous produire ? La Mécanique a pour but d'appliquer les lois du mouvement ou de les neutraliser.

---

1 *haquet* : charrette longue et étroite.
2 *mécanicien* : spécialiste de la science de la mécanique.
3 *enluminer* : colorer vivement, décorer.
4 Joseph Jérôme Lefrançois de Lalande (1732-1807). Astronome français.

Quant au mouvement en lui-même, je vous le déclare avec humilité, nous sommes impuissants à le définir. Cela posé, nous avons remarqué quelques phénomènes constants qui 7495 régissent l'action des solides et des fluides. En reproduisant les causes génératrices de ces phénomènes, nous pouvons transporter les corps, leur transmettre une force locomotive[1] dans des rapports de vitesse déterminée, les lancer, les diviser simplement ou à l'infini, soit que nous les cassions ou 7500 les pulvérisions ; puis les tordre, leur imprimer une rotation, les modifier, les comprimer, les dilater, les étendre. Cette science, monsieur, repose sur un seul fait. Vous voyez cette bille, reprit-il. Elle est ici sur cette pierre. La voici maintenant là. De quel nom appellerons-nous cet acte si physique- 7505 ment naturel et si moralement extraordinaire ? Mouvement, locomotion, changement de lieu ? Quelle immense vanité cachée sous les mots ! Un nom, est-ce donc une solution ? Voilà pourtant toute la science. Nos machines emploient ou décomposent cet acte, ce fait. Ce léger phénomène adapté à 7510 des masses va faire sauter Paris. Nous pouvons augmenter la vitesse aux dépens de la force, et la force aux dépens de la vitesse. Qu'est-ce que la force et la vitesse ? Notre science est inhabile à le dire, comme elle l'est à créer un mouvement. Un mouvement, quel qu'il soit, est un immense pouvoir, et 7515 l'homme n'invente pas de pouvoirs. Le pouvoir est un, comme le mouvement, l'essence même du pouvoir. Tout est mouvement. La pensée est un mouvement. La nature est établie sur le mouvement. La mort est un mouvement dont les fins nous sont peu connues. Si Dieu est éternel, croyez 7520 qu'il est toujours en mouvement ! Dieu est le mouvement, peut-être. Voilà pourquoi le mouvement est inexplicable comme lui ; comme lui profond, sans bornes, incompréhensible, intangible. Qui jamais a touché, compris, mesuré le mouvement ? Nous en sentons les effets sans les voir. Nous

---

1 *force locomotive* : force motrice.

7525 pouvons même le nier comme nous nions Dieu. Où est-il ?
Où n'est-il pas ? D'où part-il ? Où en est le principe ? Où en
est la fin ? Il nous enveloppe, nous presse et nous échappe. Il
est évident comme un fait, obscur comme une abstraction,
tout à la fois effet et cause. Il lui faut comme à nous l'espace,
7530 et qu'est-ce que l'espace ? Le mouvement seul nous le révèle ;
sans le mouvement, il n'est plus qu'un mot vide de sens.
Problème insoluble, semblable au vide, semblable à la création, à l'infini, le mouvement confond la pensée humaine, et
tout ce qu'il est permis à l'homme de concevoir, c'est qu'il
7535 ne le concevra jamais. Entre chacun des points successivement occupés par cette bille dans l'espace, reprit le savant, il
se rencontre un abîme pour la raison humaine, un abîme où
est tombé Pascal[1]. Pour agir sur la substance inconnue que
vous voulez soumettre à une force inconnue, nous devons
7540 d'abord étudier cette substance ; d'après sa nature, ou elle se
brisera sous un choc, ou elle y résistera ; si elle se divise et
que votre intention ne soit pas de la partager, nous n'attein-
drons pas le but proposé. Voulez-vous la comprimer ? Il faut
transmettre un mouvement égal à toutes les parties de la
7545 substance de manière à diminuer uniformément l'intervalle
qui les sépare. Désirez-vous l'étendre ? nous devrons tâcher
d'imprimer à chaque molécule une force excentrique[2] égale ;
car sans l'observation exacte de cette loi, nous y produirions
des solutions de continuité. Il existe, monsieur, des modes
7550 infinis, des combinaisons sans bornes dans le mouvement.
À quel effet vous arrêtez-vous ?

   — Monsieur, dit Raphaël impatienté, je désire une
pression quelconque assez forte pour étendre indéfiniment
cette Peau...

---

1 Blaise Pascal (1623-1662). Savant, penseur et écrivain français, auteur des *Pensées*
   (1670) et des *Lettres provinciales* (1656-1657).
2 *excentrique* : dont le centre s'écarte d'un point donné.

7555   — La substance étant finie, répondit le mathématicien, ne saurait être indéfiniment distendue, mais la compression multipliera nécessairement l'étendue de sa surface aux dépens de l'épaisseur; elle s'amincira jusqu'à ce que la matière manque...

7560   — Obtenez ce résultat, monsieur, s'écria Raphaël, et vous aurez gagné des millions.

         — Je vous volerais votre argent, répondit le professeur avec le flegme d'un Hollandais. Je vais vous démontrer en deux mots l'existence d'une machine sous laquelle Dieu lui-
7565   même serait écrasé comme une mouche. Elle réduirait un homme à l'état de papier brouillard[1], un homme botté, éperonné, cravaté, chapeau, or, bijoux, tout...

         — Quelle horrible machine !

         — Au lieu de jeter leurs enfants à l'eau, les Chinois
7570   devraient les utiliser ainsi, reprit le savant sans penser au respect de l'homme pour sa progéniture.

         Tout entier à son idée, Planchette prit un pot de fleurs vide, troué dans le fond, et l'apporta sur la dalle du gnomon[2]; puis il alla chercher un peu de terre glaise dans un coin du
7575   jardin. Raphaël resta charmé comme un enfant auquel sa nourrice conte une histoire merveilleuse. Après avoir posé sa terre glaise sur la dalle, Planchette tira de sa poche une serpette[3], coupa deux branches de sureau[4], et se mit à les vider en sifflant comme si Raphaël n'eût pas été là.

7580   — Voilà les éléments de la machine, dit-il.

         Il attacha par un coude en terre glaise l'un de ses tuyaux de bois au fond du pot, de manière à ce que le trou du sureau correspondît à celui du vase. Vous eussiez dit d'une énorme pipe. Il étala sur la dalle un lit de glaise en lui

---

1   *papier brouillard* : papier filtre.
2   *gnomon* : cadran solaire.
3   *serpette* : petite serpe (couteau de bûcheron ou de jardinier).
4   *sureau* : arbre ou arbrisseau au bois très léger.

7585 donnant la forme d'une pelle, assit le pot de fleurs dans la
partie la plus large, et fixa la branche de sureau sur la portion qui représentait le manche. Enfin il mit un pâté de terre
glaise à l'extrémité du tube en sureau, il y planta l'autre
branche creuse, tout droit, en pratiquant un autre coude
7590 pour la joindre à la branche horizontale, en sorte que l'air,
ou tel fluide ambiant donné, pût circuler dans cette
machine improvisée, et courir depuis l'embouchure du tube
vertical, à travers le canal intermédiaire, jusque dans le
grand pot de fleurs vide.

7595   — Monsieur, cet appareil, dit-il à Raphaël avec le sérieux
d'un académicien prononçant son discours de réception, est
un des plus beaux titres du grand Pascal à notre admiration.

— Je ne comprends pas.

Le savant sourit. Il alla détacher d'un arbre fruitier une
7600 petite bouteille dans laquelle son pharmacien lui avait
envoyé une liqueur où se prenaient les fourmis ; il en cassa
le fond, se fit un entonnoir, l'adapta soigneusement au trou
de la branche creuse qu'il avait fixée verticalement dans
l'argile, en opposition au grand réservoir figuré par le pot de
7605 fleurs ; puis, au moyen d'un arrosoir, il y versa la quantité
d'eau nécessaire pour qu'elle se trouvât égale bord à bord et
dans le grand vase et dans la petite embouchure circulaire
du sureau. Raphaël pensait à sa Peau de chagrin.

— Monsieur, dit le mécanicien, l'eau passe encore
7610 aujourd'hui pour un corps incompressible, n'oubliez pas ce
principe fondamental, néanmoins elle se comprime, mais si
légèrement que nous devons compter sa faculté contractile
comme zéro. Vous voyez la surface que présente l'eau
arrivée à la superficie du pot de fleurs.

7615   — Oui, monsieur.

— Eh bien, supposez cette surface mille fois plus étendue
que ne l'est l'orifice du bâton de sureau par lequel j'ai versé
le liquide. Tenez, j'ôte l'entonnoir.

— D'accord.

7620   — Eh bien, monsieur, si par un moyen quelconque j'aug-
mente le volume de cette masse en introduisant encore de
l'eau par l'orifice du petit tuyau, le fluide, contraint d'y
descendre, montera dans le réservoir figuré par le pot de
fleurs jusqu'à ce que le liquide arrive à un même niveau
7625 dans l'un et dans l'autre…

— Cela est évident, s'écria Raphaël.

— Mais il y a cette différence, reprit le savant, que si la
mince colonne d'eau ajoutée dans le petit tube vertical y
présente une force égale au poids d'une livre par exemple,
7630 comme son action se transmettra fidèlement à la masse liquide et viendra réagir sur tous les points de la surface
qu'elle présente dans le pot de fleurs, il s'y trouvera mille
colonnes d'eau qui, tendant toutes à s'élever comme si elles
étaient poussées par une force égale à celle qui fait descen-
7635 dre le liquide dans le bâton de sureau vertical, produiront
nécessairement ici, dit Planchette en montrant à Raphaël
l'ouverture du pot de fleurs, une puissance mille fois plus
considérable que la puissance introduite là.

Et le savant indiquait du doigt au marquis le tuyau de
7640 bois planté droit dans la glaise.

— Cela est tout simple, dit Raphaël.

Planchette sourit.

— En d'autres termes, reprit-il avec cette ténacité de
logique naturelle aux mathématiciens, il faudrait, pour
7645 repousser l'irruption de l'eau, déployer, sur chaque partie de
la grande surface, une force égale à la force agissant dans le
conduit vertical; mais à cette différence près, que si la
colonne liquide y est haute d'un pied, les mille petites
colonnes de la grande surface n'y auront qu'une très faible
7650 élévation. Maintenant, dit Planchette en donnant une
chiquenaude à ses bâtons, remplaçons ce petit appareil
grotesque par des tubes métalliques d'une force et d'une
dimension convenables, si vous couvrez d'une forte platine
mobile la surface fluide du grand réservoir, et qu'à cette

7655 platine vous en opposiez une autre dont la résistance et la solidité soient à toute épreuve, si de plus vous m'accordez la puissance d'ajouter sans cesse de l'eau par le petit tube vertical à la masse liquide, l'objet, pris entre les deux plans solides, doit nécessairement céder à l'immense action qui 7660 le comprime indéfiniment. Le moyen d'introduire constamment de l'eau par le petit tube est une niaiserie en mécanique, ainsi que le mode de transmettre la puissance de la masse liquide à une platine. Deux pistons et quelques soupapes suffisent. Concevez-vous alors, mon cher monsieur, 7665 dit-il en prenant le bras de Valentin, qu'il n'existe guère de substance qui, mise entre ces deux résistances indéfinies, ne soit contrainte à s'étaler ?

— Quoi ! l'auteur des *Lettres provinciales* a inventé[1]... s'écria Raphaël.

7670 Lui seul, monsieur. La Mécanique ne connaît rien de plus simple ni de plus beau. Le principe contraire, l'expansibilité de l'eau, a créé la vapeur. Mais l'eau n'est expansible qu'à un certain degré, tandis que son incompressibilité, étant une force en quelque sorte négative, se trouve nécessairement 7675 infinie.

— Si cette Peau s'étend, dit Raphaël, je vous promets d'élever une statue colossale à Blaise Pascal, de fonder un prix de cent mille francs pour le plus beau problème de mécanique résolu dans chaque période de dix ans, de doter 7680 vos cousines, arrière-cousines, enfin de bâtir un hôpital destiné aux mathématiciens devenus fous ou pauvres.

— Ce serait fort utile, dit Planchette. Monsieur, reprit-il avec le calme d'un homme vivant dans une sphère tout intellectuelle, nous irons demain chez Spieghalter. Ce 7685 mécanicien distingué vient de fabriquer, d'après mes plans, une machine perfectionnée avec laquelle un enfant pourrait faire tenir mille bottes de foin dans son chapeau.

---

1   Pascal (voir la note 1 à la page 264) inventa effectivement la presse hydraulique.

— À demain, monsieur.

— À demain.

7690 — Parlez-moi de la Mécanique ! s'écria Raphaël. N'est-ce pas la plus belle de toutes les sciences ? L'autre avec ses onagres[§], ses classements, ses canards, ses genres et ses bocaux pleins de monstres, est tout au plus bon à marquer les points dans un billard public.

7695 Le lendemain, Raphaël tout joyeux vint chercher Planchette, et ils allèrent ensemble dans la rue de la Santé, nom de favorable augure. Chez Spieghalter, le jeune homme se trouva dans un établissement immense, ses regards tombèrent sur une multitude de forges rouges et rugissantes. 7700 C'était une pluie de feu, un déluge de clous, un océan de pistons, de vis, de leviers, de traverses, de limes, d'écrous, une mer de fontes, de bois, de soupapes et d'aciers en barres. La limaille[1] prenait à la gorge. Il y avait du fer dans la température, les hommes étaient couverts de fer, tout puait le fer, le 7705 fer avait une vie, il était organisé, il se fluidifiait, marchait, pensait en prenant toutes les formes, en obéissant à tous les caprices. À travers les hurlements des soufflets[§], les *crescendo*[§] des marteaux, les sifflements des tours[2] qui faisaient grogner le fer, Raphaël arriva dans une grande pièce, propre et bien 7710 aérée, où il put contempler à son aise la presse immense dont lui avait parlé Planchette. Il admira des espèces de madriers en fonte, et des jumelles[3] en fer unies par un indestructible noyau.

— Si vous tourniez sept fois cette manivelle avec promptitude, lui dit Spieghalter en lui montrant un balancier de 7715 fer poli, vous feriez jaillir une planche d'acier en des milliers de jets qui vous entreraient dans les jambes comme des aiguilles.

---

1 *limaille* : parcelles de métal détachées par le frottement de la lime.

2 *tours* : dispositifs servant à façonner des pièces par un mouvement de rotation.

3 *jumelles* : pièces de bois, de métal, semblables, dans le même outil, la même machine.

— Peste ! s'écria Raphaël.

7720   Planchette glissa lui-même la Peau de chagrin entre les deux platines de la presse souveraine, et, plein de cette sécurité que donnent les convictions scientifiques, il manœuvra vivement le balancier.

— Couchez-vous tous, nous sommes morts, cria Spieghalter
7725   d'une voix tonnante en se laissant tomber lui-même à terre.

Un sifflement horrible retentit dans les ateliers. L'eau contenue dans la machine brisa la fonte, produisit un jet d'une puissance incommensurable, et se dirigea heureusement sur une vieille forge qu'elle renversa, bouleversa, tordit
7730   comme une trombe[1] entortille une maison et l'emporte avec elle.

— Oh ! dit tranquillement Planchette, le Chagrin est sain comme mon œil ! Maître Spieghalter, il y avait une paille dans votre fonte, ou quelque interstice dans le grand tube.

7735   — Non, non, je connais ma fonte. Monsieur peut remporter son outil, le diable est logé dedans.

L'Allemand saisit un marteau de forgeron, jeta la Peau sur une enclume, et, de toute la force que donne la colère, déchargea sur le talisman le plus terrible coup qui jamais
7740   eût mugi dans ses ateliers.

— Il n'y paraît seulement pas, s'écria Planchette en caressant le Chagrin rebelle.

Les ouvriers accoururent. Le contremaître prit la Peau et la plongea dans le charbon de terre d'une forge. Tous
7745   rangés en demi-cercle autour du feu, attendirent avec impatience le jeu d'un énorme soufflet[§]. Raphaël, Spieghalter, le professeur Planchette occupaient le centre de cette foule noire et attentive. En voyant tous ces yeux blancs, ces têtes poudrées de fer, ces vêtements noirs et luisants, ces poitrines
7750   poilues, Raphaël se crut transporté dans le monde nocturne et fantastique des ballades allemandes. Le contremaître saisit

---

1   *trombe* : cyclone tropical.

*L'Allemand saisit un marteau de forgeron, jeta la Peau
sur une enclume, et, de toute la force que donne la colère,
déchargea sur le talisman le plus terrible coup
qui jamais eût mugi dans ses ateliers.*

Lignes 7737 à 7740.

la Peau avec des pinces après l'avoir laissée dans le foyer pendant dix minutes.

— Rendez-la-moi, dit Raphaël.

7755   Le contremaître la présenta par plaisanterie à Raphaël.

Le marquis mania facilement la Peau froide et souple sous ses doigts. Un cri d'horreur s'éleva, les ouvriers s'enfuirent, Valentin resta seul avec Planchette dans l'atelier désert.

— Il y a décidément quelque chose de diabolique là-
7760 dedans, s'écria Raphaël au désespoir. Aucune puissance humaine ne saurait donc me donner un jour de plus !

— Monsieur, j'ai tort, répondit le mathématicien d'un air contrit, nous devions soumettre cette Peau singulière à l'action d'un laminoir[1]. Où avais-je les yeux en vous proposant
7765 une pression ?

— C'est moi qui l'ai demandée, répliqua Raphaël.

Le savant respira comme un coupable acquitté par douze jurés. Cependant intéressé par le problème étrange que lui offrait cette peau, il réfléchit un moment et dit : — Il faut
7770 traiter cette substance inconnue par des réactifs[2]. Allons voir Japhet[3], la Chimie sera peut-être plus heureuse que la Mécanique.

Valentin mit son cheval au grand trot, dans l'espoir de rencontrer le fameux chimiste Japhet à son laboratoire.

7775   — Hé bien, mon vieil ami, dit Planchette en apercevant Japhet assis dans un fauteuil et contemplant un précipité[4], comment va la Chimie ?

— Elle s'endort. Rien de neuf. L'Académie a cependant reconnu l'existence de la salicine. Mais la salicine, l'asparagine,
7780 la vauqueline, la digitaline[5] ne sont pas des découvertes.

---

1 *laminoir* : machine servant à laminer (réduire en feuilles, étirer) le métal.

2 *réactifs* : substances prenant part à une réaction chimique quelconque.

3 *Japhet* : personnage fictif inventé par Balzac.

4 *précipité* : dépôt.

5 *la salicine, l'asparagine, la vauqueline, la digitaline* : substances découvertes au début du XIXe siècle, mais reconnues en 1830.

— Faute de pouvoir inventer des choses, dit Raphaël, il paraît que vous en êtes réduits à inventer des noms.

— Cela est pardieu vrai, jeune homme !

— Tiens, dit le professeur Planchette au chimiste, essaie de nous décomposer cette substance, si tu en extrais un principe quelconque, je le nomme d'avance la *diaboline*, car en voulant la comprimer, nous venons de briser une presse hydraulique.

— Voyons, voyons cela, s'écria joyeusement le chimiste, ce sera peut-être un nouveau corps simple[1].

— Monsieur, dit Raphaël, c'est tout simplement un morceau de peau d'âne.

— Monsieur ? reprit gravement le célèbre chimiste.

— Je ne plaisante pas, répliqua le marquis en lui présentant la Peau de chagrin.

Le baron Japhet appliqua sur la Peau les houppes[2] nerveuses de sa langue si habile à déguster les sels, les alcalis[3], les gaz, et dit après quelques essais : Point de goût ! Voyons, nous allons lui faire boire un peu d'acide phthorique[4].

Soumise à l'action de ce principe, si prompt à désorganiser les tissus animaux, la Peau ne subit aucune altération.

— Ce n'est pas du chagrin, s'écria le chimiste. Nous allons traiter ce mystérieux inconnu comme un minéral et lui donner sur le nez en le mettant dans un creuset infusible où j'ai précisément de la potasse rouge[5].

Japhet sortit et revint bientôt.

---

1 *un nouveau corps simple* : on découvrit entre 1810 et 1834 plus de 21 nouveaux corps simples grâce à un nouveau procédé d'analyse.

2 *houppes* : papilles.

3 *alcalis* : nom générique des bases et des sels basiques (potasse, soude, ammoniaque, etc.) que donnent avec l'oxygène des métaux dits «alcalins».

4 *acide phthorique* : acide fluorhydrique, utilisé dans la gravure sur verre.

5 *potasse rouge* : caustique (substance qui attaque, corrode les tissus animaux ou végétaux) très puissant.

— Monsieur, dit-il à Raphaël, laissez-moi prendre un morceau de cette singulière substance, elle est si extraordinaire…

7810   — Un morceau ! s'écria Raphaël, pas seulement la valeur
d'un cheveu. D'ailleurs essayez, dit-il d'un air tout à la fois
triste et goguenard[§].

Le savant cassa un rasoir en voulant entamer la Peau, il
tenta de la briser par une forte décharge d'électricité, puis il
7815   la soumit à l'action de la pile voltaïque[1], enfin les foudres de
sa science échouèrent sur le terrible talisman. Il était sept
heures du soir. Planchette, Japhet et Raphaël, ne s'apercevant
pas de la fuite du temps, attendaient le résultat d'une dernière
expérience. Le chagrin sortit victorieux d'un épouvantable
7820   choc auquel il avait été soumis, grâce à une quantité raisonnable de chlorure d'azote.

— Je suis perdu ! s'écria Raphaël. Dieu est là. Je vais
mourir. Il laissa les deux savants stupéfaits.

— Gardons-nous bien de raconter cette aventure à l'Aca-
7825   démie, nos collègues s'y moqueraient de nous, dit Planchette
au chimiste après une longue pause pendant laquelle ils se
regardèrent sans oser se communiquer leurs pensées.

Les deux savants étaient comme des chrétiens sortant de
leurs tombes sans trouver un Dieu dans le ciel. La science ?
7830   Impuissante ! Les acides ? Eau claire ! La potasse rouge ? Dés-
honorée ! La pile voltaïque et la foudre ? Deux bilboquets[2] !

— Une presse hydraulique fendue comme une mouillette[§] ! ajouta Planchette.

— Je crois au diable, dit le baron Japhet après un moment
7835   de silence.

— Et moi à Dieu, répondit Planchette.

Tous deux étaient dans leur rôle. Pour un mécanicien,
l'univers est une machine qui veut un ouvrier ; pour la
chimie, cette œuvre d'un démon qui va décomposant tout,
7840   le monde est un gaz doué de mouvement.

---

1   *pile voltaïque* : nom donné à la pile, une invention de Alessandro Volta (1745-1827).
2   *bilboquets* : jouets.

— Nous ne pouvons pas nier le fait, reprit le chimiste.

— Bah ! pour nous consoler, messieurs les doctrinaires ont créé ce nébuleux axiome[1] : Bête comme un fait.

— Ton axiome, répliqua le chimiste, me semble, à moi,
7845 fait comme une bête.

Ils se prirent à rire, et dînèrent en gens qui ne voyaient plus qu'un phénomène dans un miracle.

En rentrant chez lui, Valentin était en proie à une rage froide ; il ne croyait plus à rien, ses idées se brouillaient dans
7850 sa cervelle, tournoyaient et vacillaient comme celles de tout homme en présence d'un fait impossible. Il avait cru volontiers à quelque défaut secret dans la machine de Spieghalter, l'impuissance de la science et du feu ne l'étonnait pas ; mais la souplesse de la Peau quand il la maniait, mais sa dureté
7855 lorsque les moyens de destruction mis à la disposition de l'homme étaient dirigés sur elle, l'épouvantaient. Ce fait incontestable lui donnait le vertige.

— Je suis fou, se dit-il. Quoique depuis ce matin je sois à jeun, je n'ai ni faim ni soif, et je sens dans ma poitrine un
7860 foyer qui me brûle.

Il remit la Peau de chagrin dans le cadre où elle avait été naguère enfermée ; et, après avoir décrit par une ligne d'encre rouge le contour actuel du talisman, il s'assit dans son fauteuil.

7865 — Déjà huit heures, s'écria-t-il. Cette journée a passé comme un songe.

Il s'accouda sur le bras du fauteuil, s'appuya la tête dans sa main gauche, et resta perdu dans une de ces méditations funèbres, dans ces pensées dévorantes dont le secret est
7870 emporté par les condamnés à mort.

— Ah ! Pauline, s'écria-t-il, pauvre enfant ! Il y a des abîmes que l'amour ne saurait franchir, malgré la force de ses ailes. En ce moment il entendit très distinctement un soupir

---

1 *axiome* : évidence.

étouffé, et reconnut par un des plus touchants privilèges de
7875 la passion le souffle de sa Pauline. — Oh ! se dit-il, voilà
mon arrêt. Si elle était là, je voudrais mourir dans ses bras.

Un éclat de rire bien franc, bien joyeux, lui fit tourner la
tête vers son lit, il vit à travers les rideaux diaphanes la figure
de Pauline souriant comme un enfant heureux d'une malice
7880 qui réussit ; ses beaux cheveux formaient des milliers de
boucles sur ses épaules ; elle était là semblable à une rose du
Bengale§ sur un monceau de roses blanches.

— J'ai séduit Jonathas, dit-elle. Ce lit ne m'appartient-il
pas, à moi qui suis ta femme ? Ne me gronde pas, chéri, je ne
7885 voulais que dormir près de toi, te surprendre. Pardonne-
moi cette folie. Elle sauta hors du lit par un mouvement de
chatte, se montra radieuse dans ses mousselines, et s'assit
sur les genoux de Raphaël : De quel abîme parlais-tu donc,
mon amour ? dit-elle en laissant voir sur son front une
7890 expression soucieuse.

— De la mort.

— Tu me fais mal, répondit-elle. Il y a certaines idées
auxquelles, nous autres, pauvres femmes, nous ne pouvons
nous arrêter, elles nous tuent. Est-ce force d'amour ou
7895 manque de courage ? Je ne sais. La mort ne m'effraie pas,
reprit-elle en riant. Mourir avec toi, demain matin, ensemble,
dans un dernier baiser, ce serait un bonheur. Il me semble
que j'aurais encore vécu plus de cent ans. Qu'importe le
nombre de jours, si, dans une nuit, dans une heure, nous
7900 avons épuisé toute une vie de paix et d'amour ?

— Tu as raison, le ciel parle par ta jolie bouche. Donne
que je la baise, et mourons, dit Raphaël.

— Mourons donc, répondit-elle en riant.

Vers les neuf heures du matin, le jour passait à travers
7905 les fentes des persiennes ; amoindri par la mousseline des
rideaux, il permettait encore de voir les riches couleurs du
tapis et les meubles soyeux de la chambre où reposaient les
deux amants. Quelques dorures étincelaient. Un rayon de

soleil venait mourir sur le mol édredon que les jeux
7910 de l'amour avaient jeté par terre. Suspendue à une grande
psyché[1], la robe de Pauline se dessinait comme une
vaporeuse apparition. Les souliers mignons avaient été
laissés loin du lit. Un rossignol vint se poser sur l'appui de
la fenêtre, ses gazouillements répétés, le bruit de ses ailes
7915 soudainement déployées quand il s'envola, réveillèrent
Raphaël.

— Pour mourir, dit-il en achevant une pensée com-
mencée dans son rêve, il faut que mon organisation, ce
mécanisme de chair et d'os animé par ma volonté, et qui fait
7920 de moi un individu *homme*, présente une lésion sensible.
Les médecins doivent connaître les symptômes de la vitalité
attaquée, et pouvoir me dire si je suis en santé ou malade.

Il contempla sa femme endormie qui lui tenait la tête,
exprimant ainsi pendant le sommeil les tendres sollicitudes
7925 de l'amour. Gracieusement étendue comme un jeune enfant
et le visage tourné vers lui, Pauline semblait le regarder
encore en lui tendant une jolie bouche entrouverte par un
souffle égal et pur. Ses petites dents de porcelaine relevaient
la rougeur de ses lèvres fraîches sur lesquelles errait un
7930 sourire ; l'incarnat[2] de son teint était vif, et la blancheur en
était pour ainsi dire plus blanche en ce moment qu'aux
heures les plus amoureuses de la journée. Son gracieux
abandon si plein de confiance mêlait au charme de l'amour
les adorables attraits de l'enfance endormie. Les femmes,
7935 même les plus naturelles, obéissent encore pendant le jour à
certaines conventions sociales qui enchaînent les naïves
expansions de leur âme ; mais le sommeil semble les rendre
à la soudaineté de vie qui décore le premier âge : Pauline
ne rougissait de rien, comme une de ces chères et célestes
7940 créatures chez qui la raison n'a encore jeté ni pensées dans
les gestes, ni secrets dans le regard. Son profil se détachait

---

1 *psyché* : miroir pivotant sur pied.
2 *incarnat* : rouge clair et vif.

vivement sur la fine batiste[§] des oreillers, de grosses ruches
de dentelle mêlées à ses cheveux en désordre lui donnaient
un petit air mutin ; mais elle s'était endormie dans le plaisir,
7945 ses longs cils étaient appliqués sur sa joue comme pour
garantir sa vue d'une lueur trop forte ou pour aider à ce
recueillement de l'âme quand elle essaie de retenir une
volupté parfaite, mais fugitive ; son oreille mignonne,
blanche et rouge, encadrée par une touffe de cheveux et
7950 dessinée dans une coque de malines[1], eût rendu fou d'amour
un artiste, un peintre, un vieillard, eût peut-être restitué la
raison à quelque insensé. Voir sa maîtresse endormie, rieuse
dans un songe, paisible sous votre protection, vous aimant
même en rêve, au moment où la créature semble cesser
7955 d'être, et vous offrant encore une bouche muette qui dans
le sommeil vous parle du dernier baiser ! voir une femme
confiante, demi-nue, mais enveloppée dans son amour
comme dans un manteau, et chaste au sein du désordre ;
admirer ses vêtements épars, un bas de soie rapidement
7960 quitté la veille pour vous plaire, une ceinture dénouée qui
vous accuse une foi infinie, n'est-ce pas une joie sans nom ?
Cette ceinture est un poème entier ; la femme qu'elle pro-
tégeait n'existe plus, elle vous appartient, elle est devenue
vous ; désormais la trahir, c'est se blesser soi-même. Raphaël
7965 attendri contempla cette chambre chargée d'amour, pleine
de souvenirs, où le jour prenait des teintes voluptueuses, et
revint à cette femme aux formes pures, jeunes, aimante encore, dont surtout les sentiments étaient à lui sans partage.
Il désira vivre toujours. Quand son regard tomba sur
7970 Pauline, elle ouvrit aussitôt les yeux comme si un rayon de
soleil l'eût frappée.

— Bonjour, ami, dit-elle en souriant. Es-tu beau,
méchant !

---

1 *coque de malines* : dentelle très fine, fabriquée à l'origine à Malines, en Flandre.

Ces deux têtes empreintes d'une grâce due à l'amour, à la jeunesse, au demi-jour et au silence formaient une de ces divines scènes dont la magie passagère n'appartient qu'aux premiers jours de la passion, comme la naïveté, la candeur sont les attributs de l'enfance. Hélas! ces joies printanières de l'amour, de même que les rires de notre jeune âge, doivent s'enfuir et ne plus vivre que dans notre souvenir pour nous désespérer ou nous jeter quelque parfum consolateur, selon les caprices de nos méditations secrètes.

— Pourquoi t'es-tu réveillée? dit Raphaël. J'avais tant de plaisir à te voir endormie, j'en pleurais.

— Et moi aussi, répondit-elle, j'ai pleuré cette nuit en te contemplant dans ton repos, mais non pas de joie. Écoute, mon Raphaël, écoute-moi! Lorsque tu dors, ta respiration n'est pas franche, il y a dans ta poitrine quelque chose qui résonne, et qui m'a fait peur. Tu as pendant ton sommeil une petite toux sèche, absolument semblable à celle de mon père qui meurt d'une phtisie.[§] J'ai reconnu dans le bruit de tes poumons quelques-uns des effets bizarres de cette maladie. Puis tu avais la fièvre, j'en suis sûre, ta main était moite et brûlante. Chéri! Tu es jeune, dit-elle en frissonnant, tu pourrais te guérir encore si, par malheur... Mais non, s'écria-t-elle joyeusement, il n'y a pas de malheur, la maladie se gagne, disent les médecins. De ses deux bras, elle enlaça Raphaël, saisit sa respiration par un de ces baisers dans lesquels l'âme arrive : — Je ne désire pas vivre vieille, dit-elle. Mourons jeunes tous deux, et allons dans le ciel les mains pleines de fleurs.

— Ces projets-là se font toujours quand nous sommes en bonne santé, répondit Raphaël en plongeant ses mains dans la chevelure de Pauline; mais il eut alors un horrible accès de toux, de ces toux graves et sonores qui semblent sortir d'un cercueil, qui font pâlir le front des malades et les laissent tremblants, tout en sueur, après avoir remué leurs nerfs, ébranlé leurs côtes, fatigué leur moelle épinière, et

imprimé je ne sais quelle lourdeur à leurs veines. Raphaël
8010 abattu, pâle, se coucha lentement, affaissé comme un
homme dont toute la force s'est dissipée dans un dernier
effort. Pauline le regarda d'un œil fixe, agrandi par la peur,
et resta immobile, blanche, silencieuse.

— Ne faisons plus de folies, mon ange, dit-elle en voulant
8015 cacher à Raphaël les horribles pressentiments qui l'agitaient.

Elle se voila la figure de ses mains, car elle apercevait le
hideux squelette de la MORT. La tête de Raphaël était devenue
livide et creuse comme un crâne arraché aux profondeurs
d'un cimetière pour servir aux études de quelque savant.
8020 Pauline se souvenait de l'exclamation échappée la veille à
Valentin, et se dit à elle-même : — Oui, il y a des abîmes que
l'amour ne peut pas traverser, mais il doit s'y ensevelir.

Quelques jours après cette scène de désolation, Raphaël
se trouva par une matinée du mois de mars assis dans un
8025 fauteuil, entouré de quatre médecins qui l'avaient fait placer
au jour devant la fenêtre de sa chambre, et tour à tour lui
tâtaient le pouls, le palpaient, l'interrogeaient avec une
apparence d'intérêt. Le malade épiait leurs pensées en interprétant et leurs gestes et les moindres plis qui se formaient
8030 sur leurs fronts. Cette consultation était sa dernière
espérance. Ces juges suprêmes allaient lui prononcer un
arrêt de vie ou de mort. Aussi, pour arracher à la science
humaine son dernier mot, Valentin avait-il convoqué les
oracles[1] de la médecine moderne. Grâce à sa fortune et à son
8035 nom, les trois systèmes entre lesquels flottent les connaissances humaines étaient là devant lui. Trois de ces docteurs
portaient avec eux toute la philosophie médicale, en représentant le combat que se livrent la Spiritualité, l'Analyse et
je ne sais quel Éclectisme[2] railleur. Le quatrième médecin
8040 était Horace Bianchon, homme plein d'avenir et de science,

---

1 *oracles* : les autorités, les grands noms.
2 *Éclectisme* : méthode philosophique recommandant de concilier les thèses des
meilleurs systèmes plutôt que d'en édifier un nouveau.

le plus distingué peut-être des nouveaux médecins, sage et modeste député de la studieuse jeunesse qui s'apprête à recueillir l'héritage des trésors amassés depuis cinquante ans par l'École de Paris, et qui bâtira peut-être le monument pour
8045 lequel les siècles précédents ont apporté tant de matériaux divers. Ami du marquis et de Rastignac, il lui avait donné ses soins depuis quelques jours, et l'aidait à répondre aux interrogations des trois professeurs auxquels il expliquait parfois, avec une sorte d'insistance, les diagnostics qui lui semblaient
8050 révéler une phtisie[§] pulmonaire.

— Vous avez sans doute fait beaucoup d'excès, mené une vie dissipée, vous vous êtes livré à de grands travaux d'intelligence ? dit à Raphaël celui des trois célèbres docteurs dont la tête carrée, la figure large, l'énergique organisation,
8055 paraissaient annoncer un génie supérieur à celui de ses deux antagonistes.

— J'ai voulu me tuer par la débauche après avoir travaillé pendant trois ans à un vaste ouvrage dont vous vous occuperez peut-être un jour, lui répondit Raphaël.
8060 Le grand docteur hocha la tête en signe de contentement, et comme s'il se fût dit en lui-même :

— J'en étais sûr !

Ce docteur était l'illustre Brisset, le chef des organistes[1], le successeur des Cabanis[2] et des Bichat[§], le médecin des esprits
8065 positifs et matérialistes, qui voit en l'homme un être fini, uniquement sujet aux lois de sa propre organisation, et dont l'état normal ou les anomalies délétères[3] s'expliquent par des causes évidentes.

À cette réponse, Brisset regarda silencieusement un
8070 homme de moyenne taille dont le visage empourpré, l'œil ardent semblaient appartenir à quelque satyre[4] antique, et

---

1 *organistes* : spécialistes des organes.
2 Pierre Jean Georges Cabanis (1757-1808). Médecin et philosophe français.
3 *délétères* : nocives, toxiques.
4 *satyre* : dans la mythologie grecque, démon champêtre et forestier.

qui, le dos appuyé sur le coin de l'embrasure, contemplait attentivement Raphaël sans mot dire. Homme d'exaltation et de croyance, le docteur Cavéristus, chef des vitalistes[1],

8075 poétique défenseur des doctrines abstraites de Van Helmont[2], voyait dans la vie humaine un principe élevé, un phénomène inexplicable qui se joue des bistouris, trompe la chirurgie, échappe aux médicaments de la pharmaceutique, aux x de l'algèbre, aux démonstrations de l'anatomie, et se

8080 rit de nos efforts; une espèce de flamme intangible, invisible, soumise à quelque loi divine, et qui reste souvent au milieu d'un corps condamné par nos arrêts, comme elle déserte aussi les organisations les plus viables.

Un sourire sardonique[§] errait sur les lèvres du troisième,

8085 le docteur Maugredie[3], esprit distingué, mais pyrrhonien[4] et moqueur, qui ne croyait qu'au scalpel, concédait à Brisset la mort d'un homme qui se portait à merveille, et reconnaissait avec Caméristus qu'un homme pouvait vivre encore après sa mort. Il trouvait du bon dans toutes les théories,

8090 n'en adoptait aucune, prétendait que le meilleur système médical était de n'en point avoir, et de s'en tenir aux faits. Panurge[§] de l'école, roi de l'observation, ce grand explorateur, ce grand railleur, l'homme des tentatives désespérées, examinait la Peau de chagrin.

8095 — Je voudrais bien être témoin de la coïncidence qui existe entre vos désirs et son rétrécissement, dit-il au marquis.

— À quoi bon? s'écria Brisset.

— À quoi bon? répéta Caméristus.

— Ah! vous êtes d'accord, répondit Maugredie.

---

1 *vitalistes*: partisans du vitalisme, une doctrine d'après laquelle il existe en tout individu un «principe vital» distinct de l'âme et de la matière.

2 Jan Baptist Van Helmont (1577-1644). Médecin et chimiste belge pour qui les fonctions de l'organisme étaient réglées par des principes vitaux immatériels appelés «archées». Sa philosophie était un mélange de science empirique et de mysticisme.

3 *Brisset, Caméristus, Maugredie*: personnages fictifs créés par Balzac à l'image de personnalités scientifiques connues.

4 *pyrrhonien*: sceptique.

8100   — Cette contraction est toute simple, ajouta Brisset.

— Elle est surnaturelle, dit Caméristus.

— En effet, répliqua Maugredie en affectant un air grave
et rendant à Raphaël sa Peau de chagrin, le racornissement
du cuir est un fait inexplicable et cependant naturel, qui,
8105 depuis l'origine du monde, fait le désespoir de la médecine
et des jolies femmes.

À force d'examiner les trois docteurs, Valentin ne découvrit en eux aucune sympathie pour ses maux. Tous trois,
silencieux à chaque réponse, le toisaient[1] avec indifférence
8110 et le questionnaient sans le plaindre. La nonchalance perçait
à travers leur politesse. Soit certitude, soit réflexion, leurs
paroles étaient si rares, si indolentes, que par moments
Raphaël les crut distraits. De temps à autre, Brisset seul
répondait : «Bon! bien!» à tous les symptômes déses-
8115 pérants dont l'existence était démontrée par Bianchon.
Caméristus demeurait plongé dans une profonde rêverie,
Maugredie ressemblait à un auteur comique étudiant deux
originaux pour les transporter fidèlement sur la scène. La
figure d'Horace trahissait une peine profonde, un atten-
8120 drissement plein de tristesse. Il était médecin depuis trop
peu de temps pour être insensible devant la douleur et
impassible près d'un lit funèbre ; il ne savait pas éteindre
dans ses yeux les larmes amies qui empêchent un homme de
voir clair et de saisir, comme un général d'armée, le moment
8125 propice à la victoire, sans écouter les cris des moribonds[§].
Après être restés pendant une demi-heure environ à prendre
en quelque sorte la mesure de la maladie et du malade,
comme un tailleur[§] prend la mesure d'un habit à un jeune
homme qui lui commande ses vêtements de noces, ils dirent
8130 quelques lieux communs, parlèrent même des affaires publiques ; puis ils voulurent passer dans le cabinet de Raphaël
pour se communiquer leurs idées et rédiger la sentence.

---

1 *toisaient* : observaient.

— Messieurs, leur dit Valentin, ne puis-je donc assister au débat ?

8135 À ces mots, Brisset et Maugredie se récrièrent vivement, et, malgré les instances de leur malade, ils se refusèrent à délibérer en sa présence. Raphaël se soumit à l'usage en pensant qu'il pouvait se glisser dans un couloir d'où il entendrait facilement les discussions médicales auxquelles
8140 les trois professeurs allaient se livrer.

— Messieurs, dit Brisset en entrant, permettez-moi de vous donner promptement mon avis. Je ne veux ni vous l'imposer, ni le voir controversé : d'abord il est net, précis, et résulte d'une similitude complète entre un de mes malades
8145 et le sujet que nous avons été appelés à examiner ; puis je suis attendu à mon hospice. L'importance du fait qui y réclame ma présence m'excusera de prendre le premier la parole. *Le sujet* qui nous occupe est également fatigué par des travaux intellectuels… Qu'a-t-il donc fait, Horace ? dit-
8150 il en s'adressant au jeune médecin.

— Une théorie de la volonté.

— Ah ! diable, mais c'est un vaste sujet. Il est fatigué, dis-je, par des excès de pensée, par des écarts de régime, par l'emploi répété de stimulants trop énergiques. L'action vio-
8155 lente du corps et du cerveau a donc vicié le jeu de tout l'organisme. Il est facile, messieurs, de reconnaître, dans les symptômes de la face et du corps, une irritation prodigieuse à l'estomac, la névrose du grand sympathique[1], la vive sensibilité de l'épigastre[2], et le resserrement des hypocondres[3].
8160 Vous avez remarqué la grosseur et la saillie du foie. Enfin monsieur Bianchon a constamment observé les digestions de son malade, et nous a dit qu'elles étaient difficiles, laborieuses. À proprement parler, il n'existe plus d'estomac ; l'homme a disparu. L'intellect est atrophié parce que l'homme

---

1 *grand sympathique* : système nerveux périphérique.

2 *épigastre* : région médiane et supérieure de l'abdomen, entre les côtes et l'estomac.

3 *hypocondres* : parties latérales de l'abdomen situées sous les fausses côtes.

8165 ne digère plus. L'altération progressive de l'épigastre, centre de la vie, a vicié tout le système. De là partent des irradiations constantes et flagrantes, le désordre a gagné le cerveau par le plexus nerveux, d'où l'irritation excessive de cet organe. Il y a monomanie[§]. Le malade est sous le poids d'une
8170 idée fixe. Pour lui cette Peau de chagrin se rétrécit réellement, peut-être a-t-elle toujours été comme nous l'avons vue ; mais, qu'il se contracte ou non, ce *chagrin* est pour lui la mouche que certain grand vizir[1] avait sur le nez. Mettez promptement des sangsues à l'épigastre, calmez l'irritation
8175 de cet organe où l'homme tout entier réside, tenez le malade au régime, la monomanie[§] cessera. Je n'en dirai pas davantage au docteur Bianchon ; il doit saisir l'ensemble et les détails du traitement. Peut-être y a-t-il complication de maladie, peut-être les voies respiratoires sont-elles égale-
8180 ment irritées ; mais je crois le traitement de l'appareil intestinal beaucoup plus important, plus nécessaire, plus urgent que n'est celui des poumons. L'étude tenace de matières abstraites et quelques passions violentes ont produit de graves perturbations dans ce mécanisme vital ; cependant
8185 il est temps encore d'en redresser les ressorts, rien n'y est trop fortement adultéré[2]. Vous pouvez donc facilement sauver votre ami, dit-il à Bianchon.

— Notre savant collègue prend l'effet pour la cause, répondit Caméristus. Oui, les altérations si bien observées
8190 par lui existent chez le malade, mais l'estomac n'a pas graduellement établi des irritations dans l'organisme et vers le cerveau, comme une fêlure étend autour d'elle des rayons dans une vitre. Il a fallu un coup pour trouer le vitrail ; ce coup, qui l'a porté ? Le savons-nous ? Avons-nous
8195 suffisamment observé le malade ? Connaissons-nous tous les accidents de sa vie ? Messieurs, le principe vital, l'*archée* de Van Helmont[§], est atteint en lui, la vitalité même est

---

1 *vizir* : membre du conseil, en Turquie.
2 *adultéré* : altéré, falsifié.

attaquée dans son essence, l'étincelle divine, l'intelligence transitoire qui sert comme de lien à la machine et qui pro-
8200 duit la volonté, la science de la vie, a cessé de régulariser les phénomènes journaliers du mécanisme et les fonctions de chaque organe ; de là proviennent les désordres si bien appréciés par mon docte confrère. Le mouvement n'est pas venu de l'épigastre au cerveau, mais du cerveau vers l'épi-
8205 gastre. Non, dit-il en se frappant avec force la poitrine, non, je ne suis pas un estomac fait homme ! Non, tout n'est pas là. Je ne me sens pas le courage de dire que si j'ai un bon épigastre, le reste est de forme. Nous ne pouvons pas, reprit-il plus doucement, soumettre à une même cause physique et
8210 à un traitement uniforme les troubles graves qui survien-nent chez les différents sujets plus ou moins sérieusement atteints. Aucun homme ne se ressemble. Nous avons tous des organes particuliers, diversement affectés, diversement nourris, propres à remplir des missions différentes, et à
8215 développer des thèmes nécessaires à l'accomplissement d'un ordre de choses qui nous est inconnu. La portion du grand tout, qui par une haute volonté vient opérer, entretenir en nous le phénomène de l'animation, se formule d'une manière distincte dans chaque homme, et fait de lui
8220 un être en apparence fini, mais qui par un point coexiste à une cause infinie. Aussi devons-nous étudier chaque sujet séparément, le pénétrer, reconnaître en quoi consiste sa vie, quelle en est la puissance. Depuis la mollesse d'une éponge mouillée jusqu'à la dureté d'une pierre ponce, il y a des
8225 nuances infinies. Voilà l'homme. Entre les organisations spongieuses[1] des lymphatiques[2] et la vigueur métallique des muscles de quelques hommes destinés à une longue vie, que d'erreurs ne commettra pas le système unique, implacable, de la guérison par l'abattement, par la prostration des forces
8230 humaines que vous supposez toujours irritées ! Ici donc, je

---

1 *spongieuses* : qui rappellent l'éponge.
2 *lymphatiques* : vaisseaux où circule la lymphe (liquide organique).

voudrais un traitement tout moral, un examen approfondi de l'être intime. Allons chercher la cause du mal dans les entrailles de l'âme et non dans les entrailles du corps ! Un médecin est un être inspiré, doué d'un génie particulier, à 8235 qui Dieu concède le pouvoir de lire dans la vitalité, comme il donne aux prophètes des yeux pour contempler l'avenir, au poète la faculté d'évoquer la nature, au musicien celle d'arranger les sons dans un ordre harmonieux dont le type est en haut, peut-être !...

8240 — Toujours sa médecine absolutiste, monarchique et religieuse, dit Brisset en murmurant.

— Messieurs, reprit promptement Maugredie en couvrant avec promptitude l'exclamation de Brisset, ne perdons pas de vue le malade...

8245 — Voilà donc où en est la science ! s'écria tristement Raphaël. Ma guérison flotte entre un rosaire et un chapelet de sangsues, entre le bistouri de Dupuytren[1] et la prière du prince de Hohenlohe[2] ! Sur la ligne qui sépare le fait de la parole, la matière de l'esprit, Maugredie est là, doutant. Le 8250 *oui* et *non* humain me poursuit partout ! Toujours le *Carymary, Carymara*[§] de Rabelais : je suis spirituellement malade, carymary ! ou matériellement malade, carymara ! Dois-je vivre ? Ils l'ignorent. Au moins Planchette était-il plus franc, en me disant : Je ne sais pas.

8255 En ce moment, Valentin entendit la voix du docteur Maugredie.

— Le malade est monomane[§], eh bien, d'accord, s'écria-t-il, mais il a deux cent mille livres de rente, ces monomanes[§]-là sont fort rares, et nous leur devons au moins un avis. 8260 Quant à savoir si son épigastre a réagi sur le cerveau, ou le cerveau sur son épigastre, nous pourrons peut-être vérifier le fait : quand il sera mort. Résumons-nous donc. Il est

---

1 Guillaume Dupuytren (1777-1835). Chirurgien de Louis XVIII et de Charles X.
2 Alexandre de Hohenlohe (1794-1850). Prêtre et jésuite allemand auteur d'une prière prétendument miraculeuse.

malade, le fait est incontestable. Il lui faut un traitement quelconque. Laissons les doctrines. Mettons-lui des sangsues 8265 pour calmer l'irritation intestinale et la névrose sur l'existence desquelles nous sommes d'accord, puis envoyons-le aux eaux : nous agirons à la fois d'après les deux systèmes. S'il est pulmonique[§], nous ne pouvons guère le sauver, ainsi…

Raphaël quitta promptement le couloir et vint se remet- 8270 tre dans son fauteuil. Bientôt les quatre médecins sortirent du cabinet. Horace porta la parole et lui dit : — Ces messieurs ont unanimement reconnu la nécessité d'une application immédiate de sangsues à l'estomac, et l'urgence d'un traitement à la fois physique et moral. D'abord un régime 8275 diététique, afin de calmer l'irritation de votre organisme.

Ici Brisset fit un signe d'approbation.

— Puis, un régime hygiénique pour régir votre moral. Ainsi nous vous conseillons unanimement d'aller aux eaux d'Aix en Savoie, ou à celles du Mont-Dore en Auvergne[1], si 8280 vous les préférez ; l'air et les sites de la Savoie sont plus agréables que ceux du Cantal, mais vous suivrez votre goût.

Là, le docteur Caméristus laissa échapper un geste d'assentiment.

— Ces messieurs, reprit Bianchon, ayant reconnu de 8285 légères altérations dans l'appareil respiratoire, sont tombés d'accord sur l'utilité de mes prescriptions antérieures. Ils pensent que votre guérison est facile et dépendra de l'emploi sagement alternatif de ces divers moyens… Et…

— Et voilà pourquoi votre fille est muette[2], dit Raphaël en 8290 souriant et en attirant Horace dans son cabinet pour lui remettre le prix de cette inutile consultation.

— Ils sont logiques, lui répondit le jeune médecin. Caméristus sent, Brisset examine, Maugredie doute. L'homme

---

1 *eaux d'Aix en Savoie* […] *Mont-Dore en Auvergne* : stations thermales (établissements où l'on utilise des eaux médicinales à des fins thérapeutiques).

2 *Et voilà pourquoi votre fille est muette* : allusion à une réplique célèbre du *Médecin malgré lui* de Molière, pièce qui fait une mordante satire de la médecine et de la fausse science.

n'a-t-il pas une âme, un corps et une raison ? L'une de ces
8295 trois causes premières agit en nous d'une manière plus ou
moins forte, et il y aura toujours de l'homme dans la
science humaine. Crois-moi, Raphaël, nous ne guérissons
pas, nous aidons à guérir. Entre la médecine de Brisset et
celle de Caméristus, se trouve encore la médecine expec-
8300 tante[1] ; mais pour pratiquer celle-ci avec succès, il faudrait
connaître son malade depuis dix ans. Il y a au fond de la
médecine négation comme dans toutes les sciences. Tâche
donc de vivre sagement, essaie d'un voyage en Savoie ; le
mieux est et sera toujours de se confier à la nature.

8305   Un mois après, au retour de la promenade et par une
belle soirée d'été, quelques-unes des personnes venues aux
eaux d'Aix se trouvèrent réunies dans les salons du Cercle.
Assis près d'une fenêtre et tournant le dos à l'assemblée,
Raphaël resta longtemps seul, plongé dans une de ces rêveries
8310 machinales durant lesquelles nos pensées naissent, s'enchaînent, s'évanouissent sans revêtir de formes, et passent en
nous comme de légers nuages à peine colorés. La tristesse
est alors douce, la joie est vaporeuse, et l'âme est presque
endormie. Se laissant aller à cette vie sensuelle, Valentin se
8315 baignait dans la tiède atmosphère du soir en savourant l'air
pur et parfumé des montagnes, heureux de ne sentir aucune
douleur et d'avoir enfin réduit au silence sa menaçante Peau
de chagrin. Au moment où les teintes rouges du couchant
s'éteignirent sur les cimes, la température fraîchit, il quitta
8320 sa place en poussant la fenêtre.

       —Monsieur, lui dit une vieille dame, auriez-vous la
complaisance de ne pas fermer la croisée ? Nous étouffons.

       Cette phrase déchira le tympan de Raphaël par ces disso-
nances d'une aigreur singulière ; elle fut comme le mot que
8325 lâche imprudemment un homme à l'amitié duquel nous
voulions croire, et qui détruit quelque douce illusion de

---

1 *expectante* : qui laisse agir la nature.

sentiment en trahissant un abîme d'égoïsme. Le marquis jeta sur la vieille femme le froid regard d'un diplomate impassible, il appela un valet et lui dit sèchement quand il
8330　arriva : — Ouvrez cette fenêtre !

À ces mots, une surprise insolite éclata sur tous les visages. L'assemblée se mit à chuchoter, en regardant le malade d'un air plus ou moins expressif, comme s'il eût commis quelque grave impertinence. Raphaël, qui n'avait pas entière-
8335　ment dépouillé sa primitive timidité de jeune homme, eut un mouvement de honte ; mais il secoua sa torpeur, reprit son énergie et se demanda compte à lui-même de cette scène étrange. Soudain un rapide mouvement anima son cerveau, le passé lui apparut dans une vision distincte où les
8340　causes du sentiment qu'il inspirait saillirent en relief comme les veines d'un cadavre chez lequel, par quelque savante injection, les naturalistes§ colorent les moindres ramifications ; il se reconnut lui-même dans ce tableau fugitif, y suivit son existence, jour par jour, pensée à pensée ; il s'y vit, non
8345　sans surprise, sombre et distrait au sein de ce monde rieur, toujours songeant à sa destinée, préoccupé de son mal, paraissant dédaigner la causerie la plus insignifiante, fuyant ces intimités éphémères qui s'établissent promptement entre les voyageurs parce qu'ils comptent sans doute ne plus
8350　se rencontrer ; peu soucieux des autres, et semblable enfin à ces rochers insensibles aux caresses comme à la furie des vagues. Puis, par un rare privilège d'intuition, il lut dans toutes les âmes : en découvrant sous la lueur d'un flambeau le crâne jaune, le profil sardonique§ d'un vieillard, il se rap-
8355　pela de lui avoir gagné son argent sans lui avoir proposé de prendre sa revanche ; plus loin il aperçut une jolie femme dont les agaceries l'avaient trouvé froid ; chaque visage lui reprochait un de ces torts inexplicables en apparence, mais dont le crime gît toujours dans une invisible blessure faite à
8360　l'amour-propre. Il avait involontairement froissé toutes les petites vanités qui gravitaient autour de lui. Les convives de

ses fêtes ou ceux auxquels il avait offert ses chevaux s'étaient irrités de son luxe ; surpris de leur ingratitude, il leur avait épargné ces espèces d'humiliations : dès lors ils s'étaient 8365 crus méprisés et l'accusaient d'aristocratie. En sondant ainsi les cœurs, il put en déchiffrer les pensées les plus secrètes ; il eut horreur de la société, de sa politesse, de son vernis. Riche et d'un esprit supérieur, il était envié, haï ; son silence trompait la curiosité, sa modestie semblait de la hauteur à 8370 ces gens mesquins et superficiels. Il devina le crime latent, irrémissible, dont il était coupable envers eux : il échappait à la juridiction de leur médiocrité. Rebelle à leur despotisme inquisiteur, il savait se passer d'eux ; pour se venger de cette royauté clandestine, tous s'étaient instinctivement ligués 8375 pour lui faire sentir leur pouvoir, le soumettre à quelque ostracisme[1], et lui apprendre qu'eux aussi pouvaient se passer de lui. Pris de pitié d'abord à cette vue du monde, il frémit bientôt en pensant à la souple puissance qui lui soulevait ainsi le voile de chair sous lequel est ensevelie la 8380 nature morale, et ferma les yeux comme pour ne plus rien voir. Tout à coup un rideau noir fut tiré sur cette sinistre fantasmagorie de vérité, mais il se trouva dans l'horrible isolement qui attend les puissances et les dominations. En ce moment, il eut un violent accès de toux. Loin de 8385 recueillir une seule de ces paroles indifférentes en apparence, mais qui du moins simulent une espèce de compassion polie chez les personnes de bonne compagnie rassemblées par hasard, il entendit des interjections hostiles et des plaintes murmurées à voix basse. La Société ne daignait même plus 8390 se grimer pour lui, parce qu'il la devinait peut-être. — Sa maladie est contagieuse. — Le président du Cercle devrait lui interdire l'entrée du salon. — En bonne police, il est vraiment défendu de tousser ainsi. — Quand un homme est aussi malade, il ne doit pas venir aux eaux. — Il me chassera d'ici.

---

1 *ostracisme* : exclusion.

8395 Raphaël se leva pour se dérober à la malédiction générale, et
      se promena dans l'appartement. Il voulut trouver une pro-
      tection, et revint près d'une jeune femme inoccupée à
      laquelle il médita d'adresser quelques flatteries ; mais, à son
      approche, elle lui tourna le dos, et feignit de regarder les
8400 danseurs. Raphaël craignit d'avoir déjà pendant cette soirée
      usé de son talisman ; il ne se sentit ni la volonté, ni le cou-
      rage d'entamer la conversation, quitta le salon et se réfugia
      dans la salle de billard. Là, personne ne lui parla, ne le salua,
      ne lui jeta le plus léger regard de bienveillance. Son esprit
8405 naturellement méditatif lui révéla, par une intussusception[1],
      la cause générale et rationnelle de l'aversion qu'il avait
      excitée. Ce petit monde obéissait, sans le savoir peut-être, à
      la grande loi qui régit la haute société, dont la morale
      implacable se développa tout entière aux yeux de Raphaël.
8410 Un regard rétrograde lui en montra le type complet en
      Fœdora. Il ne devait pas rencontrer plus de sympathie pour
      ses maux chez celle-ci, que pour ses misères de cœur chez
      celle-là. Le beau monde bannit de son sein les malheureux,
      comme un homme de santé vigoureuse expulse de son
8415 corps un principe morbifique[2]. Le monde abhorre[§] les dou-
      leurs et les infortunes, il les redoute à l'égal des contagions,
      il n'hésite jamais entre elles et les vices : le vice est un luxe.
      Quelque majestueux que soit un malheur, la société sait
      l'amoindrir, le ridiculiser par une épigramme[§] ; elle dessine
8420 des caricatures pour jeter à la tête des rois déchus les
      affronts qu'elle croit avoir reçus d'eux ; semblable aux
      jeunes Romaines du cirque, elle ne fait jamais grâce au gla-
      diateur qui tombe ; elle vit d'or et de moquerie ; *Mort aux
      faibles !* est le vœu de cette espèce d'ordre équestre institué
8425 chez toutes les nations de la terre, car il s'élève partout des
      riches, et cette sentence est écrite au fond des cœurs pétris

---

1 *intussusception* : terme de physiologie utilisé au sens figuré, comme synonyme
   d' «intuition».

2 *morbifique* : morbide, susceptible de causer une maladie.

par l'opulence ou nourris par l'aristocratie. Rassemblez-
vous des enfants dans un collège ? Cette image en raccourci
de la société, mais image d'autant plus vraie qu'elle est plus
8430   naïve et plus franche, vous offre toujours de pauvres ilotes[1],
créatures de souffrance et de douleur, incessamment placées
entre le mépris et la pitié : l'Évangile leur promet le ciel.
Descendez-vous plus bas sur l'échelle des êtres organisés ? Si
quelque volatile est endolori parmi ceux d'une basse-cour,
8435   les autres le poursuivent à coups de bec, le plument et l'assassinent. Fidèle à cette charte de l'égoïsme, le monde
prodigue ses rigueurs aux misères assez hardies pour venir
affronter ses fêtes, pour chagriner ses plaisirs. Quiconque
souffre de corps ou d'âme, manque d'argent ou de pouvoir,
8440   est un paria. Qu'il reste dans son désert ; s'il en franchit les
limites, il trouve partout l'hiver : froideur de regards,
froideur de manières, de paroles, de cœur ; heureux s'il ne
récolte pas l'insulte là où pour lui devait éclore une consolation. Mourants, restez sur vos lits désertés. Vieillards,
8445   soyez seuls à vos froids foyers. Pauvres filles sans dot, gelez
et brûlez dans vos greniers solitaires. Si le monde tolère un
malheur, n'est-ce pas pour le façonner à son usage, en tirer
profit, le bâter[2], lui mettre un mors[3], une housse, le monter,
en faire une joie ? Quinteuses[4] demoiselles de compagnie,
8450   composez-vous de gais visages ! Endurez les vapeurs[5] de
votre prétendue bienfaitrice ; portez ses chiens ; rivales de
ses griffons[6] anglais, amusez-la, devinez-la, puis taisez-vous !
Et toi, roi des valets sans livrée[§], parasite effronté, laisse ton
caractère à la maison ; digère comme digère ton amphitryon[§],
8455   pleure de ses pleurs, ris de son rire, tiens ses épigrammes[§]

---

1   *ilotes* : nom que les Spartiates donnaient à leurs esclaves, dans la Grèce antique.

2   *bâter* : mettre un harnais.

3   *mors* : pièce du harnais qui passe dans la bouche du cheval.

4   *Quinteuses* : capricieuses.

5   *vapeurs* : malaise provenant prétendument de senteurs dégagées par les *humeurs*
(anciennement : liquide organique du corps humain tels la bile, le pus, la sueur, etc.).

6   *griffons* : chiens de chasse à poils longs et broussailleux.

pour agréables ; si tu veux en médire, attends sa chute. Ainsi
le monde honore-t-il le malheur : il le tue ou le chasse, l'avilit
ou le châtre§.

8460 Ces réflexions sourdirent§ au cœur de Raphaël avec la
promptitude d'une inspiration poétique ; il regarda autour
de lui, et sentit ce froid sinistre que la société distille pour
éloigner les misères, et qui saisit l'âme encore plus vivement
que la bise de décembre ne glace le corps. Il se croisa les bras
sur la poitrine, s'appuya le dos à la muraille, et tomba dans
8465 une mélancolie profonde. Il songeait au peu de bonheur que
cette épouvantable police[1] procure au monde. Qu'était-ce ?
Des amusements sans plaisir, de la gaieté sans joie, des fêtes
sans jouissance, du délire sans volupté, enfin le bois ou les
cendres d'un foyer, mais sans une étincelle de flamme.
8470 Quand il releva la tête, il se vit seul, les joueurs avaient fui.
— Pour leur faire adorer ma toux, il me suffirait de leur
révéler mon pouvoir ! se dit-il. À cette pensée, il jeta le
mépris comme un manteau entre le monde et lui.

Le lendemain, le médecin des eaux vint le voir d'un air
8475 affectueux et s'inquiéta de sa santé. Raphaël éprouva un
mouvement de joie en entendant les paroles amies qui lui
furent adressées. Il trouva la physionomie du docteur empreinte de douceur et de bonté, les boucles de sa perruque
blonde respiraient la philanthropie§, la coupe de son habit
8480 carré, les plis de son pantalon, ses souliers larges comme
ceux d'un *quaker*[2], tout, jusqu'à la poudre circulairement
semée par sa petite queue sur son dos légèrement voûté,
trahissait un caractère apostolique[3], exprimait la charité
chrétienne et le dévouement d'un homme qui, par zèle pour
8485 ses malades, s'était astreint à jouer le whist[4] et le trictrac[5]
assez bien pour toujours gagner leur argent.

---

1 *police* : organisation politique.
2 *quaker* : membre d'un mouvement religieux prêchant la philanthropie et la simplicité.
3 *apostolique* : qui évoque les apôtres.
1 *whist* : jeu de cartes.
2 *trictrac* : jeu de dés.

— Monsieur le marquis, dit-il après avoir causé longtemps avec Raphaël, je vais sans doute dissiper votre tristesse. Maintenant, je connais assez votre constitution pour affirmer que les médecins de Paris, dont les grands talents me sont connus, se sont trompés sur la nature de votre maladie. À moins d'accident, monsieur le marquis, vous pouvez vivre la vie de Mathusalem[1]. Vos poumons sont aussi forts que des soufflets[§] de forge, et votre estomac ferait honte à celui d'une autruche; mais si vous restez dans une température élevée, vous risquez d'être très proprement et promptement mis en terre sainte. Monsieur le marquis va me comprendre en deux mots. La chimie a démontré que la respiration constitue chez l'homme une véritable combustion dont le plus ou moins d'intensité dépend de l'affluence ou de la rareté des principes phlogistiques[2] amassés par l'organisme particulier à chaque individu. Chez vous, le phlogistique abonde; vous êtes, s'il m'est permis de m'exprimer ainsi, suroxygéné par la complexion ardente des hommes destinés aux grandes passions. En respirant l'air vif et pur qui accélère la vie chez les hommes à fibre molle, vous aidez encore à une combustion déjà trop rapide. Une des conditions de votre existence est donc l'atmosphère épaisse des étables, des vallées. Oui, l'air vital de l'homme dévoré par le génie se trouve dans les gras pâturages de l'Allemagne, à Baden-Baden, à Tœplitz[3]. Si vous n'avez pas d'horreur de l'Angleterre, sa sphère brumeuse calmera votre incandescence; mais nos eaux situées à mille pieds au-dessus du niveau de la Méditerranée vous sont funestes. Tel est mon avis, dit-il en laissant échapper un geste de modestie; je le donne contre nos intérêts, puisque, si vous le suivez, nous aurons le malheur de vous perdre.

---

1 *Mathusalem*: personnage de l'Ancien Testament qui aurait vécu 969 ans.

2 *principes phlogistiques*: au XVIIIe siècle, on considérait que tout corps combustible contenait un certain matériau (ou principe) appelé le phlogistique.

3 *Baden-Baden* et *Tœplitz*: villes d'Allemagne réputées pour leur station thermale.

Sans ces derniers mots, Raphaël eût été séduit par la fausse bonhomie du mielleux médecin, mais il était trop profond observateur pour ne pas deviner à l'accent, au geste et au regard qui accompagnèrent cette phrase doucement railleuse[§], la mission dont le petit homme avait sans doute été chargé par l'assemblée de ses joyeux malades. Ces oisifs au teint fleuri, ces vieilles femmes ennuyées, ces Anglais nomades, ces petites-maîtresses[§] échappées à leurs maris et conduites aux eaux par leurs amants, entreprenaient donc d'en chasser un pauvre moribond[§] débile[§], chétif, en apparence incapable de résister à une persécution journalière. Raphaël accepta le combat en voyant un amusement dans cette intrigue.

— Puisque vous seriez désolé de mon départ, répondit-il au docteur, je vais essayer de mettre à profit votre bon conseil tout en restant ici. Dès demain, j'y ferai construire une maison où nous modifierons l'air suivant votre ordonnance.

Interprétant le sourire amèrement goguenard[§] qui vint errer sur les lèvres de Raphaël, le médecin se contenta de le saluer, sans trouver mot à lui dire.

Le lac du Bourget est une vaste coupe de montagnes tout ébréchée où brille, à sept ou huit cents pieds au-dessus de la Méditerranée, une goutte d'eau bleue comme ne l'est aucune eau dans le monde. Vu du haut de la Dent-du-Chat, ce lac est là comme une turquoise[1] égarée. Cette jolie goutte d'eau a neuf lieues de contour, et dans certains endroits près de cinq cents pieds de profondeur. Être là dans une barque au milieu de cette nappe[2] par un beau ciel, n'entendre que le bruit des rames, ne voir à l'horizon que des montagnes nuageuses, admirer les neiges étincelantes de la Maurienne[3] française, passer tour à tour des blocs de granit vêtus de velours par des fougères ou par des arbustes nains, à de

---

1 *turquoise* : pierre précieuse.
2 *nappe* : nappe d'eau.
3 *Maurienne* : grande vallée de Savoie servant de passage entre la France et l'Italie.

8550 riantes collines ; d'un côté le désert, de l'autre une riche
nature ; un pauvre assistant au dîner d'un riche ; ces harmonies et ces discordances composent un spectacle où tout est
grand, où tout est petit. L'aspect des montagnes change les
conditions de l'optique et de la perspective : un sapin de
8555 cent pieds vous semble un roseau, de larges vallées vous
apparaissent étroites autant que des sentiers. Ce lac est le
seul où l'on puisse faire une confidence de cœur à cœur. On
y pense et on y aime. En aucun endroit vous ne rencon-
treriez une plus belle entente entre l'eau, le ciel, les mon-
8560 tagnes et la terre. Il s'y trouve des baumes pour toutes les
crises de la vie. Ce lieu garde le secret des douleurs, il les
console, les amoindrit, et jette dans l'amour je ne sais quoi
de grave, de recueilli, qui rend la passion plus profonde, plus
pure. Un baiser s'y agrandit. Mais c'est surtout le lac des
8565 souvenirs ; il les favorise en leur donnant la teinte de
ses ondes, miroir où tout vient se réfléchir. Raphaël ne sup-
portait son fardeau qu'au milieu de ce beau paysage ; il y
pouvait rester indolent, songeur et sans désirs. Après la visite
du docteur, il alla se promener et se fit débarquer à la pointe
8570 déserte d'une jolie colline sur laquelle est situé le village de
Saint-Innocent. De cette espèce de promontoire, la vue
embrasse les monts de Bugey[1], au pied desquels coule le
Rhône[2], et le fond du lac ; mais de là Raphaël aimait à
contempler, sur la rive opposée, l'abbaye mélancolique de
8575 Haute-Combe[3], sépulture des rois de Sardaigne[4] prosternés
devant les montagnes comme des pèlerins arrivés au terme
de leur voyage. Un frissonnement égal et cadencé de rames
troubla le silence de ce paysage et lui prêta une voix monotone, semblable aux psalmodies[5] des moines. Étonné de

---

1 *Bugey* : région de l'est de la France.
2 *Rhône* : fleuve de France et de Suisse. Le plus puissant des fleuves français.
3 *Haute-Combe* : célèbre monastère de Savoie, construit au xiie siècle.
4 *Sardaigne* : île du nord de l'Italie.
5 *psalmodies* : manière qu'ont les moines de chanter les psaumes (poèmes religieux).

8580 rencontrer des promeneurs dans cette partie du lac ordinairement solitaire, le marquis examina, sans sortir de sa
rêverie, les personnes assises dans la barque, et reconnut à
l'arrière la vieille dame qui l'avait si durement interpellé la
veille. Quand le bateau passa devant Raphaël, il ne fut salué
8585 que par la demoiselle de compagnie de cette dame, pauvre
fille noble qu'il lui semblait voir pour la première fois. Déjà,
depuis quelques instants, il avait oublié les promeneurs,
promptement disparus derrière le promontoire, lorsqu'il
entendit près de lui le frôlement d'une robe et le bruit
8590 de pas légers. En se retournant, il aperçut la demoiselle de
compagnie ; à son air contraint[1], il devina qu'elle voulait lui
parler, et s'avança vers elle. Âgée d'environ trente-six ans,
grande et mince, sèche et froide, elle était, comme toutes
les vieilles filles, assez embarrassée de son regard, qui ne
8595 s'accordait plus avec une démarche indécise, gênée, sans
élasticité. Tout à la fois vieille et jeune, elle exprimait par
une certaine dignité de maintien le haut prix qu'elle
attachait à ses trésors et à ses perfections. Elle avait d'ailleurs
les gestes discrets et monastiques des femmes habituées à
8600 se chérir elles-mêmes, sans doute pour ne pas faillir à leur
destinée d'amour.

— Monsieur, votre vie est en danger, ne venez plus au
Cercle, dit-elle à Raphaël en faisant quelques pas en arrière,
comme si déjà sa vertu se trouvait compromise.

8605 — Mais, mademoiselle, répondit Valentin en souriant, de
grâce expliquez-vous plus clairement, puisque vous avez
daigné venir jusqu'ici.

— Ah ! reprit-elle, sans le puissant motif qui m'amène, je
n'aurais pas risqué d'encourir la disgrâce de madame la
8610 comtesse, car si elle savait jamais que je vous ai prévenu…

— Et qui le lui dirait, mademoiselle ? s'écria Raphaël.

---

1 *contraint* : embarrassé, gêné.

— C'est vrai, répondit la vieille fille en lui jetant le regard tremblotant d'une chouette mise au soleil. Mais pensez à vous, reprit-elle, plusieurs jeunes gens qui veulent vous 8615 chasser des eaux se sont promis de vous provoquer, de vous forcer à vous battre en duel.

La voix de la vieille dame retentit dans le lointain.

— Mademoiselle, dit le marquis, ma reconnaissance…

Sa protectrice s'était déjà sauvée en entendant la voix de 8620 sa maîtresse qui, derechef[§], glapissait[1] dans les rochers.

— Pauvre fille ! Les misères s'entendent et se secourent toujours, pensa Raphaël en s'asseyant au pied de son arbre.

La clef de toutes les sciences est sans contredit le point d'interrogation, nous devons la plupart des grandes 8625 découvertes au : Comment ? et la sagesse dans la vie consiste peut-être à se demander à tout propos : Pourquoi ? Mais aussi cette factice prescience[2] détruit-elle nos illusions. Ainsi Valentin ayant pris, sans préméditation de philosophie, la bonne action de la vieille fille pour texte de ses pensées 8630 vagabondes, la trouva pleine de fiel.

— Que je sois aimé d'une demoiselle de compagnie, se dit-il, il n'y a rien là d'extraordinaire : j'ai vingt-sept ans, un titre et deux cent mille livres de rente ! Mais que sa maî-tresse, qui dispute aux chattes la palme de l'hydrophobie[3], 8635 l'ait menée en bateau, près de moi, n'est-ce pas chose étrange et merveilleuse ? Ces deux femmes venues en Savoie pour y dormir comme des marmottes, et qui demandent à midi s'il est jour, se seraient levées avant huit heures aujour-d'hui pour faire du hasard en se mettant à ma poursuite ?

8640 Bientôt cette vieille fille et son ingénuité quadragénaire fut à ses yeux une nouvelle transformation de ce monde arti-ficieux et taquin, une ruse mesquine, un complot maladroit,

---

1 *glapissait* : criait, d'une voix aiguë.
2 *factice prescience* : faux pressentiment.
3 *hydrophobie* : peur de l'eau.

une pointillerie[1] de prêtre ou de femme. Le duel était-il une fable, ou voulait-on seulement lui faire peur ? Insolentes et
8645 tracassières[2] comme des mouches, ces âmes étroites avaient réussi à piquer sa vanité, à réveiller son orgueil, à exciter sa curiosité. Ne voulant ni devenir leur dupe[§], ni passer pour un lâche, et amusé peut-être par ce petit drame, il vint au Cercle le soir même. Il se tint debout, accoudé sur le marbre
8650 de la cheminée, et resta tranquille au milieu du salon principal, en s'étudiant à ne donner aucune prise sur lui ; mais il examinait les visages, et défiait en quelque sorte l'assemblée par sa circonspection[3]. Comme un dogue[4] sûr de sa force, il attendait le combat chez lui, sans aboyer inutilement. Vers la
8655 fin de la soirée, il se promena dans le salon de jeu, en allant de la porte d'entrée à celle du billard, où il jetait de temps à autre un coup d'œil aux jeunes gens qui y faisaient une partie. Après quelques tours, il s'entendit nommer par eux. Quoiqu'ils parlassent à voix basse, Raphaël devina facile-
8660 ment qu'il était devenu l'objet d'un débat, et finit par saisir quelques phrases dites à haute voix. — Toi ? — Oui, moi ! — Je t'en défie ! — Parions ! — Oh ! il ira. Au moment où Valentin, curieux de connaître le sujet du pari, s'arrêta pour écouter attentivement la conversation, un jeune homme
8665 grand et fort, de bonne mine, mais ayant le regard fixe et impertinent des gens appuyés sur quelque pouvoir matériel, sortit du billard.

— Monsieur, dit-il d'un ton calme, en s'adressant à Raphaël, je me suis chargé de vous apprendre une chose
8670 que vous semblez ignorer : votre figure et votre personne déplaisent ici à tout le monde, et à moi en particulier ; vous êtes trop poli pour ne pas vous sacrifier au bien général, et je vous prie de ne plus vous présenter au Cercle.

---

1 *pointillerie* : contestation sur des riens, enfantillage.
2 *tracassières* : qui se plaisent à tracasser les gens.
3 *circonspection* : réserve, retenue.
4 *dogue* : chien de garde au visage trapu (bouledogue, carlin, etc.).

— Monsieur, cette plaisanterie, déjà faite sous l'Empire dans plusieurs garnisons, est devenue aujourd'hui de fort mauvais ton, répondit froidement Raphaël.

— Je ne plaisante pas, reprit le jeune homme, je vous le répète : Votre santé souffrirait beaucoup de votre séjour ici : la chaleur, les lumières, l'air du salon, la compagnie nuisent à votre maladie.

— Où avez-vous étudié la médecine ? demanda Raphaël.

— Monsieur, j'ai été reçu bachelier au tir de Lepage à Paris, et docteur chez Cérisier, le roi du fleuret.

— Il vous reste un dernier grade à prendre, répliqua Valentin, étudiez le Code de la politesse, vous serez un parfait gentilhomme.

En ce moment les jeunes gens, souriant ou silencieux, sortirent du billard. Les autres joueurs, devenus attentifs, quittèrent leurs cartes pour écouter une querelle qui réjouissait leurs passions. Seul au milieu de ce monde ennemi, Raphaël tâcha de conserver son sang-froid et de ne pas se donner le moindre tort ; mais son antagoniste s'étant permis un sarcasme où l'outrage s'enveloppait dans une forme éminemment incisive et spirituelle, il lui répondit gravement : — Monsieur, il n'est plus permis aujourd'hui de donner un soufflet[§] à un homme, mais je ne sais de quel mot flétrir une conduite aussi lâche que la vôtre.

— Assez ! assez ! Vous vous expliquerez demain, dirent plusieurs jeunes gens qui se jetèrent entre les deux champions.

Raphaël sortit du salon, passant pour l'offenseur, ayant accepté un rendez-vous près du château de Bordeau, dans une petite prairie en pente, non loin d'une route nouvellement percée par où le vainqueur pouvait gagner Lyon. Raphaël devait nécessairement ou garder le lit ou quitter les eaux d'Aix. La société triomphait. Le lendemain, sur les huit heures du matin, l'adversaire de Raphaël, suivi de deux témoins et d'un chirurgien, arriva le premier sur le terrain.

— Nous serons très bien ici et il fait un temps superbe pour se battre, s'écria-t-il gaiement en regardant la voûte
8710 bleue du ciel, les eaux du lac et les rochers sans la moindre arrière-pensée de doute ni de deuil. Si je le touche à l'épaule, dit-il en continuant, le mettrai-je bien au lit pour un mois, hein ! docteur ?

— Au moins, répondit le chirurgien. Mais laissez ce petit
8715 saule tranquille ; autrement vous vous fatigueriez la main, et ne seriez plus maître de votre coup. Vous pourriez tuer votre homme au lieu de le blesser.

Le bruit d'une voiture se fit entendre.

— Le voici, dirent les témoins qui bientôt aperçurent
8720 dans la route une calèche de voyage attelée de quatre chevaux et menée par deux postillons[1].

— Quel singulier genre ! s'écria l'adversaire de Valentin, il vient se faire tuer en poste.

À un duel comme au jeu, les plus légers incidents influent
8725 sur l'imagination des acteurs fortement intéressés au succès d'un coup ; aussi le jeune homme attendit-il avec une sorte d'inquiétude l'arrivée de cette voiture qui resta sur la route. Le vieux Jonathas en descendit lourdement le premier pour aider Raphaël à sortir ; il le soutint de ses bras débiles[§], en
8730 déployant pour lui les soins minutieux qu'un amant prodigue à sa maîtresse. Tous deux se perdirent dans les sentiers qui séparaient la grande route de l'endroit désigné pour le combat, et ne reparurent que longtemps après : ils allaient lentement. Les quatre spectateurs de cette scène
8735 singulière éprouvèrent une émotion profonde à l'aspect de Valentin appuyé sur le bras de son serviteur : pâle et défait, il marchait en goutteux[2], baissait la tête et ne disait mot. Vous eussiez dit de deux vieillards également détruits, l'un par le temps, l'autre par la pensée ; le premier avait son âge
8740 écrit sur ses cheveux blancs, le jeune n'avait plus d'âge.

---

1 *postillons* : conducteurs, cochers.
2 *goutteux* : qui a la goutte (poussées inflammatoires autour des articulations).

— Monsieur, je n'ai pas dormi, dit Raphaël à son adversaire.

Cette parole glaciale et le regard terrible qui l'accompagna firent tressaillir le véritable provocateur, il eut la conscience de son tort et une honte secrète de sa conduite. Il y avait dans l'attitude, dans le son de voix et le geste de Raphaël quelque chose d'étrange. Le marquis fit une pause, et chacun imita son silence. L'inquiétude et l'attention étaient au comble.

— Il est encore temps, reprit-il, de me donner une légère satisfaction ; mais donnez-la-moi, monsieur, sinon vous allez mourir. Vous comptez en ce moment sur votre habileté, sans reculer à l'idée d'un combat où vous croyez avoir tout l'avantage. Eh bien, monsieur, je suis généreux, je vous préviens de ma supériorité. Je possède une terrible puissance. Pour anéantir votre adresse, pour voiler vos regards, faire trembler vos mains et palpiter votre cœur, pour vous tuer même, il me suffit de le désirer. Je ne veux pas être obligé d'exercer mon pouvoir, il me coûte trop cher d'en user. Vous ne serez pas le seul à mourir. Si donc vous vous refusez à me présenter des excuses, votre balle ira dans l'eau de cette cascade malgré votre habitude de l'assassinat, et la mienne droit à votre cœur sans que je le vise.

En ce moment des voix confuses interrompirent Raphaël. En prononçant ces paroles, le marquis avait constamment dirigé sur son adversaire l'insupportable clarté de son regard fixe, il s'était redressé en montrant un visage impassible, semblable à celui d'un fou méchant.

— Fais-le taire, avait dit le jeune homme à son témoin, sa voix me tord les entrailles !

— Monsieur, cessez. Vos discours sont inutiles, crièrent à Raphaël le chirurgien et les témoins.

— Messieurs, je remplis un devoir. Ce jeune homme a-t-il des dispositions à prendre ?

— Assez, assez !

8775 Le marquis resta debout, immobile, sans perdre un instant de vue son adversaire qui, dominé par une puissance presque magique, était comme un oiseau devant un serpent : contraint de subir ce regard homicide, il le fuyait, il revenait sans cesse.

8780 — Donne-moi de l'eau, j'ai soif, dit-il à son témoin.

— As-tu peur ?

— Oui, répondit-il. L'œil de cet homme est brûlant et me fascine.

— Veux-tu lui faire des excuses ?

8785 — Il n'est plus temps.

Les deux adversaires furent placés à quinze pas l'un de l'autre. Ils avaient chacun près d'eux une paire de pistolets, et, suivant le programme de cette cérémonie, ils devaient tirer deux coups à volonté, mais après le signal donné par les 8790 témoins.

— Que fais-tu, Charles ? cria le jeune homme qui servait de second à l'adversaire de Raphaël, tu prends la balle avant la poudre.

— Je suis mort, répondit-il en murmurant, vous m'avez 8795 mis en face du soleil.

— Il est derrière vous, lui dit Valentin d'une voix grave et solennelle en chargeant son pistolet lentement sans s'inquiéter ni du signal donné, ni du soin avec lequel l'ajustait son adversaire.

8800 Cette sécurité surnaturelle avait quelque chose de terrible qui saisit même les deux postillons§ amenés là par une curiosité cruelle. Jouant avec son pouvoir, ou voulant l'éprouver, Raphaël parlait à Jonathas et le regardait au moment où il essuya le feu de son ennemi. La balle de 8805 Charles alla briser une branche de saule, et ricocha sur l'eau. En tirant au hasard, Raphaël atteignit son adversaire au cœur, et, sans faire attention à la chute de ce jeune homme, il chercha promptement la Peau de chagrin pour voir ce que

lui coûtait une vie humaine. Le talisman n'était plus grand
8810 que comme une petite feuille de chêne.

— Eh bien, que regardez-vous donc là, postillons[§] ? En
route, dit le marquis.

Arrivé le soir même en France[1], il prit aussitôt la route
d'Auvergne, et se rendit aux eaux du Mont-Dore. Pendant
8815 ce voyage, il lui surgit au cœur une de ces pensées soudaines
qui tombent dans notre âme comme un rayon de soleil à
travers d'épais nuages sur quelque obscure vallée. Tristes
lueurs, sagesses implacables ! Elles illuminent les événements accomplis, nous dévoilent nos fautes et nous laissent
8820 sans pardon devant nous-mêmes. Il pensa tout à coup que
la possession du pouvoir, quelque immense qu'il pût être, ne
donnait pas la science de s'en servir. Le sceptre[2] est un jouet
pour un enfant, une hache pour Richelieu[3], et pour
Napoléon un levier à faire pencher le monde. Le pouvoir
8825 nous laisse tels que nous sommes et ne grandit que les
grands. Raphaël avait pu tout faire, il n'avait rien fait.

Aux eaux du Mont-Dore, il retrouva ce monde qui toujours s'éloignait de lui avec l'empressement que les animaux
mettent à fuir un des leurs, étendu mort, après l'avoir flairé
8830 de loin. Cette haine était réciproque. Sa dernière aventure
lui avait donné une aversion profonde pour la société.
Aussi son premier soin fut-il de chercher un asile écarté aux
environs des eaux. Il sentait instinctivement le besoin de se
rapprocher de la nature, des émotions vraies et de cette vie
8835 végétative à laquelle nous nous laissons si complaisamment
aller au milieu des champs. Le lendemain de son arrivée, il
gravit, non sans peine, le pic de Sancy, et visita les vallées
supérieures, les sites aériens, les lacs ignorés, les rustiques
chaumières des Monts-Dore, dont les âpres et sauvages

1 La Savoie ne sera annexée à la France qu'en 1860.
2 *sceptre* : bâton de commandement, symbole d'une autorité suprême.
3 Armand Jean du Plessis, cardinal, duc de Richelieu (1585-1642). Homme religieux
   et politique français. Il n'hésita pas à faire décapiter ceux qui s'opposaient à lui.

8840 attraits commencent à tenter les pinceaux de nos artistes. Parfois, il se rencontre là d'admirables paysages pleins de grâce et de fraîcheur qui contrastent vigoureusement avec l'aspect sinistre de ces montagnes désolées. À peu près à une demi-lieue du village, Raphaël se trouva dans un endroit où,
8845 coquette et joyeuse comme un enfant, la nature semblait avoir pris plaisir à cacher des trésors ; en voyant cette retraite pittoresque et naïve, il résolut d'y vivre. La vie devait y être tranquille, spontanée, frugiforme[1] comme celle d'une plante.

8850   Figurez-vous un cône renversé, mais un cône de granit largement évasé, espèce de cuvette dont les bords étaient morcelés par des anfractuosités[2] bizarres : ici des tables droites sans végétation, unies, bleuâtres, et sur lesquelles les rayons solaires glissaient comme sur un miroir ; là des
8855 rochers entamés par des cassures, ridés par des ravins, d'où pendaient des quartiers de lave dont la chute était lentement préparée par les eaux pluviales, et souvent couronnés de quelques arbres rabougris que torturaient les vents ; puis çà et là, des redans[3] obscurs et frais d'où s'élevait un bouquet
8860 de châtaigniers hauts comme des cèdres, ou des grottes jaunâtres qui ouvraient une bouche noire et profonde, palissée[4] de ronces, de fleurs, et garnie d'une langue de verdure. Au fond de cette coupe, peut-être l'ancien cratère d'un volcan, se trouvait un étang dont l'eau pure avait l'éclat du diamant.
8865 Autour de ce bassin profond, bordé de granit, de saules, de glaïeuls, de frênes, et de mille plantes aromatiques alors en fleurs, régnait une prairie verte comme un boulingrin[5] anglais ; son herbe fine et jolie était arrosée par les infiltrations qui ruisselaient entre les fentes des rochers, et engraissée par

---

1 *frugiforme* : au sens de «vie tranquille, comme celle d'un fruit».
2 *anfractuosités* : cavités profondes et irrégulières.
3 *redans* : saillies, protubérances, bosses.
4 *palissée* : tapissée.
5 *boulingrin* : parterre de gazon.

8870 les dépouilles végétales que les orages entraînaient sans cesse des hautes cimes vers le fond. Irrégulièrement taillé en dents de loup comme le bas d'une roche, l'étang pouvait avoir trois arpents d'étendue ; selon les rapprochements des rochers et de l'eau, la prairie avait un arpent ou deux de 8875 largeur ; en quelques endroits, à peine restait-il assez de place pour le passage des vaches. À une certaine hauteur, la végétation cessait. Le granit affectait dans les airs les formes les plus bizarres, et contractait ces teintes vaporeuses qui donnent aux montagnes élevées de vagues ressemblances 8880 avec les nuages du ciel. Au doux aspect du vallon ces rochers nus et pelés§ opposaient les sauvages et stériles images de la désolation, des éboulements à craindre, des formes si capricieuses que l'une de ces roches est nommée *le Capucin* tant elle ressemble à un moine. Parfois ces aiguilles pointues, 8885 ces piles audacieuses, ces cavernes aériennes s'illuminaient tour à tour, suivant le cours du soleil ou les fantaisies de l'atmosphère, et prenaient les nuances de l'or, se teignaient de pourpre, devenaient d'un rose vif, ou ternes ou grises. Ces hauteurs offraient un spectacle continuel et changeant 8890 comme les reflets irisés de la gorge des pigeons. Souvent, entre deux lames de lave que vous eussiez dit séparées par un coup de hache, un beau rayon de lumière pénétrait, à l'aurore ou au coucher du soleil, jusqu'au fond de cette riante corbeille où il se jouait dans les eaux du bassin, semblable 8895 à la raie d'or qui perce la fente d'un volet et traverse une chambre espagnole, soigneusement close pour la sieste. Quand le soleil planait au-dessus du vieux cratère, rempli d'eau par quelque révolution antédiluvienne, les flancs rocailleux s'échauffaient, l'ancien volcan s'allumait, et sa 8900 rapide chaleur réveillait les germes, fécondait la végétation, colorait les fleurs, et mûrissait les fruits de ce petit coin de terre ignoré. Lorsque Raphaël y parvint, il aperçut quelques vaches paissant dans la prairie ; après avoir fait quelques pas vers l'étang, il vit, à l'endroit où le terrain avait le plus de

8905 largeur, une modeste maison bâtie en granit et couverte
en bois. Le toit de cette espèce de chaumière, en harmonie
avec le site, était orné de mousses, de lierres et de fleurs
qui trahissaient une haute antiquité. Une fumée grêle, dont
les oiseaux ne s'effrayaient plus, s'échappait de la cheminée
8910 en ruine. À la porte, un grand banc était placé entre deux
chèvrefeuilles énormes, rouges de fleurs et qui embaumaient. À peine voyait-on les murs sous les pampres[1] de la
vigne et sous les guirlandes de roses et de jasmin qui crois-
saient à l'aventure et sans gêne. Insouciants de cette parure
8915 champêtre, les habitants n'en avaient nul soin, et laissaient à
la nature sa grâce vierge et lutine[§]. Des langes accrochés à un
groseillier séchaient au soleil. Il y avait un chat accroupi sur
une machine à teiller[2] le chanvre, et dessous, un chaudron
jaune, récemment récuré, gisait au milieu de quelques
8920 pelures de pommes de terre. De l'autre côté de la maison,
Raphaël aperçut une clôture d'épines sèches, destinée sans
doute à empêcher les poules de dévaster les fruits et le
potager. Le monde paraissait finir là. Cette habitation ressemblait à ces nids d'oiseaux ingénieusement fixés au creux
8925 d'un rocher, pleins d'art et de négligence tout ensemble.
C'était une nature naïve et bonne, une rusticité vraie, mais
poétique, parce qu'elle florissait à mille lieues de nos poésies
peignées, n'avait d'analogie avec aucune idée, ne procédait
que d'elle-même, vrai triomphe du hasard. Au moment où
8930 Raphaël arriva, le soleil jetait ses rayons de droite à gauche,
et faisait resplendir les couleurs de la végétation, mettait en
relief ou décorait des prestiges de la lumière, des oppositions de l'ombre, les fonds jaunes et grisâtres des rochers, les
différents verts des feuillages, les masses bleues, rouges ou
8935 blanches des fleurs, les plantes grimpantes et leurs cloches,
le velours chatoyant des mousses, les grappes purpurines[3] de

---

1 *pampres* : branches de vignes avec leurs feuilles et leurs grappes.

2 *teiller* : débarrasser le chanvre de sa teille (écorce de la tige) pour fabriquer de la corde.

3 *purpurines* : de couleur pourpre (rouge vif).

la bruyère, mais surtout la nappe d'eau claire où se réfléchissaient fidèlement les cimes granitiques, les arbres, la maison et le ciel. Dans ce tableau délicieux, tout avait son lustre, depuis le mica brillant jusqu'à la touffe d'herbes blondes cachée dans un doux clair-obscur; tout y était harmonieux à voir : et la vache tachetée au poil luisant, et les fragiles fleurs aquatiques étendues comme des franges qui pendaient au-dessus de l'eau dans un enfoncement où bourdonnaient des insectes vêtus d'azur ou d'émeraude, et les racines d'arbres, espèces de chevelures sablonneuses qui couronnaient une informe figure en cailloux. Les tièdes senteurs des eaux, des fleurs et des grottes qui parfumaient ce réduit[§] solitaire, causèrent à Raphaël une sensation presque voluptueuse. Le silence majestueux qui régnait dans ce bocage[§], oublié peut-être sur les rôles[1] du percepteur, fut interrompu tout à coup par les aboiements de deux chiens. Les vaches tournèrent la tête vers l'entrée du vallon, montrèrent à Raphaël leurs mufles humides, et se mirent à brouter après l'avoir stupidement contemplé. Suspendus dans les rochers comme par magie, une chèvre et son chevreau cabriolèrent et vinrent se poser sur une table de granit près de Raphaël, en paraissant l'interroger. Les jappements des chiens attirèrent au-dehors un gros enfant qui resta béant, puis un vieillard en cheveux blancs et de moyenne taille. Ces deux êtres étaient en rapport avec le paysage, avec l'air, les fleurs, la maison. La santé débordait dans cette nature plantureuse, la vieillesse et l'enfance y étaient belles; enfin il y avait dans tous ces types d'existence un laisser-aller primordial, une routine de bonheur qui donnait un démenti à nos capucinades[2] philosophiques, et guérissait le cœur de ses passions boursouflées. Le vieillard appartenait aux modèles affectionnés par les mâles pinceaux

---

1 *rôles* : terme de droit désignant les listes d'impôts.
2 *capucinades* : discours de morale banals et ennuyeux.

de Schnetz[1]; c'était un visage brun dont les rides nombreuses paraissaient rudes au toucher, un nez droit, des pommettes saillantes et veinées de rouge comme une vieille feuille de vigne, des contours anguleux, tous les caractères de la force, même là où la force avait disparu; ses mains calleuses[2], quoiqu'elles ne travaillassent plus, conservaient un poil blanc et rare; son attitude d'homme vraiment libre faisait pressentir qu'en Italie il serait peut-être devenu brigand par amour pour sa précieuse liberté. L'enfant, véritable montagnard, avait des yeux noirs qui pouvaient envisager le soleil sans cligner, un teint de bistre[3], des cheveux bruns en désordre. Il était leste et décidé, naturel dans ses mouvements comme un oiseau; mal vêtu, il laissait voir une peau blanche et fraîche à travers les déchirures de ses habits. Tous deux restèrent debout en silence, l'un près de l'autre, mus par le même sentiment, offrant sur leur physionomie la preuve d'une identité parfaite dans leur vie également oisive. Le vieillard avait épousé les jeux de l'enfant et l'enfant l'humeur du vieillard, par une espèce de pacte entre deux faiblesses, entre une force près de finir et une force près de se déployer. Bientôt une femme âgée d'environ trente ans apparut sur le seuil de la porte. Elle filait en marchant. C'était une Auvergnate[4], haute en couleur, l'air réjoui, franche, à dents blanches, figure de l'Auvergne, taille d'Auvergne, coiffure, robe de l'Auvergne, seins rebondis de l'Auvergne, et son parler; une idéalisation complète du pays, mœurs laborieuses, ignorance, économie, cordialité, tout y était.

Elle salua Raphaël, ils entrèrent en conversation; les chiens s'apaisèrent, le vieillard s'assit sur un banc au soleil, et l'enfant suivit sa mère partout où elle alla, silencieux, mais écoutant, examinant l'étranger.

---

1 Victor Schnetz (1787-1870). Peintre et ami de Balzac.

2 *calleuses* : dures et épaisses.

3 *bistre* : bronzé, basané.

4 *Auvergnate* : qui vient de l'Auvergne (région du centre de la France).

9000 — Vous n'avez pas peur ici, ma bonne femme ?

— Et d'où que nous aurions peur, monsieur ? Quand nous barrons l'entrée, qui donc pourrait venir ici ? Oh ! nous n'avons point peur ! D'ailleurs, dit-elle en faisant entrer le marquis dans la grande chambre de la maison, qu'est-ce 9005 que les voleurs viendraient donc prendre chez nous ?

Elle montrait des murs noircis par la fumée, sur lesquels étaient pour tout ornement ces images enluminées de bleu, de rouge et de vert[1], qui représentent la *Mort de Crédit*, la *Passion de Jésus-Christ* et les *Grenadiers de la Garde impé-* 9010 *riale*; puis, çà et là, dans la chambre, un vieux lit de noyer à colonnes, une table à pieds tordus, des escabeaux, la huche au pain, du lard pendu au plancher, du sel dans un pot, une poêle; et sur la cheminée, des plâtres jaunis et colorés. En sortant de la maison, Raphaël aperçut, au milieu des 9015 rochers, un homme qui tenait une houe[2] à la main, et qui, penché, curieux, regardait la maison.

— Monsieur, c'est l'homme, dit l'Auvergnate, en laissant échapper ce sourire familier aux paysannes; il laboure là-haut.

9020 — Et ce vieillard est votre père ?

— Faites excuse, monsieur, c'est le grand-père de notre homme. Tel que vous le voyez, il a cent deux ans. Eh ben dernièrement il a mené, à pied, notre petit gars à Clermont ! Ç'a été un homme fort; maintenant, il ne fait plus que 9025 dormir, boire et manger. Il s'amuse toujours avec le petit gars. Quelquefois le petit l'emmène dans les hauts, il y va tout de même.

Aussitôt Valentin se résolut à vivre entre ce vieillard et cet enfant, à respirer dans leur atmosphère, à manger de leur 9030 pain, à boire de leur eau, à dormir de leur sommeil, à se faire

---

1 *images enluminées de bleu, de rouge et de vert* : images d'Épinal conçues à la célèbre fabrique d'images d'Épinal, d'où leur nom ; elles représentaient des scènes
traditionnelles.

2 *houe* : sorte de pioche.

de leur sang dans les veines. Caprice de mourant ! Devenir
une des huîtres de ce rocher, sauver son écaille pour
quelques jours de plus en engourdissant la mort, fut pour
lui l'archétype de la morale individuelle, la véritable for-
9035 mule de l'existence humaine, le beau idéal de la vie, la seule
vie, la vraie vie. Il lui vint au cœur une profonde pensée
d'égoïsme où s'engloutit l'univers. À ses yeux, il n'y eut plus
d'univers, l'univers passa tout en lui. Pour les malades, le
monde commence au chevet et finit au pied de leur lit. Ce
9040 paysage fut le lit de Raphaël.

Qui n'a pas, une fois dans sa vie, espionné les pas et
démarches d'une fourmi, glissé des pailles dans l'unique
orifice par lequel respire une limace blonde, étudié les fantaisies d'une demoiselle[1] fluette, admiré les mille veines,
9045 coloriées comme une rose[2] de cathédrale gothique[§], qui se
détachent sur le fond rougeâtre des feuilles d'un jeune
chêne ? Qui n'a délicieusement regardé pendant longtemps
l'effet de la pluie et du soleil sur un toit de tuiles brunes, ou
contemplé les gouttes de rosée, les pétales des fleurs, les
9050 découpures variées de leurs calices[3] ? Qui ne s'est plongé
dans ces rêveries matérielles, indolentes et occupées, sans
but et conduisant néanmoins à quelque pensée ? Qui n'a pas
enfin mené la vie de l'enfance, la vie paresseuse, la vie du
sauvage, moins ses travaux ? Ainsi vécut Raphaël pendant
9055 plusieurs jours, sans soins[4], sans désirs, éprouvant un mieux
sensible, un bien-être extraordinaire, qui calma ses inquiétudes, apaisa ses souffrances. Il gravissait les rochers, et allait
s'asseoir sur un pic d'où ses yeux embrassaient quelque paysage d'immense étendue. Là, il restait des journées entières
9060 comme une plante au soleil, comme un lièvre au gîte. Ou
bien, se familiarisant avec les phénomènes de la végétation,

---

1 *demoiselle* : libellule.
2 *rose* : grand vitrail circulaire (rosace).
3 *calices* : enveloppes extérieures des fleurs.
4 *sans soins* : sans soucis.

avec les vicissitudes[1] du ciel, il épiait le progrès de toutes
les œuvres, sur la terre, dans les eaux ou dans l'air. Il tenta
de s'associer au mouvement intime de cette nature, et de
9065 s'identifier assez complètement à sa passive obéissance,
pour tomber sous la loi despotique et conservatrice qui régit
les existences instinctives. Il ne voulait plus être chargé de
lui-même. Semblable à ces criminels d'autrefois qui,
poursuivis par la justice, étaient sauvés s'ils atteignaient
9070 l'ombre d'un autel, il essayait de se glisser dans le sanctuaire
de la vie. Il réussit à devenir partie intégrante de cette large
et puissante fructification[2] : il avait épousé les intempéries
de l'air, habité tous les creux de rochers, appris les mœurs et
les habitudes de toutes les plantes, étudié le régime des eaux,
9075 leurs gisements, et fait connaissance avec les animaux ;
enfin, il s'était si parfaitement uni à cette terre animée qu'il
en avait en quelque sorte saisi l'âme et pénétré les secrets.
Pour lui, les formes infinies de tous les règnes étaient les
développements d'une même substance, les combinaisons
9080 d'un même mouvement, vaste respiration d'un être
immense qui agissait, pensait, marchait, grandissait, et avec
lequel il voulait grandir, marcher, penser, agir. Il avait fan-
tastiquement mêlé sa vie à la vie de ce rocher, il s'y était
implanté. Grâce à ce mystérieux illuminisme[3], convales-
9085 cence factice, semblable à ces bienfaisants délires accordés
par la nature comme autant de haltes dans la douleur,
Valentin goûta les plaisirs d'une seconde enfance durant les
premiers moments de son séjour au milieu de ce riant paysage. Il y allait dénichant des riens, entreprenant mille choses
9090 sans en achever aucune, oubliant le lendemain les projets de
la veille, insouciant ; il fut heureux, il se crut sauvé. Un
matin, il était resté par hasard au lit jusqu'à midi, plongé
dans cette rêverie mêlée de veille et de sommeil, qui prête

---

1 *vicissitudes* : changements, variations.
2 *fructification* : formation, production de fruits.
3 *illuminisme* : au sens de «vision hallucinatoire d'un illuminé».

aux réalités les apparences de la fantaisie et donne aux chi-
9095 mères le relief de l'existence, quand tout à coup, sans savoir
d'abord s'il ne continuait pas un rêve, il entendit, pour la
première fois, le bulletin de sa santé donné par son hôtesse
à Jonathas, venu, comme chaque jour, le lui demander.
L'Auvergnate croyait sans doute Valentin encore endormi, et
9100 n'avait pas baissé le diapason[1] de sa voix montagnarde.

— Ça ne va pas mieux, ça ne va pas pis, disait-elle. Il a
encore toussé pendant toute cette nuit à rendre l'âme. Il
tousse, il crache, ce cher monsieur, que c'est une pitié. Je me
demandons, moi et mon homme, où il prend la force de
9105 tousser comme ça. Ça fend le cœur. Quelle damnée maladie
qu'il a ! C'est qu'il n'est point bien du tout ! J'avons toujours
peur de le trouver crevé dans son lit, un matin. Il est vraiment pâle comme un Jésus de cire[2] ! Dame, je le vois quand
il se lève, eh ben, son pauvre corps est maigre comme un
9110 cent de clous. Et il ne sent déjà pas bon tout de même ! Ça
lui est égal, il se consume à courir comme s'il avait de la
santé à vendre. Il a bien du courage tout de même de ne pas
se plaindre. Mais, vraiment, il serait mieux en terre qu'en
pré, car il souffre la passion de Dieu ! Je ne le désirons pas,
9115 monsieur, ce n'est point notre intérêt. Mais il ne nous donnerait pas ce qu'il nous donne que je l'aimerions tout de
même : ce n'est point l'intérêt qui nous pousse. Ah ! mon
Dieu ! reprit-elle, il n'y a que les Parisiens pour avoir de ces
chiennes de maladies-là ! Où qui prennent ça, donc ? Pauvre
9120 jeune homme, il est sûr qu'il ne peut guère ben finir. C'te
fièvre, voyez-vous, ça vous le mine, ça le creuse, ça le ruine !
Il ne s'en doute point. Il ne le sait point, monsieur. Il ne
s'aperçoit de rien. Faut pas pleurer pour ça, monsieur
Jonathas ! Il faut se dire qu'il sera heureux de ne plus souf-
9125 frir. Vous devriez faire une neuvaine[3] pour lui. J'avons vu de

---

1 *diapason* : niveau.

2 *Jésus de cire* : statuette de cire à l'effigie de Jésus que l'on place dans une crèche.

3 *neuvaine* : série d'exercices de piété et de prières faits pendant neuf jours consécutifs.

belles guérisons par les neuvaines, et je paierions bien un cierge pour sauver une si douce créature, si bonne, un agneau pascal[1].

9130 La voix de Raphaël était devenue trop faible pour qu'il pût se faire entendre, il fut donc obligé de subir cet épouvantable bavardage. Cependant l'impatience le chassa de son lit, il se montra sur le seuil de la porte : — Vieux scélérat, cria-t-il à Jonathas, tu veux donc être mon bourreau ? La paysanne crut voir un spectre et s'enfuit.

9135 — Je te défends, dit Raphaël en continuant, d'avoir la moindre inquiétude sur ma santé.

— Oui, monsieur le marquis, répondit le vieux serviteur en essuyant ses larmes.

— Et tu feras même fort bien, dorénavant, de ne pas 9140 venir ici, sans mon ordre.

Jonathas voulut obéir ; mais, avant de se retirer, il jeta sur le marquis un regard fidèle et compatissant où Raphaël lut son arrêt de mort. Découragé, rendu tout à coup au sentiment vrai de sa situation, Valentin s'assit sur le seuil de 9145 la porte, se croisa les bras sur la poitrine et baissa la tête. Jonathas, effrayé, s'approcha de son maître.

— Monsieur ?

— Va-t'en ! Va-t'en ! lui cria le malade.

Pendant la matinée du lendemain, Raphaël, ayant gravi 9150 les rochers, s'était assis dans une crevasse pleine de mousse d'où il pouvait voir le chemin étroit par lequel on venait des eaux à son habitation. Au bas du pic, il aperçut Jonathas conversant derechef[§] avec l'Auvergnate. Une malicieuse puissance lui interpréta les hochements de tête, les gestes 9155 désespérants, la sinistre naïveté de cette femme, et lui en jeta même les fatales paroles dans le vent et dans le silence. Pénétré d'horreur, il se réfugia sur les plus hautes cimes des montagnes et y resta jusqu'au soir, sans avoir pu chasser les

---

1 *agneau pascal* : agneau immolé par les Israélites à la pâque.

sinistres pensées si malheureusement réveillées dans son
9160 cœur par le cruel intérêt dont il était devenu l'objet. Tout à
coup l'Auvergnate elle-même se dressa devant lui comme
une ombre dans l'ombre du soir ; par une bizarrerie de
poète, il voulut trouver, dans son jupon rayé de noir et de
blanc, une vague ressemblance avec les côtes desséchées
9165 d'un spectre.

— Voilà le serein[1] qui tombe, mon cher monsieur, lui
dit-elle. Si vous restiez là, vous vous avanceriez ni plus ni
moins qu'un fruit patrouillé[2]. Faut rentrer. Ça n'est pas sain
de humer la rosée, avec ça que vous n'avez rien pris depuis
9170 ce matin.

— Par le tonnerre de Dieu, s'écria-t-il, vieille sorcière, je
vous ordonne de me laisser vivre à ma guise, ou je décampe
d'ici. C'est bien assez de me creuser ma fosse tous les
matins, au moins ne la fouillez pas le soir.

9175 — Votre fosse ! Monsieur ! Creuser votre fosse ! Où
qu'elle est donc, votre fosse ? Je voudrions vous voir bastant[3]
comme notre père, et point dans la fosse ! La fosse ! Nous y
sommes toujours assez tôt, dans la fosse.

— Assez, dit Raphaël.

9180 — Prenez mon bras, monsieur.

— Non.

Le sentiment que l'homme supporte le plus difficilement
est la pitié, surtout quand il la mérite. La haine est un
tonique, elle fait vivre, elle inspire la vengeance ; mais la
9185 pitié tue, elle affaiblit encore notre faiblesse. C'est le mal
devenu patelin[§], c'est le mépris dans la tendresse, ou la tendresse dans l'offense. Raphaël trouva chez le centenaire
une pitié triomphante, chez l'enfant une pitié curieuse,
chez la femme une pitié tracassière[§], chez le mari une pitié

---

1 *serein* : humidité ou fraîcheur qui tombe avec le soir après une belle journée.
2 *patrouillé* : gâté en raison d'un manque de soins lors de la manipulation.
3 *bastant* : solide.

*Pénétré d'horreur, il se réfugia sur les plus hautes cimes
des montagnes et y resta jusqu'au soir […]*

Lignes 9158 et 9159.

Illustration de Janet Langes pour l'édition de 1838.
Bibliothèque nationale, Paris.

9190 intéressée ; mais, sous quelque forme que ce sentiment se montrât, il était toujours gros de mort. Un poète fait de tout un poème, terrible ou joyeux, suivant les images qui le frappent ; son âme exaltée rejette les nuances douces, et choisit toujours les couleurs vives et tranchées. Cette pitié produisit

9195 au cœur de Raphaël un horrible poème de deuil et de mélancolie. Il n'avait pas songé sans doute à la franchise des sentiments naturels, quand il désira se rapprocher de la nature. Lorsqu'il se croyait seul sous un arbre, aux prises avec une quinte opiniâtre[1] dont il ne triomphait jamais

9200 sans sortir abattu par cette terrible lutte, il voyait les yeux brillants et fluides du petit garçon, placé en vedette[2] sous une touffe d'herbes, comme un sauvage, et qui l'examinait avec cette enfantine curiosité dans laquelle il y a autant de raillerie que de plaisir, et je ne sais quel intérêt mêlé d'in-

9205 sensibilité. Le terrible : *Frère, il faut mourir*, des trappistes[3], semblait constamment écrit dans les yeux des paysans avec lesquels vivait Raphaël ; il ne savait ce qu'il craignait le plus de leurs paroles naïves ou de leur silence ; tout en eux le gênait. Un matin, il vit deux hommes vêtus de noir qui

9210 rôdèrent autour de lui, le flairèrent, et l'étudièrent à la dérobée ; puis, feignant d'être venus là pour se promener, ils lui adressèrent des questions banales auxquelles il répondit brièvement. Il reconnut en eux le médecin et le curé des eaux, sans doute envoyés par Jonathas, consultés par ses

9215 hôtes ou attirés par l'odeur d'une mort prochaine. Il entrevit alors son propre convoi[§], il entendit le chant des prêtres, il compta les cierges, et ne vit plus qu'à travers un crêpe[§] les beautés de cette riche nature, au sein de laquelle il croyait avoir rencontré la vie. Tout ce qui naguère lui annonçait une

9220 longue existence lui prophétisait maintenant une fin prochaine. Le lendemain, il partit pour Paris, après avoir été

---

1 *quinte opiniâtre* : accès de toux qui persiste, répété.

2 *en vedette* : en sentinelle, en observation.

3 *trappistes* : moines de l'ordre religieux de la Trappe.

abreuvé des souhaits mélancoliques et cordialement plain-
tifs que ses hôtes lui adressèrent.

Après avoir voyagé durant toute la nuit, il s'éveilla dans
9225 l'une des plus riantes vallées du Bourbonnais, dont les sites
et les points de vue tourbillonnaient devant lui, rapidement
emportés comme les images vaporeuses d'un songe. La
nature s'étalait à ses yeux avec une cruelle coquetterie.
Tantôt l'Allier déroulait sur une riche perspective son ruban
9230 liquide et brillant, puis des hameaux modestement cachés
au fond d'une gorge de rochers jaunâtres montraient la
pointe de leurs clochers ; tantôt les moulins d'un petit vallon
se découvraient soudain après des vignobles monotones, et
toujours apparaissaient de riants châteaux, des villages
9235 suspendus, ou quelques routes bordées de peupliers majestueux ; enfin la Loire[§] et ses longues nappes diamantées
reluisirent au milieu de ses sables dorés. Séductions sans
fin ! La nature agitée, vivace comme un enfant, contenant à
peine l'amour et la sève du mois de juin, attirait fatalement
9240 les regards éteints du malade. Il leva les persiennes de sa
voiture, et se remit à dormir. Vers le soir, après avoir passé
Cosne, il fut réveillé par une joyeuse musique et se trouva
devant une fête de village. La poste était située près de la
place. Pendant le temps que les postillons[§] mirent à relayer
9245 sa voiture[1], il vit les danses de cette population joyeuse, les
filles parées de fleurs, jolies, agaçantes, les jeunes gens animés,
puis les trognes[2] des vieux paysans gaillardement rougies
par le vin. Les petits enfants se rigolaient[3], les vieilles
femmes parlaient en riant, tout avait une voix, et le plaisir
9250 enjolivait même les habits et les tables dressées. La place et
l'église offraient une physionomie de bonheur ; les toits, les
fenêtres, les portes mêmes du village semblaient s'être endi-
manchés aussi. Semblable aux moribonds[§] impatients du

---

1 *relayer sa voiture* : remplacer les chevaux.

2 *trognes* : visages grotesques, caricaturaux.

3 *se rigolaient* : rigolaient ; forme archaïque empruntée à Rabelais.

moindre bruit, Raphaël ne put réprimer une sinistre inter-
9255 jection, ni le désir d'imposer silence à ces violons, d'anéantir
ce mouvement, d'assourdir ces clameurs, de dissiper cette
fête insolente. Il monta tout chagrin dans sa voiture. Quand
il regarda sur la place, il vit la joie effarouchée, les paysannes
en fuite et les bancs déserts. Sur l'échafaud de l'orchestre, un
9260 ménétrier[1] aveugle continuait à jouer sur sa clarinette une
ronde criarde. Cette musique sans danseurs, ce vieillard
solitaire au profil grimaud[2], en haillons, les cheveux épars, et
caché dans l'ombre d'un tilleul, était comme une image fantastique du souhait de Raphaël. Il tombait à torrents une de
9265 ces fortes pluies que les nuages électriques du mois de juin
versent brusquement et qui finissent de même. C'était chose
si naturelle que Raphaël, après avoir regardé dans le ciel
quelques nuages blanchâtres emportés par un grain de vent,
ne songea pas à regarder sa Peau de chagrin. Il se remit dans
9270 le coin de sa voiture, qui bientôt roula sur la route.

    Le lendemain il se trouva chez lui, dans sa chambre, au
coin de sa cheminée. Il s'était fait allumer un grand feu, il
avait froid; Jonathas lui apporta des lettres, elles étaient
toutes de Pauline. Il ouvrit la première sans empressement,
9275 et la déplia comme si c'eût été le papier grisâtre d'une sommation[3] sans frais envoyée par le percepteur. Il lut la première phrase: «Parti, mais c'est une fuite, mon Raphaël.
Comment! Personne ne peut me dire où tu es? Et si je ne le
sais pas, qui donc le saurait?» Sans vouloir en apprendre
9280 davantage, il prit froidement les lettres et les jeta dans le
foyer en regardant d'un œil terne et sans chaleur les jeux de
la flamme qui tordait le papier parfumé, le racornissait, le
retournait, le morcelait.

    Des fragments roulèrent sur les cendres en lui laissant
9285 voir des commencements de phrase, des mots, des pensées à

---

1 *ménétrier*: violoneux.

2 *grimaud*: maussade.

3 *sommation*: injonction, ordre.

demi brûlées, et qu'il se plut à saisir dans la flamme par un divertissement machinal.

«... Assise à ta porte... attendu... Caprice... j'obéis... Des rivales... moi, non !... ta Pauline... aime... plus de Pauline donc ?... Si tu avais voulu me quitter, tu ne m'aurais pas abandonnée... Amour éternel... Mourir...»

Ces mots lui donnèrent une sorte de remords : il saisit les pincettes et sauva des flammes un dernier lambeau de lettre.

«... J'ai murmuré, disait Pauline, mais je ne me suis pas plainte, Raphaël ! En me laissant loin de toi, tu as sans doute voulu me dérober le poids de quelques chagrins. Un jour, tu me tueras peut-être, mais tu es trop bon pour me faire souffrir. Eh bien, ne pars plus ainsi. Va, je puis affronter les plus grands supplices, mais près de toi. Le chagrin que tu m'imposerais ne serait plus un chagrin : j'ai dans le cœur encore bien plus d'amour que je ne t'en ai montré. Je puis tout supporter, hors de pleurer loin de toi, et de ne pas savoir ce que tu...»

Raphaël posa sur la cheminée ce débris de lettre noirci par le feu, il le rejeta tout à coup dans le foyer. Ce papier était une image trop vive de son amour et de sa fatale vie.

— Va chercher monsieur Bianchon, dit-il à Jonathas.

Horace vint et trouva Raphaël au lit.

— Mon ami, peux-tu me composer une boisson légère-ment opiacée[1] qui m'entretienne dans une somnolence continuelle, sans que l'emploi constant de ce breuvage me fasse mal ?

— Rien n'est plus aisé, répondit le jeune docteur ; mais il faudra cependant rester debout quelques heures de la journée, pour manger.

— Quelques heures, dit Raphaël en l'interrompant, non, non, je ne veux être levé que durant une heure au plus.

---

1 *opiacée* : qui contient de l'opium.

— Quel est donc ton dessein ? demanda Bianchon.

— Dormir, c'est encore vivre, répondit le malade.

9320 — Ne laisse entrer personne, fût-ce même mademoiselle Pauline de Witschnau, dit Valentin à Jonathas pendant que le médecin écrivait son ordonnance.

— Eh bien, monsieur Horace, y a-t-il de la ressource ? demanda le vieux domestique au jeune docteur qu'il avait 9325 reconduit jusqu'au perron.

— Il peut aller encore longtemps, ou mourir ce soir. Chez lui, les chances de vie et de mort sont égales. Je n'y comprends rien, répondit le médecin en laissant échapper un geste de doute. Il faut le distraire.

9330 — Le distraire ! monsieur, vous ne le connaissez pas. Il a tué l'autre jour un homme sans dire ouf ! Rien ne le distrait.

Raphaël demeura pendant quelques jours plongé dans le néant de son sommeil factice. Grâce à la puissance matérielle exercée par l'opium sur notre âme immatérielle, cet 9335 homme d'imagination si puissamment active s'abaissa jusqu'à la hauteur de ces animaux paresseux qui croupissent au sein des forêts, sous la forme d'une dépouille végétale, sans faire un pas pour saisir une proie facile. Il avait même éteint la lumière du ciel, le jour n'entrait plus chez lui. Vers 9340 les huit heures du soir, il sortait de son lit : sans avoir une conscience lucide de son existence, il satisfaisait sa faim, puis se recouchait aussitôt. Ses heures froides et ridées ne lui apportaient que de confuses images, des apparences, des clairs-obscurs sur un fond noir. Il s'était enseveli dans un 9345 profond silence, dans une négation de mouvement et d'intelligence. Un soir, il se réveilla beaucoup plus tard que de coutume, et ne trouva pas son dîner servi. Il sonna Jonathas.

— Tu peux partir, lui dit-il. Je t'ai fait riche, tu seras heureux dans tes vieux jours ; mais je ne veux plus te laisser 9350 jouer ma vie. Comment, misérable, je sens la faim ! Où est mon dîner ? réponds.

Jonathas laissa échapper un sourire de contentement, prit une bougie dont la lumière tremblotait dans l'obscurité profonde des immenses appartements de l'hôtel ; il condui-
9355 sit son maître redevenu machine à une vaste galerie et en ouvrit brusquement la porte. Aussitôt Raphaël, inondé de lumière, fut ébloui, surpris par un spectacle inouï. C'était ses lustres chargés de bougies, les fleurs les plus rares de sa serre artistement disposées, une table étincelante d'argen-
9360 terie, d'or, de nacre, de porcelaines ; un repas royal, fumant, et dont les mets appétissants irritaient les houppes[§] nerveuses du palais. Il vit ses amis convoqués, mêlés à des femmes parées et ravissantes, la gorge nue, les épaules dé-couvertes, les chevelures pleines de fleurs, les yeux brillants,
9365 toutes de beautés diverses, agaçantes sous de voluptueux travestissements : l'une avait dessiné ses formes attrayantes par une jaquette[1] irlandaise, l'autre portait la basquina[2] lascive des Andalouses[3] ; celle-ci demi-nue en Diane[4] chasseresse, celle-là modeste et amoureuse sous le costume de made-
9370 moiselle de La Vallière[5], étaient également vouées à l'ivresse. Dans les regards de tous les convives brillaient la joie, l'amour, le plaisir. Au moment où la morte figure de Raphaël se montra dans l'ouverture de la porte, une accla-mation soudaine éclata, rapide, rutilante comme les rayons
9375 de cette fête improvisée. Les voix, les parfums, la lumière, ces femmes d'une pénétrante beauté frappèrent tous ses sens, réveillèrent son appétit. Une délicieuse musique, cachée dans un salon voisin, couvrit par un torrent d'har-monie ce tumulte enivrant, et compléta cette étrange vision.
9380 Raphaël se sentit la main pressée par une main chatouil-leuse, une main de femme dont les bras frais et blancs se

---

1 *jaquette* : veste de forme ajustée, boutonnée par-devant.

2 *basquina* : jupe riche et élégante que portent les femmes basques et espagnoles.

3 *Andalouses* : de l'Andalousie (région de l'Espagne).

4 *Diane* : divinité de la mythologie romaine.

5 *mademoiselle de La Vallière* : maîtresse de Louis XIV (1644-1710) qui aima sincère-ment le roi, même après qu'il ait cessé de lui rendre ses faveurs.

levaient pour le serrer, la main d'Aquilina. Il comprit que ce
tableau n'était pas vague et fantastique comme les fugitives
images de ses rêves décolorés, il poussa un cri sinistre, ferma
9385 brusquement la porte, et flétrit son vieux serviteur en le
frappant au visage.

— Monstre, tu as donc juré de me faire mourir ? s'écria-
t-il. Puis, tout palpitant du danger qu'il venait de courir, il
trouva des forces pour regagner sa chambre, but une forte
9390 dose de sommeil, et se coucha.

— Que diable ! dit Jonathas en se relevant, monsieur
Bianchon m'avait cependant bien ordonné de le distraire.

Il était environ minuit. À cette heure, Raphaël, par un de
ses caprices physiologiques, l'étonnement et le désespoir des
9395 sciences médicales, resplendissait de beauté pendant son
sommeil. Un rose vif colorait ses joues blanches. Son front
gracieux comme celui d'une jeune fille exprimait le génie.
La vie était en fleurs sur ce visage tranquille et reposé. Vous
eussiez dit d'un jeune enfant endormi sous la protection
9400 de sa mère. Son sommeil était un bon sommeil, sa bouche
vermeille laissait passer un souffle égal et pur, il souriait
transporté sans doute par un rêve dans une belle vie. Peut-
être était-il centenaire, peut-être ses petits-enfants lui sou-
haitaient-ils de longs jours ; peut-être de son banc rustique,
9405 sous le soleil, assis sous le feuillage, apercevait-il, comme le
prophète[1], en haut de la montagne, la terre promise, dans un
bienfaisant lointain !

— Te voilà donc !

Ces mots, prononcés d'une voix argentine[§], dissipèrent
9410 les figures nuageuses de son sommeil. À la lueur de la lampe,
il vit assise sur son lit sa Pauline, mais Pauline embellie par
l'absence et par la douleur. Raphaël resta stupéfait à l'aspect
de cette figure blanche comme les pétales d'une fleur des
eaux, et qui, accompagnée de longs cheveux noirs, semblait

---

1 *le prophète* : Moïse.

9415 encore plus blanche dans l'ombre. Des larmes avaient tracé leur route brillante sur ses joues, et y restaient suspendues, prêtes à tomber au moindre effort. Vêtue de blanc, la tête penchée et foulant à peine le lit, elle était là comme un ange descendu des cieux, comme une apparition qu'un souffle
9420 pouvait faire disparaître.

— Ah! j'ai tout oublié, s'écria-t-elle au moment où Raphaël ouvrit les yeux. Je n'ai de voix que pour te dire : Je suis à toi! Oui, mon cœur est tout amour. Ah! jamais, ange de ma vie, tu n'as été si beau. Tes yeux foudroient. Mais je
9425 devine tout, va! Tu as été chercher la santé sans moi, tu me craignais… Eh bien…

— Fuis, fuis, laisse-moi, répondit enfin Raphaël d'une voix sourde. Mais va-t'en donc! Si tu restes là, je meurs. Veux-tu me voir mourir?
9430 — Mourir! répéta-t-elle. Est-ce que tu peux mourir sans moi? Mourir, mais tu es jeune! Mourir, mais je t'aime! Mourir! ajouta-t-elle d'une voix profonde et gutturale en lui prenant les mains par un mouvement de folie.

— Froides, dit-elle. Est-ce une illusion?
9435 Raphaël tira de dessous son chevet le lambeau de la Peau de chagrin, fragile et petit comme la feuille d'une pervenche[1], et le lui montrant : — Pauline, belle image de ma vie, disons-nous adieu, dit-il.

— Adieu? répéta-t-elle d'un air surpris.
9440 — Oui. Ceci est un talisman qui accomplit mes désirs, et représente ma vie. Vois ce qu'il m'en reste. Si tu me regardes encore, je vais mourir…

La jeune fille crut Valentin devenu fou, elle prit le talisman, et alla chercher la lampe. Éclairée par la lueur vacillante qui
9445 se projetait également sur Raphaël et sur le talisman, elle examina très attentivement et le visage de son amant et la dernière parcelle de la Peau magique. En la voyant belle de

---

1 *pervenche* : plante à fleurs d'un bleu mauve.

terreur et d'amour, il ne fut plus maître de sa pensée : les
souvenirs des scènes caressantes et des joies délirantes de sa
9450 passion triomphèrent dans son âme depuis longtemps
endormie, et s'y réveillèrent comme un foyer mal éteint.

— Pauline, viens ! Pauline !

Un cri terrible sortit du gosier de la jeune fille, ses yeux se
dilatèrent, ses sourcils violemment tirés par une douleur
9455 inouïe, s'écartèrent avec horreur, elle lisait dans les yeux de
Raphaël un de ces désirs furieux, jadis sa gloire à elle ; mais
à mesure que grandissait ce désir, la Peau, en se contractant,
lui chatouillait la main. Sans réfléchir, elle s'enfuit dans le
salon voisin dont elle ferma la porte.

9460 — Pauline ! Pauline ! cria le moribond[§] en courant après
elle, je t'aime, je t'adore, je te veux ! Je te maudis, si tu ne
m'ouvres ! Je veux mourir à toi !

Par une force singulière, dernier éclat de vie, il jeta la
porte à terre, et vit sa maîtresse à demi nue se roulant sur un
9465 canapé. Pauline avait vainement tenté de se déchirer le sein[1],
et pour se donner une prompte mort, elle cherchait à
s'étrangler avec son châle. — « Si je meurs, il vivra ! » disait-
elle en tâchant vainement de serrer le nœud. Ses cheveux
étaient épars, ses épaules nues, ses vêtements en désordre,
9470 et dans cette lutte avec la mort, les yeux en pleurs, le visage
enflammé, se tordant sous un horrible désespoir, elle
présentait à Raphaël, ivre d'amour, mille beautés qui
augmentèrent son délire ; il se jeta sur elle avec la légèreté
d'un oiseau de proie, brisa le châle, et voulut la prendre dans
9475 ses bras.

Le moribond[§] chercha des paroles pour exprimer le désir
qui dévorait toutes ses forces ; mais il ne trouva que les sons
étranglés du râle dans sa poitrine, dont chaque respiration
creusée plus avant semblait partir de ses entrailles. Enfin, ne
9480 pouvant bientôt plus former de sons, il mordit Pauline au

---

1 *se déchirer le sein* : se poignarder (expression empruntée à la tragédie classique).

sein. Jonathas se présenta tout épouvanté des cris qu'il entendait, et tenta d'arracher à la jeune fille le cadavre sur lequel elle s'était accroupie dans un coin.

— Que demandez-vous ? dit-elle. Il est à moi, je l'ai tué, 9485 ne l'avais-je pas prédit ?

Épilogue

Et que devint Pauline ?

— Ah ! Pauline, bien. Êtes-vous quelquefois resté par une douce soirée d'hiver devant votre foyer domestique, voluptueusement livré à des souvenirs d'amour ou de jeunesse en contemplant les rayures produites par le feu sur un morceau de chêne ? Ici la combustion dessine les cases rouges d'un damier, là elle miroite des velours ; de petites flammes bleues courent, bondissent et jouent sur le fond ardent du brasier. Vient un peintre inconnu qui se sert de cette flamme ; par un artifice unique, il trace au sein de ces flamboyantes teintes violettes ou empourprées une figure supernaturelle et d'une délicatesse inouïe, phénomène fugitif que le hasard ne recommencera jamais : c'est une femme aux cheveux emportés par le vent, et dont le profil respire une passion délicieuse : du feu dans le feu ! Elle sourit, elle expire, vous ne la reverrez plus. Adieu fleur de la flamme, adieu, principe incomplet, inattendu, venu trop tôt ou trop tard pour être quelque beau diamant.

— Mais Pauline ?

— Vous n'y êtes pas ? Je recommence. Place ! place ! Elle arrive, la voici la reine des illusions, la femme qui passe comme un baiser, la femme vive comme un éclair, comme lui jaillie brûlante du ciel, l'être incréé, tout esprit, tout amour. Elle a revêtu je ne sais quel corps de flamme, ou pour elle la flamme s'est un moment animée ! Les lignes de ses formes sont d'une pureté qui vous dit qu'elle vient du ciel. Ne resplendit-elle pas comme un ange ? N'entendez-vous pas le frémissement aérien de ses ailes ? Plus légère que l'oiseau, elle s'abat près de vous et ses terribles yeux fascinent ; sa douce, mais puissante haleine attire vos lèvres par une force magique ; elle fuit et vous entraîne, vous ne sentez plus la terre. Vous voulez passer une seule fois votre main chatouillée,

votre main fanatisée sur ce corps de neige, froisser ses cheveux d'or, baiser ses yeux étincelants. Une vapeur vous enivre,
9520 une musique enchanteresse vous charme. Vous tressaillez de
tous vos nerfs, vous êtes tout désir, tout souffrance. Ô bonheur
sans nom ! vous avez touché les lèvres de cette femme ; mais
tout à coup une atroce douleur vous réveille. Ha ! ha ! votre
tête a porté sur l'angle de votre lit, vous en avez embrassé
9525 l'acajou brun, les dorures froides, quelque bronze, un amour
en cuivre.

— Mais, monsieur, Pauline !

— Encore ! Écoutez. Par une belle matinée, en partant de
Tours, un jeune homme embarqué sur *la Ville d'Angers*[1]
9530 tenait dans sa main la main d'une jolie femme. Unis ainsi,
tous deux admirèrent longtemps, au-dessus des larges eaux
de la Loire§, une blanche figure, artificiellement éclose au
sein du brouillard comme un fruit des eaux et du soleil, ou
comme un caprice des nuées et de l'air. Tour à tour ondine[2]
9535 ou sylphide[3], cette fluide créature voltigeait dans les airs
comme un mot vainement cherché qui court dans la
mémoire sans se laisser saisir ; elle se promenait entre les
îles, elle agitait sa tête à travers les hauts peupliers ; puis,
devenue gigantesque, elle faisait ou resplendir les mille plis
9540 de sa robe, ou briller l'auréole décrite par le soleil autour de
son visage ; elle planait sur les hameaux, sur les collines, et
semblait défendre au bateau à vapeur de passer devant le
château d'Ussé[4]. Vous eussiez dit le fantôme de la Dame des
belles Cousines[5] qui voulait protéger son pays contre les
9545 invasions modernes.

---

1   la Ville d'Angers : ici, le nom d'un bateau.

2   *ondine* : déesse des eaux dans la mythologie nordique.

3   *sylphide* : génie féminin aérien, plein de grâce.

4   *château d'Ussé* : château rendu célèbre par l'écrivain Antoine de La Sale (v. 1385-
v. 1460) dans son *Histoire du Petit Jehan de Saintré.*

5   *Dame des belles Cousines* : noble dame dont s'éprend le Petit Jehan de Saintré.

— Bien, je comprends, ainsi de Pauline. Mais Fœdora ?

— Oh ! Fœdora, vous la rencontrerez. Elle était hier aux Bouffons[§], elle ira ce soir à l'Opéra, elle est partout, c'est, si vous voulez, la Société.

Paris, 1830-1831.

ILLUSTRATION DE JANET LANGES POUR L'ÉDITION DE 1838.
Bibliothèque nationale, Paris.

[…] animé d'une curiosité bien légitime, il se pencha pour regarder alternativement la Peau sous toutes les faces […]

Lignes 1012 à 1014.

ILLUSTRATION DE JANET LANGES POUR L'ÉDITION DE 1838.
Bibliothèque nationale, Paris.

Honoré de Balzac.

PRÉSENTATION
DE
L'ŒUVRE

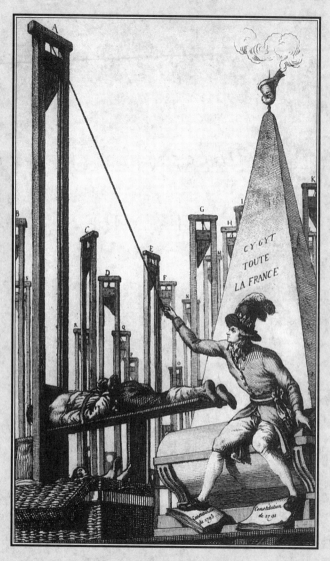

GRAVURE EN TAILLE DOUCE, ANONYME.

Balzac et son époque

LE CONTEXTE HISTORIQUE

Le XIXe siècle : les premiers pas vers la modernité

En 1789, la Révolution française met fin à dix siècles de monarchie de droit divin[1] en France. Cet événement aux répercussions internationales marque le début du monde moderne, un monde dominé non plus par la noblesse, mais par la bourgeoisie et ses valeurs : le commerce, l'argent, la science, l'industrialisation, etc. Mais il est difficile de rompre avec le passé et d'inventer l'avenir. Le nombre impressionnant de révolutions et de régimes au XIXe siècle nous révèle une France déchirée entre son attachement à la tradition et son désir de renouveler ses structures politiques. Toutefois, ce siècle mouvementé demeure l'un des plus passionnants, ne serait-ce que parce qu'il nous enseigne, par le spectacle d'une société en constante mutation, à ne jamais tenir pour acquises nos institutions.

La Révolution française (1789-1799)

À la fin du XVIIIe siècle, les finances de la France sont au plus bas et le peuple crie famine. Cette crise, loin d'être inattendue, est le résultat de plusieurs décennies de gestion incompétente, de guerres incessantes et de dépenses folles occasionnées par la cour. Depuis plusieurs années déjà, des écrivains du Siècle des lumières, comme Diderot, Beaumarchais et Rousseau, annoncent à mots couverts ou plus directement la nécessité du changement. Or, la monarchie ne se renouvelle pas. Divisant depuis le Moyen Âge la France en trois ordres (le clergé, la noblesse, le tiers état[2]), elle

---

1 *monarchie de droit divin* : monarchie où le roi tient son pouvoir directement de Dieu.

2 *tiers état* : tous ceux qui n'appartiennent pas aux deux premiers ordres, c'est-à-dire les bourgeois, les artisans, les paysans.

accorde tous les privilèges au clergé et à la noblesse et néglige l'importance d'une classe sociale de plus en plus dominante : la bourgeoisie. Lorsqu'en mai 1789 les états généraux[1] sont convoqués pour discuter de la situation financière du royaume, le tiers état, animé par les idées des Lumières et poussé par la colère de la bourgeoisie, réclame l'égalité politique et l'abolition des privilèges. Ces revendications enfanteront la Révolution.

L'abolition de la féodalité[2]

La Révolution comporte trois phases importantes : l'abolition de la féodalité, la Terreur et le Directoire. La première débute par la crise financière de 1788 et la demande expresse du tiers état d'abolir la féodalité. Devant le refus du roi de céder à cette requête et craignant une réplique armée de la noblesse, des paysans aux quatre coins du pays saccagent et pillent les châteaux des nobles, allant jusqu'à s'en prendre à leurs occupants[3]. Le 9 juillet, on proclame la fin de l'absolutisme royal et le début de la monarchie constitutionnelle, qui donne le pouvoir à la nation. Les états généraux deviennent ainsi l'Assemblée nationale constituante. Mais les soulèvements ne s'arrêtent pas là. À Paris, le peuple monte à l'assaut de la prison de la Bastille (le 14 juillet 1789), symbole de l'oppression royale. Partout résonne le fameux slogan révolutionnaire «liberté, égalité, fraternité». Le 4 août 1789, alors que la Grande Peur secoue encore les provinces françaises, l'Assemblée nationale constituante abolit les privilèges, mettant ainsi fin au système féodal en France.

---

1 *états généraux* : assemblée politique réunie exceptionnellement en situation de crise et composée de représentants des trois ordres précédemment cités.

2 *féodalité* : nom donné au système politique médiéval qui divisait le pays en seigneuries et en fiefs. La féodalité est l'incarnation politique de la monarchie de droit divin, accordant tous ses privilèges aux nobles et reléguant le peuple à l'état de serviteur (vassal).

3 Cet épisode est connu dans l'histoire sous le nom de «Grande Peur».

La Terreur (1792-1794)

En juin 1791, le roi tente de fuir. Il est arrêté à Varennes. L'affaire soulève la colère de la population. Sur l'esplanade du Champ-de-Mars à Paris, les gardes nationaux reçoivent l'ordre de tirer sur les manifestants qui exigent la déchéance du monarque. Des guerres incessantes avec les pays avoisinants, qui désapprouvent la révolution et craignent le soulèvement de leur population, s'ajoutent aux problèmes des partisans de la monarchie constitutionnelle.

On suspend le roi de ses fonctions. Mais devant la menace d'un complot aristocratique, le peuple s'en prend au clergé et à la noblesse dans un état de frénésie meurtrière. Ces massacres de septembre 1792 marquent le début de la Terreur, une période de dictature dominée par la faction révolutionnaire la plus extrémiste (les Jacobins) et marquée par la condamnation à mort de Louis XVI, de la reine Marie-Antoinette et de plus de 42 000 personnes soupçonnées d'agir de près ou de loin contre les intérêts de la Révolution. En raison de son abus de pouvoir et de sa suspicion croissante envers ceux qui l'entourent, Robespierre (1758-1794), le principal acteur de la Terreur, est arrêté et exécuté avec ses partisans les 9 et 10 Thermidor[1]. En réaction à cette période de dictature, une république bourgeoise plus modérée et libérale est instaurée.

Le Directoire (1795-1799)

Le Directoire, qui a donné son nom au régime succédant à celui de Robespierre, est le nouveau pouvoir exécutif formé de cinq membres élus qui nomment les ministres et les généraux en chef pendant la période de transition entre la Terreur et le début de l'époque napoléonienne. Napoléon,

---

1 *Thermidor* : onzième mois du calendrier républicain (19 juillet-18 août). On avait instauré une nouvelle division des mois de l'année afin de bien marquer la fin de l'Ancien Régime et le début d'un monde nouveau.

qui est alors un jeune général célébré pour ses campagnes victorieuses, profite de l'aggravation de la crise financière, de l'accroissement des écarts entre les différentes classes sociales et de la frustration générale au cours de ces cinq années pour fomenter un coup d'État (le 18 Brumaire an VIII[1]) qui le place à la tête du pays. C'est le début du Consulat.

L'épopée napoléonienne (1799-1815)

Le Consulat (1799-1804)

Nommé premier des trois consuls de France, Napoléon entend profiter de sa situation pour réorganiser le pays. Il crée la Légion d'honneur[2] (1802) ainsi que le Code civil[3] (1804) et ramène la paix, permettant le développement du commerce et de l'industrie. Profitant de sa popularité, Napoléon fait en sorte que le Premier consul soit nommé à vie (4 août 1802) et renforce son pouvoir au détriment du législatif. Ces décisions pavent la voie à l'Empire.

L'Empire (1804-1814)

Le 2 décembre 1804, Napoléon se fait sacrer empereur des Français. Assoiffé d'ambition, il se lance à la conquête de l'Europe. La France connaît alors une période de rayonnement politique, social et culturel intense, mais qui n'est pas sans rappeler l'Ancien Régime. C'est que Napoléon gouverne en despote, crée une nouvelle noblesse (de mérite[4]) et consacre toute son énergie aux guerres de conquêtes, qui font plus d'un million de victimes parmi ses soldats. Lorsqu'il s'attaque finalement à la Russie en 1812, l'hiver

---

1 *Le 18 Brumaire an VIII* : le 9 novembre 1799.

2 *Légion d'honneur* : ordre chargé de récompenser les services civils et militaires.

3 Le *Code civil* est l'un des apports les plus précieux de Napoléon à la vie politique. Il fut adopté par de nombreux pays et est encore à la base de la législature de plusieurs États dans le monde.

4 Les titres de noblesse, autrefois décernés par le roi selon le lignage familial de l'individu, avaient été abolis lors de la Révolution française. Napoléon crée une nouvelle noblesse, décernant ses titres selon le mérite (services rendus à l'Empire).

Bonaparte franchissant le Grand Saint-Bernard.

rigoureux entraîne sa défaite. En 1814, les puissances européennes (Russie, Angleterre, Autriche, Prusse) obligent Napoléon à capituler et le condamnent à l'exil à l'île d'Elbe. Louis XVIII est ramené à la tête du pays.

Les Cent-Jours (1815)

Les Cent-Jours désignent la courte période (du 20 mars 1815 au 22 juin 1815) pendant laquelle Napoléon, s'étant échappé de l'île d'Elbe, rallie les soldats envoyés pour l'arrêter et effectue une remontée triomphale vers Paris, où il profite de la fuite de Louis XVIII pour reprendre le pouvoir. L'Europe entière lui déclare alors la guerre. Il est défait par les Anglais et les Prussiens à Waterloo. Napoléon, forcé d'abdiquer pour la seconde et dernière fois, est déporté à l'île de Sainte-Hélène avec quelques fidèles.

La Restauration (1814/1815-1830)

On donne le nom de Restauration à la période qui suit la chute de l'Empire (brièvement interrompue par l'épisode des Cent-Jours) et qui se termine par la révolution de 1830. Au cours de cette période où la monarchie est effectivement «restaurée» en France, deux souverains (Louis XVIII, de 1814 à 1824, et Charles X, de 1824 à 1830) tenteront de concilier les intérêts de la noblesse avec ceux de la bourgeoisie et du peuple, mais sans grand succès. Si la monarchie apparaît d'abord rassurante et capable de renouveler l'économie en favorisant l'expansion de l'industrialisation et du commerce, la situation se détériore rapidement. Charles X, gouvernant de façon de plus en plus autoritaire (suspension de la liberté de presse, modification de la loi électorale en sa faveur), conduit le pays à une véritable crise politique. En juillet 1830, le peuple de Paris se soulève à nouveau.

La révolution de Juillet ou les Trois Glorieuses (1830)

Le 29 juillet, à la fin de trois jours[1] de lutte sans merci contre les troupes gouvernementales, les Parisiens victorieux réclament la république. Mais les députés de l'opposition, la plupart représentant la bourgeoisie, craignent une trop grande démocratisation du pouvoir. En remplaçant Charles X par Louis-Philippe d'Orléans, aristocrate bien connu des milieux libéraux, ils optent pour une solution tout à leur avantage. Plus modéré, Louis-Philippe semble en effet le candidat idéal pour calmer à la fois les ardeurs du peuple, irrité par le régime oppressant de Charles X, et favoriser la bourgeoisie.

La monarchie de Juillet ou monarchie bourgeoise (1830-1848)

Le règne de Louis-Philippe Ier est pour le moins ambigu. Issu de la noblesse, Louis-Philippe est souvent jugé comme le jouet de la bourgeoisie qui, elle, s'empare des privilèges autrefois réservés à l'aristocratie. Bien que cette période soit marquée à la fois par une grande prospérité sur le plan économique, une véritable révolution industrielle à travers tout le pays, et par une expansion générale des colonies, elle n'en demeure pas moins une période politiquement agitée. De nombreux partis s'affrontent, mais deux d'entre eux se font plus particulièrement remarquer : celui du Mouvement, qui soutient que la révolution de Juillet devrait permettre d'entamer une marche vers la démocratie, et celui de la Résistance, plus favorable au maintien de la monarchie. Le roi, après avoir tenté de s'entendre avec le premier, finit par se ranger du côté du second, affichant ainsi de façon évidente sa complicité avec la bourgeoisie. Une grave crise

---

1   On connaît cet épisode soit sous le nom de «révolution de Juillet», soit sous le nom des «Trois Glorieuses», pour désigner les trois journées victorieuses de la révolution.

économique et politique conduira à la révolution de février 1848 et à la proclamation de la IIe République.

L'histoire dans La Peau de chagrin

Balzac, qui dans *La Peau de chagrin* veut prouver qu'il est à la fois écrivain, philosophe, esthète, homme de science et, pourquoi pas, historien, évoque à plusieurs reprises les événements qui ont forgé la France du XIXe siècle. L'antiquaire a connu la cour de Philippe d'Orléans[1] (l. 1112-1113). Le père de Raphaël a perdu sa fortune lors de la Révolution française, comme beaucoup de nobles, mais avait acheté sous l'Empire des terres conquises par Napoléon. L'effondrement de l'Empire a de nouveau précipité dans la misère le pauvre homme qui, pendant toute la Restauration, s'est battu avec les tribunaux de la Prusse et de la Bavière pour conserver ses possessions (l. 2732-2745). Émile, l'ami de Raphaël, se livre à une analyse approfondie de la France postrévolutionnaire : la monarchie de Juillet escamote tout effort de démocratisation ; une «aristocratie de banquiers et d'avocats» (l. 1324-1325) tient lieu de gouvernement et on assiste à un règne nouveau : celui de l'argent. Pour finir, le père de Pauline, qui était soldat de la garde impériale de Napoléon, a mystérieusement disparu après avoir été fait prisonnier lors de la campagne de Russie (l. 3332-3342).

En fait, toute la misère des personnages principaux résulte du mouvement de l'histoire au début du siècle. Seuls les commerçants et les opportunistes, ceux qui, comme Rastignac, n'ont pas froid aux yeux et pour qui la fin justifie les moyens, peuvent maintenant allier VOULOIR et POUVOIR dans une France où domine de façon quasi absolue la sacro-sainte bourgeoisie.

---

1 *Philippe d'Orléans* : ne pas confondre avec Louis-Philippe. Philippe d'Orléans fut régent (1715-1723) pendant la minorité de Louis XV.

Le duc d'Orléans (futur Louis-Philippe)
se rendant à l'Hôtel de Ville.
Tableau de Horace Vernet (1789-1863).

LE CONTEXTE ARTISTIQUE

Les philosophes du Siècle des lumières

La littérature du XVIIIe siècle est principalement une littérature d'idées. Apparaissent des écrivains comme Rousseau, Voltaire et Diderot, qui mettent la littérature au service de la philosophie. Contrairement aux romantiques qui, plus tard, feront triompher la passion sous toutes ses formes, ces écrivains misent essentiellement sur la raison, leur but premier étant de faire réfléchir le lecteur. C'est dans cette optique que Voltaire écrira *Candide* (1759), fable qui fait la critique de l'optimisme, que Rousseau publiera son *Contrat social*, dans lequel il vante les mérites de la démocratie (on considère généralement que les idées de Rousseau annoncent la révolution de 1789), et que Diderot contribuera à la rédaction de l'*Encyclopédie* (1751-1772).

Malgré tout, à la fin du XVIIIe siècle, une sensibilité nouvelle se fait sentir. En 1761, Rousseau publie *Julie ou la Nouvelle-Héloïse*, un roman épistolaire qui raconte, comme l'annonce son sous-titre, la vie «de deux amants, habitants d'une petite ville au pied des Alpes». S'appuyant sur l'idée que l'homme naît bon, mais que la société le corrompt, Rousseau situe cette histoire d'un amour passionné dans un décor rustique, d'une beauté sauvage, loin de la civilisation malfaisante. Ce roman ainsi que l'idée d'une nature salvatrice auront une influence majeure sur les romantiques[1].

Le romantisme

Si la révolution de 1789 est l'événement qui vient bouleverser les fondements de la vie politique en France, le romantisme est le courant artistique qui s'en prend aux fondements du classicisme avec le même rêve de liberté, le même besoin d'idéal. Un peu partout en Europe, et ce, dès

---

1   Citons encore, parmi les œuvres préromantiques, *Paul et Virginie* (1787) de Bernardin de Saint-Pierre ainsi que *Manon Lescaut* de l'abbé Prévost (1753).

Jean-Jacques Rousseau.

Voltaire.

la fin du XVIIIe siècle, des artistes réclament une plus grande liberté de création, s'opposant aux règles strictes du classicisme, par exemple, la règle des trois unités[1]. À Racine et à Corneille, fleurons du théâtre classique, on oppose maintenant le théâtre de Shakespeare, plus passionné et libre dans sa structure, où ne se côtoient pas uniquement les figures nobles et tragiques de la société, mais toutes les forces de la nature, du grotesque au sublime. Dans *La Peau de chagrin*, Balzac évoque plusieurs personnages et pièces de Shakespeare, comme les sorcières de *Macbeth* (l. 2636), Othello (l. 5397) ainsi que Caliban (l. 457), un personnage surnaturel de *La Tempête* qui se révolte contre les forces établies.

Dans leur soif de liberté, les romantiques cessent de parler au nom de la raison et s'expriment personnellement, plaçant le «je» au centre de leur œuvre, racontant leur déception face à un monde qui ne peut répondre à leurs attentes, leur soif d'absolu, de passion et d'idéal. Cette déception, qui se traduit dans la mélancolie, la débauche ou l'errance, est ce qu'on appellera le «mal du siècle». Le poète romantique est ravagé par la grisaille du monde et se réfugie dans la nature pour trouver un semblant de consolation.

En Angleterre, lord Byron donne le ton à cette nouvelle génération d'artistes et inspirera les romantiques des quatre coins de l'Europe. Byron se révèle en effet, dans sa vie et dans ses œuvres, le symbole même du romantisme. Doté d'une forte personnalité, excentrique, profondément individualiste, révolté contre l'ordre et le conservatisme de son pays, il multiplie les scandales, les déboires amoureux et les œuvres lyriques ou romanesques dans lesquelles il se met en scène sous les traits d'un jeune voyageur exalté (Childe

---

1   *règle des trois unités* : les unités de temps, de lieu et d'action, qui contraignaient les dramaturges à centrer leur récit autour d'une même action ainsi que d'un lieu et d'un temps uniques.

Lord Byron (1788-1824).
Miniature du xixᵉ siècle.
Musée de Padoue.

Harold) ou d'un débauché cynique mais plein de panache
(Don Juan).

Napoléon fascine également. Petit général parti de rien
pour devenir empereur, il incarne la soif d'aventure, de
gloire et de dépassement du romantique, qui se reconnaît
dans sa figure solitaire et son destin exceptionnel.

En plus des allusions à Byron, à Napoléon ou à Shakespeare,
on trouve dans *La Peau de chagrin* plusieurs traces du
romantisme, qu'il s'agisse de la détresse de Raphaël, assoiffé
d'absolu et de passion, ou de l'évocation de la région du lac
du Bourget[1] (l. 8538-8579) où il se bat en duel.

Le réalisme (1830-1850)

Un autre courant artistique fait son apparition dans la
première moitié du XIXe siècle : le réalisme. Ce courant, qui
vient en réponse aux débordements sentimentaux et souvent narcissiques des romantiques, a pour but de tracer un
portrait plus juste et objectif des rebondissements de l'histoire et de participer ainsi à l'essor des sciences en four-
nissant aux générations futures des documents historiques
pertinents et riches en détails. «Le roman, c'est un miroir
que l'on promène le long d'un chemin», affirme Stendhal,
l'un des écrivains majeurs de ce courant, soulignant l'importance de rapporter les faits de la façon la plus véridique
possible.

Bien que l'on trouve des traces évidentes de romantisme
dans le choix des thèmes de leurs romans ou dans la peinture
des états d'âme de leurs personnages, les écrivains réalistes
comme Balzac, Flaubert ou Stendhal refusent d'embellir la
réalité, accumulent les descriptions et les «petits faits vrais»,
construisant des romans où le savoir encyclopédique se
mêle à un sens de l'analyse sociologique et psychologique
plus poussé que chez les romantiques.

---

1 Lac dépeint par l'un des plus grands poètes romantiques, Alphonse de Lamartine
   (1790-1869), dans son non moins célèbre poème *Le Lac*.

Ainsi, dans *La Peau de chagrin*, la description se fait envahissante, noyant parfois l'intrigue du roman dans un foisonnement de considérations scientifiques des plus diverses, qui vont de la physiognomonie[1] à l'histoire de l'art, en passant par la biologie et la chimie. C'est que Balzac, en plus de vouloir rendre compte le plus justement possible de tous les aspects de la société de son temps, veut également éviter de succomber au phénomène de la spécialisation des tâches qui, au début du XIXe siècle, afflige déjà le monde moderne, emprisonnant l'individu dans un domaine de connaissances et de compétences de plus en plus restreint, l'empêchant de jeter un regard global sur le monde qui l'entoure. Balzac veut tout connaître, tout savoir, et pouvoir juger de tout. Le réalisme devient ainsi chez lui une arme contre l'ignorance et la superficialité.

---

1 *physiognomonie* : science qui a pour objet la connaissance du caractère de la personne d'après sa physionomie.

Honoré de Balzac.

EAU-FORTE DE GAVARNI, VERS 1840.

BALZAC ET SON ŒUVRE

Si l'on examinait Balzac en pratiquant sur lui la physiognomonie, on dirait à la vue des portraits que l'histoire
nous a laissés qu'il était sans doute gourmand et ambitieux.
On ne se tromperait guère. Balzac était, à l'instar de
Napoléon, dévoré par l'ambition. À vingt ans, il dit
d'ailleurs vouloir devenir le Napoléon de la littérature. «Ce
qu'il n'a pas achevé par l'épée, je l'achèverai par la plume.»
Balzac voit grand, très grand, surtout si l'on compare ses
projets d'envergure à ses résultats moyens à l'école.

Une enfance solitaire

Né en 1799, Honoré de Balzac est un enfant de la Révolution. Son père est un bourgeois qui a su faire son chemin
dans la vie. Petit paysan de naissance, il est devenu, à force
de travail et d'habiles jeux de coulisses, maire adjoint de la
ville de Tours. Il signe et se fait appeler M. *de* Balzac, bien
que la particule ait de tout temps été réservée à la noblesse.
Mais la Révolution a changé bien des choses. Après tout, les
privilèges ne sont-ils pas abolis ?

À 51 ans, Bernard-François Balzac épouse une jeune fille
de la bonne bourgeoisie parisienne, Laure Sallambier, âgée
d'à peine 19 ans. Ils auront trois enfants ensemble, Honoré
le premier en 1799, puis Laure en 1800 et Laurence en 1802.
Il faut aussi mentionner Henry, un enfant né d'une union
illégitime que sa mère préférera toujours à Honoré. Pension-
naire au collège des prêtres oratoriens de Vendôme, Honoré
ne recevra la visite de sa mère que deux fois en six ans. Mais
qu'à cela ne tienne, l'enfant trouve sa consolation dans la
lecture et développe déjà de grands projets. Lui aussi sera un
écrivain célèbre.

Des débuts peu prometteurs

En 1819, le père d'Honoré prend sa retraite. Établie à Paris depuis 1814, la famille, privée d'une source de revenus importante, s'installe dans un quartier plus modeste. Balzac qui, à la grande déception de ses parents, refuse d'embrasser la carrière de notaire, offre son aide de façon bien différente : il compte faire fortune grâce à la littérature. Il se met sans tarder à la composition d'une pièce de théâtre en vers, mais le travail d'écrivain s'avère plus difficile que prévu et le résultat n'est pas à la hauteur de ses attentes. Déçu par l'indifférence du public, Balzac met ses grandes ambitions littéraires de côté et fait de la littérature «de commande», écrivant des romans populaires au goût du jour qui lui permettent d'apprendre les rouages du métier, mais qu'il refuse de signer de son nom.

Balzac éditeur

À 26 ans, Balzac n'a encore rien écrit dont il soit fier. Avec l'aide de sa famille, il devient éditeur. Grave erreur. Balzac achète le matériel d'imprimerie nécessaire pour se lancer mais, peu doué pour le commerce et les finances, se fait rouler. Il puise aussi constamment à même la caisse de son commerce afin de se nourrir, de se vêtir et de satisfaire son goût du luxe et de la vie mondaine. Balzac fait tout en grand. Trop grand. Après deux ans, c'est la faillite. Sa famille se ruine pour rembourser ses dettes, mais Balzac continue d'en accumuler, jouant au chat et à la souris avec ses créanciers, un jeu pénible et épuisant qui durera jusqu'à sa mort.

Les premiers succès

Après son dur échec dans le monde de l'édition, Balzac retrouve sa plume et se cherche un sujet historique à la manière de Walter Scott, un écrivain romantique anglais qu'il admire. Il écrit *Le Dernier Chouan* (rebaptisé plus tard

La cour du collège de Vendôme.

Gravure sur bois.
Maison de Balzac.

Les Chouans), un roman sur les guerres de Vendée, qu'il signe de son nom (Honoré Balzac) et qu'il publie en 1829. Succès modeste, ce roman lui permet néanmoins de faire son entrée dans le monde des lettres. Il s'achète de somptueuses tenues pour bien paraître dans les salons parisiens et se lance dans des aventures sentimentales coûteuses et débridées. Désormais convaincu que le succès est à portée de la main, il se met à écrire sans relâche et, en 1831, connaît enfin le triomphe avec *La Peau de chagrin*. Il signe désormais Honoré *de* Balzac.

La vie de seigneur

Avec la parution de *La Peau de chagrin*, Balzac voit enfin, brièvement (!), la couleur de l'argent. Maintenant installé dans une rue élégante de la capitale, il se fait une réputation de grand seigneur, dilapidant sa fortune, se ruinant en tapis, en meubles, en cannes à pommeau d'or ou serti de pierres précieuses. Les plus grands salons parisiens lui ouvrent leurs portes. Il fréquente des comtes, des ducs et surtout… des duchesses. L'une d'elles, la duchesse de Castries, lui a donné des espérances. Son cœur s'enflamme. Malgré ses origines bourgeoises ainsi que son amour pour Napoléon et les idées des Lumières, Balzac se fait royaliste et ne jure plus que par la monarchie.

La vie de forçat

L'envers de la médaille est que Balzac doit plus de cent mille francs. Il a reçu des avances de ses éditeurs pour des œuvres qu'il n'a toujours pas écrites et doit de l'argent à toute la ville. Les créanciers sont aux portes. En fait, ils sont tellement présents dans son existence que plusieurs deviennent ses amis. Il n'a pas le choix : il *doit* écrire. C'est ce qu'il fera désormais toutes les nuits, de minuit à huit heures, puis jusqu'à seize heures, après un petit somme et de nombreux cafés. Les romans se suivent à un rythme frénétique : huit rien qu'en 1832 ! Et bien que Balzac soit enfin un écrivain à succès, il n'aura plus droit au repos.

Le grand amour et la grande œuvre

En 1832, parmi toutes les lettres d'admiratrices que reçoit Balzac, s'en trouve une qui attire plus particulièrement son attention. En provenance d'Ukraine, elle est signée «L'Étrangère». Sa correspondante ne tarit pas d'éloges à son égard. Balzac est flatté et intrigué. À la fin de la même année, l'étrangère accepte de révéler son nom : Mme Hanska. Elle est la petite nièce de la reine Marie Leszczynska et appartient à la plus haute noblesse polonaise. Elle a épousé en 1819 un certain comte Hanski, de 22 ans son aîné. L'admiration de sa correspondante pour lui, le mystère qu'elle laisse planer autour de sa personne, son appartenance à la noblesse et sa nationalité étrangère font les délices de Balzac.

En septembre 1833, Balzac et Mme Hanska se rencontrent enfin. C'est l'amour. Mais le mari représente un obstacle. Il faudra encore quatre mois pour qu'ils deviennent amants et dix-sept ans pour qu'ils se marient.

Balzac, pendant ce temps, est néanmoins assez heureux. Mme Hanska n'est-elle pas la maîtresse parfaite ? Noble, raffinée, d'une beauté qui le ravit, elle est également intelligente et sensible, capable de lui tenir tête dans des discussions intellectuelles et bien supérieure en cela à la plupart des femmes qu'il rencontre lors de ses sorties mondaines, entre deux pages de roman. Qui plus est, Mme Hanska habite en Pologne, ce qui laisse à Balzac (qui a le malheur de plaire aux femmes) toute la latitude que sa vie sentimentale exige.

L'année 1833 est également celle où Balzac écrit *Le Père Goriot*, l'un de ses ouvrages les plus célèbres, et celle où il a l'idée de faire revenir certains de ses personnages d'un roman à l'autre. Au fil des ans, cette idée se développe. Pourquoi ne pas relier *tous* ses romans précédents et en venir à une seule et grande œuvre ? Peindre une fresque

gigantesque où se croiseraient sans cesse les destins contra-
riés, les amours déçues, les espérances comblées ou sacrifiées
et lui donner un titre générique ! Trouvant son inspiration
dans *La Divine Comédie* de Dante, un monument de la
littérature médiévale italienne, Balzac opte pour *La Comédie
humaine*. Il annonce son plan en 1841. Découpée en trois
grandes parties : les *Études de mœurs*, les *Études philosophiques* et les *Études analytiques*, *La Comédie humaine*
regroupera la plupart des textes publiés par l'écrivain.
Balzac prévoit en tout 137 romans. Il n'aura au bout du
compte que le temps nécessaire pour en écrire 91 (!), mais
la fresque n'en demeure pas moins impressionnante : 2209
personnages, dont 515 personnages récurrents. L'originalité
et l'ambition de cette idée novatrice inspireront plusieurs
écrivains : Zola, Proust, Roger Martin du Gard, qui, à leur
tour, se lancent dans l'édification de fresques où s'enchevê-
trent les destinées d'une multitude de personnages.

La rançon de la gloire

En 1837, les dettes de Balzac atteignent des sommets :
deux cent mille francs ! L'écrivain travaille plus que jamais.
Ses romans paraissent en feuilletons dans les journaux,
comme il était de coutume à cette époque. Lorsque la parution en feuilletons est terminée, Balzac entreprend le travail
de révision et met ses éditeurs à bout. Il gonfle le manuscrit,
fait des ajouts jusqu'à la dernière minute. Il faut dire qu'à
cette époque, les écrivains sont payés au mot, et comme
Balzac est fort endetté, il a tout intérêt à livrer des romans
de taille ! Lorsqu'il n'a pas le temps de composer lui-même
les ajouts en question, il lui arrive d'emprunter ses descriptions à des catalogues, aux encyclopédies qu'il a sous la
main, à tout ce qu'il trouve.

En 1842, le comte Hanski meurt. Balzac veut épouser
Mme Hanska et se rend immédiatement à Saint-Pétersbourg.
Mais rien n'est moins simple. Balzac est volage et Mme Hanska

La Comédie humaine.

OEUVRES COMPLÈTES

DE M.

DE BALZAC

ÉDITION DE LUXE ET A BON MARCHÉ.

VIGNETTES
PAR

Tony-Johannot,

Gavarny,

Meissonnier,

Lorent;,

Gérard-Séguin,

Periel, etc.

12 VOLUMES IN-8°,

Chaque volume contiendra 30 feuilles et 8 gravures à part du texte.

ET SERA PUBLIÉ EN 10 LIVRAISONS A 50 CENT.

ON SOUSCRIT ICI.

se méfie. Elle veut bien lui accorder son amour, mais se marier ? Sans compter qu'il est couvert de dettes. Au cours des années suivantes, elle lui donne rendez-vous à travers toute l'Europe, en partie pour tester son amour, en partie parce qu'elle tente de se convaincre elle-même qu'elle l'aime. Balzac est fatigué. Son rythme de vie inhumain le mine progressivement. Les médecins diagnostiquent une hypertrophie du cœur. Sa santé l'abandonne. Il continue néanmoins à publier. Deux nouveaux chefs-d'œuvre voient le jour : *La Cousine Bette* (1846) et *Le Cousin Pons* (1847). À la fin de 1847, il réussit à convaincre Mme Hanska de l'épouser. La date du mariage semble fixée. Mais en 1848, la révolution éclate, mettant fin au règne de Louis-Philippe. Paris dans tous ses états, Balzac décide de s'expatrier. Il ira rejoindre Mme Hanska en Ukraine. Au diable cette France sens dessus dessous, dont il n'attend rien de bon depuis que ses espoirs d'entrer à l'Académie française ont été déçus (il n'a récolté que deux voix, celles de Victor Hugo et d'Alfred de Vigny) et que sa candidature en tant que légitimiste (sous la IIe République) a été accueillie dans l'indifférence presque totale.

Une fois en Ukraine, Balzac se réjouit. Mme Hanska, qui a hérité de l'immense fortune de son mari, l'attend. Fini les problèmes d'argent ! Mais l'humeur de Mme Hanska n'est pas au beau fixe. Elle repoussera encore le mariage jusqu'en 1850. Finalement, le 14 mars de la même année, les noces sont célébrées juste à temps avant que Balzac, à bout de forces, s'écroule. De retour à Paris, le couple s'installe rue Fortunée, dans la demeure que Balzac avait fait préparer à grands frais. Il n'en ressortira plus.

Le 18 août 1850, à 51 ans, Balzac s'éteint après avoir reçu, quelques heures auparavant, la visite de son ami Victor Hugo. On lui fait des funérailles à la mesure de son talent et à la grandeur de son œuvre. Hugo prononce l'éloge funèbre ; puis, comme son personnage Eugène de Rastignac, Balzac est enterré au cimetière du Père-Lachaise.

Mme Hanska.

MINIATURE PEINTE EN 1835 PAR DAFFINGER,
EN PRÉSENCE DE BALZAC.

L'œuvre expliquée

LA GENÈSE DE L'ŒUVRE

En 1830, la révolution gronde tandis que Balzac voyage sur la Loire en compagnie de sa maîtresse, Mme de Berny, pour se reposer de ses activités littéraires essoufflantes. Il vient de publier *Les Chouans* et une *Physiologie du mariage*[1] qui lui ont apporté le succès. De retour à Paris, il est témoin des soulèvements des 27, 28 et 29 juillet[2]. Il exprime son opinion dans une série d'articles qu'il écrit pour le journal *Le Voleur*. D'abord favorable à Louis-Philippe, qui lui semble plus modéré que Charles X et, surtout, plus près des idéaux révolutionnaires, il est vite déçu. Dès septembre, Balzac dénonce la paresse du gouvernement et sa mollesse vis-à-vis de la bourgeoisie d'affaires dont il fait les quatre volontés. Son impatience se transforme en colère. Pour Balzac, la monarchie de Juillet marque la fin de la grandeur politique de la France et le début de la médiocrité.

Il se met à rêver à un roman qui résumerait son irritation, un roman dénonciateur du monde bourgeois, matérialiste, plat, où tout n'est plus qu'affaires, dettes, contrats, où les œuvres d'art deviennent objets de commerce et où la jeunesse dépérit, victime de ce «mal du siècle» qui l'accable lui-même.

Ce roman, ce sera *La Peau de chagrin*. Le 17 janvier 1832, Balzac signe un contrat de publication avec Charles Gosselin, l'un des grands éditeurs des romantiques. Encouragé par le succès de sa *Physiologie du mariage*, dans laquelle il avait adopté un ton railleur, cynique, très près de celui des

---

1 Les physiologies étaient un genre à la mode qui consistait à étudier une réalité humaine et à la décrire de façon objective. Dans cette œuvre, Balzac se montre d'un cynisme sans pareil en réduisant le mariage à une affaire financière troublée par les pulsions charnelles.

2 Voir ci-dessus la section *Le contexte historique*, à la page 335.

écrivains du XVIIIᵉ siècle, Balzac récidive avec ce roman qui ne ménage rien ni personne.

Le cœur de l'intrigue, cette peau d'âne qui rétrécit inexorablement jusqu'à provoquer la mort de son propriétaire, Balzac le tient déjà depuis quelque temps. À la fin de 1830, il a noté dans son carnet d'idées : «L'invention d'une peau qui représente la vie. Conte oriental[1].» Il utilisera donc cette idée comme amorce de son roman, décision qui rend *La Peau de chagrin* inclassable : à la fois roman réaliste et romantique, étude philosophique et conte fantastique.

LES SOURCES D'INSPIRATION

Pour bien comprendre l'état d'esprit dans lequel se trouve Balzac au moment d'écrire *La Peau de chagrin*, on se rappellera qu'il est encore à cette époque un jeune romancier ambitieux qui a tout à prouver. Sa *Physiologie du mariage* est un essai, pas un roman, et *Les Chouans* lui ont valu plus d'estime de la critique que du public. Cette fois, Balzac, porté par sa colère, son enthousiasme et sa détermination, ne veut pas rater son coup. Il déverse dans *La Peau de chagrin* tout ce qu'il aime, tout ce qu'il connaît et tout ce qui est susceptible de plaire et de provoquer une réaction chez ses contemporains. Aussi les sources d'inspiration sont-elles extrêmement variées.

L'esprit gaillard de Rabelais

François Rabelais (1483-1553) est l'un des grands noms de la littérature française de la Renaissance. Médecin de formation, il construit une œuvre qui est un hommage à la vie équilibrée, en harmonie avec les forces de la nature, une véritable célébration du corps et de l'esprit. La verdeur des propos tenus dans ses récits *Pantagruel* (1532) et *Gargantua* (1534) oblige le Parlement à les censurer. Pleins d'un humour

---

1   Balzac, *Pensée, sujets, fragments*, Paris, Éditions Crépet, 1910.

bon vivant qui n'exclut jamais la grivoiserie et de nombreuses inventions verbales à la fois cocasses et poétiques, les écrits de Rabelais incarnent l'esprit français dans toute sa légèreté et sa gaillardise. Lorsqu'il commence la rédaction de *La Peau de chagrin*, Balzac souhaite retrouver la verve irrévérencieuse de Rabelais pour faire contraste avec l'hypocrisie et l'esprit moralisateur du monde bourgeois. Il se permet également, dans la première version de son roman, de nombreuses fantaisies et pirouettes linguistiques semblables à celles du «bon docteur». Rapidement toutefois, plusieurs de ces inventions verbales seront gommées de la version définitive. Restent le ton général du roman, quelques trouvailles stylistiques ainsi que de nombreuses allusions aux personnages de ce géant de la littérature[1].

Sterne et le roman d'opinion

Balzac trouve également une part d'inspiration chez Laurence Sterne (1713-1768), un écrivain britannique, auteur de *Vie et Opinions de Tristram Shandy* (1760-1767). Il s'agit d'un «roman d'opinion», un ouvrage révolutionnaire dans lequel l'intrigue n'est qu'un prétexte utilisé par le romancier pour aborder les thèmes les plus divers et faire part de son opinion au lecteur. Or, c'est exactement ce que Balzac entend faire dans *La Peau de chagrin*. En page de garde, il l'annonce de façon originale en reprenant de *Tristram Shandy* l'arabesque faite par le mouvement d'une canne brandie dans les airs. Ce dessin exprime l'opinion que se fait du mariage le propriétaire de la canne. De façon plus large, il exprime également les aléas du destin et, surtout, la grande liberté de création que Sterne se permet dans son roman : à bas la narration linéaire et l'effacement de l'auteur derrière l'intrigue ! Balzac retient la leçon et fait de *La Peau de chagrin* un roman fourre-tout, bourré d'idées, de discours de toutes

---

1   Voir plus loin la section *L'écriture*, à la page 383.

François Rabelais (v. 1483-1553).

Image d'Épinal : *Le festin de Pantagruel.*

sortes, où les personnages passent une grande partie de leur temps à discuter de politique, de philosophie, de sciences ou d'art. Ce roman étrange, éclaté, Balzac le classera d'ailleurs, au moment de faire le plan de *La Comédie humaine*, dans ses *Études philosophiques*.

Le roman noir, les contes d'Hoffmann, des Mille et Une Nuits et de Perrault

À partir de la fin du XVIIIe siècle, sous l'impulsion des romantiques anglais et allemands, qui cherchent l'évasion et la sensation forte, le fantastique devient à la mode en Europe. En Angleterre, le roman gothique (ou roman noir) est un véritable hommage aux superstitions populaires. Peuplé de vampires, de sorcières et d'esprits maléfiques, il réinvente le folklore et trouve ses lettres de noblesse sous la plume de lord Byron ou de Mary Shelley (*Frankenstein*, 1817). En Allemagne, E.T.A. Hoffmann (1776-1822) rédige une série de contes macabres et fantaisistes qui soulèveront l'enthousiasme des romantiques français. Ces influences, combinées à celle des *Contes des Mille et Une Nuits*, récemment traduits en français[1], et à celle des *Contes* de Charles Perrault (auxquels Balzac a peut-être emprunté l'idée du titre de son roman[2]), expliquent en grande partie l'amorce fantastique de *La Peau de chagrin*, amorce qui renforce la dimension romantique de l'œuvre.

L'aspect autobiographique

En plus des influences littéraires, Balzac puise dans sa propre expérience. Plus que tout autre de ses romans, *La Peau de chagrin* contient de nombreux éléments autobiographiques. Raphaël est un jeune poète endetté qui vit de

---

1   Ces contes arabes anonymes écrits avant le Xe siècle avaient été révélés à l'Occident avec la traduction française d'Antoine Galland (1646-1715).
2   Charles Perrault (1628-1703) est l'auteur du conte *Peau d'âne*.

commandes tout en travaillant à un fabuleux ouvrage scientifique destiné à lui apporter gloire et fortune. Comme son auteur, Raphaël n'aime pas la vie sous Louis-Philippe. Comme lui également, il éprouve la vive contradiction entre le désir (VOULOIR) et la réalité (POUVOIR), avide de faire fortune, mais sans le sou, sans contacts influents, brisé par la fatigue et obligé de se soumettre à la dure loi de l'argent. Enfin, comme Balzac, Raphaël est excessif et se brûle dans tout ce qu'il entreprend. La peau devient ainsi entre ses mains beaucoup plus un instrument de torture que de bonheur.

LES PERSONNAGES

Les personnages de *La Peau de chagrin* se présentent souvent moins comme des êtres en chair et en os que comme l'incarnation des idées de l'auteur. C'est que Balzac, rappelons-le, écrit un roman d'idées, dont la principale est que se côtoient, se heurtent, se consument et se détruisent ceux qui «VEULENT» et ceux qui «PEUVENT» (l. 1118-1121). Ainsi, on peut classer la plupart des personnages du roman dans l'une ou l'autre de ces catégories.

Ceux qui «veulent»

Raphaël de Valentin

D'entrée de jeu, Raphaël se présente comme un idéaliste. Il VEUT plus qu'il ne PEUT (ne consacre-t-il pas une partie de son temps à la rédaction d'une théorie sur la volonté ? [l. 3258]). Il porte aussi le prénom d'un ange et un nom de famille évoquant la fête des amoureux, ces deux éléments accentuant son idéalisme et son peu de prise sur la réalité. À n'en pas douter, Raphaël est un poète, trop pur pour ce monde, trop passionné, excessif en tout et, bien sûr, trop naïf. Il est, avec Pauline, l'incarnation du romantisme dans le roman, personnage rempli d'attentes et en lutte constante avec le réel. À noter que Raphaël est aussi le nom d'un peintre italien de la Renaissance (1483-1520), célèbre pour ses tableaux idylliques, ses représentations de la Vierge et la finesse de son dessin. Ce prénom évoque donc également un monde révolu, plus raffiné et séduisant que la société française de 1830, évocation renforçant encore l'inaptitude de Raphaël à évoluer en harmonie avec son époque. Plus concrètement, Raphaël est une des nombreuses victimes des aléas de l'histoire politique de la France. Issu de la noblesse, il est sans le sou à cause de la Révolution française, qui a ruiné son père, et du démantèlement de l'Empire, qui l'a ruiné une seconde fois. En fait, très ironiquement, Raphaël hérite des dettes de sa famille, un poids qui ajoute à sa mélancolie et à son esprit suicidaire.

Pauline Gaudin

Pauline est à l'amour ce que Raphaël est à l'ambition. Elle est son miroir. Balzac raconte que Pauline, comme Raphaël, a perdu son père, emporté par la fin de l'Empire. Comme lui, elle vit d'expédients (elle peint des écrans tandis qu'il rédige de faux mémoires). Pauline est également idéaliste, passionnée, amoureuse. Elle incarne la pureté de cœur, contrairement à Fœdora et à Aquilina. Lorsque Balzac en fait une jeune femme riche et bien en vue dans la dernière partie du roman, il soutient que l'ascension en société n'est désormais plus qu'affaire d'argent et que Pauline est une «incorruptible» : l'argent ne la rend ni plus heureuse, ni moins amoureuse. Son bonheur ne dépend que d'une chose : la réciprocité des sentiments qu'elle éprouve pour Raphaël.

Émile

Émile est un paresseux. Journaliste, il a «conquis plus de gloire à ne rien faire que les autres n'en recueillent de leurs succès» (l. 1444-1445). Mais cette gloire n'est pas synonyme de pouvoir. Émile, comme Raphaël, est un sans-le-sou. Qui plus est, il ne prend pas son avenir au sérieux. Or, aux yeux de la société qui, elle, *ne cesse* de se prendre au sérieux au point d'en devenir ennuyeuse, Émile n'est qu'un raté, malgré ses talents d'orateur, son intelligence et sa lucidité face au gouvernement, dont il dénonce l'hypocrisie. D'ailleurs, Émile est d'autant plus condamné par la bourgeoisie qu'il affiche clairement ses couleurs : républicain, il personnifie comme Raphaël l'errance de la jeunesse au lendemain de la révolution de 1830.

Ceux qui « peuvent »

Fœdora

Fœdora, affirme Balzac dans l'épilogue (l. 9547-9549), est le symbole de la société : hypocrite, ne récompensant et n'aimant que la force, rejetant du revers de la main les malades, les faibles, les mal-aimés. Personnage détestable, mais détestablement vrai, Fœdora incarne toute la laideur de la haute société bourgeoise et, en même temps, tout ce qui extérieurement charme, séduit, fascine. L'idée n'est pas nouvelle mais reste efficace : faire du démon un ange au pouvoir de séduction infini. C'est pourquoi Raphaël en tombe si amoureux. Fœdora est tout ce qu'il n'est pas et tout ce qu'il désire, lui qui veut tant se tailler une place dans la société. De tous les personnages du roman, elle est celui qui symbolise le plus, à ses yeux, le pouvoir. En être aimé signifierait dès lors s'approprier à son tour une part de ce pouvoir.

Aquilina

Aquilina est une Fœdora en devenir. Elle est la courtisane par excellence. Ni mère, ni épouse, elle fait son chemin dans la société grâce à son physique avantageux. Elle se transforme en objet de commerce sans le moindre scrupule et ne vit que pour le plaisir. Encore une fois, Balzac montre ceux que la société bourgeoise (pourtant si morale en apparence) récompense, celle-ci se révélant dans toute son hypocrisie.

Eugène de Rastignac

Rastignac est un personnage récurrent de *La Comédie humaine* cher à Balzac. Dans *Le Père Goriot*, autre roman célèbre de Balzac, on le découvre au début de son parcours, révolté par le cynisme de la société parisienne, réticent à l'idée de se salir les mains pour s'imposer. Mais la tentation le guette. À la fin du récit, il se lance à la conquête de Paris. Désormais, on le retrouvera partout en opportuniste convaincu, mondain à l'extrême, prêt à tout pour réussir et tentant les âmes pures en affirmant, comme Machiavel, que la fin justifie les moyens. Rastignac symbolise donc l'aventurier sans scrupules, habile et ne reculant devant rien pour réussir en société, au risque d'en perdre son âme. C'est là le prix du succès, semble-t-il.

L'antiquaire

Ce personnage presque aussi fantastique que la peau de chagrin, âgé de plus de 120 ans (si l'on se fie à son récit), a survécu à tous les bouleversements des XVIIIe et XIXe siècles. À l'image de tous les antiquaires, il joue le rôle du gardien de l'histoire, mais Balzac en fait aussi un personnage plus grand que nature. Lorsque Raphaël demande au garçon de boutique s'il est un prince, celui-ci reste interloqué et, contre toute attente, répond qu'il ne le sait pas (l. 708-710). La description qu'en donne ensuite Balzac saisit. Petit vieillard sec, presque mourant, il est malgré tout doté d'un pouvoir et d'une connaissance infinis. C'est que le bonhomme, en bon commerçant, a su se tirer de toutes les impasses auxquelles le destin l'a exposé. Il a même fait fortune. Or, la richesse est tout. Elle permet d'acheter le monde. Et c'est précisément le monde entier que l'antiquaire semble posséder dans sa boutique.

L'antiquaire est finalement celui qui propose une solution à la dualité VOULOIR et POUVOIR : le SAVOIR (l. 1121-1125). Il fallait un personnage sorti tout droit du passé, héritier des valeurs et de la sagesse des Anciens, pour proposer cette solution à un monde qui l'a déjà oubliée. Il incarne, d'une certaine manière, la seule voix de la sagesse dans le roman.

L'ESPACE

Dans *La Peau de chagrin*, les lieux tout comme les personnages renseignent sur les idées politiques, sociales et culturelles de Balzac. Profondément symboliques malgré le tableau réaliste qu'en peint l'auteur, ils servent à créer l'ambiance du récit de même qu'à l'approfondir.

Le Palais-Royal

Balzac entame donc un roman dans lequel s'opposeront l'insatiabilité des désirs et la réalité très limitée à laquelle il faut faire face. Quoi de mieux que de situer le début de son récit dans un casino du somptueux Palais-Royal ? Raphaël entre en scène comme une âme en peine au milieu des tables de jeu, perdu parmi les joueurs, l'argent qui coule à flots et les employés sans égard pour sa pauvreté. On comprend tout de suite : le monde dans lequel nous venons de pénétrer s'avère cruel, sans pitié pour les démunis, les faibles, les rêveurs. En outre, le casino occupe la salle d'une ancienne résidence royale. Balzac souligne ainsi la grisaille de cette société bourgeoise qui fait fi de la grandeur et de la gloire de son histoire et n'a plus de respect que pour l'or et le plaisir.

La Seine

La description que fait Balzac du plus célèbre fleuve de France ne ressemble en rien à la Seine des cartes postales d'aujourd'hui. Lorsque Raphaël, ruiné, erre à travers les rues de Paris, la Seine se présente comme le dernier recours des âmes en peine pour échapper à leur désespoir. Balzac crée l'image d'une Seine où glissent à la dérive les corps des suicidés. Jonchée de baraques de secours pour les noyés, elle

La galerie d'Orléans, au Palais-Royal.

Les quais de la Seine et la Cité.

HUILE SUR TOILE PAR JOHAN-BARTHOLD JONGKIND (1852).
Paris, Musée du Petit Palais.

devient le décor le plus morbide du roman. L'auteur souligne encore l'incroyable influence de l'argent dans la société en faisant allusion aux récompenses offertes à quiconque repêche un corps de la Seine, mort ou vivant et la débarrasse ainsi d'un de ses principaux agents polluants (l. 347-355).

Le magasin d'antiquités

Balzac, par rapport aux deux précédents lieux de son roman, marque un contraste avec ce magasin rempli de trésors des siècles passés, où Raphaël semble échapper un instant à ses tristes pensées. Mais la longue description du capharnaüm invraisemblable de la boutique est à double tranchant : en dépeignant aussi fastueusement les beautés d'un monde révolu (nous sommes après tout chez un antiquaire), l'auteur souligne par la même occasion la tristesse du monde de Raphaël. En fait, tout parle de mort dans cette boutique et l'évasion dans le passé est le seul réconfort que Raphaël peut trouver. Mais Balzac veut également créer un décor magique, plus grand que nature, propre à annoncer et à rendre plausible l'existence de la fameuse peau d'âne sauvage qui a inspiré le titre du roman.

L'hôtel de la rue Joubert

Cette résidence de la Chaussée-d'Antin, quartier de la finance à Paris, sert de décor à la réception décadente à laquelle sont conviés Raphaël et ses amis. Somptueux, l'hôtel constitue un autre symbole de richesse et de luxe. Les appartements sont tapissés de soie et d'or, remplis de fleurs, et tout, dit Balzac, respire «une élégance sans prétention» (l. 1534-1535). Ce détail n'est pas à négliger. Il confirme d'abord ce qu'a déjà affirmé l'auteur un peu plus tôt, c'est-à-dire que l'argent est passé du faubourg Saint-Germain (quartier des aristocrates) à la Chaussée-d'Antin (quartier de la finance), mais suggère également que la bourgeoisie est capable d'un certain raffinement, achevant ainsi d'éclipser l'aristocratie.

L'hôtel Saint-Quentin

Par contraste, la résidence de Raphaël se situe dans un cul-de-sac d'un quartier populaire. Les murs sont jaunis, sales, l'endroit est exigu et le toit en pente laisse traverser la lumière du jour. Il est intéressant de noter que Raphaël habite le grenier. Loin de la terre ferme, soumis aux caprices du ciel, Raphaël est montré encore plus angélique, inapte à se mêler à la grande société. Enfin, l'univers que dépeint Balzac dans cette partie du roman (lorsqu'il décrit non seulement la chambre de Raphaël, mais également les immeubles et les rues avoisinantes) est un univers qui lui est familier, ayant logé lui aussi dans de modestes appartements de ce quartier.

Le théâtre

Lieu mondain par excellence, le théâtre au XIXe siècle jouit d'une importance capitale dans la vie de la bonne société. On s'y rend moins pour assister au spectacle qui se déroule sur la scène que pour celui qui se produit dans la salle. Une soirée au théâtre fournit l'occasion de nouer ou d'entretenir des liens, d'afficher ses richesses, de rencontrer sa maîtresse ou son amant, ou simplement de s'alimenter en ragots et en nouvelles de toutes sortes. Dans *La Peau de chagrin*, Balzac fait allusion à plusieurs théâtres célèbres de l'époque, en particulier à la salle Favart, où se produisait le Théâtre-Italien, une troupe spécialisée dans la *commedia dell'arte*, mais également au Théâtre des Funambules, où triomphait le célèbre mime Deburau[1] ainsi qu'au Gymnase, une salle fondée en 1820.

L'hôtel de Fœdora (faubourg Saint-Honoré)

Fœdora incarne la Société dans toute sa magnificence et son opportunisme, sa résidence doit donc être à son image :

---

1   Le même Deburau qui a servi d'inspiration à Marcel Carné et à Jacques Prévert pour leur film *Les Enfants du paradis* (1945).

Maison de Balzac, rue Cassini, de 1826 à 1836.

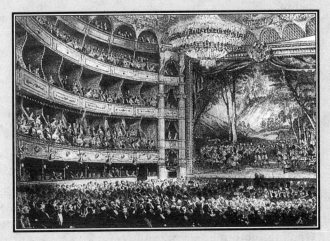

L'Opéra-Comique, salle Favart.

éclatante de grâce féminine. Mais Fœdora est aussi l'objet de la passion débridée et du désespoir de Raphaël, c'est pourquoi Balzac prend soin de créer un décor des plus romantiques : l'architecture et la décoration sont d'inspiration médiévale (gothique), l'hôtel est rempli de vitraux et tout rappelle, écrit-il, le confort anglais. En fait, l'hôtel de Fœdora finit par prendre des allures de cathédrale, sa propriétaire devenant la grande prêtresse au pied de laquelle Raphaël vient déposer son cœur.

Les eaux d'Aix en Savoie et du Mont-Dore

La troisième partie du roman décrit l'agonie de Raphaël, l'espoir de sa guérison et la recherche d'une paix intérieure. Que Balzac éloigne son héros de la ville n'a rien de surprenant, notre romancier réaliste étant encore fort empreint de cette pensée romantique selon laquelle le véritable réconfort réside dans la nature. Ainsi, Raphaël tente d'abord de trouver le repos et la guérison dans une station thermale, lieu à mi-chemin entre la civilisation et la nature sauvage. Les stations thermales sont au XIXe siècle des endroits de villégiature recherchés, lieux propices au ressourcement, mais également aux mondanités les plus diverses. On y donnait des traitements à l'eau de source, les malades espérant recouvrer miraculeusement la santé au contact de cette eau pure, du soleil et du chant des oiseaux.

Ce passage fournit l'occasion à Balzac de décrire la région du lac du Bourget, immortalisée par Lamartine dans son poème *Le Lac*. Balzac renforce la nature romantique de son récit, nature qui atteint des sommets lorsque Raphaël quitte la société médisante d'Aix en Savoie pour découvrir le vrai bonheur parmi une famille de paysans du Mont-Dore en Auvergne.

LA STRUCTURE DU ROMAN

Balzac, on le sait, ne manque pas de souffle. Son goût de la démesure, sa grande ambition et, surtout, son enthousiasme débordant se reflètent dans son écriture. Balzac donne l'impression de vouloir tout dire à propos de tout, sans prendre de pause et sans laisser de répit à son lecteur, ce qui coïncide avec son rythme de travail effréné. On note dans *La Peau de chagrin* l'absence de chapitres[1] et la longueur des paragraphes, très caractéristiques de son écriture.

Ce roman assez dense ne contient que trois parties : «Le Talisman», «La Femme sans cœur» et «L'Agonie», plus un épilogue. Cette division n'est évidemment pas hasardeuse, elle correspond aux trois temps du roman : octobre 1830 pour la première partie, de la révolution de 1789 à l'été 1830 pour la deuxième et de décembre 1830 à l'été 1831 pour la dernière partie. Autrement dit : le présent de Raphaël, son passé et son futur. L'épilogue, quant à lui, permet de renseigner le lecteur sur le destin des personnages survivant à Raphaël et de le ramener aux propos essentiellement philosophiques du roman.

LE TEMPS

«Le Talisman»

Puisque Balzac a l'idée d'écrire un roman qui dénonce la triste réalité de la société bourgeoise de 1830, tout, dans *La Peau de chagrin*, doit s'articuler autour de cette époque. Il ne peut donc opter pour la narration linéaire, puisque le roman commencerait alors avec le récit de l'enfance de Raphaël et de sa passion pour Fœdora, récit qui précède la révolution de juillet.

Balzac choisit donc plutôt de précipiter directement le lecteur dans le vif du sujet : un jeune homme ruiné âgé

---

1 À noter que Balzac va encore plus loin avec *Eugénie Grandet*, qui ne contient aucune division de quelque nature que ce soit.

de 26 ans erre dans les méandres du Palais-Royal au mois d'octobre 1830, soit trois mois après la révolution et l'ascension de Louis-Philippe sur le trône. Le reste appartient au passé, Balzac soulignant de ce fait l'idée que la révolution marque la fin d'un monde, la disparition des espoirs de la jeunesse et la fin de l'insouciance.

Pour survivre dans un univers aussi glauque, il faudrait un miracle, et ce miracle est précisément la découverte de la peau de chagrin, seul élément magique dans ce monde où la réalité la plus cruelle emporte tout sur son passage.

«La Femme sans cœur»

Cette partie du roman est consacrée à la description des événements qui ont marqué la vie de Raphaël ainsi que la France, et qui les ont conduits tous deux à leur perte. Débutant par le récit de la ruine de son père, Raphaël nous reporte à la Révolution de 1789 pour nous conduire finalement jusqu'à l'été 1830, qui marque la fin de sa relation avec Fœdora et donc, symboliquement, la fin de ses espoirs de se mêler à la grande société. Les années 1829 et 1830 auront été particulièrement déterminantes pour lui puisque, au cours de cette brève période, il aura trouvé résidence à l'hôtel Saint-Quentin (où il fait la connaissance de Pauline), fréquenté Rastignac et courtisé Fœdora jusqu'à perdre le peu de fortune qu'il lui restait.

«L'Agonie»

Cette dernière partie du roman se déroule entièrement entre décembre 1830 et juin 1831. Il n'aura donc fallu à Raphaël que quelques mois pour épuiser le pouvoir magique de sa peau de chagrin, Balzac soulignant de cette façon la fragilité de l'existence dans une société qui multiplie les besoins, les désirs, décuple la soif de puissance et d'argent et expose les individus aux désirs, à l'opportunisme et à la flatterie de leurs proches. En écourtant la vie de Raphaël,

Balzac rend ironique le titre donné à la première partie de son roman. La peau de chagrin, un talisman ? Plutôt le pistolet qui manquait à Raphaël pour en finir avec la vie. Plusieurs critiques voient d'ailleurs ce premier grand roman de Balzac comme l'histoire d'un suicide.

Le rôle des saisons

Les saisons aident Balzac à marquer le temps ainsi qu'à créer l'ambiance. Le roman débute à l'automne, au mois d'octobre, alors que Raphaël songe précisément à en finir avec la vie. De même, sa déconvenue sentimentale avec Fœdora se produit principalement entre décembre 1829 et l'arrivée du printemps, l'hiver étant la saison idéale pour un récit qui traite d'une femme sans cœur, froide et sèche comme la mort. L'agonie de Raphaël commence en décembre, alors qu'il est isolé du monde entier dans son hôtel. Elle s'étire jusqu'au printemps, saison qui coïncide avec l'espoir de trouver la guérison à la campagne, et se termine ironiquement en juin afin de bien souligner le caractère implacable de la mort, mais aussi de la vie, plus forte que tout.

LES THÈMES

« L'invention d'une peau qui représente la vie. Conte oriental[1]. » Comme tous les romans que Balzac classe dans les *Études philosophiques* de *La Comédie humaine*, *La Peau de chagrin* repose d'abord sur une idée. Dans le cas présent, cette idée découle du fait que la vie consiste en une discordance entre le désir et la réalité, le vouloir et le pouvoir. Tout homme aspire à plus qu'il n'est capable, veut davantage que ce que la vie peut lui offrir. Le désir n'a pas de frontières, contrairement à l'existence. Mais Balzac va encore plus loin : le désir, très ironiquement, est à la fois ce qui motive à vivre

---

1   Voir ci-dessus la section *La genèse de l'œuvre*, à la page 360.

et tue à petit feu. La vie d'un homme se compare à une peau qui rétrécit sans cesse au fur et à mesure que l'on multiplie les dépenses d'énergie, d'argent et de temps à la poursuite d'un rêve, d'une idée, d'une nouvelle passion. Ainsi, l'amour, l'ambition, les rêves de gloire et de fortune entraînent une part égale de bonheur et de malheur. Comme le dit l'antiquaire à Raphaël : «*Vouloir* nous brûle et *Pouvoir* nous détruit; mais savoir laisse notre faible organisation dans un perpétuel état de calme.» (l. 1123-1125).

En choisissant de mettre en scène un jeune homme pour qui vouloir est tout et qui se retrouve perdu, sans argent, dans une société où le succès ne vient qu'aux riches, Balzac écrit un roman qui gravite autour du thème du suicide, les autres thèmes servant pour la plupart à le mettre en valeur.

Le suicide

Balzac affirmera en 1831 que l'art du suicide est le seul art qui peut progresser dans cette société qui refuse à la jeunesse la chance de connaître la beauté, de croire en l'avenir et de s'élever au-dessus de l'hostile réalité. Jamais n'a-t-il mieux illustré cette cruelle pensée que dans *La Peau de chagrin*.

Le roman s'ouvre sur le désespoir de Raphaël : il a voulu, il a perdu. Sans argent, sans espoir de faire fortune, comment pourrait-il accepter de vivre un instant de plus dans ce monde où l'argent seul semble faire le bonheur ? Sa bourse vidée, ses habits et son chapeau râpés, Raphaël songe à se jeter dans la Seine. Le thème du suicide est placé. Lorsque Raphaël découvrira la peau de chagrin, l'antiquaire le mettra bien en garde : accepter le pacte proposé sur cette peau n'est pas une chance de trouver le bonheur, mais une autre manière d'envisager le suicide (l. 1181-1190, puis 1238-1240). Raphaël conclura, malgré cela, le pacte que tous avant lui ont refusé. Balzac met en valeur le caractère autodestructeur de son personnage. Emporté par la passion, Raphaël est résolu à payer le prix. Après tout, que vaut son existence dans l'état où il se trouve ? Le marché ne peut être qu'à son avantage, semble-t-il penser.

L'ambition et l'amour

Les autres thèmes présents dans le roman s'inscrivent dans la logique du suicide. Si la peau de chagrin représente le pistolet que cherchait Raphaël pour en finir avec la vie, l'ambition, l'amour, l'or et le plaisir en sont les munitions. Tous ces thèmes illustrent en effet l'idée que l'homme passe le plus clair de son existence à VOULOIR.

Dans sa passion pour Fœdora, Raphaël cherche plus que l'amour. Il cherche la reconnaissance sociale, le pouvoir qui lui fait défaut. Être aimé de Fœdora signifie posséder ce que tout le monde rêve de posséder et accéder à un statut privilégié. En d'autres mots, être aimé de Fœdora signifie faire son chemin dans la société. Il s'agit moins d'amour que d'ambition. L'amour véritable, incarné par Pauline, Raphaël se refuse à l'éprouver jusqu'à la fin du roman. C'est que l'obsession rend aveugle. Et Raphaël est clairement obsédé par l'idée qu'il n'est rien sans gloire et fortune, que tout commence avec le prestige, la célébrité, et que l'accès aux plus hauts échelons de la vie mondaine est garant de bonheur. Lorsqu'il atteint son but, Raphaël est déjà condamné : usé par la vie (toujours symbolisée par la peau de chagrin), il est un vieillard à 26 ans ! Découvrant alors que POUVOIR, effectivement, détruit, il se rabattra sur le seul désir que la peau ne peut satisfaire : prolonger ses jours afin de goûter au véritable bonheur auprès de Pauline, bonheur qui était pourtant à sa portée avant qu'il soit trop tard.

Ce jeu ironique du destin et l'étonnante capacité de l'homme à faire son malheur permettent de mieux comprendre le titre générique que Balzac donnera à son œuvre : *La Comédie humaine.* Car, n'est-ce pas une perpétuelle comédie que se jouent les hommes tout au long de leur existence, cherchant le bonheur et le fuyant tout à la fois en sautant d'une illusion à l'autre ?

L'or et le plaisir

«Toute passion à Paris se résout par deux termes : or et plaisir» écrit Balzac dans un passage célèbre de *La Fille aux yeux d'or*. Cette affirmation, illustrée dans beaucoup de romans de l'auteur, trouve également un écho dans *La Peau de chagrin*, où l'or achète le plaisir et le plaisir permet de dépenser l'or. Il faut entendre ici par *plaisir*, non pas les petits plaisirs de tous les jours ou de simples divertissements, mais la débauche, la luxure, les délices plus décadents qu'offrent l'alcool, les courtisanes, toutes les Aquilina de ce monde. Balzac semble aller dans le sens de Jean-Jacques Rousseau qui, dans son *Discours sur l'origine et les fondements de l'inégalité parmi les hommes*, affirme que l'homme qui pense est un animal dépravé, soulignant par là que la corruption des mœurs s'accroît au fur et à mesure que l'être humain se civilise. Cette idée, très romantique, Balzac l'illustre dans son roman par le portrait qu'il trace de l'orgie, mais également à travers le personnage d'Aquilina, qui ne vit que pour le «plaisir», et celui de Fœdora qui, à un échelon supérieur dans la société, n'en est que plus cynique et dépravée. On comprend dès lors pourquoi Raphaël ne peut découvrir le bonheur que dans la simplicité retrouvée, parmi les membres d'une famille de paysans ou dans les bras de Pauline.

La science

Lorsque l'antiquaire dévoile à Raphaël que le secret pour mener une vie heureuse, longue et paisible réside dans le SAVOIR, on pourrait penser qu'il fait référence à la science. En effet, si l'on pouvait percer les mystères de l'univers, ne pourrait-on pas le contrôler à notre guise ? Modifier le sens de notre destinée ? Repousser la mort ? Mais l'antiquaire parle de la connaissance pour la connaissance, du plaisir de satisfaire notre curiosité. Sitôt que la science prétend agir sur le monde qui l'entoure, elle entre dans le jeu du VOULOIR et ne possède plus les vertus apaisantes du véritable SAVOIR.

Ainsi, Balzac se montre à la fois enthousiaste et sceptique par rapport à la science. Il crée surtout un surprenant contraste en opposant le monde de la science à la peau de chagrin, l'objectivité au surnaturel, la réalité la plus abrupte, mathématique, au mystère incarné. L'incapacité de toutes les branches de la science à percer le secret de cette peau achève de mettre en valeur la dimension philosophique de celle-ci et amène la question : La science peut-elle réellement résoudre le mystère de la vie ? Dans un siècle où l'essor impressionnant de la science favorise une foi naïve en ses possibilités, Balzac surprend par ses réserves et sa lucidité : la science ne peut (pas encore, du moins) répondre à tout. Elle ne peut empêcher la peau de chagrin de rétrécir ; et surtout, elle ne peut lui faire prendre de l'expansion. Que peut-on réellement, en effet, contre le temps qui passe ?

L'ÉCRITURE

Balzac adopte dans *La Peau de chagrin* un style que l'on serait tenté de qualifier de «baroque[1]», car l'auteur se plaît à combiner les inventions verbales, les pirouettes stylistiques à la Rabelais, le ton railleur des écrivains du Siècle des lumières, une langue et un ton beaucoup plus objectifs, propres à décrire de façon réaliste les lieux et les gens. En fait, on doit établir un parallèle entre le style éclaté du roman et son appartenance à plusieurs genres, comme il a été précédemment mentionné[2].

---

1 Le style baroque s'est développé entre les XVIe et XVIIIe siècles et se caractérise par la liberté des formes et la profusion des ornements.

2 Voir la fin de la section *La genèse de l'œuvre*, à la page 361.

Le vocabulaire et la description

Balzac, reconnu pour son goût du luxe, des habits voyants, du clinquant sous toutes ses formes, n'est pas un écrivain qui verse dans la sobriété. Son style est rempli d'effets, son vocabulaire est riche, tape-à-l'œil. Son amour de la description le pousse à dépeindre le réel dans ses moindres détails.

Dans *La Peau de chagrin*, la description sert autant à accentuer l'effet de réalisme qu'à créer l'ambiance ou à livrer des informations au sujet de la psychologie des personnages (n'oublions pas que Balzac est un adepte de la physiognomonie, cette science qui vise à déduire le caractère d'un individu par l'étude de ses traits et de son apparence).

Par exemple, «la longue face blanche» (l. 41) du vieillard qui reçoit Raphaël au casino du Palais-Royal, «présentait la pâle image de la passion réduite à son terme le plus simple. Dans ses rides il y avait trace de vieilles tortures, il devait jouer ses maigres appointements le jour même où il les recevait» (l. 42-45). De même, les bords «pelés» (l. 33) du chapeau de Raphaël renseignent sur sa pauvreté et aident à intensifier son désespoir. Plus loin, la description de la résidence de Fœdora laisse entrevoir la sensualité de cette femme sans cœur : «Je fus surpris à l'aspect d'un petit salon moderne où je ne sais quel artiste avait épuisé la science de notre décor si léger, si frais, si suave, sans éclat, sobre de dorures. C'était amoureux et vague comme une ballade allemande, un vrai réduit taillé pour une passion de 1827, embaumé par des jardinières pleines de fleurs rares.» (l. 3677-3682).

La description, chez Balzac, n'est jamais uniquement une longue succession de détails, contrairement à ce que l'on est parfois tenté de croire, car cette méthode ne laisserait transparaître qu'une âme matérialiste. Or, Balzac est encore trop fortement romantique pour se contenter de prendre le réel pour ce qu'il est. Dans son œuvre, le moindre objet

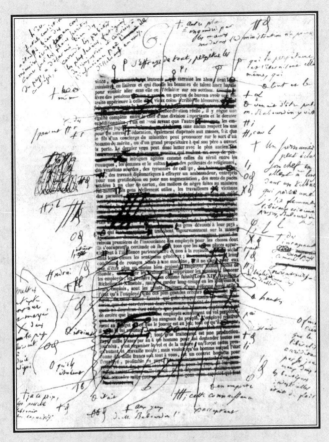

Une page d'un manuscrit de Honoré de Balzac.

parle aux sens, en plus d'exprimer une vérité objective sur son propriétaire, sur l'époque, sur le monde. À l'accumulation des détails s'ajoute la plupart du temps leur interprétation, Balzac analysant, suggérant et parfois concluant à propos de leur valeur symbolique : «Une écritoire payée cent mille francs et rachetée pour cent sous, gisait auprès d'une serrure à secret dont le prix aurait suffi jadis à la rançon d'un roi. Là, le génie humain apparaissait dans toutes les pompes de sa misère, dans toute la gloire de ses gigantesques petitesses.» (l. 655-659).

Pour suggérer la grande puissance d'évocation des lieux, des objets, des personnages qu'il décrit, Balzac a recours à plusieurs figures de style, parmi lesquelles dominent la comparaison et l'hyperbole. «Qui n'a pas, une fois dans sa vie, […] admiré les mille veines, coloriées comme une rose de cathédrale gothique, qui se détachent sur le fond rougeâtre des feuilles d'un jeune chêne ?» (l. 9041-9047).

Les nombreuses allusions à l'histoire universelle, l'étalage de son savoir encyclopédique, lui permettent de créer un vaste réseau de sens qui contribue à générer l'impression que tout en ce bas monde est plus grand, plus complexe, plus riche que l'on ne saurait imaginer de prime abord. Cette façon de faire est particulièrement frappante lors de la visite de Raphaël chez l'antiquaire : «Il vit les conquêtes d'Alexandre sur un camée, les massacres de Pizarre dans une arquebuse à mèche, les guerres de religion échevelées, bouillantes, cruelles, au fond d'un casque.» (l. 583-587).

L'invention et la fantaisie

Dans sa volonté de faire preuve d'une audace linguistique et d'une verve toutes rabelaisiennes, Balzac invente d'abord certains néologismes, tels «diogénisais» (l. 3304), «zoogénésiques» (l. 7285) ou «saint-simoniser» (l. 1824), et joue avec les dénotations de mots, comme c'est le cas dans le titre même du roman, «chagrin» évoquant à la fois l'âne sauvage et la tristesse qui attend le propriétaire de la peau.

Balzac adopte également dans certains de ses dialogues un rythme comique, saccadé, qui a peu à voir avec la réalité mais tout avec la facétie :

> «— Vous êtes un sot !
> — Vous êtes un drôle !
> — Oh ! oh !
> — Ah ! ah !
> — Ils se battront.
> — Non.
> — À demain, monsieur.
> — À l'instant, répondit Nathan.» (l. 1915-1922).

Finalement, il multiplie les allusions directes à Rabelais, reprenant des expressions et des jurons comme «CARYMARY, CARYMARA» (l. 2462-2463), entérinant son admiration pour le grand maître de l'invention verbale.

Le discours idéologique et scientifique

Puisque *La Peau de chagrin* est un roman d'idées, les discours idéologiques et scientifiques y tiennent une place prépondérante. Balzac adopte ainsi le vocabulaire spécialisé approprié, selon qu'il parle de droit, de politique, de philosophie, de sciences naturelles, de chimie, etc., étalant ses connaissances encyclopédiques à des fins diverses.

La première de ces fins, en bon romancier qu'il est, est évidemment de livrer les informations les plus justes possible afin de rendre crédibles et valables les propos tenus par ses personnages. Par ailleurs, il semble y avoir dans cette surenchère de termes et de connaissances variés la volonté d'épater la galerie, d'en mettre plein la vue, une sorte d'esbroufe. On peut l'expliquer encore par le fait que Balzac, en jeune romancier, cherche à créer avec *La Peau de chagrin* le roman qui le consacrera en tant qu'auteur majeur de son siècle, celui qui commencera son ascension «napoléonesque» dans le monde des lettres. Il y a un côté «arnaqueur» indéniable chez Balzac, qui se plaît parfois à créer l'*illusion* du savoir. N'emprunte-t-il pas, dans la dernière partie de son roman, toutes les connaissances de Lavrille sur les canards et les ânes à son *Dictionnaire d'histoire naturelle*, qu'il cite d'ailleurs de façon assez désordonnée ?

Finalement, on pourrait ajouter une troisième fin à cette accumulation de termes scientifiques, celle de prouver que l'on peut encore — même en ce début de siècle marqué par l'éclatement du savoir — se montrer suffisamment compétent dans tous les champs de connaissance pour être en mesure d'adopter une position supérieure et de faire la critique du monde qui nous entoure. Il ne faut pas oublier, en effet, que c'est de cette condition d'objectivité et d'omniscience que dépend la crédibilité du réalisme en tant que courant littéraire et contribution directe à l'essor des sciences au XIXe siècle.

JUGEMENTS SUR L'ŒUVRE

À propos de *La Peau de chagrin*

«Si la société telle qu'elle est vous ennuie tant soit peu, et qu'il vous agrée de la voir pincée, fouettée, marquée, en grande pompe, sur un bel échafaud, au milieu de tout le fracas d'un orchestre rossinien, d'un tintamarre et d'un charivari incroyables, et de la décoration la plus étourdissante, lisez *La Peau de chagrin*; vous en aurez pour trois nuits d'images éclatantes et terribles qui soulèveront les rideaux de votre alcôve pour peu que la nature vous ait doué d'imagination; et pour un an de réflexion, si vous êtes né contemplateur, observateur et penseur.»

> Philarète Chasles, *Le Messager des chambres*,
> samedi le 6 août 1831.

«Avec son profond instinct de la réalité, Balzac comprit que la vie moderne qu'il voulait peindre était dominée par un grand fait — l'argent — et dans *La Peau de chagrin*, il eut le courage de représenter un amant inquiet non seulement de savoir s'il a touché le cœur de celle qu'il aime, mais encore s'il aura assez de monnaie pour payer le fiacre dans lequel il la reconduit. Cette audace est peut-être une des plus grandes qu'on se soit permises en littérature, et seule elle suffirait pour immortaliser Balzac.»

> Théophile Gautier, *Préface à La Comédie humaine*, 1868.

«Ce n'est ni Rabelais, ni Voltaire, ni Hoffmann, c'est Balzac.»

> Émile Deschamps, *La Revue des Deux Mondes*, 1831.

«M. de Balzac vient de se mettre au premier rang de nos conteurs. [...] Vous entendez un grand bruit; on entre, on sort; on se heurte; on crie; on hurle; on joue; on s'enivre; on est fou; on est fat; on est mort; on est crispé ; on est tout balafré de coups, de baisers, de morsures, de volupté, de feu, de fer. Voilà toute *La Peau de chagrin*. C'est un livre de brigand qui vous attend au coin d'un bois. »

Jules Janin, *L'Artiste*, 1831.

À propos de Balzac et de *La Comédie humaine*

« Il a fondé notre roman actuel. [...] Nous ne devons lui demander ni sens critique, ni vues générales, complètes et précises. Il a flotté à tous les extrêmes, de la foi à la science, du romantisme au naturalisme. [...] S'il n'a pas été, comme il le dit, "dans le secret du monument", il n'en reste pas moins l'ouvrier prodigieux qui a jeté les bases de ce monument des lettres modernes. »

Émile Zola.

« J'ai maintes fois été étonné que la grande gloire de Balzac fût de passer pour un observateur ; il m'avait toujours semblé que son principal mérite était d'être visionnaire et visionnaire passionné. »

Charles Baudelaire.

« M. de Balzac a un sentiment de la vie privée très profond, très fin, et qui va souvent jusqu'à la minutie du détail et à la superstition ; il sait vous émouvoir et vous faire palpiter dès l'abord, rien qu'à vous décrire une allée, une salle à manger, un ameublement. »

Sainte-Beuve.

Balzac à la canne.

Par Honoré Daumier, 1841.

Honoré de Balzac.
CARICATURE DE NADAR.

PLONGÉE

DANS

L'ŒUVRE

*[…] il sortit de la vie réelle,
monta par degrés vers un monde idéal […]*

Lignes 529 et 530.

ILLUSTRATION DE JANET LANGES POUR L'ÉDITION DE 1838.
Bibliothèque nationale, Paris.

Questions sur l'œuvre

Questions sur «Le Talisman»

Compréhension

1. Pourquoi Raphaël entre-t-il au Palais-Royal?
2. À quel jeu Raphaël perd-il son dernier écu?
3. Quelle impression Balzac veut-il communiquer par sa description des maisons de jeu?
4. Que compte faire Raphaël en sortant du Palais-Royal? Comment?
5. Que vend-on dans la boutique où Raphaël décide d'aller passer le temps?
6. Dressez un catalogue des objets vendus dans cette boutique et classez-les par types ou par époques.
7. Quelle impression Balzac veut-il communiquer par sa description du contenu de la boutique?
8. Pourquoi le marchand présente-t-il la peau de chagrin à Raphaël?
9. Pourquoi le marchand met-il Raphaël en garde contre cette peau?
10. Que souhaite Raphaël pour lui-même?
11. Pourquoi Raphaël souhaite-t-il le malheur du marchand?
12. Qui Raphaël rencontre-t-il en sortant de la boutique?
13. En quoi cette rencontre montre-t-elle l'efficacité de la peau de chagrin?
14. Où Raphaël se rend-il sous l'influence des gens qu'il rencontre à la sortie de la boutique? Pour quelle occasion?
15. Qui est Taillefer?
16. Dressez la liste des invités. Classez-les par professions.
17. Quels sont les principaux sujets de conversation effleurés par les invités?
18. Que veut dire cette phrase: «La conséquence immédiate d'une constitution est l'aplatissement des intelligences [...]» (l. 1807-1808)?
19. Expliquez cette phrase: «Les individualités disparaissent chez un peuple nivelé par l'instruction.» (l. 1817-1818).
20. Qui sont ces femmes qui viennent rejoindre les invités? À quelle étape du repas viennent-elles les rejoindre?

21. Quel tournant la fête prend-elle au contact de ces femmes ?
22. Pourquoi Balzac qualifie-t-il Aquilina de «terrible»
    (l. 2281) ?
23. Expliquez cette phrase : «— La vertu ! Nous la laissons aux
    laides et aux bossues.» (l. 2344-2345). Que traduit cette
    affirmation à propos du caractère d'Euphrasie ?
24. Expliquez cette phrase : «En un mot, tuer les sentiments pour
    vivre vieux, ou mourir jeune en acceptant le martyre des
    passions, voilà notre arrêt.» (l. 2449-2451).

Style et écriture

1. Quel type de phrase Balzac utilise-t-il afin d'expliquer
   pourquoi la loi nous dépouille de notre chapeau à l'entrée
   d'une maison de jeu ?
2. Au 5ᵉ paragraphe, quel champ lexical Balzac emploie-t-il
   pour décrire l'animation des salles de jeu ?
3. Quelles sont les «antithèse[s] humaine[s]» dont parle Balzac
   entre les lignes 95 et 117 ?
4. Quel procédé littéraire domine dans la description du contenu
   de la boutique d'antiquités ? Donnez quelques exemples.
5. Quelle est la fonction essentielle du dialogue entre les
   différents invités de Taillefer ?
6. À quelle forme de théâtre Aquilina est-elle comparée entre les
   lignes 2194 et 2207 ? Expliquez.
7. Faites le relevé des éléments qui composent le champ lexical
   des couleurs dans la description du dessert (l. 1972 à 1997).
8. Quelle figure de style domine dans la description que fait
   Balzac de l'entrée des femmes à la fin du festin ?
9. Quelles couleurs semblent dominer pendant tout le festin ?
   Quelle impression est ainsi créée ?
10. En quoi le titre de cette partie du roman est-il une antithèse ?

QUESTIONS SUR «LA FEMME SANS CŒUR»

Compréhension

1. Qui est le narrateur pour toute cette partie du roman ?
2. Quelles années de la vie de Raphaël sont-elles racontées ?
3. Qui est cette «femme sans cœur» ?

4. Raphaël appartient-il à la bourgeoisie ou à la noblesse ?

5. En raison de quels événements historiques le père de Raphaël a-t-il perdu sa fortune ?

6. Qu'est-il advenu de sa mère ?

7. Quelle propriété Raphaël réussit-il à conserver malgré la ruine de sa famille ?

8. Pourquoi tient-il à la conserver ? Quels renseignements cela fournit-il sur sa personnalité et sa condition ?

9. Qui présente Raphaël à Fœdora ?

10. Que se proposait de faire Raphaël pour se faire connaître ? Pourquoi Émile trouve-t-il ce plan irréaliste ?

11. Que manque-t-il à Raphaël pour se faire aimer de Fœdora ?

12. Expliquez cette phrase : «Les hommes du pouvoir ont si fort besoin de croire au mérite tout fait, au talent effronté, qu'il y a chez le vrai savant de l'enfantillage à espérer les récompenses humaines.» (l. 3110-3113). En quoi cela s'applique-t-il à Raphaël ?

13. Qui est la figure antithétique de Fœdora dans cette partie du roman ? Pourquoi ?

14. De quels sentiments Fœdora parle-t-elle lorsqu'elle dit à Raphaël : «Eh bien, avec de l'or nous pouvons toujours créer autour de nous les sentiments qui sont nécessaires à notre bien-être.» (l. 4747-4749) ?

15. Pourquoi Raphaël se cache-t-il derrière les rideaux, chez Fœdora ?

16. Résumez en quoi consiste l'art du courtisan, selon Rastignac.

17. En quoi l'amour de Raphaël pour Fœdora apparaît-il comme le summum de l'ambition ?

18. «Pourquoi mettez-vous des peines infinies dans une vie si courte ?» (l. 5379-5380). En quoi cette réplique de Pauline montre-t-elle qu'elle pourrait sauver Raphaël ?

19. Quel est le «*Système dissipationnel*» dont parle Rastignac (l. 5449) ?

20. Pourquoi Pauline apparaît-elle à Raphaël comme une «conscience vivante» (l. 5478) ?

21. Que devient concrètement la vie de Raphaël au contact de Rastignac ?

22. «Le Talisman» traite des verbes VOULOIR, POUVOIR et
SAVOIR, qui résument en grande partie l'existence humaine.
Quel nouveau verbe tout aussi important est amené dans
cette partie?

23. Qu'est-ce qui fait croire à Raphaël que Fœdora fait semblant
de ne pas l'aimer?

24. Expliquez en quelques mots comment se termine la relation
entre Raphaël et Fœdora.

25. Quel souhait de Raphaël se réalise, convainquant ainsi Émile
qu'il avait dit vrai à propos de la peau de chagrin?

26. Comment se fait-il que Raphaël hérite du major O'Flaharty?

27. Pourquoi Raphaël a-t-il presque envie de souhaiter la mort
de tous les invités?

Style et écriture

1. Qu'est-ce qui, sur le plan narratif, distingue cette partie des
deux autres?

2. À la lumière de ce que vous avez découvert en répondant à la
question 1, dites en quoi cette partie est plus romantique que
réaliste.

3. Expliquez cette comparaison: «— Tu es ennuyeux comme
un amendement qui se développe.» (l. 2523-2524).

4. Toute cette partie du roman est une ode à la sensualité et aux
grâces féminines. On y trouve donc, entre autres, un champ
lexical de la couture. Faites le relevé des noms de tissu qui le
composent.

5. Le mot «élégies» (l. 2919) est-il à prendre au sens littéral ou
figuré?

6. À quel champ lexical les mots suivants appartiennent-ils?
a) pierre de Florence (l. 3756);
b) rouge liard (l. 4463);
c) Othello (l. 5397);
d) lettres de change (l. 5705, 5724, 5792).

7. Expliquez la comparaison suivante: «pâle et hâve comme
un artiste en convalescence d'un ouvrage» (l. 3811-3812).

8. Expliquez le double sens de la phrase suivante: «Eh bien
quand je les aurai, tu verras la diminution de tout mon
chagrin.» (l. 5937-5938).

9. Expliquez cette métaphore : «son lit bleu, les ustensiles, les meubles avaient la coquetterie d'une nature de convention» (l. 3179-3180).

10. En quoi la peau de chagrin est-elle une antiphrase (l. 5909-5910) ? Expliquez.

Questions sur «L'Agonie» et l'«Épilogue»

Compréhension

1. Qui est le suisse en livrée ? Quel lien l'unissait déjà à Raphaël avant qu'il devienne son domestique ?

2. Qui est M. Porriquet ? Pourquoi vient-il trouver Raphaël ?

3. Dans quel état de santé se trouve Raphaël au début de cette partie du roman ?

4. Quel personnage rencontré plus tôt dans le roman est devenu amoureux d'Euphrasie ? Qu'est-ce que cela montre sur la capacité de l'homme à se contenter du SAVOIR et à oublier le VOULOIR et le POUVOIR ? Y a-t-il alors vraiment place pour la sagesse dans la société, telle que vue par Balzac ?

5. Quelle est la seule phrase qui peut consoler Fœdora de tous ses chagrins ?

6. Comment Pauline est-elle devenue riche ?

7. Quel est le titre de Mme Gaudin, la mère de Pauline ?

8. Pourquoi Raphaël tombe-t-il finalement amoureux de Pauline ?

9. Raphaël épouse-t-il Pauline ?

10. Comment Raphaël essaie-t-il d'abord de conjurer le sort de la peau de chagrin ?

11. Nommez les savants que rencontre Raphaël ainsi que leur domaine d'études.

12. Qu'est-ce qu'un «onagre» ?

13. Quels arguments Planchette utilise-t-il pour démontrer à Raphaël que le mouvement est inexplicable ?

14. Qu'a inventé Blaise Pascal ?

15. Devant l'incapacité de la science à résoudre son problème, que tente Raphaël ?

16. Pourquoi Raphaël est-il un indésirable à Aix en Savoie ?

17. Expliquez cette phrase : «Il devina le crime latent, irrémissible, dont il était coupable envers eux : il échappait à la juridiction de leur médiocrité.» (l. 8370-8372).

18. Comment cette exclamation simple : «*Mort aux faibles !*» (l. 8423-8424) résume-t-elle toute la vision qu'a Balzac de la société ?

19. Pourquoi Raphaël est-il certain de gagner son duel ? Racontez en quelques mots le déroulement de ce duel.

20. Qui sont ces gens chez qui Raphaël trouve finalement un semblant de paix, de réconfort et d'espoir ?

21. De qui sont les lettres que Raphaël reçoit à la campagne ?

22. Comment meurt Raphaël ?

23. Pourquoi Pauline dit-elle qu'elle a tué Raphaël ?

24. Qu'est devenue Pauline après la mort de Raphaël ? Que représente-t-elle ?

25. En contrepartie, que représente Fœdora ?

Style et écriture

1. Que signifie l'expression «vivre cœur à cœur» (l. 5289) ?

2. Quelles sont les intentions de Balzac lorsqu'il multiplie les termes scientifiques dans la bouche des illustres savants que rencontre Raphaël ?

3. Relevez les éléments descriptifs qui rendent les savants caricaturaux, accentuant ainsi la dimension parodique de cette partie du récit.

4. Faites le relevé des éléments du champ lexical de la religion dans cette partie du roman et expliquez-en l'importance.

5. En quoi le dénouement rappelle-t-il la tragédie classique ?

6. Quel est le ton de l'épilogue ? Pourquoi Balzac choisit-il ce ton ?

7. Entre quels personnages se tient le dialogue de l'épilogue ?

Extrait 1

«Le Talisman»

«Au premier coup d'œil [...] turbulent et calme.»
(lignes 169 à 218)

Compréhension

1. Situez l'extrait étudié dans le roman.
2. À quel type de texte avons-nous affaire? Dialogue? Narration? Description?
3. De quel personnage parle-t-on dans cet extrait?
4. Dans vos mots, dites ce qu'on apprend sur la personnalité de Raphaël dans ce passage.
5. Qui sont les «démons humains, experts en tortures» (l. 191)?
6. De quelles «formes grêles» (l. 202) Balzac parle-t-il?
7. En quoi ce passage est-il une bonne illustration de la physiognomonie? Donnez deux exemples.
8. Expliquez ce détail: «[...] la jonction de son gilet et de sa cravate était trop savamment maintenue pour qu'on lui supposât du linge [...]» (l. 196-197).
9. Comment Raphaël peut-il avoir «un regard tout à la fois turbulent et calme» (l. 217-218)?
10. Quels événements développés dans «La Femme sans cœur» sont annoncés dans ce passage?
11. Pourquoi les joueurs reconnaissent-ils en Raphaël «un de leurs princes» (l. 193)?

Style et écriture

1. Comment s'y prend Balzac pour mettre en évidence la nature angélique de Raphaël?
2. Établissez le champ lexical de la médecine.
3. Établissez le champ lexical de la lumière.
4. Quels autres champs lexicaux l'auteur utilise-t-il pour accentuer l'aspect dramatique de sa description?
5. Quelle est la tonalité de ce texte?
6. Faites le relevé des antithèses et expliquez leur rôle dans cet extrait.

7. Faites le relevé des hyperboles présentes dans cet extrait.

8. Quels adjectifs soulignent la misère morale et physique de Raphaël ?

9. «Cette figure avait encore vingt-cinq ans, et le vice paraissait n'y être qu'un accident.» (l. 203-205). En quoi cette phrase est-elle celle d'un physiognomoniste ?

Questions de synthèse

1. Montrez en quoi la longue description de Raphaël que fait Balzac tend à en faire «un ange sans rayons, égaré dans sa route» (l. 209-210).

2. Montrez en quoi cet extrait évoque tout ce que nous apprendrons par la suite de l'existence de Raphaël.

3. Montrez que, pour Raphaël, plus rien n'a d'importance, puisqu'il est résolu à se suicider.

Dissertation explicative

1. Démontrez que ce passage appartient autant au romantisme qu'au réalisme.

2. Dans ce passage, expliquez comment Balzac montre que le jeu, l'un des vices les plus terribles et destructeurs, trouve ses meilleures victimes chez les âmes pures et innocentes.

3. Démontrez que Balzac utilise la physiognomonie pour faire ressortir la nature angélique de Raphaël.

Extrait 2

«Le Talisman»

**«— Et nous te regrettions vraiment ! […]
couchés sur de moelleux coussins.»**
(lignes 1310 à 1359)

Compréhension

1. Situez l'extrait étudié.
2. Qui parle ?
3. Dans quel état d'esprit ce personnage est-il ?
4. Quelle différence y a-t-il entre «monarchie» et «patrie» ?
5. Pourquoi le personnage dit-il : «l'aristocratie de banquiers et d'avocats» (l. 1324-1325) alors qu'il parle de la bourgeoisie ?
6. Qui est le roi qui disait «moi» ? Qui est celui qui disait «nous» ?
7. Pourquoi dit-on le «roi-citoyen» (l. 1338) ?
8. Que veut-on dire par «les idées s'échangent et se vendent à tant la ligne» (l. 1341-1342) ? À quel phénomène fait-on allusion ?
9. Que propose de faire le personnage lorsqu'il dit qu'il compte «badigeonner l'esprit public» (l. 1351-1352) ?
10. Expliquez dans vos mots ce que réclame véritablement le personnage.

Style et écriture

1. Quelle est la tonalité de ce texte ?
2. Montrez comment l'énumération permet à Balzac de mettre en relief le cynisme de son personnage.
3. Expliquez la plaisanterie suivante : «les amours vont à l'heure comme les citadines» (l. 1345-1346).
4. Montrez comment l'antithèse permet de renforcer l'ironie des propos du personnage tout en accentuant la portée de sa critique sociale.
5. Montrez comment la construction et le style de ce passage laissent supposer que *La Peau de chagrin* est un roman où les personnages ne sont souvent que des porte-parole des idées de l'auteur.

6. Faites le relevé des allégories présentes dans cet extrait.

7. Outre la métaphore et l'allégorie, quelle autre figure de style domine cet extrait ? Quelle idée de Paris cette figure de style contribue-t-elle à créer chez le lecteur ?

Questions de synthèse

1. Résumez en cinq lignes l'idée que se fait le personnage de son époque.

2. En quoi ce portrait de la société permet-il de mieux comprendre l'état suicidaire de Raphaël ?

3. Montrez comment tout ce passage est une illustration d'une de ses premières phrases : «L'escamotage de la muscade constitutionnelle sous le gobelet royal se fait aujourd'hui, mon cher, plus gravement que jamais.» (l. 1314-1316).

Dissertation explicative

1. Montrez que, selon le narrateur, rien ne change jamais vraiment en France, sauf le décor.

2. Démontrez que l'opinion émise à propos de la politique et de la vie sous Louis-Philippe est celle d'un cynique.

Extrait 3

«La Femme sans cœur»

«Bientôt la Débauche [...] tué par un excès d'amour.»
(lignes 5564 à 5677)

Compréhension

1. Quel est le sujet de cet extrait ?
2. Pourquoi la débauche veut des «âmes fortes» (l. 5580) ?
3. Pourquoi la débauche est-elle un art et une science ?
4. Pourquoi la débauche est-elle le fait des hommes d'exception, selon Raphaël ?
5. Qu'est-ce que l'artiste fatigué oppose au travail de ses facultés ? Pourquoi ?
6. Expliquez ceci : «Le délassement de lord Byron ne pouvait pas être le boston babillard qui charme un rentier [...]» (l. 5610-5611).
7. En quoi la guerre et la débauche se ressemblent-elles ?
8. Pourquoi la débauche comprend tout pour l'homme privé ?
9. Écrivez une dizaine de lignes pour expliquer ce passage : «Enfin la débauche est sans doute au corps ce que sont à l'âme les plaisirs mystiques [...]» (l. 5650-5651). Dans votre explication, faites le rapprochement qui s'impose avec l'existence de Raphaël.
10. Expliquez ce passage : «[...] la débauche n'est-elle pas une sorte d'impôt que le génie paie au mal [...]» (l. 5662-5663).
11. Qu'est-ce que Raphaël entend plus concrètement par «débauche» dans cet extrait ?
12. En quoi Raphaël se montre-t-il ici d'une sensibilité romantique ?
13. Quelles couches de la société sont plus particulièrement concernées par la débauche, d'après ce que dit Raphaël ?
14. En quoi ce passage révèle-t-il bien la dimension spirituelle de Raphaël ?

Style et écriture

1. Quel est le ton de ce passage ?
2. Relevez toutes les comparaisons que Balzac établit avec son sujet.

3. Expliquez cette comparaison : «Ces monstruosités sociales possèdent la puissance des abîmes, elles nous attirent *comme Sainte-Hélène appelait Napoléon.*» (l. 5598-5600).

4. Relevez au moins une allégorie dans cet extrait.

5. En quoi le procédé d'énumération est-il parfaitement adapté au sujet de ce passage ?

6. Est-il possible que ce long passage didactique sur la débauche soit construit comme une dissertation ? Repérez l'introduction, trois idées principales ainsi que les idées secondaires qui lui sont associées.

7. Quel type de phrase (affirmative, négative, interrogative) domine cet extrait ? Pourquoi ?

8. Faites le relevé des comparaisons présentes dans cet extrait.

Questions de synthèse

1. En quoi cet extrait est-il important pour comprendre la seconde partie du roman ?

2. Raphaël vante-t-il les mérites de la débauche ou s'exprime-t-il avec amertume ? Justifiez votre réponse.

3. Pourquoi Balzac aborde-t-il ce sujet à ce point du roman ?

4. À qui s'identifie Raphaël dans ce passage ? Aux «grands hommes» (généraux, ministres, artistes) ? À l'artiste fatigué ? À l'homme privé ? À tous ? Justifiez votre réponse.

5. Montrez comment l'histoire permet à Raphaël d'illustrer et de prouver ses dires.

Dissertation explicative

1. Dans cet extrait, démontrez que Balzac révèle la nature profondément romantique de son héros.

2. Démontrez que la débauche apparaît comme une force vitale à laquelle il est difficile de se soustraire sitôt qu'on fait son chemin en société.

Extrait 4

«L'Agonie»

«À peine voyait-on [...] tout y était.»
(lignes 8912 à 8995)

Compréhension

1. De quelle «parure champêtre» (l. 8914-8915) s'agit-il ?
2. Pourquoi y a-t-il «un chaudron jaune, récemment récuré», gisant «au milieu de quelques pelures de pommes de terre» (l. 8919-8920) ? Quels renseignements cela fournit-il sur les habitants de cette région ?
3. Expliquez cette phrase : «Le monde paraissait finir là.» (l. 8923).
4. Que veut dire Balzac par «pleins d'art et de négligence tout ensemble» (l. 8925) lorsqu'il parle des nids d'oiseaux ?
5. Que veut dire Balzac par «nos poésies peignées» (l. 8927-8929) ?
6. Si «le soleil jet[te] ses rayons de droite à gauche» (l. 8930), à quel moment de la journée Raphaël visite-t-il ce coin de campagne ?
7. En quoi le vieillard et l'enfant sont-ils «en rapport avec ce paysage» (l. 8961-8962) ?
8. Expliquez ce passage : «[...] en Italie il serait peut-être devenu brigand par amour pour sa précieuse liberté.» (l. 8976-8977).
9. Lorsque Balzac écrit : «Tous deux restèrent debout en silence, l'un près de l'autre, mus par le même sentiment [...]» (l. 8982-8984), de quel sentiment veut-il parler ?
10. Comment la force de l'enfant et du vieillard peut-elle être également faiblesse ?
11. Que veut dire Balzac par «une idéalisation complète du pays» (l. 8994) ?

Style et écriture

1. Montrez comment l'énumération sert à accentuer le caractère réaliste de ce passage.

2. L'univers romantique est constitué de forts contrastes (opposition «ombre-lumière», par exemple). Relevez les éléments de cette description qui se font opposition et en soulignent ainsi l'esprit romantique.

3. Faites le relevé des personnifications.

4. Montrez, par le relevé des adjectifs utilisés pour décrire le vieillard et l'enfant, les liens qui les unissent à la nature environnante.

5. Faites le relevé des éléments composant le champ lexical des animaux.

6. Montrez comment les caractéristiques attribuées par Balzac aux Auvergnats («mœurs laborieuses», «ignorance», «économie», «cordialité») sont toutes illustrées dans la description qu'il vient de faire de l'Auvergnate.

Questions de synthèse

1. L'extrait est-il réaliste, romantique ou les deux ?
   Justifiez votre réponse.

2. Décrivez en quelques lignes les rapports qu'entretiennent les habitants avec le paysage.

3. Lesquels des sens sont sollicités dans cet extrait ? Justifiez votre réponse.

Dissertation explicative

1. Démontrez que le paysage décrit par Balzac donne l'impression d'une nature naïve et bonne.

2. Balzac décrit la nature de façon généralement réaliste, mais sa vision est celle d'un romantique. Démontrez.

Annexes

TABLEAU CHRONOLOGIQUE

	ÉVÉNEMENTS HISTORIQUES EN FRANCE	VIE ET ŒUVRE DE BALZAC
1759		
1760		
1762		
1763		
1769	Naissance de Napoleone Buonaparte à Ajaccio, en Corse (15 août).	
1771		
1774	Mort de Louis XV. Louis XVI accède au trône.	
1775		
1776		
1778	Mort de Voltaire et de Rousseau.	
1782		
1783	Lavoisier réalise la synthèse de l'eau.	
1784		
1788		
1789	Convocation des états généraux. Prise de la Bastille (14 juillet). Abolition de la féodalité.	
1792	Le roi et sa famille sont faits prisonniers. Proclamation de la Première République. Fin de la monarchie.	

TABLEAU CHRONOLOGIQUE

ÉVÉNEMENTS LITTÉRAIRES ET CULTURELS EN FRANCE	ÉVÉNEMENTS HISTORIQUES ET CULTURELS HORS DE FRANCE	
Candide de Voltaire.	Angleterre : début de la publication de *Vie et Opinions de Tristram Shandy* de Sterne.	1759
Julie ou la Nouvelle Héloïse de Rousseau.	Angleterre : les *Poèmes d'Ossian* de Macpherson. Nouvelle-France : capitulation de Montréal.	1760
Du Contrat social et *Émile ou De l'éducation* de Rousseau.		1762
Le *Traité sur la tolérance* de Voltaire.		1763
		1769
Diderot achève la publication de l'*Encyclopédie*.		1771
	Allemagne : *Les Souffrances du jeune Werther* de Goethe.	1774
Le Barbier de Séville de Beaumarchais.		1775
	Nouvelle-Angleterre : adoption de la Déclaration d'indépendance de Jefferson.	1776
		1778
Les liaisons dangereuses de Laclos.	Allemagne : *Critique de la raison pure* de Kant.	1782
	L'Angleterre reconnaît l'indépendance des États-Unis.	1783
Le Mariage de Figaro de Beaumarchais.		1784
	Angleterre : naissance de lord Byron.	1788
		1789
		1792

TABLEAU CHRONOLOGIQUE	
ÉVÉNEMENTS HISTORIQUES EN FRANCE	VIE ET ŒUVRE DE BALZAC
1793 Louis XVI et sa famille sont condamnés à mort. Triomphe de la Terreur. Exil de la noblesse.	
1795 Fin de la Terreur. Début du Directoire.	
1796 Napoléon épouse Joséphine de Beauharnais (9 mars).	
1798 Napoléon part à la conquête de l'Égypte.	
1799 Coup d'État de Napoléon Bonaparte. Fin du Directoire. Début du Consulat.	Le 20 mai, naissance d'Honoré Balzac, à Tours.
1800	Naissance de Laure Balzac.
1801 Le médecin Bichat publie une *Anatomie générale appliquée à la physiologie et à la médecine.*	
1802 Napoléon est nommé consul à vie. Le physicien Gay-Lussac énonce la loi de la dilatation des gaz.	Le père de Balzac s'approprie la particule nobiliaire. Naissance de Laurence de Balzac.
1804 Napoléon est sacré empereur par le pape Pie VII. Début de l'Empire. Le 15 août, la Saint-Napoléon devient fête officielle. Distribution des premières croix de la Légion d'honneur.	
1805 Victoire de Napoléon à Austerlitz.	
1806 Napoléon nomme son frère Joseph roi de Naples.	
1807 Bataille d'Eylau contre l'armée russe. Demi-victoire de Napoléon.	Balzac entre comme pensionnaire au collège oratorien de Vendôme. Naissance de Henry de Balzac.
1808 Napoléon crée la noblesse de mérite. Gay-Lussac formule sa loi volumétrique sur les combinaisons gazeuses.	

TABLEAU CHRONOLOGIQUE

ÉVÉNEMENTS LITTÉRAIRES ET CULTURELS EN FRANCE	ÉVÉNEMENTS HISTORIQUES ET CULTURELS HORS DE FRANCE	
		1793
		1795
		1796
		1798
		1799
		1800
Atala de Chateaubriand.		1801
Naissance de Victor Hugo. *Génie du christianisme* de Chateaubriand, en réaction à la philosophie des Lumières.		1802
Jacques Louis David devient «premier peintre» de Napoléon Ier.		1804
	Allemagne : *Symphonie N° 3 (Héroïque)* de Beethoven.	1805
Début de la construction de l'Arc de triomphe, à Paris.		1806
David termine le *Sacre de Napoléon Ier*.	Allemagne : *Phénoménologie de l'esprit* de Hegel.	1807
	Allemagne : *Faust* (première partie) de Goethe.	1808

	TABLEAU CHRONOLOGIQUE	
	ÉVÉNEMENTS HISTORIQUES EN FRANCE	VIE ET ŒUVRE DE BALZAC
1809	Napoléon répudie Joséphine parce qu'elle ne lui a pas donné d'enfant.	
1810	Mariage civil de Napoléon et de Marie-Louise, fille de l'empereur d'Autriche.	
1812	Échec de la campagne de Russie.	
1813	Napoléon connaît plusieurs revers. En novembre, des 450 000 hommes qui formaient son armée, il n'en reste que 50 000.	Balzac, à la suite d'un état de somnambulisme inquiétant, est retiré en hâte du collège, où il avait entrepris la rédaction d'un *Traité de la volonté*.
1814	Napoléon est défait par les puissances alliées. Exil à l'île d'Elbe. Restauration de la monarchie avec Louis XVIII (frère de Louis XVI).	Balzac entre au Collège de Tours. En novembre, la famille Balzac s'installe à Paris.
1815	Napoléon reprend le pouvoir pour cent jours. Il est défait une seconde fois. Exil à Sainte-Hélène. Retour de Louis XVIII sur le trône. Gay-Lussac découvre l'acide cyanhydrique.	Honoré fait sa rhétorique au Lycée Charlemagne.
1816		Balzac s'inscrit à la faculté de droit. Il suit des cours à la faculté des lettres.
1819		Baccalauréat de droit. Honoré refuse d'être notaire et obtient la permission de ses parents de s'installer dans une mansarde rue Lesdiguières afin de tenter sa chance comme écrivain.
1820	Le physicien Ampère découvre l'électrodynamique.	Balzac achève *Cromwell*, sa tragédie en vers. Sa famille n'est pas convaincue du résultat. Il commence la rédaction d'un roman épistolaire.
1821	Mort de Napoléon.	Balzac retourne vivre chez ses parents et commence à écrire des romans «de commande» sous divers pseudonymes.

TABLEAU CHRONOLOGIQUE		
ÉVÉNEMENTS LITTÉRAIRES ET CULTURELS EN FRANCE	ÉVÉNEMENTS HISTORIQUES ET CULTURELS HORS DE FRANCE	
Les Martyrs de Chateaubriand.	Allemagne : *Les Affinités électives* de Goethe. Espagne : *Le Pèlerinage de saint Isidore* de Goya.	1809
		1810
	Angleterre : *Le Pèlerinage de Childe Harold* de lord Byron.	1812
De l'Allemagne de Mme de Staël.		1813
		1814
		1815
Lamartine compose *Le Lac*, le plus célèbre de ses poèmes.	Angleterre : *Manfred* de lord Byron.	1816
Géricault expose au Salon *Le Radeau de la Méduse*, l'une des premières grandes œuvres de la peinture romantique. Première édition des œuvres du poète André de Chénier (1762-1794).	Allemagne : *Divan occidental et oriental* de Goethe. Grande-Bretagne : *Ivanhoe* de Walter Scott. Début de la publication du *Don Juan* de lord Byron.	1819
Les Méditations poétiques de Lamartine.	Angleterre : *Prométhée délivré* de Shelley. Russie : *Rouslan et Ludmilla* de Pouchkine.	1820
		1821

TABLEAU CHRONOLOGIQUE

	ÉVÉNEMENTS HISTORIQUES EN FRANCE	VIE ET ŒUVRE DE BALZAC
1822	L'égyptologue Jean-François Champollion déchiffre les hiéroglyphes.	Début de la liaison avec Mme de Berny, de 22 ans son aînée.
1823		
1824	Mort de Louis XVIII. Charles X lui succède.	
1825		Honoré emprunte de l'argent et s'associe avec Urbain Canel pour la publication d'*Œuvres complètes* illustrées de Molière et de La Fontaine.
1826		Balzac emprunte de l'argent pour acheter une imprimerie. Faillite de l'entreprise des *Œuvres complètes*. Il obtient son brevet d'imprimeur. Les affaires marchent mal.
1827		Balzac emprunte de nouveau de l'argent pour acheter une fonderie de caractères. Il fait la rencontre de Hugo et de Vigny.
1828		Balzac liquide l'imprimerie et la fonderie de caractères. Il est couvert de dettes. Retour à la littérature. Il prépare *Les Chouans*.
1829		Publication (en mars) du roman *Le Dernier Chouan* (rebaptisé plus tard *Les Chouans*), premier roman publié sous son nom. Publication de *La Physiologie du mariage*, qui lui vaut un certain succès. Mort de son père.

TABLEAU CHRONOLOGIQUE

Événements littéraires et culturels en France	Événements historiques et culturels hors de France	
Odes et Ballades, premier recueil poétique de Victor Hugo.	Angleterre : mort de Shelley.	1822
Racine et Shakespeare de Stendhal.		1823
Les Massacres de Scio de Delacroix. Fondation du premier cénacle romantique.	Angleterre : mort de lord Byron.	1824
Fondation du cénacle romantique autour de Victor Hugo. Delacroix illustre le *Faust* de Goethe.		1825
Poèmes antiques et modernes et *Cinq-Mars* de Vigny.	Allemagne : *Songe d'une nuit d'été* de Mendelssohn. États-Unis : *Le Dernier des Mohicans* de James Fenimore Cooper.	
Cromwell de Victor Hugo. La préface à cette pièce constitue un manifeste en faveur du drame romantique. *La Mort de Sardanapale* de Delacroix, l'une des œuvres majeures de la peinture romantique.		1827
	Canada : Papineau rédige les *Quatre-vingt-douze résolutions* à l'adresse du gouvernement anglais.	1828
Les *Orientales* de Victor Hugo.	Canada : fondation de l'Université McGill.	1829

TABLEAU CHRONOLOGIQUE

	ÉVÉNEMENTS HISTORIQUES EN FRANCE	VIE ET ŒUVRE DE BALZAC
1830	Publication par Charles X des «quatre ordonnances» qui suppriment la liberté d'expression de la presse. Les Trois Glorieuses (27, 28, 29 juillet) ou révolution de Juillet. Fin de la Restauration. Début de la monarchie de Juillet. Règne de Louis-Philippe.	*El Verdugo*, premier texte publié avec la particule (Honoré *de* Balzac). Publication de *Scènes de la vie privée*, qui regroupe six nouvelles. Séjour près de Tours, avec Mme de Berny, et descente de la Loire en bateau.
1831		Balzac rencontre Rossini et George Sand. Publication de *Gobseck* et de *La Peau de chagrin*. Grand succès de ce roman, qui consacre la réputation de Balzac.
1832	Une épidémie de choléra touche le pays.	Succès littéraire et mondain. Première lettre de Mme Hanska sous le nom mystérieux de «L'Étrangère». Publication en feuilletons du *Colonel Chabert*. Voyages en compagnie de la marquise de Castries, qui se refuse à lui. Balzac se venge avec la composition de *La Duchesse de Langeais*.
1833		Correspondance avec Mme Hanska, que Balzac rencontre en septembre. Publication d'*Eugénie Grandet*.
1834		Publication du *Père Goriot*. Balzac prend conscience de l'unité de son œuvre et songe à la diviser en trois catégories : *Études de mœurs, Études philosophiques* et *Études analytiques*. Publication de *La Recherche de l'absolu* et de *La Femme de trente ans*. Pendant qu'il rédige *Le Père Goriot*, Balzac a l'idée de faire revenir certains de ses personnages d'un roman à l'autre.
1835		Balzac rejoint Mme Hanska et son mari à Vienne. Ils ne se reverront pas avant huit ans.

TABLEAU CHRONOLOGIQUE

ÉVÉNEMENTS LITTÉRAIRES ET CULTURELS EN FRANCE	ÉVÉNEMENTS HISTORIQUES ET CULTURELS HORS DE FRANCE	
Le Rouge et le Noir de Stendhal. *Hernani* de Victor Hugo. La pièce provoque une vive querelle entre les Anciens (partisans du classicisme) et les Modernes (partisans du romantisme). Triomphe du mouvement romantique.		1830
Notre-Dame de Paris de Victor Hugo. *La Liberté guidant le peuple* de Delacroix, tableau inspiré par la révolution de 1830, fait sensation au Salon.		1831
		1832
Les Caprices de Marianne d'Alfred de Musset.	Allemagne : publication posthume du second *Faust* de Goethe. Gauss invente le télégraphe électrique.	1833
On ne badine pas avec l'amour et *Lorenzaccio* d'Alfred de Musset.	Russie : *La Dame de pique* de Pouchkine.	1834
Chatterton d'Alfred de Vigny.	Russie : *Le Journal d'un fou* de Gogol.	1835

TABLEAU CHRONOLOGIQUE

	ÉVÉNEMENTS HISTORIQUES EN FRANCE	VIE ET ŒUVRE DE BALZAC
1836	Louis Napoléon Bonaparte, neveu de Napoléon Ier, tente de soulever une garnison contre Louis-Philippe. Il est arrêté et banni en Amérique.	Mort de Mme de Berny. *Le Lys dans la vallée.*
1837		Publication de *César Birotteau*. *Illusions perdues* (1re partie). Pour échapper à la prison en raison de ses dettes, Balzac trouve refuge chez les Guidoboni-Visconti.
1839		*Illusions perdues* (2e partie). Balzac est élu à la présidence de la Société des gens de lettres.
1840	Louis Napoléon Bonaparte tente un nouveau coup d'État.	Balzac trouve le titre de *La Comédie humaine*. La pièce *Vautrin* est interdite après la première représentation parce que l'acteur principal s'est maquillé de façon à ressembler à Louis-Philippe. Publication de *La Revue parisienne*, que Balzac rédige presque tout seul. Publication de l'œuvre en volume.
1841		Contrat avec Furne, Dubochet, Hetzel et Paulin pour la publication de *La Comédie humaine*. *Une ténébreuse affaire*. *La Rabouilleuse* (1re partie).
1842		*La Rabouilleuse* (2e partie). Première parution de *La Comédie humaine* : la publication se poursuivra jusqu'en 1848. Balzac apprend la mort du comte Hanski, survenue en novembre 1841.
1843	Fondation du journal démocrate *La Réforme*.	Balzac rejoint Mme Hanska à Saint-Pétersbourg. Il est victime d'une sévère insolation. Il termine et publie les *Illusions perdues*, et écrit également les deux premières parties de *Splendeurs et misères des courtisanes*.

TABLEAU CHRONOLOGIQUE		
ÉVÉNEMENTS LITTÉRAIRES ET CULTURELS EN FRANCE	ÉVÉNEMENTS HISTORIQUES ET CULTURELS HORS DE FRANCE	
La Confession d'un enfant du siècle d'Alfred de Musset. *Jocelyn* de Lamartine.		1836
Les Voix intérieures de Victor Hugo.	Russie : mort de Pouchkine. États-Unis : *Les Aventures d'Arthur Gordon Pym* d'Edgar Allan Poe. Canada : 1re rébellion des Patriotes.	1837
La Chartreuse de Parme de Stendhal. *Ruy Blas* de Victor Hugo.		1839
De la démocratie en Amérique de Tocqueville.		1840
Victor Hugo est élu à l'Académie française.	Europe : première liaison européenne par voie de chemin de fer (entre Strasbourg et Bâle).	1841
Mort de Stendhal. *L'Homme à la ceinture de cuir* du peintre Courbet, une œuvre qui marque le passage du romantisme au réalisme.	Russie : *Les Âmes mortes* de Gogol.	1842
Échec de la pièce *Les Burgraves* de Victor Hugo.	Angleterre : le physicien Joule formule le principe de l'équivalence des formes de l'énergie. Allemagne : l'opéra *Le Vaisseau fantôme* de Wagner.	1843

	ÉVÉNEMENTS HISTORIQUES EN FRANCE	VIE ET ŒUVRE DE BALZAC
1844		Publication de *Modeste Mignon*. La santé de Balzac s'altère.
1845		Balzac est fait chevalier de la Légion d'honneur. Voyage en Allemagne avec Mme Hanska. Depuis 18 mois, il se ruine en meubles et objets divers, en prévision de son mariage avec Mme Hanska.
1846	Louis Napoléon Bonaparte s'évade du fort de Ham, où il était incarcéré depuis sa tentative de coup d'État en 1840.	Voyages en compagnie de Mme Hanska. En mai, elle lui révèle qu'elle est enceinte. Le 1er décembre, il apprend qu'elle a fait une fausse couche. Balzac a la mort dans l'âme.
1847		Balzac, malade, fait son testament. Il lègue tout à Mme Hanska. *Le Cousin Pons*.
1848	Révolution de février. Abdication de Louis-Philippe. Proclamation de la Deuxième République. Victoire de Louis Napoléon Bonaparte aux élections présidentielles.	Fin de la publication de *La Comédie humaine*. Premiers symptômes d'une grave maladie de cœur.
1849		Balzac est en Ukraine aux côtés de Mme Hanska. Son état de santé se détériore. Échec de la candidature de Balzac à l'Académie française.
1850		Balzac épouse Mme Hanska (14 mars). Le 18 août, il reçoit la visite de Victor Hugo et s'éteint le soir même. Il est enterré au cimetière du Père-Lachaise, où Victor Hugo fait son éloge funèbre.
1851	Coup d'État de Louis Napoléon Bonaparte.	

TABLEAU CHRONOLOGIQUE		
ÉVÉNEMENTS LITTÉRAIRES ET CULTURELS EN FRANCE	ÉVÉNEMENTS HISTORIQUES ET CULTURELS HORS DE FRANCE	
Les Trois Mousquetaires d'Alexandre Dumas.	Angleterre : le peintre Turner présente *Pluie, vapeur et vitesse*, une œuvre qui frise l'abstraction.	1844
Salon de 1846 de Baudelaire. *Carmen* de Mérimée. Alfred de Vigny entre à l'Académie française.	États-Unis : *Histoires extraordinaires* d'Edgar Allan Poe.	1845
La Mare au diable de George Sand.		1846
	Angleterre : Karl Marx, Engels et Born fondent la Ligue des communistes. *Les Hauts de Hurlevent* d'Emily Brontë.	1847
Premier feuilleton des *Mémoires d'outre-tombe* de Chateaubriand.		1848
Courbet expose *L'Après-dîner à Ornans*, œuvre considérée comme le manifeste du réalisme en peinture.	Danemark : *Le concept du désespoir* de Kierkegaard.	1849
Naissance de Guy de Maupassant.	États-Unis : *La Lettre écarlate* de Nathaniel Hawthorne.	1850
Voyage en Orient de Gérard de Nerval.		1851

TABLEAU CHRONOLOGIQUE

	Événements historiques en France	Vie et œuvre de Balzac
1852	Début du Second Empire. Le régime s'effondrera en 1870.	
1854		*Le Député d'Arcis* et *Les petits bourgeois* (œuvres terminées par Charles Rabou, un ami de Balzac).
1855		*Les Paysans* (œuvre achevée par Mme Hanska, selon les notes que Balzac lui avait laissées).

TABLEAU CHRONOLOGIQUE

Événements littéraires et culturels en France	Événements historiques et culturels hors de France	
S'opposant au régime de Napoléon, Victor Hugo prend le chemin de l'exil. Installé à Jersey, il rédige *Napoléon le Petit*, premier d'une série de pamphlets contre l'Empereur.		1852
Les Filles du feu et les *Chimères* de Gérard de Nerval.		1854
		1855

La Peau de Chagrin.
ILLUSTRATION PAR GAVARNI.

GLOSSAIRE DE L'ŒUVRE

abhorrer : détester.

ALEXANDRE LE GRAND (~356 ~323). Roi de Macédoine et conquérant.

amphitryon : hôte.

apoplexie : arrêt brusque des fonctions cérébrales, avec perte de connaissance.

argentin : qui résonne clair comme l'argent.

asphyxié : «asphyxié par immersion», c'est-à-dire noyé.

avoué : représentant en justice.

banquier : au jeu, personne qui tient la banque.

bas-relief : ouvrage de sculpture en faible relief sur fond uni.

batiste : toile de lin très fine.

Bengale : région orientale de l'Inde.

BICHAT, Marie François (1771-1802). Chirurgien physiologue, fondateur de la biologie.

bocager : boisé.

BOSSUET, Jacques Bénigne (1627-1704). Prélat, théologien et écrivain français ; célèbre orateur.

boudoir : petit salon élégant de dame.

Bouffons : le Théâtre-Italien, spécialisé dans la *commedia dell'arte*.

BUFFON, George Louis Leclerc, comte de (1707-1788). Écrivain et naturaliste français dont l'œuvre était particulièrement appréciée des littéraires pour sa perfection stylistique.

BYRON, Lord (1788-1824). Poète romantique anglais.

cachet : sceau ; *cacheter* : sceller d'un sceau.

calomnie : ragot, diffamation.

Carymary, Carymara : juron proféré par les Parisiens dans le *Gargantua* de Rabelais.

catéchisme : instruction dans les principes de la foi chrétienne.

châtrer : castrer, émasculer.

claustral : qui rappelle la vie monacale, cloîtrée.

commissaire-priseur : officier ministériel chargé de l'estimation des objets immobiliers et de leur vente aux enchères.

convoi : cortège funèbre.

coquin : vaurien.

coterie : groupe de personnes se coalisant pour défendre leurs intérêts.

coupé : voiture fermée à quatre roues tirée par des chevaux ; compartiment d'une voiture où s'assoient les passagers.

coutil : toile croisée ou serrée, en fil ou en coton.

crêpe : tissu apprêté de soie ou de laine fine.

cave : creux.

crescendo : amplification progressive du son.

croisée : châssis vitré, ordinairement à battants, qui ferme une fenêtre.

dais : toile supportée par des montants de bois.

débile : malade.

déjeté : déformé, abîmé.

derechef : encore une fois.

deviser : converser.

DIOGÈNE. Philosophe cynique du Ve siècle av. J.-C., qui vivait dans un tonneau.

DOW, Gérard (1613-1675). Peintre hollandais.

drôle : coquin.

dupe : celui dont on abuse de la naïveté.

écran : éventail.

émousser : rendre moins pénétrant, moins incisif.

épigramme : répartie à caractère moqueur.

équipage : la voiture, les chevaux et le personnel qui en a charge.

fange : boue.

fantasmagorique : fantastique.

fantasque : bizarre, surnaturel ; *fantasquement* : de manière bizarre, surnaturelle.

fat : prétentieux.

Faust : personnage qui devint un héros de légende. Faust aurait vendu son âme au diable contre la jeunesse éternelle et la connaissance absolue.

fiacre : voiture à cheval louée.

frac : tenue de cérémonie.

goguenard : plaisantin, moqueur.

gothique : de style médiéval.

Grève : à Paris, lieu des exécutions capitales de 1310 à 1830.

grossoyer : faire une copie légale.

hâve : amaigri par la faim, la fatigue et la souffrance.

houppe : papille.

idiome : langue.

imprécation : souhait de malheur contre quelqu'un.

iris : plante à grandes fleurs ornementales bleues, violettes, blanches.

jugeur : personne qui juge de tout sans avoir la compétence nécessaire.

Juillet (révolution de) : insurrection des 27, 28 et 29 juillet 1830.

KANT, Emmanuel (1724-1804). Philosophe allemand, auteur de *Critique de la raison pure* (1781).

lettre de change : traite bancaire.

Levant : Moyen-Orient.

libertinage : dévergondage, débauche.

licence : débauche ; *licencieux* : débauché.

livrée : habit de domestique.

Loire : le plus long des fleuves français.

lorgnette : petite lunette grossissante ; jumelle.

lutin : espiègle.

Mephistophélès : personnage de la légende de Faust, qui aspire à la conquête du monde pour mieux le détruire.

MOÏSE (~XIIIᵉ s.). Prophète, fondateur de la religion et de la nation d'Israël.

monomane : qui est obsédé par une idée fixe, maniaque ; *monomanie* : idée fixe, obsession.

moribond : mourant.

mouillette : morceau de pain long et mince que l'on trempe dans un liquide.

mutin : qui exprime la rébellion.

napoléon : ancienne pièce d'or de vingt francs.

nappe : nappe d'eau.

natte : pièce de tissu faite de brins végétaux entrelacés servant de couchette.

naturaliste : savant qui s'occupe spécialement de sciences naturelles (botanique, minéralogie, zoologie).

onagre : âne sauvage de grande taille.

pair de France : membre de la Haute Assemblée législative.

Palais-Royal : ensemble de bâtiments et de jardins qui, à cette époque, abritaient des maisons de jeu.

Panurge : personnage de l'écrivain Rabelais (1494-1553) bourré de défauts, mais ingénieux et comique.

parabole : récit à valeur morale du Nouveau Testament.

patelin : mielleux, flatteur.

pelé : abîmé, dégarni.

péristyle : colonnade qui décore la façade d'un édifice.

Perse : empire moyen-oriental qui comprenait parmi ses territoires l'Iran actuel.

petite-maîtresse : femme recherchée dans son ton, dans ses manières, dans sa parure et ui a un air avantageux.

philanthropie : amour de l'humanité.

phtisie : tuberculose pulmonaire.

pimpant : élégant, gracieux.

pontife : personnage qui fait autorité, rempli de lui-même.

postillon : conducteur, cocher.

priapée : scène ou œuvre obscène.

probité : honnêteté, intégrité.

Providence : destin.

pulmonie : la pneumonie ou la tuberculose, selon le cas ; *pulmonique* : atteint d'une de ces maladies.

railleur : moqueur.

râpé : usé.

râteau : instrument avec lequel le croupier ramasse les mises et les jetons.

recors : personne qui accompagnait un huissier et lui servait de témoin.

réduit : petite pièce.

ROSSINI, Gioacchino (1792-1868). Célèbre compositeur italien que fréquenta Balzac entre 1830 et 1833.

roulade : succession de notes chantées rapidement et légèrement sur une syllabe.

ROUSSEAU, Jean-Jacques (1712-1778). Célèbre écrivain et philosophe suisse des Lumières.

sagace : perspicace, avisé ; *sagacité* : perspicacité.

SALOMON. Personnage de l'Ancien Testament, roi d'Israël. La tradition en fait également un magicien qui tire son pouvoir d'un talisman sur lequel est gravé un sceau, le fameux « cachet de Salomon » : ✡.

sanguinolent : teinté de sang.

sardonique : moqueur.

saturnale : orgie, fête décadente.

Savoyard : habitant de la Savoie.

sérail : harem.

soufflet : gifle.

sourdre : sortir.

STERNE, Laurence (1713-1768). Écrivain britannique, auteur du roman *Tristram Shandy*.

stylet : poignard à lame mince et très pointue.

suisse : portier.

tailleur : celui qui bat et distribue les cartes.

talisman : porte-bonheur doté de propriétés magiques.

tapisserie : tissu servant surtout à confectionner des tentures d'ameublement.

Thébaïde : désert de Haute-Égypte qui servit de refuge à des chrétiens persécutés par l'empereur romain Dèce (200-251).

tilbury : voiture à cheval à deux places, découverte et légère.

tout d'abord : tout de suite.

tracassier : qui se plaît à tracasser les gens.

transiger : se prêter à des accommodements, des échanges ; faire des concessions.

tripot : maison de jeu.

verdeur : rudesse de langage.

viagère : qui doit durer pendant la vie d'une personne et pas au-delà.